EL SECRETO
DE LA FILOSOFÍA

Eugenio d'Ors

EL SECRETO
DE LA FILOSOFÍA

Doce lecciones, tres diálogos y, en apéndice,
«La filosofía en quinientas palabras».
Con 28 ilustraciones

Estudio introductorio de
JOSÉ FERRATER MORA

Diseño de colección:
Joaquín Gallego

Impresión de cubierta:
Gráficas Molina

Reservados todos los derechos. El contenido de esta obra está protegido por la Ley, que establece penas de prisión y/o multas, además de las correspondientes indemnizaciones por daños y perjuicios, para quienes reprodujeren, plagiaren, distribuyeren o comunicaren públicamente, en todo o en parte, una obra literaria, artística o científica, o su transformación, interpretación o ejecución artística fijada en cualquier tipo de soporte o comunicada a través de cualquier medio, sin la preceptiva autorización.

© Herederos de Eugenio d'Ors, 1998
© EDITORIAL TECNOS, S.A., 1997
Juan Ignacio Luca de Tena, 15 - 28027 Madrid
ISBN: 84-309-3143-0
Depósito Legal: M.9322-1998

Printed in Spain. Impreso en España por Rigorma.
Polígono Alparrache, 28600 Navalcarnero (Madrid)

«[...] Si los episodios del itinerario que hoy seguimos juntos, en prosecución del secreto de la Filosofía, se convierten mañana en un libro, pediremos que en la cubierta de este libro figuren, doble emblema, la Espiga y la Orquídea combinadas. En alusión, además de a sus episodios metódicos ilustrativos, a su contenido constante: la concepción del mundo por el hombre que trabaja y que juega» (página 156).

ÍNDICE

		Pág
NOTA A LA PRESENTE EDICIÓN, por Manuel Garrido		7
EUGENIO D'ORS: SENTIDO DE UNA FILOSOFÍA, por José Ferrater Mora		11

EL SECRETO DE LA FILOSOFÍA

Advertencia previa		21
Introducción		25
PRELIMINARES		33
Lección primera.—*¿Qué es la Filosofía?*		35
I.	El bibliotecario perplejo	35
II.	Matices	36
III.	Si hay que tomarles en serio	38
IV.	Positivismo	40
V.	Otra dificultad	42
VI.	La filosofía inevitable	43
VII.	Orden, jerarquía, ironía	45
VIII.	Proceso hegeliano e ironía socrática	47
IX.	El diálogo	49
Lección II.—*El contenido de la Filosofía*		51
I.	«Palabras... palabras... palabras...»	51
II.	El «Logos»	52
III.	La palabra en filosofía no es un signo	54
IV.	Aspecto, significado y sentido de las palabras	56
V.	Forma, expresión	60
VI.	El verbo	61
VII.	Individuo y objeto	63
VIII.	El verbo creador	64
Lección III.—*¿Qué es filosofar?*		68
I.	Retratos, esquemas, signos	68
II.	Acotación sobre vocabulario	70
III.	Aporéitica, problemática	75
IV.	El problema y la vida	78
V.	La escalera y el círculo	81
VI.	¿Por dónde empezar?	83
VII.	Inmanencia y trascendencia	86
VIII.	Variantes del filosofar	91

4 EL SECRETO DE LA FILOSOFÍA

PARTE PRIMERA: TEORÍA DE LAS IDEAS 95
LECCIÓN IV.—*Pensamiento y conocimiento* 97
    I. Figura del leñador 97
   II. Lo poseído y el posesor 99
  III. Adjetividad de lo sentimental y lo volitivo 100
  IV. Substantivación de la libertad 102
   V. La plenitud funcional creadora 103
  VI. Substantivación de la Resistencia. El Mal 104
 VII. Pensamiento y conocimiento 108
VIII. Función y producto 112
  IX. Lo poético y lo patético 114
   X. Ni magia ni maniqueísmo 116

LECCIÓN V.—*Percepciones, Conceptos, Ideas* 121
    I. Percibir 121
   II. Comparece la Cultura 122
  III. Lo del «sentido común» es otro cantar 125
  IV. Del fenómeno al númeno 130
   V. De la percepción al concepto 131
  VI. La fórmula biológica de la Lógica 137
 VII. De los conceptos a las ideas 142
VIII. No alejarse demasiado 147
  IX. Nominalismo y realismo 150

PRIMER DIÁLOGO DE INTERLUDIO PRESIDIDO POR UNA ORQUÍDEA 153

PARTE SEGUNDA: TEORÍA DE LOS PRINCIPIOS 185

LECCIÓN VI.—*Introducción a la teoría de los principios* 187
    I. De los juicios 187
   II. Crítica del juicio 191
  III. Expresión y figura 197
  IV. La hipótesis 200
   V. El símbolo 203
  VI. Los Númenes. Los Mitos 206
 VII. De cómo los raciocinios, para el filósofo, no son más que métodos 213

LECCIÓN VII.—*Del principio de contradicción* 217
    I. El pensamiento del Orden y el conocimiento racional 217
   II. Los principios de la razón 219
  III. El universo de la Ciencia 221
  IV. El racionalismo 224
   V. Evolucionismo y racionalismo 226
  VI. Entropía y racionalismo 231
 VII. Relatividad y racionalismo 236
VIII. Física atómica y racionalismo 239
  IX. Inteligencia o caos 241

ÍNDICE

LECCIÓN VIII.—*Del principio de figuración*		247
I.	Salvamento	247
II.	Mentalidad primitiva	249
III.	Del principio de participación	252
IV.	El pensamiento místico y el pensamiento práctico	255
V.	Identidad y Dialéctica	260
VI.	Las «formas históricas de la vida»	264
VII.	La exigencia figurativa	267
LECCIÓN IX.—*Del principio de razón suficiente*		269
I.	La razón suficiente y la caída de las manzanas	269
II.	Aún no asamos y ya pringamos	271
III.	Diálogo con la Mecánica	277
IV.	Diálogo con la Estereoquímica y con otros interlocutores	282
V.	Diálogo con la Biología	286
VI.	La Mneme y el Arjé	289
VII.	Diálogo breve con la Física atómica	297
LECCIÓN X.—*Del principio de función exigida*		303
I.	La Amenaza	303
II.	Remedios, expedientes	306
III.	De la probabilidad	311
IV.	La necesidad y el orden	316
V.	La Metafísica del Ser y la Metafísica del Germen	320
VI.	Teoría del Nimbo	324
VII.	Fórmula del principio de función exigida	329
DIÁLOGO SEGUNDO DE INTERLUDIO PRESIDIDO POR LA MÚSICA		333

PARTE TERCERA: TEORÍA DEL SABER 353

LECCIÓN XI.—*Introducción a la teoría del saber*		355
I.	Saberes y sabores	355
II.	Totalidad	358
III.	Un verbo en infinitivo	362
IV.	Comparece de nuevo la Cultura	367
V.	«Homo sapiens», «Homo ludens», «Homo faber»	368
VI.	Interferencias	373
VII.	Lenguaje manual, lenguaje oral, ciencia	376
VIII.	Saber y milicia	380
LECCIÓN XII.—*Se cierra el círculo*		385
I.	Conocimiento, ciencia, saber	385
II.	Saber concreto y saber abstracto	389
III.	La Logística	393
IV.	La Fenomenología	397
V.	Panorama del saber	402

VI. Descenso del entendimiento 406
VII. Ascenso del entendimiento 412

TERCER DIÁLOGO PRESIDIDO POR UN JUGUETE 421

APÉNDICE: LA FILOSOFÍA EN QUINIENTAS PALABRAS 439

ÍNDICE DE ILUSTRACIONES 445

ÍNDICE ONOMÁSTICO 446

NOTA A LA PRESENTE EDICIÓN

Manuel Garrido

El secreto de la Filosofía (1947) es la obra de pensamiento más ambiciosa de Eugenio d'Ors y una de las más importantes de la filosofía española del siglo XX. Cincuenta años después de aparecida su primera y hasta el presente única edición, Editorial Tecnos ofrece ahora la segunda, precedida de un ensayo de José Ferrater Mora sobre el pensamiento filosófico del maestro catalán.
Medio siglo supone también el trabajo acumulado por Eugenio d'Ors en la elaboración de este libro. Desde su artículo de estudiante «Pera la Síntesi» («Para la Síntesis»), en el que ya quería situarse más allá de los límites del parroquialismo positivista, aquel gran amante de la obra-bien-hecha que fue el autor de *La Ben Plantada* había venido bregando día tras día en sus *glosas* periodísticas, en sus clases y en todos sus libros por la construcción de un sistema racional de pensamiento que diese cuenta del lugar que ocupa el hombre en el cosmos y del destino que le corresponde cumplir en la historia. Y al hablar del hombre no está aludiendo d'Ors al espectral sujeto cognoscente del que hablan los profesores en sus manuales, sino al hombre de carne y hueso que trabaja (*homo faber*), que juega (*homo ludens*) y que piensa haciendo ciencia y filosofía (*homo sapiens*).
El secreto de la Filosofía es la pieza fundamental, el tronco o plataforma básica de ese sistema, y al enunciar su contenido el autor lo denomina «Doctrina de la inteligencia». Pero una teoría de la inteligencia no es para d'Ors una simple teoría de la razón científica. Debe englobar además el drama de la vida, del que no puede prescindir. La inteligencia así entendida, como síntesis de razón y de vida —como *seny*, dicho en catalán—, es, según d'Ors, el órgano de conocimiento filosófico por antonomasia, y su dinámica no es la lógica del análisis científico, sino una *Dialéctica* que se sujeta a la doble exigencia socrática del *diálogo* y la *ironía*: «Hay que aprender a ver, en la historia de la Filosofía, como una amplia asamblea. Y, cuando en ella —no importa si contradiciéndose—

han pronunciado ya sus discursos los preopinantes Heráclito y Pitágoras, Sócrates y Platón y Aristóteles, Epicteto y Epicuro, Dionisio y Agustín, Tomás y Escoto, Lulio y Vives y Suárez, Descartes y Spinoza y Leibniz, Kant y Hegel y los Románticos, y los ochocentistas y los modernos y Kierkegaard y el profesor Heidegger, que vive aún, la palabra pasa a... A ti, lector, a cuyo oído soplo yo, en el libro presente, el secreto de la Filosofía».

En presencia de tan venerable asamblea, nos revela d'Ors, paso a paso, las claves de la empresa que él, tomando por modelo científico a Kepler al igual que Kant a Copérnico, llamó una «reforma kepleriana de la filosofía». Y, mientras va persuadiendo al lector de la necesidad y la urgencia de poner en práctica esta audaz empresa, lo ilustra y entretiene con ideas y episodios procedentes de los estratos ulteriores de su sistema: la filosofía de la acción y la filosofía de la naturaleza (*poética* y *patética*, respectivamente, en la nomenclatura del autor) y, por encima de ambas, la *ciencia de la cultura* y la *angelología* o ciencia que Jung llamaría de los arquetipos del espíritu.

Pero el empleo de estos términos no altera un ápice el hecho de que Eugenio d'Ors pertenece, como Santayana, Unamuno y Ortega, a la estirpe de filósofos españoles que, además de pensar con originalidad, escriben bien y para todo el mundo, un generoso criterio del cual no es excepción este libro. Los interludios dialogados que, de vez en cuando, intercala el autor entre capítulo y capítulo prestan interés dramático a su disertación, y en la quintaesencia de la filosofía en quinientas palabras con que somos obsequiados al final de la obra reconocemos el brillo inconfundible de la voluntad pedagógica de *Xènius*.

La vuelta al pensamiento de d'Ors camina más despacio en Castilla que en Cataluña, donde contamos ya con obras tan excelentes como el libro de Mercè Rius sobre *La filosofía d'Eugeni d'Ors*, que representa, como bien dice su autora *«un intent de retornar Xènius a casa»*. De la producción castellana merece especial consideración, por sintomática, la circunstancia de que, en el reciente volumen de la monumental *Historia de España* de Jover/Menéndez Pidal dedicado a *La Edad de Plata de la cultura española*, Pedro Cerezo es el primer tratadista de nuestra lengua que al exponer el pensamiento de la llamada «generación del 14» concede a d'Ors el mismo espacio que a Ortega.

Sigue siendo un hecho, sin embargo, que la tarea de recuperar el pensamiento filosófico de d'Ors está aún por realizar. Con la intención de contribuir a ella hemos elegido como introducción a la presente edición de *El secreto de la Filosofía* el ensayo sobre el pensamiento de d'Ors que escribió José Ferrater Mora en 1946, un año antes de la aparición de ese libro y desde la lejanía de su exilio latinoamericano, antes de instalarse definitivamente en Estados Unidos. El retrato que esboza el joven exiliado del sistema filosófico del entonces ya sexagenario maestro puede que deje hoy insatisfecho a algún que otro experto en la obra d'orsiana. Pero si se tiene en cuenta la fecha en que apareció, no puede menos que admirarnos por su lucidez y su penetración, sin que por ello olvidemos el fondo común de experiencias vitales y afinidades electivas que ambos escritores compartieron. Si algo se echa en falta en estas páginas de Ferrater, es el explícito reconocimiento de la tesis, con tanta porfía sostenida por el maestro, de que todo el edificio de su sistema estaba ya presente en el inmenso caudal de minúsculas *glosas* con el que, a través de la prensa, ilustró durante varios decenios a sus compatriotas.

En años difíciles de su juventud Eugenio d'Ors pidió y obtuvo de Unamuno un gesto literario que animase a la gente de habla castellana a la lectura de su novela filosófica *La Ben Plantada*. En la presente situación confiamos en que la lectura de este juvenil ensayo de José Ferrater Mora, el principal filósofo español nacido en nuestro siglo, invite a los españoles de nuevas generaciones a recuperar el injustamente olvidado pensamiento del hombre al que una conocida pluma caracterizó diciendo que, así como Ortega había sido el león, d'Ors fue el oso (*ursus*) de la edad de plata de las letras españolas.

EUGENIO D'ORS:
SENTIDO DE UNA FILOSOFÍA*

José Ferrater Mora

Entre las incógnitas de este mundo, una de las más rebeldes a toda tentativa de despejarla es la siguiente: ¿Por qué un escritor lega a la posteridad la imagen —o serie de imágenes— que lega? Es poco común que la imagen legada coincida con las intenciones perseguidas. Confinémonos a autores de las llamadas «obras de pensamiento», y en particular de obras filosóficas. Fulano, que con toda justicia merecería haber pasado a la posteridad por su filosofía de la historia, puede muy bien ser conocido —o, mejor, citado— por sus reflexiones éticas. O Zutano, que elaboró por ventura una interesante metafísica, resulta ser el autor de aquel celebrado, y todavía llevado y traído, manualito de lógica.

El asunto se complica cuando el autor en cuestión no es de los que cabría llamar «monocordes». Es muy posible que la cuerda que pulsó con más interés, si no con mejor brío, sea olvidada en favor de otra que pulsó sólo con desgana. Se dirá que una cosa son las intenciones del autor y otra es la realidad; puede suceder, en efecto, que la cuerda tocada con más afición por un autor no haya sido precisamente la que mejor cuadraba con sus naturales talentos.

Puede muy bien ser. Pero puede muy bien no ser. En todo caso, lo que aquí me interesa es el problema de por qué la imagen

---

* Reproducido con la autorización de Priscilla Cohn, viuda de Ferrater Mora.
Este ensayo apareció originalmente en catalán con el título «Eugeni d'Ors o Esquema d'una filosofia» en la revista *Germanor,* n.º 503 (enero), pp. 24-27, y n.º 504 (febrero), pp. 24-27. Y más tarde se publicó recogido con el título «Eugeni d'Ors: Sentit d'una filosofia» en los libros *El llibre del sentit,* Pi de les Tres Branques, Santiago de Chile, pp. 71-89, y *Les formes de la vida catalana,* 2.ª ed., Selecta, Barcelona, 1955, pp. 195-209. Su versión castellana figura con el título «Eugenio d'Ors: Sentido de una filosofía» en *Obras selectas,* 2 vols., Ed. Revista de Occidente, Madrid, 1967, vol. I, pp. 189-197, de donde procede el presente texto.

de un autor que con más frecuencia se reproduce resulta a menudo distinta no sólo de las intenciones que al autor movieron, mas también de la realidad —o, cuando menos, del valor real— de la obra que produjo. Por circunstancias que no son del caso, abundan los autores que han querido hacer una cosa —y que la han hecho—, pero a quienes se mira como si hubiesen hecho otra —que, por lo demás, también hicieron—. Uno de estos autores es Eugenio d'Ors. Crítico de arte, glosador, esteta, y qué sé yo cuántas cosas más: todo eso es cierto. Pero él aspiró a ser, en el fondo, y hasta en la superficie, un filósofo. Por qué ciertos autores se empeñan en querer ser considerados como filósofos cuando pasan la mayor parte de sus horas laborables escribiendo sobre temas que rozan a lo sumo la filosofía, es asunto que no he llegado todavía a entender bien. Tampoco he alcanzado a comprender por qué se empeñan en que se les tenga, primaria si no exclusivamente, por filósofos, como si ser filósofos fuese algo así como el Sumo Bien. Sea como fuere, Eugenio d'Ors aspiró a que se le tuviera por filósofo, y hasta —en una época en la que tales cosas se estilaban— como fautor de un sistema acabado de filosofía. Hay que reconocer que la imagen que ha legado no le favorece mucho en este respecto. Filósofo quiso ser, pero ¿lo fue en verdad y no sólo en intención?

Hay bastantes motivos para responder que no. En primer lugar, y sobre todo, porque hacer de veras filosofía —como hacer de veras cualquier cosa— es asunto serio. No es que para ser filósofo haya que ser pedante o no escribir como Dios manda. En rigor, se puede hacer filosofía escribiendo a la vez, como quería Hume, *ad populum* y *ad clerum*. Pero no hay que sacrificar sin más lo segundo a lo primero. Si se quiere hacer filosofía, hay que hacerla con todas las consecuencias, incluyendo la posibilidad de no convertirse, como no sea por un malentendido, en autor al alcance *directo* (subrayo lo subrayado) de una muchedumbre indeterminada de lectores. Con frecuencia hay que elegir: o se escribe para ser (lógrese o no) vastamente leído, o se escribe con la posibilidad de ser por ventura vastamente leído (y acaso admirado), pero sin ninguna seguridad de que tal ocurra. Las cifras cantan. El propio Ortega, que fue un filósofo hecho y derecho y que ha dejado un pensamiento filosófico explícito y sin inútiles jerigonzas, es un autor que, siendo de todos modos (y merecidamente) muy leído, lo es menos por sus obras más decididamente —y, como él diría, más hirsutamente— filosóficas que por cualesquiera otras salidas de su pluma. Dígase lo que se quiera, su «Prólogo para alemanes» —una de sus piezas filosóficas maestras— y su *La idea de principio en Leibniz y la evolución de la teoría deductiva,* son menos leídos que, pongo por caso, *El Espectador,* los *Estudios sobre el amor* o *La rebelión de las masas.* Y eso que Ortega es un caso excepcional por varios motivos, entre ellos los dos siguientes: por haber renovado el lenguaje, y los modos de pensar a él anejos; y por haber sabido inyectar la filosofía con ayuda de muy finas agujas, de cuyos pinchazos muchos lectores no se han dado apenas cuenta. Siendo las excepciones lo que son, no hay que fiarse demasiado de ellas. El asunto queda, pues, bastante claro: está bien que se haga filosofía (sea o no celebrada a la vez por legos y doctos), pero es injusto, y hasta un tanto deshonesto, fungir de filósofo sin tomarse la molestia de actuar como tal y pensando más en el auditorio que en la verdad.

Ahora bien, a la pregunta «¿Fue Eugenio d'Ors en verdad, y no sólo en intención, un filósofo?» puede también contestarse que sí. Entonces, ¿en qué quedamos? Pues quedamos en que sí, pero, claro está, sólo en parte, y no necesariamente la parte mejor, o la más voluminosa. Lo cual está muy lejos de parecerme un insulto —lo que sería si *no* ser filósofo, o no serlo totalmente, fuese cosa asquerosa y degradante—. Eugenio d'Ors, filósofo *in partibus infidelium,* sigue siendo Eugenio d'Ors, lo que no deja de tener su interés.

A esta parte de la obra de Eugenio d'Ors quiero dedicar algunos párrafos para tratar de penetrar «el sentido de una filosofía».

* * *

Desde los primeros momentos el pensamiento de Eugenio d'Ors ofreció dos aspectos: en primer lugar, era esteticista; en segundo término, era «arbitrario». Estos dos aspectos se combinaban sin dificultad; la «arbitrariedad» permitía romper todos los moldes racionales necesarios con el fin de «plasmar» un sistema; el esteticismo permitía expresar sin embarazo la «arbitrariedad». No hay duda de que estos dos aspectos del pensamiento filosófico de Eugenio d'Ors eran en gran parte temperamentales; eran un resultado de lo que Aranguren ha llamado «el talante filosófico».

Pero la filosofía de Eugenio d'Ors no era sólo una filosofía personal; era también, en gran medida, una filosofía que aspiraba a auscultar «las palpitaciones de los tiempos». Bajo esta frase estremecida pueden entenderse por lo menos dos cosas: una, el esnobismo del «estar al día» y aun del «estar a la hora»; otra, el deseo de recoger los hilos de varias tradiciones filosóficas para proseguirlos y tejer con ellos un tapiz filosófico flamante. Entendámoslo de esta segunda manera. Según Eugenio d'Ors, lo que hacía «palpitar los tiempos» a la sazón —a comienzos de nuestro siglo, el siglo del «novecentismo»— era la necesidad de edificar un sistema de pensamientos que, sin contradecir «el imperialismo de la ciencia», permitiera salvar lo que la ciencia (o acaso cierta filosofía sobrepuesta a la ciencia) amenazaba con destruir: la libertad «interna» del hombre. He aquí el dilema: o predomina «imperialmente» la ciencia y se evapora la filosofía, o se defiende la filosofía a toda costa a riesgo de permitir que se hunda la ciencia. La primera actitud es la «positivista»; la segunda, la «idealista».

Muchas fueron las soluciones dadas al anterior dilema; parte de ellas forman un fragmento de la historia de la filosofía contemporánea. Eugenio d'Ors empuñaba su propia solución. Como muchas de las soluciones a un dilema, era simple, y como casi todas las que abundaron durante los primeros años del siglo XX, transitoria. Hela aquí. La ciencia positivista, proclamó Eugenio d'Ors, sacrifica el sujeto humano y su libertad a la idea de que hay un determinismo inexorable. Por otro lado, la filosofía más o menos idealista o espiritualista sacrifica el objeto y acaba por considerarlo como una creación arbitraria de la persona humana. Pero hay que salvar a ambos y mostrar de qué modo los hechos de que habla la ciencia están determinados por la libertad, y en qué proporción no menos importante la libertad de la persona resulta coartada por los hechos que investiga la ciencia. Éste fue el tema del estudio de D'Ors titulado «La fórmula biológica de la lógica», tema desarrollado en «Religio est libertas» y expuesto en *La filosofía del hombre que trabaja y que juega*. Lógica y razón brotan, según D'Ors, de la actividad creadora del hombre. Pero esta actividad no es una creación arbitraria. Lógica y razón están asimismo sometidas a las leyes de que nos habla la ciencia, pero no como elementos invariables de la ciencia, sino como sus instrumentos. La idea del carácter instrumental de la razón fue, así, enérgicamente destacada por Eugenio d'Ors, el cual pareció orientarse en esta su primera época hacia un biologismo y hacia un psicologismo contra los cuales acaba de disparar varios tiros mortales uno de los grandes filósofos de la época: Edmund Husserl. Pero esta orientación casi instrumentalista de Eugenio d'Ors no persistió durante largo tiempo; de hecho, fue sólo un tributo a ciertas preocupaciones de la filosofía coetánea. Pronto no se trató ya *sólo* de salvar —para emplear el vocabulario de Bergson— el sistema de imágenes de la representación junto al sistema de imágenes de la ciencia, sino más bien de fundar un sistema intelectualista capaz de abrir horizontes sin límites a la libertad y a la acción.

La «filosofía del hombre que trabaja y que juega» no fue totalmente abandonada, antes se convirtió en uno de los varios pilares encargados de sostener tan ambiciosa arquitectura. Las exigencias de la actividad individual debían seguir siendo acordadas con los postulados universales de la ciencia. Mas el acuerdo no debía consistir en una mera composición, siempre en peligro de desarticularse; debía ser el resultado de una concepción de la realidad en cuyo seno perdiera el dilema indicado toda su virulencia. Ahora bien, para ello era necesario redefinir los términos en que se había planteado el dilema. Sobre todo, había que poner en claro lo que se entendía por "yo", por "espontaneidad" y por "libertad".

¿Cómo entendió D'Ors el «yo»? Ante todo, de un modo negativo: lo que no se reduce ni a sentimiento ni a pura y abstracta inteligencia. ¿Es, pues, el yo una voluntad? Tampoco, si entendemos ésta psicológicamente. En cambio, el «yo» puede ser una voluntad en sentido metafísico. Pero entonces el «yo» es lo que se llama «libertad». La libertad es, así, el núcleo del ser humano. Se trata de «una libertad que se realiza a sí misma», pero en medio de obstáculos y resistencias. El hombre, piensa D'Ors, es libertad en cuanto que ésta se halla cercada y acosada por la necesidad.

Como otros filósofos, desde Destutt de Tracy y Fichte a Scheler, Eugenio d'Ors ha entendido la realidad como «resistencia». La «superación del pragmatismo» consiste en afirmar que hay una acción que topa de continuo con un límite. Por lo demás, la inteligencia podría ser considerada asimismo como una forma de tal «acción», y hasta como su forma suprema, porque siendo una «resistencia a la resistencia» permite revelar la estructura de la realidad. Las tesis «arbitrarias» y «esteticistas» de D'Ors adquieren, así, sentido filosófico. En todo caso, aparecen de este modo menos «dandistas» y «wildeanas» de lo que podía presumirse. Pero un problema surge ahora. Si la concepción orsiana del «yo» como una libertad que se realiza frente a la resistencia conduce a afirmar la existencia de una «voluntad» metafísica, ¿cómo es posible que D'Ors declare también, y cada vez con mayor empeño, que la «inteligencia» (el *seny*) es el órgano más eficaz para desarrollar su propio pensamiento? ¿Cómo es posible que «una filosofía arbitraria» o, por lo menos, una «filosofía voluntarista» se convierta en lo que ha sido luego, a diferencia de las llamadas «filosofías según la identidad», una «filosofía según la armonía»?

Y, sin embargo, así es. Pero no porque haya habido un «salto» o la abrupta transformación de un «sistema» en otro «sistema». La razón principal del paso de la noción de la voluntad frente a la resistencia, a la noción del *seny* se debe a que tal *seny* fue muy pronto entendido por D'Ors como una actividad que no se reduce a la pura y abstracta inteligencia. El *seny* no es sólo un modo de comportarse; es también, y a veces sobre todo, un modo de pensar. En este sentido se opone a las orgías del irracionalismo tanto como a las rigideces del racionalismo. He aquí por qué Eugenio d'Ors pudo concebir el *seny* como el artífice principal de un «Novissimum Organum» destinado a sustituir no sólo al venerable «Organon» de Aristóteles, sino también al «Novum Organum» de Bacon. De este modo el *seny* parecía más próximo a la *sapientia* que a la razón, y estaba más conforme con la tradición «mediterránea» que con la tradición moderna europea. Era, en suma, más apto para captar prudentemente el perfil de las cosas que para reducirlas a un «interior» metafísico y altamente problemático.

Las consecuencias de esta concepción son múltiples. Una de ellas es particularmente importante: la de que el filósofo y, en general, el hombre debe eliminar o, cuando menos, rehuir toda «realidad» que no haya sido previamente sometida a la disciplina del *seny*, que no haya sido previamente asimilada o, como el propio D'Ors decía, «colonizada». He aquí por qué D'Ors tendía a ver la historia entera de la filosofía como una lucha de dos tendencias opuestas entre las cuales quiso actuar como supremo árbitro. Por un lado, se había sostenido que la realidad es ingobernable, que está en perpetua fluencia y constante movimiento.

La obediencia a este tipo de filosofía había conducido a una concepción que ha podido llamarse «fáustica». Por otro lado, se había mantenido que la realidad es inmutable y, además, racional. Para eludir la flauta de *Pan*, esta otra filosofía se había sometido a las órdenes del *Logos*. La idea del *seny* estaba destinada, en la intención de D'Ors, a corregir este doble exceso. Era una idea que se oponía por igual a la «mística» y a la «ascética», si entendemos estos términos no en el sentido religioso, sino como metáforas que simbolizan dos distintas tendencias filosóficas y dos actitudes humanas que se hallan en el fondo de estas tendencias. «Mística» y «ascética» constituían, pues, en el fondo, dos «desviaciones» filosóficas entre las cuales había que introducir el *seny*, esto es, la inteligencia que no niega, sino que justifica y «coloniza» la acción.

El término «colonización» tiene aquí una importancia decisiva. Porque no se trata simplemente de eliminar toda realidad que se nos aparezca como irracional y, de consiguiente, como «amenazadora». Lo que debe hacerse con esta realidad es imponer sobre ella un dominio a la vez flexible y disciplinado. El *seny*, que hace posible tal colonización, opera entonces como una potencia mediadora, una potencia que impone sobre la realidad ritmo y disciplina, que la obliga a vivir, como la Bien Plantada vivía y hacía vivir a quienes la circundaban, según Orden y según Ley.

Sobre esta intuición construyó D'Ors su «sistema», el cual fue las más de las veces un «programa». Consideremos la realidad física, por lo demás la más intensamente «colonizada», la más conocida, la más dividida y subdividida. ¿No son las leyes las que introducen una cierta discontinuidad en su perpetua y universal fluencia? Tomemos la realidad histórica, más dinámica todavía que la física, más etérea y fugitiva. ¿No encontraremos pronto algunas «constantes», algunas eternas «repeticiones» que nos permitan ordenar su tumulto impar? Enfrentémonos con la propia vida humana, en apariencia tan hostil a la «colonización», tan poco dispuesta a la racionalización, tan resistente a quedar encuadrada en las mallas de los conceptos. ¿No serán los «ritmos», las edades del hombre, entendidas como «estados» y no como simples «cronologías», el mejor instrumento para introducir un orden en este desorden supremo? Sí, el Orden y la Ley son para D'Ors la propia esencia de las cosas. Pero se trata de un Orden que no ignora el desorden que lo acecha de continuo; de una Ley que no desconoce la existencia de una ilegitimidad que por doquiera la cerca. Por eso el filósofo debe contemplar la realidad con sabiduría, esto es, con ironía. Cierto que cuando queremos describir fielmente la realidad no la hallamos tan dispuesta a dejarse «colonizar». Más aún: cuando consideramos con atención la historia del pensamiento humano no descubrimos tan fácilmente como D'Ors pretendía que hay en ella una lucha a muerte entre dos tendencias al parecer irreconciliables. De hecho, Eugenio d'Ors comenzó por separar artificialmente dos regiones: al *Pan* opuesto el *Logos;* a la difusión romántica, la precisión clásica; al amor, la teología. Esto nos explica algunas de las más gratuitas interpretaciones orsianas del pensamiento contemporáneo; por ejemplo, su idea de que hay una «oposición» entre logística y fenomenología. Pero criticar a Eugenio d'Ors a cuenta de estas flaquezas sería ser infiel a uno de los postulados más constantes del pensamiento orsiano: la ironía. Sí, dichas divisiones pueden ser también, a la postre, consideradas «irónicamente», sabiendo, por tanto, que no son enteramente ciertas, pero que no son tampoco enteramente falsas. La ironía resulta ser, así, a la postre, lo único que puede salvar al propio *seny* de su continua tendencia al propio endiosamiento. El *seny* debe ser corregido por la ironía, pero no hay ironía si antes no hemos desarrollado hasta el máximo todas las potencialidades de este *seny*. El *seny* no constituye todo el sentido de la filosofía orsiana, pero es seguramente su mejor puerta de acceso. En todo caso, el pensamiento filosófico de D'Ors carecería de sentido sin la noción de *seny* —de una inteligencia que es capaz de decir de sí misma que no es lo que parece ser.

EL SECRETO
DE LA FILOSOFÍA

La presente edición de *El secreto de la Filosofía* de Eugenio d'Ors ha sido preparada sobre la base de su primera edición (Iberia, Barcelona, 1947). El texto de aquella primera edición quedó afectado de frecuentes erratas, que hemos procurado corregir, y de algunas lagunas, que hemos procurado suplir, apoyados en textos paralelos del autor (pp. 46 —en que hemos debido suplir una línea completa—, 62, 85, 98, 152, 261, 277, 328 —en que hemos debido suplir una o dos palabras— y 375 —en que hemos introducido cinco palabras—); asimismo, hemos procurado la actualización ortográfica del texto, en particular en lo que se refiere a las reglas de acentuación, y la normalización del uso de los signos de puntuación.

Ángel d'Ors
Alicia García-Navarro de d'Ors

ADVERTENCIA PREVIA

Al lector que tome por vez primera entre manos este que aspira a ser un texto sistemáticamente total, bien que elemental, de Filosofía, podrá sorprenderle el no hallar en su índice ni tropezar en el ojeo de sus páginas ciertos temas de aquellos cuyo enunciado viene arrastrándose tradicionalmente de manual en manual. La famosa cuestión del «origen de las ideas», por ejemplo, no está ahí; y ello, por la misma razón que hace al huésped de una habitación a estilo de nuestros días buscar en vano en su dormitorio el «armario de espejo»; el también famoso «armario de espejo», sin cuya presencia no había ayer lugar de esta índole que se considerase decentemente amueblado. El espejo se encontrará hoy en el cuarto de baño contiguo; o quizá en el interior de las puertas del propio armario; o en un vestidor; o Dios sabe dónde... Pero la alcoba no parecerá deficiente si no ha convertido aquél en losa ostensible de unas perchas. Por igual modo, la cuestión del «origen de las ideas» se evapora ante quien, por considerar cada idea, en sí misma, como un acto de creación, no tiene por qué aplicar, a su noción, la noción de tiempo, presupuesto de cualquier investigación sobre origen. Y, lo que decimos de esta investigación tornada tan superflua como un armario de espejo, diríamos de unas «reglas del raciocinio» aproximadamente tan anacrónicas como un reloj de chimenea.

Quiere esto significar también que inútilmente se acercara a las páginas que siguen quien las hubiese buscado como socorro, no a ninguna turbación propia y vital, sino a algún apuro oficial o didáctico. «El secreto de la Filosofía», con descifrarse y poseerse, no servirá para contestar fácil y lucidamente a ninguna de las «lecciones» de un programa, a ninguno de los «puntos» de un cuestionario. Que nadie pretenda con nuestro libro examinarse de Filosofía, ni ganar las oposiciones a una cátedra de Filosofía, ni preparar los ornamentos de «cultura general» en otros concursos donde ésta figure, a título decorativo, como adorno a la gravedad de una técnica determinada, así perejil en morrete de lechón. El hoy autor de aquéllas previno en su día del mismo modo a quienes solicitaban de él una «teoría de los estilos», para uso de los delfines, que pretendían, con expediente a su lectura, saltar alguno de los obstáculos y resolver algunas de las pegas, maliciosamente puestas por la ley para dificultar el ingreso en los paraísos artificiales de la carrera diplomática... No, nuestra «Teoría en los Estilos» no daba a nadie el medio práctico para distinguir en un mueble, en preservación de coladuras, el estilo Luis XV del estilo Luis XVI. Tampoco «El secreto de la Filosofía» se ha comprometido a proporcionar a sus lectores, en guisa de remediavagos, explicación suficiente de la «teoría de Kant»; ni siquiera, como en el examen de marras, de «su refutación». Puede resultar, inclusive, que, en punto a refutaciones, «El secreto de la Filosofía», con ser lealmente expuesto, no contenga ninguna. Si hasta al mismo niño que ha metido parte de un bastón en una agua de superficie espejeante nuestras revisiones le dan la razón en cierto modo, ¿cómo se la regatearíamos más de lo justo a ninguno de los grandes pensadores, cuya efigie se ha querido para solemne presidencia de las páginas de un texto, que ya les solicitaba en guisa de interlocutores, que no de reos?... La posesión de nuestro secreto, que no sirve para ganarle un diploma a nadie, no sirve tampoco para discutir con nadie. Menos aún para humillar a nadie. Sino para ayudarle a pensar y para que él, a su vez, nos ayude. Que es una de las maneras más eficaces de ayudarnos todos a vivir.

A cambio del cercén que su apartamiento de lo pedagógico y de lo pedante trae forzosamente a nuestra tabla de materias, advertirá el lector, a quien suponemos tomando por vez primera el libro en manos, que, entre los enunciados de aquélla y, sobre todo, entre los párrafos de éste, van compareciendo a menudo temas y cuestiones no habituales, dentro de un pasado próximo todavía, al cuadro ritual de lo susceptible de especulación filosófica. Este ensanchamiento del interés del filósofo por las varias manifestaciones de lo espiritual, y aun de lo social; este «no reputar nada humano ajeno a la Filosofía», gracias al cual se encuentra la misma siempre en comunicación abierta con la vida y con la historia —el autor ignora si se le considerará el derecho a aducir aquí, en testimonio, el esfuerzo de la obra prolongada a que ha dado el título de «Glosario»—, ha sido un beneficio insigne, que debemos a quienes, hace media centuria, propugnaron el que se llamó «Pragmatismo», escuela de base teórica bastante endeble, pero de gran fertilidad humanística en el resultado. No más sólidas en sus fundamentos ni menos dotadas, en cambio, de virtud liberadora, la «Fenomenología», la «Filosofía existencial» han venido a la boga después. Gracias a ellas, infinidad de lemas de Práctica y de Lúdica, del florecer humano en el trabajo y en el juego, antes sólo tratados —y si acaso— en el dominio de las ciencias sociales, venían a tratamiento dialéctico y aparecían con categórica generalidad. Desde que, en la primera década del Novecientos, se empezó a hablar —y era en España— de una «Filosofía del hombre que trabaja y juega», ¡cuántas y cuán varias aportaciones no han acudido, como por derecho propio, al campo del filosófico o del dialéctico interés; desde las relativas al problema sexual hasta las que dan teórico esqueleto a los estilos del arte! A la magia se la consideraba ayer solamente como una superstición; hoy se la estudia casi como a una función ordinaria del pensamiento. La entropía daba ayer cuenta únicamente del funcionamiento de las máquinas de vapor; actualmente su concepto se aplica a la economía general del cosmos. Al Barroco se le tomaba como una enfermedad del gusto, entre los arquitectos de cierta época; hoy se constituye con él una constante, en eternidad aproximada a la de una categoría. La Filosofía de la Historia fue antaño un devaneo de diletante; hogaño se ha instaurado en orden particular del saber, con el tono y los métodos más rigurosos. Ya hemos, los modernos, subrayado cuánto hay de estructura metafísica en Linneo; de relativismo historicista, en Darwin. Ni tenemos por qué exorcizar a la Ciencia, en nombre de la Historia, como Dilthey; ni a la Historia, en nombre de la Ciencia, como Platón. Sólo por filantropía abrió Berkeley un libro sobre el idealismo con unas consideraciones sobre las virtudes terapéuticas del agua de alquitrán; pero no únicamente por piedad religiosa los pensadores actuales de la *Liturgische Fruehlung* abren sus tratados sobre ritos con explicaciones acerca de las virtudes existenciales de la forma.

Para una prueba, como la que nos incumbe realizar aquí, este ensanchamiento del campo temático de la Filosofía no tiene precio. El dormitorio del habitáculo elegante actual no ostenta ya su armario de espejo. Hay en él, en desquite, un radiador, que permite dormir caliente, sin el peligro de asfixiarse traído por la chimenea o la estufa. El revelador, hoy, del secreto de la Filosofía prescinde de muchos bártulos tradicionales, tal vez escenográficos, que se encuentran representar para él un papel análogo al que, para el pintor contemporáneo en su estudio, representa el «tiento», la gran paleta alveolada, la tarima del modelo y otros cachivaches de análoga inactualidad. Pero se halla en aquel secreto el resorte de una manera de vivir. No ganaremos académicos grados con este secreto, ni llevaremos al polémico adversario a confesar, por fuerza, *ob torto collo,* a confesar de cara a la pared, lo que de buena gana no quisiera. Mas, para él y para nosotros, el mundo se habrá llenado de luz; y nuestra sabiduría, de seguridad.

INTRODUCCIÓN

Encierra este libro trasunto fiel de un cuerpo de lecciones, profesado ante auditorios diversos, de condición variante entre la mundanidad más descuidada y la más operaria artesanía. En tres ocasiones nada más, techo universitario les dio cobijo, por haberles conferido autoridad académica encargo. Pudo Barcelona conocerlas en el curso de 1917-1918; Córdoba de la Argentina, en 1921; Ginebra, en 1933. Pero, en las mismas efemérides mencionadas, el incremento de la afluencia de estudiantes con la de quienes reciben de costumbre —más bien antonomásica que definitoria— calificación de «oyentes», si de una parte exoneraba al autor de cualquier promiscuidad con la tarea parásita de preparación a exámenes y grados, de otra parte le yugulaba a una obligación de humana claridad, previsora de alguna oposición hacia las superfluidades de tecnicismo.

Tanto este deber como aquella licencia han podido traer, de la exposición a la propia constitución de la doctrina, no pocos beneficios. Si, en la distribución atribuída a Schopenhauer, entre *filósofos* y *profesores de Filosofía,* cupo cierta malicia en coeficiente, lo que es en la manera como los antiguos concibieron la actitud del filósofo, actuante en la plaza pública de Atenas, comensal de elegantes convivios o paseante en Jardines o Peripatos, no podía haber más alacre simplicidad: ni olvidemos que a tal actitud somos deudores de caudal tan rico de orientaciones y pensamientos, que en él han encontrado siglos y siglos con qué apagar su sed ideal y restaurarse. Había aquí, por otro lado, la medicina con que el autor podía luchar contra cualquier propensión a alejar la teoría filosófica de la vecindad del vivir: achaque propio de la soledad de quien se expresa en monólogos. Y curable solamente por el diálogo, como aquel que, hacia las coyunturas aludidas, rodeó oportunamente la enseñanza, si es que no se insertase estimuladoramente en la misma.

De lograrse que, en el presente volumen, no se enfríe tal estímulo demasiado, lo tendrá el autor a ventura; y por bien pagado, el esfuerzo de nueva redacción... Novedad relativa. Ni cabe decir que los siguientes capítulos resumen las lecciones de otrora, ni que las explanen, fuese con designio de una mejora de calidad, ante la responsabilidad grave de la palabra escrita; fuese, al revés, para rebajarla, ante la exigencia de un editorial destino y de una publicidad que se presume difundida. En la extensión, en el orden con que la materia se desarrolla y en la misma distribución en capítulos que la vertebra, se reproducen ahora unos ya habituales orden y estructuración. La única reforma aplicada cífrase en prescindir de la insistencia característica del discurso oratorio; reemplazada por una economía, donde queda a cargo de los ojos del lector el volver sobre lo que no le ha bastado, sin que sea necesario que, para este fin, colabore, con quien escucha, quien habla.

Tres veces, al decir de un autor de teatro, debe ser remachada la misma cosa en escena, para entendida por el público. Tres veces, y a gritos. Nosotros, ahora, no tendremos que repetir, si a ello no nos obliga la verdad —porque también puede ocurrir que *la verdad sea, precisamente, rítmica*—. Ni tampoco deberemos forzar la voz. Ni siquiera ha de sernos vedada la media voz, propicia al secreto. *Porque, en rigor, de un secreto se trata*: ya lo dice el título que para anunciar el libro se adopta. Precisaremos: de un secreto profesional. El filósofo comunica aquí al curioso su receta para que, al cabo de unas páginas, sepa el profano tanto como él. Y para que se atosigue en querencia de saber más, buscándole tres pies al gato pardo del conocimiento, a la gata huidiza del diletantismo. Casi todo en la Filosofía se logra por eliminación de fantasmas. Y el exorcismo se aprende muy pronto. Ya decía el gran Cournot —y a éste, sí, que se le debe llamar sabio, y sabio de veras— que la Filosofía era como la trufa: en la raíz de la trufa, ya está la trufa entera.

Aprendizaje *sucesivo,* de todas maneras. Y que no puede sustituirse por ningún recurso a una repentina intuición... Jacob vio en sueños a los ángeles; estos ángeles tenían alas; no se servían de ellas, sin embargo, para subir y bajar de la escalera figurada en esta visión; sino que lo hacían ordenadamente, peldaño a peldaño. Así, el secreto de la Filosofía hay que seguirlo a través de una cadena de secretos. Ya, hace un instante, se ha soltado aquí uno, Dios sabe de cuánta importancia para el aprendiz: y es el secreto que, por instrumento de la distinción entre filósofos y profesores de Filosofía, emancipa a aquél de más de una superstición doctoral. Y, ahora, acabamos de entregar otro: que, así como el primero resultaba apto para libertar de pedantes, puede, este que decimos, libertar de visionarios: el secreto según el cual la Filosofía, eliminadora de tantos falsos saberes, ha de *pasar* por tales saberes, sin embargo. Debe practicar los métodos de la ciencia y hasta adaptarse a ellos, interinamente siquiera, para justificar su derecho a distintos métodos. Pues cumple a la Filosofía hacer *de vuelta* los viajes que hace *de ida* el vivir.

* * *

Este niño acaba de hundir un bastón en el agua tranquila de un estanque... Conocemos al niño: está retratado en los grabados de multitud de volúmenes, destinados a texto o premio de la infancia. En unos se le llama «Juanito»; en otros se le llama «Fritz»; en otros se queda en el anonimato de sus parientes, los señores con barba, que asaeteados por diagonales inflexibles, dibujan un croquis invertido en el interior de las «cámaras oscuras»; o se esfuerzan como faquines por separar los hemisferios de Magdeburgo; o, despellejados, sostienen aún, desde que un artista así talló en madera para el viejo Teatro Anatómico de Bolonia, un decoroso y macizo cilindrete con los mondos músculos de la mano derecha.

Sí, conocemos a esta pedagógica imagen del niño que hunde el bastón en el estanque. Y sabemos también en qué se cifra su lección. Se trata de precavernos contra las ilusiones de los sentidos. Aquel inocente, al ver espejeada en la superficie del agua dormida la parte no inmersa del bastón, se figura que éste se ha quebrado, que su extensión se parte en dos direcciones, formando un ángulo cuyo vértice coincide con el plano de la superficie del agua. El niño, aquí, admite dos versiones: en la una, llora; en la otra, se queda tan tranquilo. Pero ni siquiera su tranquilidad excusaría la presencia del pedagogo, representante, contra la falacia de los sentidos, de las seguridades de la razón. También para la misión del pedagogo caben ahora dos suertes: bien obliga al niño a meter la mano en el agua, para persuadirle por el tacto de que el bastón no se ha roto; bien se contenta con hacerle sacar del agua el bastón y mirar. En lo que coinciden las dos suertes es en dejar al niño desengañado; a su inocencia, contrita. Y en alejarse, dando por solventado el asunto.

Pero puede sobrevenir entonces que, cuando el pedagogo se marche, comparezca un tercer personaje. Éste es el filósofo; el que, según Schopenhauer, no debe confundirse con el profesor de Filosofía; y al cual, por lo común, mira el pedagogo con cierta aversión. El filósofo se acerca al niño, tal vez empujado por una emoción de fraternidad, cuyo resorte veremos en seguida. Y cuando el niño le cuenta, ya compungido por la desilusión sufrida, ya orondo por el saber reciente, que el bastón que, sumergido, parecía roto, no lo está, antes sigue derecho, siente el deber de insinuarle nuevas turbaciones, preguntándole: «¿Estás bien seguro?» Y luego inmediatamente: «¿Cómo lo sabes?» «Lo sé —contesta la criatura— porque toco el bastón y sigue derecho». «¿Y qué motivos tienes —continúa inquiriendo el sobrevenido—, para creer más al sentido del tacto, que testimonia la derechez, que al sentido de la vista, que testimonia la quebradura?» O, si el niño ha sacado el bastón: «¿Por qué te fías de lo que ves cuando el bastón está en el aire, y no de lo que ves cuando el bastón está en el agua?» Al niño, entonces, no le queda otro camino que contestar que daba por cierto lo que ha dicho el pedagogo, porque éste es un sabio. A lo cual arguye el filósofo que ello es verdad; que el pedagogo es un sabio; pero que él, por su parte, es un sabio y medio. Y que cuando el otro va, él ya vuelve... Y que, en nombre de su mayor saber, él asegura a Juanito, a Fritz o al niño que sea, que hay una verdad en la afirmación de que el bastón está derecho, verdad de razón, de la cual se deriva todo el tesoro de la ciencia; pero que también había una verdad en la afirmación de que el bastón se ha torcido, verdad del aspecto, verdad de la cual derivan doblemente la poesía y la actividad práctica. O, si se quiere, que, en las dos afirmaciones, hay la misma ilusión; pero una ilusión tan fecunda, que gracias a la primera contamos y medimos; y, gracias a la segunda, curamos las enfermedades o nos recreamos oyendo música.

Al sistema de los conocimientos según el cual los bastones se tuercen, al hundirse en el agua tranquila, le llamamos «experiencia». Al sistema de los conocimientos según el cual siguen derechos los bastones, en la coyuntura, le llamamos «ciencia». Al de aquel otro según el cual la verdad está, para el caso, más allá de cualquier anécdota de derechez o de quebradura, le llamamos «Inteligencia». Y Filosofía, a la doctrina teórica sobre la «Inteligencia».

Por esto ocurre que el filósofo vuelva por los fueros de la primera impresión del niño. Y que, si llaman a la vejez «una segunda infancia», sea la Filosofía *una restaurada inocencia*.

* * *

Siempre, con todo, habrá que distinguir lo renovado de lo primigenio... Cualquiera que haya sido la vocación de romanidad que caracterice al Occidente europeo durante los siglos XV y XVI, ¿quién confundirá un monumento renacentista con un monumento romano? La carga histórica contenida en una actitud espiritual no puede menos de traducirse a diversidades de estilo; éstas, a su vez, traicionarán la existencia de un contenido diferente. Nunca es igual un viaje de ida que un viaje de vuelta. Ni el que se liberta de una preocupación, a quien ni siquiera la ha sospechado. Por de pronto, la situación del primero es más sólida. Como lo es la santidad de una renuncia respecto de aquella otra que no ha conocido todavía la tentación. Y la simplicidad del magnate sobrepujará inevitablemente en elegancia a la simplicidad del cabrero.

Una tabla de valores romántica ha podido extender, es cierto, la superstición de la espontaneidad. Ciertas horas de la cultura —hemos atravesado justamente una de ellas— se han perecido por cuanto aproxima lo humano a las maneras de lo natural, dando precio preferente mejor a la fidelidad del perro que a la del camarada; a la piedad de la monjita, que a la del definidor de la Orden; a la canción folklórica, que a la melodía mozartiana; a la sonrisa de un ídolo negroide, que a la de una figura de Leonardo. El gusto por lo inconsciente ha otorgado prima a la pureza sobre la purificación. En los Paraísos, de todos modos —en los Paraísos y no en los Vaticanos—, es donde se da mejor juego a la Serpiente. Y la soberbia anida mejor entre la hojarasca del saber a medias que en la limpieza del pleno saber. Ya se ha dicho: «Poca ciencia aparta de Dios; mucha ciencia devuelve a Él». Cosa análoga cabe decir relativamente a la Filosofía. Los sabios que no han alcanzado —o se han figurado no alcanzar— a la Filosofía es porque se han quedado a medio camino. En este medio camino, por ejemplo, se ríe el sabio de quienes se figuran torcido el bastón que acaba de meterse en el agua; o se da valor dogmático a la teoría de la evolución; o, si a mano viene, a la teoría de las localizaciones cerebrales, escándalo de la presunción positivista. Pasan unos años: se descubre luego que lo de las localizaciones cerebrales sólo estaba fundado en un par de mal controladas autopsias; y que la teoría de la Evolución admite, si más no, ciertos correctivos que cercenan su valor absoluto, en beneficio de la creencia en tipos de organización estables, de elementos no susceptibles de mutación. Y es porque un episodio de la historia científica ha sido más sabio que el episodio precedente. Pero el hombre que ya en su mente hubiera poseído esta sabiduría o la aceptación marginal de esta sabiduría, no hubiera tenido por qué recibir las correcciones del tiempo. Irónicamente, sin negar los datos con que la anterior afirmación se argumentaba, hubiera colocado a ésta en el plano de la relatividad; hubiera adivinado, en el evolucionismo, una hipótesis; en la aceptación de las localizaciones cerebrales, la servidumbre a un prejuicio. *Hubiera estado en el secreto.* Este secreto, naturalmente, es el *secreto de la Filosofía.*

El cual intentaremos nosotros revelar aquí. Revelar *de vuelta,* no ya para que los inocentes se adormezcan en la posesión de él, sino para que los turbados por saber en agraz apresuren conscientemente la maturación del mismo. Y, sobre todo, para que no tengan que aguardar los resultados de esta maturación para ponerse en paz con la vida. Tal vez por efecto del desengaño sufrido cuando el mismo progreso del saber ha venido a sucumbir a los golpes del más saber, y como efecto de lo que ha podido llamarse la bancarrota de la ciencia y, en términos más amplios, la falla del racionalismo, una reacción se ha producido en el pensamiento moderno, que —así el toxicómano en su ponzoña— ha dado en complacerse en el hecho mismo de aquellas bancarrota y falla y ha preconizado como primor intelectual el hecho mismo de esta insatisfacción, cual si, trocando la anarquía en ley, la suprema norma del pensamiento fuese la negativa. ¿Qué estudiante o qué amigo de las lecturas modernas no se ha enterado ya de la difusión de una llamada «Filosofía de la angustia», y de una visión de la existencia, que la toma, en lo profundo, como agonía constante, como inquietud sin posible remedio final? Y, a la vez, ¿quién no ha advertido cómo en las actitudes que esta profesión de fe exige naufraga todo concreto saber y se eriza a contrapelo el vivir? Por ahí se va, en unos casos, a la estéril ascesis; en otros, a la acción cínica; en todos, a una posición, que, de ser sincera y coherentemente adoptada, excluye el trabajo creador y el apacible recreo.

El verdadero secreto de la Filosofía, sin embargo, no puede ser tal. El verdadero secreto, al descubrir que hay una Inteligencia más amplia que la Razón, y una vida más enérgica que la vida individual, vierte aguas de gracia sobre la seca enjutez y canaliza en solidez las corrientes, que sólo a este precio pueden tornarse fertilizadoras. Por esto, en las primeras horas de exponerlo nosotros cuando las ocasiones que al principio de esta introducción se recordaban, la comunicación del secreto ha podido recibir el título de «Filosofía del Hombre que trabaja y que juega»; quiere decir, del hombre cabal. Y, un poco más tarde, en méritos de aquella más amplia concepción del pensar, al presentarse como conjunto sistemático: «Doctrina de la Inteligencia». Y, en Córdoba de la Argentina, en la académica coyuntura también recordada —un poco a despecho de este su academicismo—: «Introducción a la Filosofía, *como manera de vivir*».

PRELIMINARES

LECCIÓN PRIMERA

¿QUÉ ES LA FILOSOFÍA?

I. EL BIBLIOTECARIO PERPLEJO

Imaginemos a un bibliotecario, a quien se encargó la distribución sistemática de un gran fondo de libros correspondientes a todos los ramos del saber y llegados en desorden... Los anaqueles de la Biblioteca a donde han de ir a parar están distribuidos según la clasificación habitualmente conocida por *decimal* y que recibe también este nombre: *de Bruselas*. En ella, recordémoslo, las diversas especialidades están simbolizadas por guarismos: el número uno corresponde a «Filosofía». Misión del facultativo imaginado será inscribir, en cifras encabezadas por él, todos los volúmenes de contenido filosófico.

Al poner mano en la tarea, la simple inspección de títulos y portadas le mostrará en seguida que, entre los libros donde tal contenido puede presumirse, los hay de dos clases. Entre los de autor famoso por su reputación dentro de la Filosofía, inclusive entre los mismos clásicos, antiguos o más recientes en la historia universal del pensamiento, unos habrá, Aristóteles o Herbert Spencer, por ejemplo, para cuyas obras cabrá una doble atribución: o bien el colocarlas juntas bajo la citada etiqueta del número 1, o bien distribuirlas según su contenido bajo las otras rúbricas del Sistema. Así, en Aristóteles, la *Ética a Nicomaco* se puede encajar en la sección de las «Ciencias sociales», que han de llevar el guarismo 3; otro texto, el rotulado *De la generación y la corrupción de los animales* será de Biología y podrá llevar su catalogación, en derecho, la cifra 5. Mezclados con éstos, otros autores, un Platón, un Immanuel Kant, no permitirán ya, para sus obras, más que la primera solución. Se estará con ellas ante unos textos cuya lección resulta exclusivamente filosófica; sin que sea posible incluirlos cumplidamente en ningún otro de los varios departamentos de la Enciclopedia.

Se encontrará, pues, nuestro bibliotecario en presencia de dos grupos: no dotados, naturalmente, de límites fijos; pero sí, de una suficientemente discernible caracterización. Hay la manera de Aristóteles o de Spencer, la manera de los que pueden ser llamados, tanto como filósofos, psicólogos o moralistas, biólogos o meteorólogos. Y hay la manera del otro grupo, en el cual hemos encontrado a Platón y a Kant, que únicamente podrían ser llamados filósofos. Y a esta diversidad de extensión calificativa, corresponde una diversidad en el estilo de entender la materia común. Viene ello de que un Aristóteles o un Spencer consideran a la Filosofía como una *Enciclopedia*; o, todo lo más, como una *Síntesis*; mientras que mentes como la de Platón o la de Kant, ven en aquélla *un orden de conocimiento distinto y separado*.

II. MATICES

Clasificación bien grosera, ésta que acabamos de establecer y que ciertamente no se podría ofrecer sin peligro a quien arriesgase el tomarla al pie de la letra. Ya, al suscitar los nombres de Platón y de Kant, ejemplos clásicos de Filosofía independiente, sin embargo, nos ha podido asaltar, como una turbación, el recuerdo del libro del primero sobre la República o el dato que el segundo había escrito, además, algunas páginas didácticas sobre Antropología o Geografía. Ni es lícito tampoco olvidar el hecho de la existencia de otros pensadores, así Descartes o Leibniz, que, a despecho de tomar la Filosofía, no en guisa de saber científico, sino de conocimiento separado, se han mostrado excelentes, aparte ello y como *de propina* —no incoherentemente, pero sí marginalmente— en un cultivo de las ciencias particulares. El que se pueda calificar a Descartes de físico y a Leibniz de jurista no quiere decir que su concepción formal sobre la autonomía del saber filosófico no sea la misma en ellos que en Platón o en Kant. Físico o jurista, en tales casos, son determinaciones contingentes, análogas a las que recordamos cuando decimos que Spinoza fue óptico o que Sócrates había sido escultor. Nadie, por otra parte, más persuadido de la existencia autónoma de un conocimiento filosófico que Goethe, con no escribir ninguna obra especial de Filosofía; ni más filósofo, en cambio, que Augusto Comte, con poner todo su esfuerzo en predicar que la metafísica no existe y que únicamente tienen derecho a decente existencia las ciencias particulares, que él llamaba ciencias positivas. El *Curso de Filosofía Positiva* de este autor, donde las ciencias particulares son tan estudiadas y citadas, ¿cómo el bibliotecario de nuestro ejemplo, por buena voluntad que pusiese en una distinción procedente de interiores dicotomías, podría alejarlo del armario filosófico, para repartirlo entre los armarios de las ciencias?... Muchas dificultades, muchos absurdos se presentarían, en castigo, al seguidor demasiado superficial de nuestra fácil caracterización.

Lo que a nosotros nos importaba, no obstante, queda bien fijado en este que llamaríamos nuestro apólogo: la posibilidad de una doble interpretación radical acerca del objeto propio de la Filosofía; la comprobación de que, al lado de la concepción de la Filosofía como saber enciclopédico o sintético, otra versión existe —erizada, esto sí, de problemas formales— según la cual se ve en aquélla un orden particular del saber, separado entre las ciencias y tal vez distinto entre las ciencias. Añadamos, como cuestión de tecnicismo —donde, por consiguiente, tenemos entera libertad para la denominación— que, de ahora en adelante, la palabra Filosofía será tomada por nosotros únicamente en la segunda acepción, como orden de saber aparte. Y que, al hacerlo, emplearemos como sinónimas —según una tradición muy elevada, en generalizado curso desde Hegel y cuyo sentido examinaremos cumplidamente muy pronto— las voces *Filosofía* y *Dialéctica*.

Damos ya por asegurado, al llegar a este punto de nuestra investigación, que hay un orden y manera de conocimiento, cultivado en la historia de la cultura por ciertos ingenios, a los cuales la humanidad cree deber consagrar alguna gloria; orden de conocimiento y trabajo, que, respondiendo a una íntima exigencia de generalización y de coherencia, reconocidas como existentes en la mente humana, no es precisamente vano ni engañoso.

Es probable que nuestro bibliotecario, por miedo a las complicaciones, pusiese término a la perplejidad en que le sumieran al pronto las consideraciones aquí resumidas, señalando, sin más, el lomo de todos los volúmenes antes aludidos con la cifra uno y que con la misma los rubricara en su catálogo: prudente medida, para los fines prácticos en su busca y manejo. Pero nos cabe, a la vez, la esperanza de que, en la intimidad de su convicción, se abra paso en su mente la idea de que, si es permitido llamar con generosidad filósofos a todos sus respectivos autores, *sólo unos cuantos entre los mismos merecen el nombre y honor de filósofos por excelencia*.

III. SI HAY QUE TOMARLES EN SERIO

Éstos existen, y sus obras. Y su gloria. Pero nosotros, una vez cumplido el pío deber de dejarlos en la Biblioteca, con su etiqueta más o menos merecida, ¿tenemos, además, el de leerlos?... Vayamos con cuidado; porque, del cumplimiento de este deber, puede resultar que caigan después sobre nosotros infinitos deberes más, a veces no tan cómodos de cumplir. Sin que olvidemos, por otra parte, que, encima de los de crecer y multiplicarnos, que ya por ley natural de generación nos fueron impuestos, y de los otros que, por expiación, sobre nosotros pesan, de ganarnos la vida, y vivirla, que no son flojas cargas, hay el de aprender una inmensa muchedumbre de cosas, cada día más profusa y complicada, en la medida en que el avance del tiempo incrementa el acervo bibliográfico de la humanidad.

No debemos rechazar a la ligera cierta posibilidad de que todos estos filósofos excelentes, los antiguos como los modernos, por ilustre que sea su nombre, por grave que conozcamos su efigie, por mucho crédito que hayan gozado, por más que ese crédito tome, en la general cultura, aires de inmortalidad, *no fueran sino unos ilusos o unos mendaces*; engañados ellos, o bien aviesamente engañadores para nosotros. La posibilidad de que sus obras y sus decires, producidos en devaneo o en filfa, no contuvieran sino divagaciones palabreras, a las cuales nada correspondiese en lo real y de las cuales nada pudiera sacarse en lo útil; a no ser que como útil se contara el estético placer encontrado en las palabras serenas de Platón o en las terribles de Nietzsche; o bien la gimnasia que a nuestra mente procuran los Escolásticos; o bien todavía la inactividad y quietud, evitadoras de cierto número de males, ganadas por el desengaño previo, que, en defensa de las tentaciones que nos asaltan, puede procurarnos la lectura de Epicteto o de Schopenhauer... A veces ha sido cabalmente costumbre atribuir a los apaciguados así el título mismo de filósofos; bien es verdad que otras acepciones de peor género se han atribuido también al título... Dejemos esto y acudamos a tomar en cuenta la doble objeción que puede producirse y que, Dios sabe con cuánta abundancia, se ha producido, en efecto, históricamente, contra la seriedad de la Filosofía.

Fluye la tal objeción de dos fuentes. Una actitud mental constante ha preconizado entre los hombres el escepticismo, no ya como disposición del entendimiento a dudar, sino como duda previa, universal y sistemática; como preconización de la imposibilidad humana de alcanzar la verdad. Igualmente se ha dado a esta actitud el título de agnosticismo y, tradicionalmente otrora, el de pirronismo, del nombre de Pirrón, filósofo griego. Un escepticismo atenuado, adopción fue de muy bellas mentes; y, según decía su adepto Montaigne, «una almohada cómoda para una cabeza bien hecha». Hasta cierto punto, la filosofía crítica de Kant ha podido ser considerada como escéptica; bien que en realidad el subjetivismo propio del que tantas veces ha sido llamado padre de la filosofía moderna no envuelva necesariamente un escepticismo. El escepticismo, en verdad, no ha renovado gran cosa sus argumentos desde el instante en que Enesidemo, en el siglo I de nuestra era, formuló los diez tópicos antidogmáticos que, en su aplicación al vivir, habían de traducirse en la «adiofora» o suspensión de juicio, en la «ataraxia» o inmovilidad, en la «apatía» o impasibilidad. Aquélla, la suspensión de juicio, ¿ha de ser definitiva sobre cada cosa? A tenor de los consabidos tópicos o argumentos, sí. Tal lo ha entendido siempre el escepticismo radical, al negar simultáneamente a la intuición y a la razón, a la observación externa y a la interna, a la experiencia y a la tradición, a la fe y a la ciencia, la posibilidad de informarnos sobre la realidad objetiva.

Dispensémonos por el instante de justificar la validez de cualquiera de los citados órganos de conocimiento. Atengámonos a lo que en la ocasión nos importa, es decir, al alcance que la negación escéptica de toda verdad pueda tener en lo que atañe a la verdad de la Filosofía. Según el escéptico, ésta ha de ser algo vano, puesto que vano es todo conocimiento. Sin embargo, en el mismo punto en que esto dice, el escéptico presta adhesión por lo menos a una verdad, la de que no hay verdad alguna. Este principio tiene para él un valor universal y absoluto: no consiente excepción, no recibe atenuación siquiera. Este principio *es*, por consiguiente, *su filosofía*: una filosofía muy corta; rudimentaria sin duda, y cuya formulación se termina en un santiamén. Pero, filosofía al fin; conocimiento de un orden especial, distinto del de la ciencia, distinto de los de la vida práctica, no contingente como ellos, sino absoluto y puesto más allá de cualquier experiencia, que cualquier deducción. Los escépticos son, pues, *unos escépticos filósofos*. En este sentido vienen a reforzar, en vez de debilitarla, nuestra afirmación de la seriedad de la Filosofía... Todo ello es tan obvio, que fue costumbre en las Escuelas responder a la objeción escéptica con una contraobjeción, formulada silogísticamente en dilema: «O las razones de los escépticos contra la existencia de la verdad son ciertas, o no lo son. —Si no son ciertas, la verdad existe.— Si son ciertas, existe la verdad contenida en las mismas».

IV. POSITIVISMO

Casi nos avergonzamos de la facilidad con que ha sido posible aquí desembarazarse de una objeción, a la cual, de todos modos —confesémoslo— el espíritu humano viene prestando incurablemente una adhesión muy terca. No es en realidad más difícil el dar al traste con la objeción de los positivistas, que, sin negar como los otros a la mente humana el poder de alcanzar la verdad, reservan esta eficacia al orden de conocimientos ceñidos al campo de las ciencias cuyos elementos provienen de la observación y de la experimentación, es decir, de las que, hace hoy tres cuartos de siglo, llamaban con énfasis «Ciencias positivas». Entre paréntesis sea dicho, la posición de las matemáticas entre estas ciencias ha resultado siempre, ante el positivista, bastante apurada; tal vez la observación de que dos rectas paralelas, por más que se prolonguen, no puedan encontrarse en el espacio, no sea tan asequible a la observación como eso.

No cabe tampoco el negar que esta actitud del positivismo corresponda por modo tan genuino a uno de los hábitos —o de los vicios— fundamentales de la mente humana, que la difusión de sus tesis negativas, lejos de haberse limitado a un época determinada, representa más bien una verdadera «constante» en la historia del pensamiento y, sin necesidad de presentarse en forma de conjuntos sistemáticos o doctrinales escuelas, forma, por decirlo así, una de las atmósferas que más frecuentemente rodean al vivir común de las gentes. Si con el pesimismo escéptico se han fabricado verdaderas religiones, más o menos conducentes a los varios nirvanas, ataraxias y apatías, con el pesimismo positivista y su negación de una espiritualidad trascendente, se han fundado y desarrollado muchas instituciones utilitarias y quizá pudiera decirse que se ha gobernado tradicionalmente más de un país. Sin embargo, todos estos episodios de eficacia vital del positivismo no hacen sino, al ser alegados, reforzar la tesis de que el positivismo constituye una verdadera filosofía. Ya encontraremos un día la sentencia de Bernard Palissy, donde se afirma que, sin invocación, tácita, si se quiere, de lo absoluto, no hay ni solamente manera de labrar la tierra; puesto que el buen labrar la tierra exige una previsión del futuro, en cuyos principios sólo cabe tener confianza cuando se han superado las relatividades de la experiencia y de la observación... Y esto cualquier positivista lo supera, por lo menos en un punto: en el de afirmar, como fórmula de alcance absoluto, que todo lo no proveniente de la observación y de la experiencia es vana ilusión.

Porque ¿dónde habrá encontrado el positivista las razones que le mueven a esta afirmación? ¿En cualquiera de las ciencias particulares, cuyos argumentos en la observación y en la experiencia se fundan? ¿En la Física? La Física se ocupa solamente de darnos el resultado de sus observaciones y sus experiencias sobre la materia y sus propiedades, consignando estos resultados en forma positiva, sin que pueda incluirse en su desarrollo negación alguna que sobrepase los límites de este objeto. Ni la Mecánica, ni la Óptica, ni la Acústica, ni los tratados referentes al Calor o la Electricidad contienen, en ninguno de sus capítulos, la afirmación de que los conocimientos que allí se detallan sean los únicos asequibles a nuestro entendimiento. ¿Vendrá, pues, aquella absoluta negación del dominio de las ciencias matemáticas? La Matemática nada reza sobre el tema tampoco. Ni las ciencias naturales, ni los varios saberes técnicos que aplican los principios de las llamadas ciencias puras. La persuasión de que, fuera de los conocimientos procurados por estas ciencias y saberes positivos, ninguno hay que goce del privilegio de una validez objetiva, *no puede proceder*, para el positivista, *de ellos*, sino *de una filosofía*. Rudimentaria, si se quiere; corta, desde luego; pero filosofía al fin.

Y no se diga que lo rechazado por el positivismo no es la Filosofía en general, sino tan sólo la Metafísica, en calidad de Filosofía quintaesenciada, que ya ha dejado excesivamente lejos su apoyo en lo real. Porque, apenas abandonado el terreno de la observación empírica, ya la cuestión de su alejamiento no importa. Tan imprevisible, para los «hombres prácticos» de antaño, fue el que un día se nos viese volar a diez metros como a quinientos metros del suelo.

V. OTRA DIFICULTAD

Como las fieras, que son las pasiones, en el viaje de Dante a los infiernos le salen al paso y se lo barran sucesivamente hasta que llega a la puerta, aquí, apenas deshechos de una dificultad, hemos de habérnoslas con otra. Antes, la duda era saber si podía existir alguna filosofía. Ahora, nos asalta el temor de que existan demasiadas.

Sin necesidad de ser un escéptico; sin necesidad de ser un positivista, ¿no puede nuestra adhesión, ya en principio conquistada, vacilar ante la desmoralizante visita de *las contradicciones* recíprocas, en que vemos incurrir a los libros que nuestro bibliotecario apartó como pertenecientes a la Filosofía en sentido estricto; y, aun más, por lo que siempre la pasión tiñe de caricatura el dictamen a las discusiones y polémicas entre filósofos?... «Nuestro entendimiento está provisto ya, desde nuestro origen, de ciertos modelos o ideas innatas», nos enseña Platón—. «¡No, no! Nada hay en el entendimiento que no haya pasado por los sentidos: nuestro entendimiento está en sí, dentro de una situación comparable a la de una tabla rasa, donde no hay nada escrito», replicará Aristóteles.

Observemos, al pasar, de todos modos, que la hipoteca de contradicciones aquí grava a todos los campos de la ciencia, bien los humedezca la práctica vecindad de la vida, bien los seque, al contrario, el cierzo que vuela hacia las más altas cumbres de la abstracción. «Contra tal dolencia, tal poción», se hace aprender al estudiante en la escuela de Medicina; pero en el hospital frontero, la clínica le aconsejará: «Bueno, todo ello está bien; pero, si acaso, con una prudencia extremada». Y formulará la Mecánica: «En la total energía del Universo, nada se crea, nada se pierde: el Universo es, pues, permanente»; la Termodinámica, a su lado, murmurará: «Pues, lo que es una locomotora, para que avance, es necesario que se produzca un déficit entre la energía motriz obtenida y la energía calórica empleada»... «Dos rectas paralelas, por más que se prolonguen en el espacio, no se encontrarán nunca», formula Euclides. «En el espacio llamado riemanniano, las paralelas se pueden encontrar», nos insinúa, como si nos revelara un secreto, la geometría no-euclidiana.

Está lejos, pues, el hecho de la pluralidad de opiniones, de constituir un obstáculo insuperable a la admisión de la objetividad, en un orden del saber cualquiera. Pero, que la superación es ardua, no cabe negarlo. Para discernir las leyes geométricas propias del espacio de tres dimensiones de las del otro espacio —hipotético o no, que ello aquí no importa— en que puedan considerarse más dimensiones, se han necesitado siglos y siglos de ciencia matemática. Lo del contrapunto entre la Mecánica general y la Termodinámica no está bien solventado aún; las soluciones a estilo de la de lord Kelvin, que consiste en suponer fuera de la tierra depósitos inmensos de energía en el universo, que vayan compensando lo que en la tierra se pierde, aplaza, pero no cancela, la sentencia de muerte del universo: lo de suponer, en la naturaleza viva, un poder de creación que compense aquella letal evolución de lo inorgánico, sobre no ser admitido por todos, llega, si acaso, a una conclusión que tampoco resulta posible armonizar con la ley de conservación de la energía. En cuanto a la ciencia médica, la pugna entre lo que se dijera legalidad científica y las guerrillas en la práctica, llena el Renacimiento de episodios humorísticos o burlescos, desde la bombástica de Paracelso hasta la sátira teatral de Molière. Todo el mundo vino a curar con experiencias lo que antes se curaba con silogismos. Mucho después, quizá haya podido iniciarse alguna reacción en este capítulo: vuelven, acaso, los médicos nuevos a sacrificar alguna vez praxis a teoría; tal vez, según aquella sentencia goethiana, de valer más la justicia que el desorden —porque éste, a su vez, engendra cien injusticias.

En Filosofía, ¿no habrá modo de justificar, sin merma del valor atribuido a un orden especial del conocimiento, la simultánea existencia de varias soluciones, contrapuestas en sus respectivas fórmulas, y presentadas, sin embargo, por hombres que no son orates ni mentirosos, antes la fina flor de la humanidad, tanto en la rectitud de la conciencia como en la del juicio?

VI. LA FILOSOFÍA INEVITABLE

De lo antes dicho sale desde luego una cosa; y es que, falaz o no, buena o mala, es la Filosofía *inevitable*. Bien lo prueban, y a sus costas, o por lo menos a costa de la dignidad de su vida, cuantos, por rutina, inercia o ignorancia, se han encontrado en situación de vivir sin filosofar; y hasta cuantos, en obediencia a un consejo, tan dilatado en la audiencia como cínico en la expresión común, repiten, ora en latín, ora en romance, el «*Primum vivere; deinde philosophari*»; aplazando probablemente la Filosofía para el momento en que ya hayan dejado de vivir. Y lo que ocurre es que mientras tanto su vida transcurre con una filosofía, pero con una filosofía bastante miserable. Con la filosofía del «*Carpe diem*» y del «*Après moi, le déluge!*». Con la Filosofía, no ya de Epicuro, que éste, después de todo, la formulaba y muy atinada y elegantemente; sino con la de los cerdos de Epicuro, de tópica recordación. Con tanta superstición por la objetividad del momento en que viven, como dogmática eliminación de la presencia en él de un pasado y de un futuro. Como si los muertos y los pecados de los muertos y sus errores no estuviesen en nuestra sangre; y como si, a su vez, el mal que hacemos —y el bien que hacemos, lo mismo— agotara su entidad en el contorno de un cuerpo y en el límite de una biografía.

Contra esos tales, hube un día que decir, en lapidaria secuencia: «*Primum vivere; deinde philosophari? —Nego: in hoc nescio primum, nescio secundum — Philosophus Publio vocetur, quia in conscientia vivit aeternitatis momenti*»; lo cual, declarado, quiere decir: «¿Vivir primero; luego, filosofar? —Lo niego: En esto yo no conozco antes ni después. Llamo filósofo a Publio, porque vive en conciencia de la eternidad del momento». En lo inevitable, la conciencia es justamente la razón de la dignidad. Más digno ciertamente el escritor prosista que no Monsieur Jourdain; aquel burgués gentilhombre de Moliére, que *hablaba en prosa sin saberlo*. Más digno quien advierte la necesidad de la Filosofía, que no quien *filosofa sin saberlo* y, por consiguiente, de la peor manera posible. Hasta en las más menudas incidencias y los más humildes trabajos de la vida, la presencia de la Filosofía es indispensable. Si no se la invita, ella se venga. «... Y, si la Agricultura es conducida sin filosofía —decía el buen artesano Bernard Palissy, y nosotros lo hemos tomado como lema cien veces—, ello vale tanto como violar la tierra cada día, con todas las substancias que contiene»... Ya sé que se me advertirá de que el término «filosofía» no representaba, en ese texto de Palissy, lo que por tal entendemos cuando la presumimos como disciplina del saber, independiente y organizado... O tal vez sí. Porque no creo que el artesano genial entendiera ahí referirse a las reglas que el mismo inventó. Sino más bien al principio de razón, absoluto y universal, que pudo permitirle a él, a tanta distancia del Oriente y al cabo del desconocimiento de tantos siglos, volver a encontrar el secreto de la fabricación de la porcelana oriental.

Si bien se repara, la inevitabilidad de la Filosofía nos mueve a resolver sus conflictos interiores con un criterio análogo a aquel que se emplea para que los inherentes a la relatividad de las ciencias particulares no estorben a que las mismas sean aplicadas inmediatamente a la acción. ¿Es que íbamos a detener todas las locomotoras del mundo por culpa de que la última explicación de su funcionamiento no se ajustara rigurosamente al principio de la conservación de la energía? ¿Las paradojas inherentes a la biología y a la psicología sexuales iban a impedirnos legislar, de una manera u otra, sobre la moralidad conyugal? Ya se sabe cómo el filósofo Kant zanjó sin resolverlas las antinomias de nuestro conocimiento racional, en su *Crítica de la Razón pura*; recurriendo, en la *Crítica de la Razón práctica*, al valor especial concedido a una entidad mística, objeto puramente de nuestra intuición extrarracional, a una «voz de la conciencia», formulada en el «imperativo categórico». Pues bien, cada uno de nosotros zanjará parecidamente la colisión que produzca en su juicio el hecho de que los sistemas y los estilos filosóficos se contradigan mutuamente; sin necesidad de excluir nada; sin necesidad tampoco de que las rectificaciones del tiempo resuelvan una situación, a la cual hay que encontrar salida inmediatamente por el camino del vivir.

VII. ORDEN, JERARQUÍA, IRONÍA

El remedio a turbación tal se encierra en dos palabras: «orden», «jerarquía». «Entre las cosas que nos estorban de la visión de Dios —decía el maestro Eckart, el gran místico germánico—, la pluralidad es la primera». El místico busca para ella medicina en la eliminación de la pluralidad, en dejarse absorber por lo Uno. Pero, el amigo del pensamiento concreto, el enamorado de las formas, halla otra manera, que es la manera de reunir la unidad con la pluralidad mediante el orden. Ignoramos si el descubrimiento del valor substancial del Orden en Filosofía puede ya considerarse consumado con Platón y el platonismo. En todo caso, algunos siglos más tarde, por obra de Dionisio, a quien es costumbre, tal vez algo discutible, llamar «el seudo-Areopagita», aquel valor se presentó ya con un abultamiento dogmático casi caricatural: lo que nos ha movido alguna vez a nosotros a decir que, si el Evangelio de San Juan empezaba diciendo que «en un principio era el Verbo»; y, si la corrección del Fausto, en el delirio de una noche de Pascua, así lo vertía, al fulgor de luces infernales: «En un principio, era la Acción», el Evangelio de Dionisio podía leerse así: «En un principio, era el Orden»; versión estética —puesto que la unidad en la variedad constituye la «armonía viviente», con que se define a la belleza—, versión tan alejada del puro racionalismo del *Logos*, como de la disolvente embriaguez pánica de la *Praxis*.

No hay orden sin subordinación, a menos de operar en el vacío. Y en toda subordinación va implícito un juicio de valor, que permite cotizar los objetos ordenados. Volvamos a ver cómo se las compone la ciencia con sus propias antinomias. Para discernir las leyes geométricas, situables en el espacio de tres dimensiones, de las de otro espacio —hipotético o no, que ello aquí no importa— donde puedan considerarse más dimensiones, se necesitó un secular avance en las ciencias matemáticas; avance que luego, siglos más tarde, pudo ser cancelado por otro, el constituido por la geometría no euclidiana. La tentación vino entonces, fatalmente, al espíritu humano, de dar a esta última consideración preferente y más elevada, como si en ella estuviera la realidad y los postulados euclidianos fuesen únicamente el fruto de una convención. La valoración racionalista antigua, como la valoración pánica moderna, establecen, cualquiera de las dos, una jerarquía, según la cual, bien lo racional será preferible a lo instintivo (como en la preferencia por la geometría euclidiana), bien lo espontáneo a lo racional (como en el pensamiento matemático desde Riemann). Lo del contrapunto entre la Mecánica general y la Termodinámica no está bien solventado aún: la Física habitual sigue aquí anteponiendo aún el principio de la conservación de la energía, y atribuyendo al principio de la degradación de la energía el papel incómodo de un aguafiestas científico; tan incómodo, que personaje de tan alta categoría como lord Kelvin no vaciló en libertarle piadosamente de él, recurriendo inclusive al sofisma; que no otra cosa es el suponer, fuera de la Tierra, depósitos inmensos de energía en el Universo que vayan compensando lo que en la Tierra se pierde, y aplacen así, bien que no logren cancelar, la sentencia de muerte de aquél. En cualquier hipótesis, la presencia de una valoración jerárquica resulta aquí innegable; como lo resulta, en sentido contrario, dentro de aquella otra versión, que intenta desproblematizar la antinomia, atribuyendo a la naturaleza viva un poder de creación, donde se compensa la evolución letal de lo inorgánico; con lo cual, la degradación de la energía, convertida ahora en creación de la energía —o según el título famoso de la obra de Bergson, en «evolución creatriz»—, se torna la favorecida por una principalidad, que se le concede sobre la mecánica caducidad de lo inerte. Y no hay ya que hablar de lo jerárquico de las soluciones necesarias en Medicina; carácter bien visible, cuando la contraindicación se ha transformado en sátira, así la que llena la literatura y la biografía renacentistas de episodios humanísticos o burlescos: la experiencia, no sólo reemplazó al silogismo, sino que lo degradó al nivel de impía farsa; y esto llega casi hasta ahora, cuando quizá alguna reacción se dibuje en favor de la rehabilitación de lo apriorístico y racional en la misma práctica médica. Y no hay que decir si el pensamiento según jerarquía, se aplica a las ciencias morales: ni siquiera aquellos ensayos relativistas, donde amenazaba cuajarse el intento de reducir toda la Moral a una mera «Ciencia de las costumbres», han dejado a su vez de preferir siquiera la costumbre de no tiranizar a los hombres en materia de moral, ni, después de todo, mirar demasiado en ello, a la otra costumbre de atarles corto y de castigar despiadadamente cualquier infracción.

VIII. PROCESO HEGELIANO E IRONÍA SOCRÁTICA

De igual modo, en el encuentro entre una tesis filosófica y su antítesis, el vivir y la superior filosofía que logre integrar al vivir establecerán una posibilidad de coexistencia, a la que, a veces, en los anales del pensamiento dialéctico se ha dado el nombre de *síntesis*. La influencia de Hegel en toda la filosofía del Ochocientos fue el principal agente de difusión de una tendencia a la superación de los contrarios, a la cual se dio entonces ese nombre de síntesis; así como de un esquema del histórico devenir, donde eran presentados, en simetría de la histórica sucesión, los tres momentos: *tesis, antítesis, síntesis*. Como esquema sucesivo que éste era, iba implícito en el mismo un recurso a la noción del tiempo. En rigor, la actitud de un hegeliano ante la contradicción no se diferencia gran cosa de la del común de hombres de ciencia, cuando, al formular una conclusión cualquiera, no excluyen la posibilidad de las rectificaciones futuras, traídas por nuevos descubrimientos, por las progresivas revelaciones de lo real. Aparte de algunas excepciones, de tal cual ejemplo de cerrazón dogmática, casos que fueron sobre todo frecuentes cuando la boga del positivismo —la negativa de Auguste Comte, presentada en forma de prejuicio radical, acerca de la posibilidad de que un día se pudiese analizar químicamente la composición de los astros, ha quedado como caso típico de esa posición dogmática—, la verdad es que la posición corriente entre los hombres de ciencia se cura en salud acerca de la infinita validez en los siglos de los resultados obtenidos ya.

Pero si tal actitud, sojuzgada por el tiempo, opera, por decirlo así, en el vacío, hay otra posible actitud, más adecuadamente digna del filósofo, en que la previsión de lo contradictorio ni tan sólo espera a que la contradicción se produzca. Incluye ya la contradicción en su propia fórmula. Y sin debilitar para nada esta fórmula, sin regatearle la adhesión de la propia fe, encumbrándola lo más alto de esta legalidad racional, por donde se ennoblece el conocimiento humano, acepta no obstante la existencia marginal de una contradicción. Incluye subordinadamente la tesis; y se clava vencida o clandestina conspiradora, en el campo de la tesis; y su conciliación, así, no debe recibir el nombre de *síntesis*, sino, en méritos a su establecimiento de una jerárquica subordinación, el nombre de *ironía*... Alejemos de nosotros la idea de que la ironía constituye simplemente algo reducido a la expresión literaria, oral o escrita, del pensamiento. No queramos ver en ella un artificio de estilo; o, mejor aún, acordémonos de que hay también estilo, no ya en la manera de decir, sino en la manera de pensar. Y, en cuanto a títulos de nobleza, reconozcamos que, si, a la Dialéctica según síntesis, éstos le vienen de Hegel, a la Dialéctica según ironía, le vienen de Sócrates. Él fue quien, por magisterio de su doctrina, enseñó por manera definitiva a las mentes, no a dudar —que ello hubiera sido de un estéril resultado, siquiera se hiciese como, mucho más tarde, en su hora, Descartes, bajo la enseña de «duda metódica»—, sino a afirmar, sí; pero a afirmar *con matiz*. Así como, en la composición musical, una línea melódica va acompañada de sus armónicos, sin negarse siquiera a integrar en su conjunto armónico la disonancia, así, en la ironía de Sócrates, y probablemente en la de todo pensador verdadero, cada afirmación se rodea de la compañía infinita de sus posibilidades de negación y, principalmente, de sus posibilidades de problema, que vienen a constituir, con otras tantas impurezas, otras tantas vitaminas que la dotan de potencia para la nutrición ideal humana. La fórmula conceptualmente tiránica, la fórmula sin matiz, la que se llama apodíctica, es inerte. Únicamente el pensamiento *asertorio* satisface, sin merma de un racional carácter, la exigencia vital.

IX. EL DIÁLOGO

Sólo a este precio conserva su valor aquella osada afirmación de Fichte: «*Die Formel ist die gröste Wohltat, für den Menschen*», o sea que la Fórmula es, para el hombre, el mayor de los beneficios. Sin ello se vuelve —se ha vuelto en cien ocasiones— dentro de la historia de la cultura, la peor de las servidumbres. La servidumbre a que alude Mefisto cuando, en una escena de la segunda parte del «Fausto», acercándose en un aparte a los espectadores, y ante la tiranía del Homúnculo, que, apenas fabricado, les lleva a él y a Wagner a donde no querrían ir, suelta esta malicia:

Am Ende hängen, doch wir ab
Von Creaturen die wir machten.

Sí, acabamos por depender siempre de los fantasmas que nosotros mismos hemos fabricado. ¡Pero, mientras nuestra libertad interior se guarde intacta, no habrá en ello gran mal! Lo malo es cuando la servidumbre carece de esperanza... El filósofo rinde homenaje a la Fórmula vigente. Marginalmente, empero, ayuda en la oscuridad a la otra Fórmula, que vive ya al margen de aquélla y contra ella conspira y un día ha de vencerla y la substituirá. Hay así en la actitud del pensamiento filosófico una inevitable doblez. Y quisiéramos desposeer ahora este vocablo de toda carga peyorativa, que le corresponde por una acostumbrada cotización moral. «Doblez» quiere decir aquí «dualidad», únicamente: si hemos utilizado un término de mala fama, es simplemente para evitar el otro peligro, más grave en lo teórico, de que dualidad se confunda en duplicación.

Lo que se subraya aquí es la dinámica esencial de la actitud mental creadora; aquella necesidad de un acompañamiento armónico contradictorio, sin el cual la inteligencia no podría avanzar un paso en su andadura. Por esto, una grave desconfianza ha de movernos siempre contra toda filosofía que se traduzca ásperamente a monólogos, que sea o se finja engendrada en la soledad de una mente y como producto de lo que se llama «meditación». Atrevidamente llegaríamos a negar que jamás hubiese existido un pensamiento, y menos que nada un pensamiento filosófico, que no haya sido escrito o hablado. El diálogo es la fuente filosófica por excelencia. Dialéctica y diálogo, ya emparentados estrechamente por la etimología, se enlazan más estrechamente aún en la profunda realidad de las cosas. ¿Quién no ha advertido, cuenta habida de ello, la vanidad de toda distinción esquemática y recortada, entre autor y lector, entre disertador y oyente? La lección de la presencia, la de la frente atenta o de las cejas juntas, la del labio irónico o de la ágil llamita del mirar, la recibe aquél de éste, tanto como éste de aquél la de la voz circunstancialmente doctora.

Ni es necesaria la dualidad de voces, si atendemos bien a la esencia de la cuestión, para que el diálogo se produzca. Diálogo hay cuando, de cualquier manera, el autor toma en cuenta el pensamiento ajeno y lo incorpora al propio, o bien establece entre ellos un modo, sea como fuere, de oposición o contraste. Diálogo hay en la referencia, en la alusión, en la cita, en la historia del tema, en la relación del texto, en la discusión, en la refutación. Diálogo hay cuando, en un libro, por ejemplo, aquel que establece una tesis y la sustenta, prevé las objeciones posibles y anticipadamente mide su alcance, quita su fuerza, extirpa su intención, destruye o reduce su eficacia. Formas de amplio diálogo existen, igualmente, en toda las instituciones de vivir científico universal: en la erudición, que analiza insistentemente las opiniones antiguas; en la información, que rápidamente comunica las recientes; no hay que decir si en todo congreso o academia. Pero no es sólo que el pensamiento necesite del diálogo, sino que es, en esencia, el mismo diálogo. Y la diversidad de las opiniones, que al principio se nos había presentado como un obstáculo, podemos verla ahora, al revés, como una condición.

Hay que aprender a ver, en la historia de la Filosofía, como una amplia asamblea. Y, cuando en ella —no importe si contradiciéndose—, han pronunciado ya sus discursos los preopinantes Heráclito y Pitágoras, Sócrates y Platón y Aristóteles, Epicteto y Epicuro, Dionisio y Agustín, Tomás y Escoto, Lulio y Vives y Suárez, Descartes y Spinoza y Leibniz, Kant y Hegel y los Románticos y los ochocentistas y los modernos y Kierkegaard y el profesor Heidegger, que vive aún, la palabra pasa a...

A ti, lector, a cuyo oído soplo yo, en el libro presente, el secreto de la Filosofía.

LECCIÓN II

EL CONTENIDO DE LA FILOSOFÍA

I. «PALABRAS..., PALABRAS..., PALABRAS...»

Al llegar a este punto, tropieza el investigador del secreto de la Filosofía con una dificultad, que le acongoja en el denuedo, a no ser que soliviante a su malicia con la tentación. Se encuentra con el hecho extremadamente conturbador, para quien reflexiona, de que la Filosofía se componga de palabras. No únicamente los libros de Filosofía, entiéndase bien: la Filosofía en sí. Advertencia de que no anda lejos la perspectiva de una identificación, más o menos rigurosa, entre los términos Filosofía y palabrería. Ahora que ya sabíamos que la Filosofía existe y tiene derecho a existir; ahora, que la tomamos en serio, como algo deseable, así la vida; como algo ineluctable, así la muerte, esta sospecha nos sobrecoge, de si, aun dentro de tanto precio y de tal inexcusabilidad, todo en ella se reduciría a un juego vano, como el de un concurso de espejos, que no hicieran otra cosa sino cambiarse inasibles ilusiones.

La desconsideración hacia la palabra no es sentimiento nuevo entre los hombres, ni solamente nacida tras de sonar la hora histórica en que empezaron a pulular en naciones y sociedades los discursos hueros, halago y bobada para el vulgo. Cuando Hamlet sale a escena llevando un libro en manos, probablemente de Filosofía, puesto que ha tratado de encontrar en él solución a los arcanos de su dramática existencia, a la pregunta del cortesano sobre qué lee, contesta, envolviendo en una sola actitud de menosprecio el fondo y la forma de su lectura: «*Words..., words..., words!*». Ni había esperado a Hamlet aquel proverbio, también, aunque más atenuadamente, desvalorizador de la palabra, según la cual, si ésta es plata, el silencio es oro. Ni en realidad contradice esto, antes lo confirma, aquella otra atribución de significado a la voz «Filosofía», en que no anduvo solo el pintor Zuloaga, cuando un día, al regreso de una excursión a Segovia, donde conociera a un pobre enano, a estilo de sus congéneres que Velázquez retratara para la inmortalidad, le contaba a un amigo: «¡Hubieras visto qué filósofo! No dice nada». Sino que ahí le acompañaban innúmeras sectas, religiosas o a tal asimilables, que, sobre todo en Oriente, cifran la suprema sabiduría para el hombre en el buen callar.

II. EL «LOGOS»

Ocurre, con todo, que tan mala reputación de la palabra coincida con un respeto de signo contrario; con una exaltación, una verdadera adoración inclusive, a ella consagrada. Desde luego, el investigador del secreto de la Filosofía no ha olvidado, y ahora lo recuerda oportunamente, que el vocablo griego «logos», con el cual se alude al pensamiento, a la vez que a la razón y del cual sale el derivado «Lógica», significa también la palabra, el lenguaje, el discurso. Atina igualmente en que no puede ser enteramente la casualidad la que, en castellano, reúna las dos expresiones «discurso» y «razón», y llame hombre de buen discurso a quien discurre hábilmente y, al discurrir, razonar. Pero, ¿qué más, si hasta se atribuye al «Logos» entidad divina y esto de que el «Logos», es decir, «el Verbo» se haga carne abre la historia de nuestra Redención? Con gran anterioridad, por otra parte, al Evangelio de San Juan, y hasta a cualquier metafísica neoplatónica de los alejandrinos, muchedumbre incontable de mentes primitivas —se está a pique de decir que todas—, y otras muchedumbres de mentes ya no tan primitivas, se han obstinado en atribuir a la palabra un poder mágico, una eficacia creadora o aniquiladora, o mudadora sobre lo real, con instrumentos de nominación, encantamiento, exorcismo, conjuro. Nada tenía que ver, por otro lado, con el Evangelista San Juan, el enciclopedista francés que trató de definir la Ciencia —nada menos que la Ciencia— en los términos siguientes: «La Ciencia no es más que una lengua bien hecha»... Incluyamos igualmente en este inventario de vindicación, la reverencia que hacia la riqueza de contenido del lenguaje real han manifestado tantos semánticos y filólogos. Y, encima de ello, la ultranza, que nosotros mismos nos hemos permitido alguna vez, al confesar que «las palabras son más profundas que los conceptos»; los cuales no hacen más que reflejar la profundidad de las palabras —¡hasta donde pueden, los infelices!—. ¡Hay que ver en qué para el concepto «belleza», tal como los más doctos tratados calológicos y calotécnicos lo definen, cada vez que hienden los aires las tres sílabas españolas de esta palabra: *Belleza*! Conviene, de todos modos, que no aceptemos así como así la definición de la Ciencia por el enciclopedista. La Ciencia será «un lenguaje bien hecho», si se quiere. Pero resulta inevitable que en este «bien hacer» el lenguaje *se enfríe*, perdiendo así por un lado lo que por otro gana, y sin duda, más. Quiere decir que cada palabra del lenguaje adquiere aquí una determinación convencional, fija, delimitada, por la cual toma el valor estable de un signo, definición de un concepto. Tal determinación, la palabra no la conoció al principio, cuando el hablar era para los hombres una efervescencia figurativa, que al pasarles por boca y labios, les embriagaba como un vino generoso. Hubo un momento en que la palabra «volumen», verbigracia, suscitaba simplemente la imagen de un envoltorio. Este envoltorio podía entrar en la frase de infinitas maneras, cada una con un infinito juego de posibilidades; con campo tan dilatado alguna, que hasta por ahí se derramaba la voz sobre la geometría, dentro de la cual el «volumen» encerraba cuanto en la tierra o en la mente posee tres dimensiones; y también, por el campo de los valores morales, en el cual se dice que algo, una objeción, por ejemplo, tiene volumen cuando tiene importancia. Pero la dirección evolutiva en que el término «volumen» se ha empobrecido más es, naturalmente, aquella en que se ha fijado más; en que ha llegado a significar una figura que se presenta a los ojos, cabalmente, como lo más contrario al envoltorio que se abre enderezando una voluta: al *tomo* de nuestros libros modernos, que se abren y leen no desarrollando nada; sino, al contrario, *aplacando* hoja tras hoja, a los fines del leer. Y todavía más fijamente, más definitoriamente y, por tanto, más inerte y pobremente que en el léxico usual, que llama *volumen* al *tomo* de un libro, estará la palabra en el convencional lenguaje administrativo, en el de las tarifas de Aduana, por ejemplo; donde, para que un objeto se llame «volumen», han de reunirse ciertas condiciones, que unos impresos presentan y otros no.

Pues, la perfección de la Ciencia exige aún más rigurosas condiciones en los términos empleados que las tarifas aduaneras y las otras disposiciones administrativas. Recuérdese cómo los términos de la Ciencia son reemplazados ventajosamente por símbolos abstractos o por guarismos, a que el conocimiento científico recurre siempre que puede. Mientras a mayor altura de perfección raya un saber constituido, menos se fía de las palabras y más empleo hace de las fórmulas... Algunos bien intencionados conferenciantes y otros vulgarizadores del saber se alaban, pongamos por caso, de poder explicar a auditorios sin preparación técnica y, ellos, sin recurso a «fórmulas matemáticas», la teoría de la relatividad o los porcentajes del mendelismo: ya se entiende en la coyuntura, sin embargo, que tales explicaciones no pasan de aproximadas y que la índole científica de las mismas no iba a soportar demasiado la objeción. Al nivel de generalidad que la Ciencia exige, el lenguaje se ha vuelto abstracto y *no retrata* ya la realidad concreta. Son entonces las palabras como billetes de banco, que valen lo que oficialmente se ha dispuesto que valgan; pero no como las monedas de plata y de oro, susceptibles cada una de un valor estimativo, dependiente de mil circunstancias, bien que ajeno a la rigidez de la convención.

III. LA PALABRA, EN FILOSOFÍA, NO ES UN SIGNO

Cuando se dice, por consiguiente, que la Filosofía se compone de palabras, no se viene a indicar que se componga de palabras así como se compone la ciencia o, mejor dicho, la traducción oral de la ciencia. En ésta, las palabras son *signos*, por los cuales es expresado el pensamiento. Mientras que, en la Filosofía, *el pensamiento mismo* encarna y se desarrolla en la expresión. No son los conceptos los que entran en la composición de la Filosofía, sino *las palabras*, en las cuales se implica, según se hace en los conceptos, una generalidad; pero igualmente, como en las cosas reales, una concreción. Por esto, de los términos que maneja la Filosofía no cabe en rigor dar definiciones; no cabe, desde luego, dar definiciones *consumadas*, como aquellas cuyo primor consiste en no contener más que la connotación del «género próximo» y de la «última diferencia». En los Diccionarios de Filosofía se advierte cómo el texto pasa inmediatamente a referir las *interpretaciones* que a cada palabra han dado los distintos filósofos. Hay, pues, en el léxico, verdaderamente filosófico, un mínimo de equívoco —garantía de vivacidad— inevitable. Y, encima de inevitable, codiciable. Nosotros mismos hemos referido varias veces lo que nos dijo, en Leiden, el filósofo Bolland: «Lo nuestro es un juego de retruécanos sublimes». Según él —que desde luego exageraba—, los filósofos son los más próximos parientes de los planteadores y de los solucionadores de «colmos» y de «y-qué-le-dijo». Ni siquiera cierta dosis de mala fe era excluída del caso por el atrabiliario profesor. Sacando, en efecto, la cabeza por la ventana de su casita del Oude Singel, que daba al Besten-Markt, y mostrando en éste a los vendedores y compradores de ganado, que andaban en feria, se atrevió, bien lo recordamos, a comparar la cazurrería de los mismos, tan reservones siempre en lo de dar un precio o adelantarse a un contrato, con la ambigüedad apasionada del filósofo, interesado en dar a las palabras, con todas las posibilidades de equívoco, todas las posibilidades de dinamismo vital.

—«Bien», se dirá tal vez. «Pero todo lo dicho anteriormente sobre el carácter de las palabras que emplea la Ciencia se refiere a las Ciencias abstractas, no a los saberes descriptivos; como la Geografía y la Historia y la que no en vano se llama —como para subrayar el vínculo de parentesco con esta última— "Historia Natural"». Se advierte, sin embargo, que, en los saberes descriptivos como en los otros, *también* las palabras valen como traducción *de otras cosas* que, si en unos casos son conceptos, en otros son objetos singulares o entidades específicas, pero no genéricas y permanentes. La prueba es que, si bien nos fijamos, el término «Historia» podrá referirse a dos contenidos distintos: bien a la narración de los sucesos históricos, bien a los sucesos históricos mismos. Cuando decimos «la historia de España está por hacer» no aludimos a lo mismo que al decir: «la historia de España depende de su situación fronteriza respecto del continente africano». No ocurre lo propio con la Filosofía. Cuando se dice: «Filosofía española», el objeto a que nuestro enunciado corresponde es siempre el mismo. La realidad de la Filosofía española es exactamente la misma que la referencia a la Filosofía española; a menos, es claro, que la expresión se refiera, no a la Filosofía en sí, sino a los instrumentos que la han publicado; en cuyo caso ya lo que se debiera decir es «Historia de la Filosofía española»; introduciendo así un elemento descriptivo, ajeno al contenido mismo de la Filosofía y que hace pasar la materia del conocimiento a un orden completamente aparte del primero, entre los órdenes del saber.

Por este ejemplo se puede ver hasta qué punto la situación de la Filosofía entre los mismos es singular. Y empieza además a adivinarse, si nos acordamos de las expresiones ponderativas arrancadas a los humanos por el precio de la palabra o por el lenguaje, la posibilidad de que la materia sobre la cual la Filosofía opera sea una materia infinitamente preciosa. En rigor, las expresiones despectivas con que se condena la palabra vana no empecen a las apologéticas con que se llega a exaltar, en el otro extremo, el de la palabra mágica. Lo que descorazonaba a Hamlet era la no correspondencia de lo que en el libro leía con la realidad; por lo menos con la realidad que le interesaba y en la cual andaba buscando el secreto de sus torturas. Al contrario, lo que mueve a los hombres a exaltación respecto del lenguaje, es la correspondencia estrechísima, que en el mismo encuentra o adivina, respecto de lo real; tan estrecha, que hasta su empleo obtiene sobre lo real una virtud de eficacia, conducible, no sólo a los extremos de la apropiación, sino a los de la creación. Cabe investigar si el verbo humano encierra contenidos que, sobrepasando la simulación, no tengan para qué llegar, por ello, a la utilización. Pudiera ser que, escondido en tal repertorio, se encontrase el secreto de la Filosofía.

IV. ASPECTO, SIGNIFICADO Y SENTIDO DE LAS PALABRAS

Bien pertenezcan al lenguaje oral, bien al escrito, las palabras humanas son objetos materiales, trazos o sonidos enlazados hasta componer cada una de ellas. Las del lenguaje oral caen bajo la jurisdicción del oído; las del lenguaje escrito, de la vista. Las primeras se enlazan de este modo con todos los ruidos de la naturaleza: un grito humano compite con el rumor del viento o del mar; puede ser dominado por él o dominarlo; se asocia con el sonar de los violines o de las trompetas; se transmite por los hilos del teléfono o en el movimiento de las ondas para la radio. Por su parte, los trazos de la palabra escrita pertenecen al mismo mundo visual que un dibujo o un arabesco; se estabilizan sobre el papel de la carta o del libro; puede reemplazarlos un grabado o una estampa; han sido, dentro de los usos de otros tiempos, cuña en el ladrillo caldeo, imagen en el jeroglífico egipcio. Además, entre lo auditivo y lo visual puede haber intercambio. Quien impresiona un disco de fonógrafo trueca sonidos en trazos. Quien maneja un aparato «Morse» se encargará de traducir a golpecillos convencionales el significado que antes han tenido los rasgos de la escritura del remitente de un telegrama.

I. SÓCRATES (Hacia 470-400 antes de J.C.)
Retrato imaginario de la época de Alejandro

II. PLATÓN (Hacia 427-347 antes de J.C.)
Pintura de Rafael en «La Escuela de Atenas»
(Estancias del Vaticano)

Esto, por lo que se refiere a la entidad material de los elementos que componen el lenguaje. Acabamos de recordar que, además de ésta, tienen las palabras una entidad nocional, por la cual cada una de ellas corresponde a un concepto, encierra una significación. La significación o significado de la palabra asume lo que en el vocabulario de los lógicos se llama su definición, es decir, la reunión de su cualidad genérica más próxima y de su última diferencia específica. El significado es la síntesis de aquello mismo en que la definición es el análisis. Lo que la palabra «hombre» significa reúne en noción única lo que la definición separa analíticamente en los términos «animal» y «racional». Por esto, la perfección del significado se sobrepone a la excelencia de la definición. Sabido es que para que una definición se llame buena ha de poder referirse a todos y a cada uno de los objetos reales, pertenecientes a series distintas. Si yo digo «silla», mi palabra, en lo que tiene de conceptual, deberá poder referirse a todas las sillas del mundo, de cualquier materia y variedad que sean, a todas las sillas actuales o posibles, y no podrá referirse a ningún otro objeto, por semejante o fronterizo que le sea: no ha de poder referirse ni a un taburete, ni a una butaca, ni a un canapé; para que estos objetos entraran en la definición y, por consiguiente, en el significado, yo, en vez de la palabra «silla», hubiera debido emplear la palabra «asiento», género próximo común a todas las entidades significadas por los vocablos anteriores. El significado de la palabra «silla» será, pues, el que se analiza en la siguiente definición: «asiento unipersonal, con respaldo y sin brazos», con lo cual se distingue del canapé, donde pueden sentarse varias personas; del taburete, que no tiene respaldo; de la butaca, que tiene brazos. De todo lo cual se deduce que el verdadero significado de una palabra es siempre *unívoco*, sin tolerancia de equívoco posible. Lo que los Diccionarios llaman «acepciones» de una misma palabra no son, desde el punto de vista del significado, tales acepciones o bien no lo son *de la misma* palabra. Conceptualmente, o bien se trata de palabras distintas, o bien de la transformación de la palabra *en figura*; que por algo se llama, al resultado de esta transformación, «lenguaje figurativo». Para que sea justificado el decir que una misma palabra tiene varias acepciones, hay que olvidar, para dicha palabra, las exigencias conceptuales anteriores y emplear un recurso a la noción de «sentido» (y aquí, de la expresión, también usual: *sentido figurado*), de que vamos a hablar en el párrafo siguiente.

Pero encima de ello hay en cada palabra un germen, unas posibilidades, un movimiento. Hay un impulso del pensar, una potencia activa de enlace, fuente de metáforas y de figuras. Hay igualmente una herencia, una impregnación en relentes allí acumulados, de cada vez que la palabra ha servido, sobre todo si ha servido al genio. Hay, por fin, una fuerza de proliferación, ora poética, ora heroica —de cada palabra cabría decir lo que Nietzsche del hombre, que «es algo que desea ser superado»—, que nuestra mente puede captar. Toda palabra, pues, tiene de una parte, *una forma*; de otra parte, *un significado*; de otra parte, y es lo más misterioso de ellas, *un sentido*. La más profunda, la más valedera de las comprensiones de un vocablo será aquella que penetre el secreto de su sentido.

V. FORMA, EXPRESIÓN

Adviértase que este esquema trinitario puede aplicarse igualmente a otras realidades, que son también forma, expresión. Las del arte, por ejemplo. Cabe decir, inclusive, que se encuentra en aquélla la razón por donde la crítica del arte se ha podido recientemente renovar. Supongamos un pintor. Supongamos que Goya está aquí, delante de nosotros, escribiendo o dibujando y que, sobre un papel blanco, le han caído por accidente unas manchas de tinta. Goya toma el manchado papel. Para él, en este momento, las manchas de tinta son una pura existencia. Claro está que, más arriba, en el orden total de la naturaleza, las tales manchas serán, a su vez, una expresión: la expresión, si otra cosa no, de la ley física o de la trama de leyes físicas gracias a las cuales el accidente se ha producido. Pero, de este grado de expresividad de la cosa, nuestro hombre puede no tomar cura: lo repetimos, el papel manchado es una simple existencia para él.

Sin embargo, ocurre que en esta ocasión, como según parece hizo el mismo Goya en muchas otras, el juego de la pluma, por capricho, se da a utilizar aquellos borrones cambiando un poco su contorno, añadiéndoles líneas u otras manchas, enlazándolos, por manera que del enlace salga hecha y derecha una figura, una caricatura, un personaje, con sus ojos y nariz y boca, con sus brazos y piernas. Entonces, lo que sólo fue existencia material al principio, habrá ganado una significación: lo negro sobre lo blanco significará un muñeco, el trasunto de una figura humana.

Y ahora, un paso más por el mismo camino. Nuestro Goya, que empezó distraídamente su delinear y manchar, ve que el resultado tiene gracia y a la mente le viene el propósito de utilizarlo para componer una obra de arte, bien que sea modesta, bien que no se trate con la misma precisamente de alcanzar la inmortalidad. Esta obra de arte es producida, vendida, regalada, expuesta, etc. Entra a formar parte del repertorio general de la obra goyesca. Entra, a su vez, en conjuntos más amplios, el del arte del siglo XVIII, el de la pintura universal, el de la cultura humana. Entonces, llegadas a lo más alto en la escala de la expresión, aquellas primeras manchas del accidente habrán ganado una plenitud de sentido. Se cargará, como de una electricidad, de todas las imposiciones culturales procedentes de estos conjuntos. Oneradas así, llegarán a un grado de expresividad que las hará dignas de ser contadas como símbolos, sin dejar de ser objetos.

VI. EL VERBO

Aquí una dificultad puede salirnos al paso y detener nuestro ideológico avance. Usual es que la atribución de sentido se refiera, no a *una palabra* sola, sino a un conjunto oral, a *una frase* por lo menos. Paralelamente, en nuestro ejemplo de Goya, no es imposible que alguien crea poder objetar que nuestra consideración de un «sentido» sobre el cual se ejercía, entraba a formar parte de más amplios conjuntos, obra suya, obra de un país, obra de su tiempo, etc. Es —desenmascaremos la objeción, a tiempo de dar cuenta de ella— la eterna, la consabida aporía del nominalismo, que tantas y tan aparentemente diversas formas reviste: la que nos dice que no «hay humanidad», sino «hombres»; ni «el caballo» como especie, sino un caballo, más otro caballo, más otro. La que en medicina nos conturba con lo de que «no existen enfermedades, sino enfermos»; y, en estética, «que no hay belleza, sino obras de arte»; y, en cultura, que lo existente son «las culturas»; y, ante cualquier intento científico de generalidad, que no hay más saber que el saber empírico... ¡Un momento!

Un momento, siquiera el suficiente para atinar en que, entre las palabras del Diccionario, para volver al ejemplo más arquetípico tal vez entre los suscitados, las hay que se llaman «verbos» —lo mismo que genéricamente el lenguaje todo—, que se llaman «verbos» por una especie de antonomasia, porque en ellas se presenta con más intensidad la función difusa en la escala entera de aquél. Y que, cuando lógicamente se analiza una frase, una oración, este verbo se llama «cópula», en virtud de esta función por él cumplida, que no es la de ligar, adicionar o grabar tan sólo, sino la de engendrar, de crear. La simple adición nada engendra, ni la de macho y hembra si éstos no copulan; es decir, si no ponen en acción sendos elementos biológicos, que en ellos ya existían y que se unen para lograr la existencia de un ser nuevo. Quiere decir que una corriente de vida se encontraba ya en depósito en el padre y en la madre copulados, corriente no ceñida por los límites de sus respectivas individualidades. Como también una corriente de sentido se encuentra ya implícitamente en cada palabra del Diccionario, corriente no circunscrita ni por la forma exterior de cada palabra ni por su propia conceptual significación.

Y, al igual, en cada particular delincuente, más aún, en cada caso de delincuencia hay un delito, una «figura de delito», capaz de ser considerada con independencia de él. Y en cada enfermo una enfermedad, una «figura de enfermedad», que, en el caso de las contagiosas, se llama microbio, o bacteria o como se quiera; pero que tanto existe, que es justamente él, no el primer enfermo de los dos, quien opera el contagio. Si no hubiese «enfermedades» capaces de subsistir con independencia de los enfermos, nadie la pegaría a nadie ni un mal orzuelo. Y no existirían escuelas en las artes, ni tampoco en rigor llegarían a diferenciarse entre sí las artes, si cada particular obra de arte no contuviera algo así como el germen, el microbio, la potencia copulativa, el verbo, en fin, que hace, de generalidades como «la pintura», «la escultura», «el arte», «la belleza», otra cosa que simples adiciones.

Más aún. Alojemos en un momento de reflexión la sospecha, por lo menos, de que, en lo que se refiere a la objetividad de su existir, sean más bien ciertos conjuntos los que la tienen cabal; por modo que lo que exija, al revés, un cierto proceso de elaboración abstractiva y convencional, sean más bien los elementos aislados, dichos individuales. Ya no resulta novedad entre filólogos la observación de que lo que forma objetivamente el lenguaje, y lo que ellos deben considerar en primer lugar, por consiguiente, no son *las palabras*, sino *las frases* —con la consecuencia práctica, entre otras, de que lo primero que conviene dar al aprendiz de una enseñanza de las lenguas vivas sea una sintaxis y no un vocabulario—. No nos extrañaría que también a la enseñanza de los médicos se empezara a volver hoy, sustituyendo el nominalismo por el realismo, a estudiar las enfermedades *como entidades*, trabajando ese estudio tanto, por lo menos, en el laboratorio como en la clínica. Y nada digamos de los psicólogos: si algún progreso se ha realizado últimamente en psicología, ha consistido en conducir a caminos de tipología caracterológica los pasos que ya habían dado la vuelta en el callejón sin salida de la psicología individual.

VII. INDIVIDUO Y OBJETO

Nada sorprende y escandaliza tanto a quien hoy, con un poco de ánimo crítico, se da a revisar los temas habituales de la Filosofía y su tratamiento por sus más notorios cultivadores en el pasado, como el ver la facilidad con que han podido circular entre ellos, como una moneda de buena ley, nociones de cuño tan borroso como las de «individuo» y «objeto». Ha sido común el quedarse tranquilo dando por supuesto que el individuo llamado Publio estaba formado por el conjunto de lo incluido en el contorno de su cuerpo, concebido éste como una línea cerrada de coronilla a talón; y que el objeto llamado «estilográfica» es una realidad que tres dedos pueden ceñir y en cuyo interior se encuentra, pronto a salir a la presión del ápice contra una superficie, *otro* objeto individual, líquido éste, llamado tinta.

A lo más, se ha entrevisto que Publio tenía un alma —alma *individual también*—, esto es, definible según un contorno *cerrado*; y la estilográfica, la propiedad de servir a Publio, o dígase de reducirse a su vez al reducto de un individuo. Ahora es claro que, según tales supuestos, debe operar el torniquete que ha registrado hoy las entradas en el Zoo o el notario que mañana reseñará los bienes de Publio tras de la defunción de este caballero. Pero también es claro que una investigación algo reflexiva jamás se dará por contenta, en su aspiración a captar íntegramente la realidad, con tan arbitrarias abstracciones, bastantes para el buen uso de los notarios o de los torniquetes.

La investigación reflexiva no tardará en atinar en que Publio, por lo menos, *contiene* en su individualidad la herencia fisiológica de un padre artrítico o de una madre mochales; herencia que, de momento y mientras Publio es mozo, no radica en ninguna parcela especial, incluida en el contorno lineal de Publio, ni siquiera en ningún atributo o facultad de lo que llamamos su alma; pero que se inserta, en cierto modo, en modo indefinible e indefinido, dentro de la individualidad de Publio. Paralelamente, en el mundo de los objetos, el más homogéneo y elemental inclusive, digamos —en renuncia, por su complejidad, a nuestra estilográfica— una bola de billar, el objeto más macizo en su estructura, el más soso y falto de donaire, tiene, si más no, en su superficie, una cierta asunción de la realidad circundante, una sequedad o humedad, una temperatura, unos reflejos, que, inevitablemente, insertan en su objetividad algo perteneciente a la vez a otras objetividades.

Para emplear otros términos, que ni objetos ni individuos viven en una campana neumática conceptual. Que, a cada paso, desde cualquier punto de vista, nos vemos forzados a reconocer en ellos realidades que *son* y *no son* ellos. Todavía de otro modo: que ni Publio ni la estilográfica o la bola de billar *acaban* donde convendría que acabasen, en beneficio de nuestro nominal esquema. Añadamos que tampoco su respectiva entidad *empieza* al mismo nivel que la observación de nuestros sentidos sobre ellas. La bola de billar podrá tener pegada una colilla de cigarrillo; pero ésta *no forma parte* de la bola de billar. A Publio le habrán clavado a los faldones del gabán, el día de los Santos Inocentes, lo que en ciertas provincias españolas se llama «*un largao*», en otras «*un dácalo*» y en otras «*una llufa*»; pero a nadie se le ocurrirá implicar ese parásito andrajo o papelucho en la personalidad de nuestro hombre.

VIII. EL VERBO CREADOR

Cada objeto, cada individuo es, pues, el receptáculo, el campo y, como se dice en matemáticas, el *lugar* de un racimo —¿y por qué no decir un enjambre?— de relaciones, cuyo número, por levemente que en ello se pare la reflexión, se nos ofrecerá como de cálculo infinito. Este enjambre o racimo, con todo, *no agota* la realidad del individuo u objeto, no puede substituirle en nuestra consideración de entidad. Un elemento infungible se alberga en él, sobre el cual resultaría vana cualquier tentativa de escamoteo ideológico. Ni los nominalistas más empedernidos se atreven a llevar la calumnia de ser las categorías generales de las cosas puros rótulos inventados por nuestro entendimiento, hasta el mundo de las cosas concretas y particulares. Podrá negarse que exista objetivamente un *eon* o «constante histórica» llamado «Imperio», sin que por ello nadie se atreva a negar que ha existido históricamente Napoleón Bonaparte. Menos que nunca, tratándose de una creación del espíritu humano, de un libro, de una pintura, de una estatua, cabe prescindir de esa doble objetividad. Precisamente, un instintivo reconocimiento de tal duplicidad es lo que en la práctica nos mueve a separar al *autor* del *editor* de un libro —llamando ahora convencionalmente editor a quien lo fabrica, a su impresor o a su encuadernador inclusive—, a quien le ha dado una forma intelectual que le constituye en objeto, de aquel otro que le da existencia material. Ahora bien, el esquema de esta duplicidad se repite en el espectáculo sensual del libro y en su consideración conceptual. Conceptualmente, tiene cualquier libro un significado: narrar la vida del Ingenioso Hidalgo Don Quijote de la Mancha, por ejemplo. Pero también alberga *otro* contenido que lo define no ya aisladamente, sino en función de distintas entidades de cultura, tiempos, tendencias, valores; es una lección contra los Libros de Caballería, quizá contra el espíritu mismo de ésta. Materialmente, a su vez, hay un «Quijote» aislable: volumen de tales dimensiones, paquete de hojas de tal papel, impresas por las dos caras. Y también, otro «Quijote» material, receptáculo de realidades más amplias, que es papel y tinta, y bramante del brochado, y pellejo de animal en la encuadernación, y color blanco en el papel, y color negro en la tinta, y huella de caracteres tipográficos y corte de guillotina en las páginas, y claridad de luz sobre estas páginas, y aire entre las hojas, y olor a humedad que las ha impregnado y labor incógnita del vermo en larva, que acabará con ellas.

Si examinamos, pues, el asunto del libro, lo encontraremos duplicado por otro asunto. Si su forma, espejeada en otra forma. Ahora, con un cuadro, con una estatua, acontecerá lo mismo. La imagen del santo tendrá, en lo material, *además* de la figura de hombre o de mujer, unos atributos o un nimbo en torno de la cabeza, o siquiera una peana; en lo moral, encima del trasunto, más o menos hipotético, del hombre que se llamó Bruno o del hombre que se llamó Francisco, por lo menos, su santidad, lo objetivo de su santidad... Cuentan que nuestro Alonso Cano tuvo no pocas veces, en el transcurso de su vida, sobre todo en sazón de su madurez tempestuosa, no pocos tropiezos con el Tribunal de la Inquisición. Venían tales lances de que el escultor, arrepentido muchas veces de lo que juzgaba imperfección de sus figuras cuando ya éstas andaban en los altares, se daba a destruirlas en el estilo del destrozo más airado; con lo cual no podían pasar quienes ya habían convertido al bulto, gracias a la consagración, en objeto sagrado; lo que revestía de impiedad nefanda a lo que sólo había inspirado una artística probidad. Esa transformación de una cosa por su consagración podrá juzgarse pura fantasía y aun imbécil superstición por parte de quienes durante mucho tiempo se han llamado «espíritus positivos». Estos «espíritus positivos», no obstante, han de ser los primeros en caer de su burro cuando se les echa encima la escociente realidad de que tal pedacito de papel, que en su bolsillo llevan, representa un mes de pensión, o no vale un pito, según que otro extrínseco pedacito de papel, la hoja del calendario, marque una fecha anterior o una fecha posterior a la del día escogido por el Ministro de Hacienda para término de su legal validez. Ni deje de tenerse en cuenta que Alonso Cano, si en su desmán se saltaba a la torera el *sentido* de algo, lo hacía en el fondo para obsequio de otro sentido: el de la belleza a que aspiraba y que, probablemente, nadie echaba de menos en la imagen sino él.

Contrariamente, pues, a otro famoso decir del Príncipe de Dinamarca, la verdad es que «hay menos cosas en la tierra y en el cielo de las que contiene nuestra filosofía». Porque, sobre dar cuenta, y cuenta superior, de las cosas del cielo y de la tierra, nuestra filosofía capta aquellas de entre tierra y cielo, por las cuales, onda o reflejo, discurre el verdadero sentido de las unas y de las otras. Necesita, pues, para ello, la Filosofía, disponer de unas antenas capaces de recoger algo más que los objetos de percepción, que pululan sobre la tierra y que las esencias abstractas, inmóviles en su cielo conceptual. Los elementos gracias a los cuales esas ondas, esos reflejos, se recogen y, a la vez, se emiten son las palabras. Las palabras que, materiales por su aspecto físico, conceptuales por su significación genérica, abarcan uno y otro mundo y lo que está entre los dos y lo que a los dos mundos envuelven. Las palabras, que por ser *formas*, son también *ideas*; quiere decir *realidades*, a cuyo lado los conceptos puros son puros signos; y las percepciones efímeras, cambiante ilusión. Porque todo en las palabras es símbolo, todo en las palabras es realidad. Si el Príncipe de Dinamarca aludía a ellas despectivamente, es porque su preocupación no buscaba en el libro abierto más que signos o claves con que interpretar los problemas favoritos de su locura; o porque su ensimismamiento distraído apenas si le dejaba obtener de los trazos negros sobre el papel blanco otra cosa que una pálida sensación. ¡Ah, pero el poeta o el filósofo, que había escrito aquellas palabras —si de veras procedían de auténtico poeta o filósofo—, cuánta vida no habría encerrado en ellas! ¡Cuánta no podían ganar allí los lectores capaces de entrar en comunión, *en diálogo*, con las mismas! ¡Y qué rica fuente para el mundo, para su cultura, qué alta operación de magia cumplida, si allí el verbo enunciaba el Misterio de la Trinidad o saludaba en estrofas regulares el nacer de Venus de la espuma! «El lenguaje —decía Humboldt— no es un *ergon*, es una *energueia*». O sea, que no es un resultado, algo que se guarda en la inercia del reposo, sino una energía, una creación continuada, un movimiento productor de realidad. Imaginemos que un interlocutor hipotético, al suspirar Hamlet: «Palabras..., palabras..., palabras», le traduce o interpreta así: «Energías..., energías..., energías». Por ventura, ese hipotético interlocutor hubiera salvado a Hamlet de su atonía. Y aun más: le hubiera igualmente redimido de su tragedia, si hubiese añadido, cifra y blasón de la Palabra Creadora: «... Y el Verbo se hizo carne».

LECCIÓN III
¿QUÉ ES FILOSOFAR?

I. RETRATOS, ESQUEMAS, SIGNOS

Sabemos ya de la existencia de obras de Filosofía entre aquellas cuyo reparto tenía que hacer nuestro bibliotecario perplejo. Sabemos también, aproximadamente, lo que puede haber dentro de ellas. Ahora, dejemos de considerar las obras, en sí mismas, para acordarnos de sus autores: tras de haber aprendido, siempre en prosecución del gran secreto, en qué consiste la Filosofía, veamos ahora de averiguar algo sobre la consistidura del filosofar y la manera o estilo de darle cuerda a esta consistidura.

Una primera rareza nos llama la atención, en la frontera entre esas dos series de cuestiones. El hecho, consecuencia ineludible del otro hecho, de que la Filosofía, considerada fuera de nosotros, se componga de palabras; de que la Filosofía, en nosotros, *se haga con palabras*. Advirtamos que hay un tipo de saber cuyos textos, apuradas las cosas, podrían substituirse casi enteramente por ilustraciones. ¿No cabe imaginar un libro de Botánica donde las páginas aparezcan con una muchedumbre de diseños y fotografías de vegetales, apenas acompañados por unas líneas de leyenda, y armados por una distribución en secciones, que corresponda a una clasificación? Otras disciplinas tienden a traducirse a signos, a algoritmos convencionales: las matemáticas encontrarían ahí su perfección. En cambio, el editor deseoso de ilustrar un libro de Filosofía debe recurrir a insertar en su curso unos retratos de grandes filósofos; cosa que tiene tanto que ver con él, como el «Vals de las Olas» que el pianista de un teatrillo de suburbio toca en el intermedio, con el acto de «Don Álvaro o la fuerza del sino» que los actores van a representar. Y si dicho editor ha dejado deslizar en algún rincón de sus páginas tal o cual fórmula o signo, ha sido pidiéndolos prestados por un instante a la una o la otra ciencia y en obsequio a la brevedad, en asunto donde no teníamos por qué detenernos.

Que no dispusiéramos del *retrato*, que no tuviéramos necesidad del *signo* de lo que debíamos decir, bien corresponderá a cierta emancipación de este nuestro asunto respecto de las representaciones del mundo exterior cuya apariencia traducen los retratos imitativamente, a la par que de las alusiones al mismo, quintaesenciadas convencionalmente por el signo. Nuestra función no habrá sido, pues, *la copia* de lo real; no estará tampoco en su *abstracción*. Si factores de copia o de abstracción subsisten en la especial manera de nuestro pensar, no es menos cierto que tampoco en los extremos de la serie esos tipos de elementos se dan *puros*. Hemos hablado de un logro aproximativo, al querer reducir a láminas un tratado botánico. Hemos hablado de una tendencia, en el esfuerzo de reducir la matemática a fórmulas desnudas. Ni lo empírico más grosero ni lo racional más alquitarado alcanzan a evitar la obligación de utilizar un mínimo de palabras. ¿Qué mucho, si en las palabras que emplea el filósofo se mezcla algún trasunto —un nombre propio, una cita, por ejemplo—, o bien se anticipa alguna abstracción? La Historia (incluyendo aquí la no en vano llamada «Historia Natural», si se quiere) se pone a nivel de empiria. El Análisis matemático, al de la arbitrariedad lógica. Entre Historia y Análisis, la función filosófica reúne *parecidos* análogos a los del retrato con la realidad y *exactitudes* análogas a las del guarismo respecto de la razón.

¿Tenemos ahora en mientes, al hablar de «retrato», los producidos por la fotografía? Los de la fotografía habitual en blanco y negro, desde luego, no. (Y en lo otro, lo de la fotografía en colores, hay tanto truco, que vale más que lo dejemos de lado.) Porque la fotografía en blanco y negro implica ya una abstracción cromática, para que se reduzca a una tinta la infinita riqueza de tintas que tiene, en su apariencia óptica, el objeto reproducido. Más bien hablaremos de pintura, al referirnos a la copia de la empiria; de pintura, que tiene todos los colores y todas las mezclas de los colores a su disposición. Pero, advirtamos ahora, entre los procedimientos de reproducción gráfica debe contarse y tomarse en cuenta, además de la técnica de la pintura, la del dibujo; además de la utilización de unos tubos o de unas pastillas de color, la de unos lápices, o una pluma, o, si se trata de un grabador, de un buril. Fijándonos bien, veremos que hay, en el dibujo o diseño, una función intermedia entre la copia imitativa de la pintura y la convencional alusión del signo. Al mismo esquema funcional del dibujo podemos reducir el de la Filosofía. Así como el dibujo es más abstracto que la pintura, pero más representativo que el Álgebra, la Filosofía, menos imitativa que la Historia, es considerablemente más racional que ella. Cuando nosotros mismos, por ejemplo, al operar filosóficamente con el contenido de la Historia, la transformamos en «Cultura» y hablamos de «constantes históricas», nos alejamos voluntariamente de *la copia* del material histórico, que sólo puede ya servirnos como documentación; y, del mismo golpe, superamos la estrechez del determinismo, o de cualquier otra forma de apriorismo, que pretendería manejar el material histórico como se manejan las piezas de una máquina.

Al hecho anterior calificamos de *analogía funcional de la Filosofía y el Dibujo*; y mil experiencias personales nos han confirmado la teórica (y hasta práctica) fecundidad de esta fórmula. El Dibujo asume la Pintura y la Simbología, como la Filosofía asume funcionalmente los contornos de la Historia y del Análisis. La Filosofía es a la Historia lo que el Dibujo a la Pintura. La Filosofía es a la Matemática lo que el Dibujo al signo.

II. ACOTACIÓN SOBRE VOCABULARIO

Hemos manejado hasta este instante con cierta voluntaria indecisión las expresiones, porque así convenía a la apertura del camino que intentábamos. Hora es ya de que renunciemos a este derecho, a cambio de una convencional precisión (precisión que, naturalmente, no excluye la ironía). Aquél tal vez nos condujera a algún extravío. Tal quien clava un clavo en la pared, multiplica unas primeras sacudidas del martillo en direcciones diversas, para darle en seguida, y duro, repetidamente en la cabeza. Procuremos, desde ahora, gracias a una convencional fijación de tecnicismo, dar siempre en el clavo. Con este designio, nos pondremos de acuerdo en que:

Primero: Se designa con la denominación de *Conocimiento* los factores de copia de lo real o de guarismo de lo racional que entren en nuestro saber. Se llama, en contraste, *Pensamiento* a las actividades conducidas a la esquematización inteligente de lo real o a la vitalización concreta de lo racional, que intervengan en este mismo saber. Conservaremos a la sintética plenitud de todos ellos el nombre de *Saber*, para que puedan caber conjuntamente en su seno la Ciencia y la Filosofía.

III. ARISTÓTELES (384-322 antes de J.C.)
Pintura de Rafael en «La Escuela de Atenas»
(*Estancias del Vaticano*)

IV. DIONISIO EL AREOPAGITA
(95 después de J.C. [?])
Pintura mural en el Monte Athos

Segundo: Se llama *Enciclopedia* al campo del conocimiento imitativo; *Ciencia*, al campo del conocimiento abstracto; *Filosofía*, al campo del Pensamiento.

Tercero: La *Historia* es la traducción común de todos los contenidos de la *Enciclopedia*; la *Matemática*, la más sublimada manifestación de los contenidos de la Ciencia; la *Filosofía* pudiera, según las condiciones que ya sabemos, nutrirse con substancia de *Diálogo*.

Cuarto: A *Historia, Matemática* y *Filosofía* corresponden en el repertorio especial de la representación gráfica: *Pintura, Álgebra, Dibujo*.

Quinto: El instrumento de la Empiria es la *Observación* (incluida la experimentación, dentro de ella). El instrumento de la Ciencia, la *Razón*. El instrumento de la Filosofía, la *Inteligencia*.

Sexto: La Observación quiere captar los *fenómenos*. La Razón quiere captar las esencias o *númenos*. La Inteligencia, las *figuras*.

Séptimo: A las observaciones que se estabilizan en presunciones de fijeza, llamaremos *leyes* (en el sentido de *casos-límite*, que se expondrá más adelante). A las figuras que se adelgazan hasta acercarse a la calidad de lo numénico llamamos *esquemas*. A los númenos que se vivifican hasta adquirir ciertas asunciones representativas, *númenes*. A los númenes que se concretan y vitalizan hasta el punto de poder entrar en la trama de la Historia, *Eones* o *constantes históricas*... Advirtamos desde aquí que, de estas dos últimas convenciones de nuestro tecnicismo, ningún uso, o poco, se ha de hacer en el libro presente. La última, por tener lugar adecuado y desarrollo cumplido en otras áreas del mismo autor, bautizadas de «Ciencia de la Cultura». La primera, la de los *númenes*, por corresponder a ciertas reflexiones y hasta devociones personales suyas, aun metidas, en parte, dentro de los dominios de la problemática, y que apenas si se siente con algún derecho a publicar; cuanto menos a incluir en un libro destinado a comunes información y empleo.

Octavo: La elaboración ejercitada por la Empiria obtiene *percepciones*. La elaboración ejercitada por la *Ciencia* obtiene *conceptos*. La elaboración ejercitada por la *Filosofía* obtiene *ideas*.

Noveno: Aunque sea anticipadamente, adelantando fórmulas que han de encontrar su legitimación más tarde (y en uso de la forzada licencia de que va a hablarse en los párrafos siguientes), nuestra convención, con el fin exclusivo de dejar ahora menos imperfectamente constituido nuestro vocabulario, ahora a crédito, acuerda conocer por *Dialéctica* el tipo de pensamiento filosófico en que el pensamiento se piensa a sí mismo; por *Poética*, aquel otro en que el pensamiento piensa el conocimiento de la actividad, y por *Patética*, aquel otro en que piensa el pensamiento de la pasividad.

Décimo: Dentro de la *Dialéctica*, llamamos *Teoría de las ideas* a aquel estudio de los elementos más sencillos (aunque no primarios) que el pensamiento encuentra en su relación con el conocimiento y donde veremos a las ideas asumir la realidad de las percepciones y de los conceptos; *Tratado de los principios*, a aquel donde, al copular las ideas en juicios, dos principios, inspirados ingenuamente en el *Orden*, asumen a los dos otros clásicos, que cifraban el dominio de la Lógica; en fin, *Teoría del saber*, a un tercer tratado donde los juicios cumplan según sus afinidades, siempre bajo la tutela de los principios del Orden, y trasciendan al vivir.

Undécimo: A beneficio de ciertas comodidades expresivas, y *convencionalmente siempre*, emplearemos el término *representaciones* para indicar conjuntamente las percepciones y las ideas; el término *nociones* para indicar, conjuntamente a estas últimas, los conceptos.

Duodécimo: En la enumeración anterior *no se agota* nuestro vocabulario técnico. Empleamos centenares de palabras, mas con una indecisión que, no sólo no perjudica, antes favorece la actividad del pensamiento. Sin cierto equívoco de localización no hay movimiento, y sin cierto equívoco conceptual, no hubiera filósofo. Acordémonos, a este propósito, de cierta visita al holandés Bolland, más de una vez referida por el autor de las presentes páginas. El filósofo de Leyden dio entonces por razón a su fidelidad en emplear la lengua holandesa para redacción de sus más elevadas especulaciones, la ventaja que un idioma sin cultivo filosófico aún y sin demasiada fijación en lo literario, traía en lo de proporcionar equívocos, zonas enteramente dejadas en estado plástico, a disposición de un pensamiento emancipado de los escolásticos carriles. «El francés, decía Bolland, perdió con el cartesianismo y sus *ideas claras* y su estabilización conceptual racionalista, toda posibilidad de cualquier auténtica creación filosófica. El alemán la ha conservado mucho más tiempo: su hipérbaton laxo, su fluida indeterminación léxica, su facilidad para la invención y composición de nuevas palabras resultan preciosos a este respecto... ¡Pero el *platt-deutsch*! ¡Pero el holandés! El holandés renueva hoy el milagro griego, en punto a su adaptación al pensamiento vivo, a este juego de *calembours* sublime, que llamamos la Filosofía...» Sin llegar nosotros al radicalismo de Bolland, no dejamos de reconocer la diferencia, en alguna parte aquí mismo subrayada, entre el *significado* de las palabras, que las deja en el marco de una definición conceptual, y su *sentido*, que las pasea, por decirlo así, a través de un ilimitado camino de *acepciones*. La delimitación, tan útil a lo aforístico, tiene mucho de perjudicial en lo heurístico. Toda marcha es una rebusca. Toda rebusca es un tanteo. La caza especulativa no se aprecia exactamente por el tamaño de lo que se cobra. Y honramos en el cazador, no el zurrón lleno, sino la escopeta sagaz. A cierta ambigüedad en ciertos términos no podemos, pues, renunciar. Tampoco hay posibilidad de que prescindamos, no ya en el orden de los temas, pero también en los recursos del lenguaje, de utilizar vocablos de significación indeterminada por el momento, y que sólo más tarde, en el cuerpo mismo de nuestra doctrina, han de encontrar explicación... «*Sabemos*», hemos escrito, para no ir más lejos, como la primera palabra de este presente capítulo. ¿Podemos emplear el verbo «saber» antes de haber averiguado exactamente en qué el saber consiste? Pero, si no tomamos, por de pronto, alguna palabra tal como nos la da la vida —con su indecisión, con su equívoco, con la lucha, presente en todas, entre una etimología que orienta y un uso que tuerce, turba y desvía—, ¿como empezar?

III. APORÉITICA, PROBLEMÁTICA

Cuéntase de Stéphane Mallarmé, escritor hermético si los ha habido, que, como un día fuese encontrado por un amigo suyo en trance de trabajar sobre un soneto que días antes se diera ya por definitivamente logrado, recibió de este amigo la pregunta expresiva de cierta extrañeza. «Es que —se justificó el poeta— le estoy añadiendo un poco de oscuridad». Casi literalmente pudiera repetir el filósofo esta respuesta. «¿Cómo? —exclama a menudo la extrañeza de las gentes—. ¿Cómo tanto detenerse en esta cuestión, que ya está resuelta por el simple sentido común?». «Es que —debe contestar el filósofo— le estoy añadiendo un poco de problemática». De *aporéitica*, se diría, acordándose de las «aporías» o dificultades de Zenón de Elea.

A quien pretendiese emplear entonces para trabarnos —arma prohibida— el recuerdo de nuestra pretensión de que la Filosofía sea una renovada inocencia, hay que recordarle que la inocencia de que aquí se trata es una inocencia *de regreso*. Y que el filósofo puede parecerse al niño en lo que se quiera, menos en no haber sido, antes, un hombre. La flor de la problemática no consiste en jugar a problemas. Consiste, al contrario, en desmenuzar en problemas parciales y delimitados —en problemas, por consiguiente, superables—, el problema difuso del malestar indefinible, ya que no angustia, que produce en la mente la atmósfera de incertidumbre que acompaña a cualquiera de los que han podido tomarse como soluciones: aquella incertidumbre encima de la cual otros filósofos todavía refinan (o, como en Andalucía se dice, *se refinan*) queriendo trocarle en angustia —¡para que digan que es juego nuestra problemática!—. El filósofo, desde cierto punto de vista, pudiera compararse con la señora hacendosa. «¿Aún la quieres más limpia esta habitación?», le reprochará, acaso, el señor de los lugares... La señora hacendosa sabe que aún no se ha pasado la escoba detrás de los armarios. Y pone manos a la obra, no sin disturbio. Para el orden final, se ha empleado momentáneamente el desorden. El camino que ha de conducirnos a la paz de la sabiduría pasa entre pedregales de problemas.

Ahora bien, en ese tropezar continuo con problemas, ¿consiste esencialmente la función del filosofar? Aquí se ofrece, a nuestra consideración, a la histórica por lo menos, una cierta variedad de actitudes en el filósofo. La de proceder como si, en efecto, el filosofar estribase en un voluntario, y hasta vicioso, cultivo de los problemas, tiene una muy antigua versión, remozada en todas las épocas por el diletantismo —y en Filosofía, que ya por sí misma es *afición*, el diletantismo, o *afición a la afición*, llueve sobre mojado—. La *sofística* —cualquiera que sea la generalidad con que el título de sofista pueda aplicarse al grupo de pensadores y de retóricos con que Sócrates tuvo que enfrentarse, y cualquiera que sea la dosis de elementos peyorativos o encomiásticos que atribuyamos a la calidad sofística— representó cabalmente esto: un gusto del problema por el problema. Y la actitud sofística se ha repetido muchas veces, así en la historia del formalismo matemático —*problemas* difíciles que sus cultivadores se presentan, *desafíos* entre matemáticos sobre quién los resolverá— como en la investigación filosófica, más o menos estimulada a veces por la filantropía o por el enciclopedismo; recuérdese que la tesis de Rousseau sobre la perversión del hombre por la cultura, nació de un concurso académico donde se proponía un tema; y anduvo en un tris, según la erudición nos ha contado, de ser, por parte de su autor, exactamente contraria la solución que adoptase; designio que abandonó, en aras a la probabilidad del premio... La *sofística*, pues, toma la Filosofía como un deporte. El escepticismo se ha manifestado muchas veces en esta actitud.

En el extremo opuesto se encuentra otra, donde la problemática es presentada como una tortura que, a la vez, se busca y apetece, en la perversión de una especie de masoquismo. Muy frecuente en el pensamiento contemporáneo, favorito inclusive dentro de ciertas modas, preconizado bajo varias etiquetas parecidas —«angustia», «desesperación», «agonía», «tragedia»—, el masoquismo filosófico, aparte de su insinuación en el pesimismo de algunos ascéticos, tiene su antecedente en ciertas páginas de Pascal, que ha encontrado cerca ya de nosotros, en el danés Kierkegaard, su Ley y sus Profetas. Aquí también los problemas son buscados por gusto; pero no a fin de divertirse; sino, al revés, de atormentarse. La nota de «vicio» se encuentra aquí muy en su lugar. El filósofo encona sus dudas y aporías, como ciertos niños mal criados las uñas en sus dedos.

Pasemos a mencionar otras variedades de la actitud filosófica ante el problema. Éste, no cultivado ya como un deporte, ni buscado ya como una tragedia, puede ofrecerse como un pecado, como una dificultad o como un estímulo. Típicas son, dentro de la interpretación primera, las tendencias, casi antonomásicamente orientales, de ofrecer la Filosofía como *una liberación* respecto de los problemas, como *una paz*, en que su quehacer halla recompensa. La indiferencia, la impasibilidad, la ataraxia, la fusión despersonalizada en el seno de lo divino son ofrecidas como logros supremos de un pensar filosófico bien llevado. El panteísmo ha desembocado casi siempre en esa actitud. El misticismo la ha sobrentendido muchas veces. No hay por qué recordar que, en el pesimismo de Schopenhauer y en su preconizada «huída del dolor», se encuentra nuevamente una versión de esto que pudiéramos llamar antiproblematismo.

Imaginemos ahora que el problema, en vez de ser interpretado como *una caída*, lo es, simplemente, como *una necesidad*. No será preconizado, no será eludido tampoco. Será aceptado, sin más. Se tratará de resolverlo y de que la solución deje las cosas lo menos embrolladas, lo menos agitadas posible. Cuantos menos problemas queden por resolver, mejor. Sabemos que la satisfacción de las dudas provocadas por todos no se logrará nunca. Además, en la práctica, podemos prescindir de muchas. Sócrates, para cerrar en la filosofía griega el período cosmológico e inducir a los pensadores a tratar del hombre en primer lugar, adoptó —no como única, porque en él la ironía siempre vigilaba— una actitud de esta índole. Y nuestro Juan Luis Vives, cuando, en reconvención humanística hacia los escolásticos y reproche de su incurable manía de silogismos y distingos, les decía: «¿Por qué disputar sobre logomaquias tales como la de si hay o no hay "especies inteligibles", en vez de acudir a poner paz entre los príncipes cristianos, que andan siempre enzarzados en guerra impía?» Y muchos positivistas modernos, acusadores de «vanidad» en la problemática metafísica. Y el pragmatismo, que juzga, por la superfluidad de ésta, de su falsedad.

La nota de admitir la necesidad de los problemas, pero no ya la de un menosprecio hacia los mismos —menosprecio que, de existir, la identificaría con la actitud últimamente mencionada—, se da en el llamado *criticismo*, actitud filosófica en que el problema es sentido como una dificultad; pero, a la vez *provocado*. «Puesto que el problema existe —parece decir esa actitud—, lo mejor es sacarlo fuera, tratarlo y libertarse de él». El criticista es, en lo filosófico, un cirujano. Con algo también, secretamente, de la «delectación morosa» del cirujano por el «hermoso caso clínico», «el tumor interesante», la «apasionante extirpación», etc. No se le acusará de pervertido en el uso de los cilicios de la razón como al teorizador de la «angustia metafísica»; pero, un poco, de partidor de un pelo en cuatro.

IV. EL PROBLEMA Y LA VIDA

Llegamos, por fin —y ya respiramos mejor en su proximidad—, a la actitud en que la problemática no es sentida como una diversión, ni como una tragedia, ni como un pecado, ni como una dificultad, sino más bien como *un estímulo*. Ya se deja adivinar que ésta es la propiamente humanística, la del hombre cabal, «*el hombre que trabaja y juega*». Cuando el hombre está en función de filósofo, éste se encara con el problema en función de la energía que sabe en sí. De una parte, el problema es algo que se le resiste. De otra parte, algo en que su propio poder se emplea y se ejercita. En lo primero halla una dificultad, bien que superable. En lo segundo, una satisfacción, bien que pasajera. En el conjunto, un incentivo, que no deja de recordar el incentivo del amor. Pongamos, para no perdernos entre precisiones de sexualidad, al estímulo del apetito. En la Filosofía entendida así, la problemática es *apetitosa*. Digamos también que es nutridora; a diferencia de lo que ocurre en otras actitudes, donde la problemática, cuando no resulta embriagadora, resulta estupefaciente.

No sabríamos en conciencia dictaminar de optimismo o de pesimismo esa actitud. Optimista lo es, puesto que postula la posibilidad de obtener, con la superación y la serenidad, un aquietamiento, aunque a lo total del mismo no se llega. Pesimista, puesto que exige una lucha y una lucha que nunca se acaba. Triunfar del mal, sin agotarlo: a esto, en la esfera de la Ética, se llama el *Bien*. Triunfar de la problemática, sin extinguirla: a esto en la esfera de la Lógica, se llama *la Verdad*. Por encima del Bien y de la Verdad, la realidad plena, involucradora en el Bien y en la Verdad de sus respectivas contradicciones, asume valores y problemas, en la plenitud del Orden. El Orden, para la conducta, se llama Perdón. El Orden, para el saber, se llama Ironía.

Insuficientemente irónico, aunque en la coyuntura rectificador de sí mismo, el Husserl de la cuarta década del presente siglo, en oposición al Husserl de la primera, cree ver, en la pluralidad de «las filosofías», una señal de la inexistencia de «una filosofía». De haberle asistido la Ironía, hubiese atinado en que, en el hecho mismo del reconocimiento de esta pluralidad, sobre todo si se le añade un criterio de ordenación jerárquica, hay *una filosofía*; una filosofía abierta al vivir y eficaz para él. Lo malo en el eclecticismo no es la aceptación de la variedad, sino la pérdida de cualquier sentido de combate: gracia comprada a precio de sacrificio de la justicia, no es gracia, sino gelatina. Aceptamos la coexistencia de varias figuras; no, la ausencia de figura. El Gran Sultán puede ser polígamo; el indiferente es el eunuco. El filósofo irónico supera las contradicciones; el ecléctico no las advierte.

Ni basta, encima de la multiplicidad de «las filosofías», el imaginar, como, en suma, ha pretendido Dilthey, que, por encima de la relatividad de aquéllas, puede haber, no una verdadera filosofía, pero sí una visión del mundo, una *Weltanschauung*, permanecida constante, a través de las visicitudes y mutaciones teóricas. La fluidez de esta «visión», si no hubiese más que ella, habría de volver inoperante lo preciso, aunque absurdo a veces, de las varias soluciones concretas en pugna. ¿Quién es más útil, entre aquellos a quien, en apuro de falta de reloj, preguntamos la hora, el que nos contesta: «No debemos de andar lejos de la puesta del sol» o el que nos contesta: «las seis y cuarenta y cuatro»? Si son diversos los consultados y nos dice el uno: «las seis y cuarenta» y el otro «las seis y cuarenta y cinco» y el otro: «las dieciocho y cuarenta y cinco», y el otro «las siete menos cuarto» (y estas dos últimas versiones se traen aquí para ejemplo de aquellos casos en que la divergencia lo es sólo de maneras de hablar), podremos siquiera formarnos una opinión aproximada, en la cual la aceptación del margen de error ya la ponemos nosotros: con ella podemos gobernarnos en la vida. No podríamos, con la vaga *Weltanschauung* del otro contestador no filosofante. Así la filosofía de Platón le ha servido muy a menudo a la humanidad; y a mí, por qué no decirlo. Pero todo el platonismo del Petrarca no le sirvió para darle un hijo a Laura, su novia. Las tesis de un filósofo pueden superarse. Pueden —y deben— superarse las tesis de todos los filósofos. Pero no hay manera de superarlas eficazmente si no se es filósofo a su vez. La Sabiduría representa una comprensión más amplia que la de la Ciencia; pero todavía menos amorfa.

El amante de la Sabiduría —y que está como tal, no sólo en derecho a desearla, sino en deber de cortejarla, de «*cumplir con ella*», como dicen las gentes— la buscará en todas partes; y esta busca es la que constituye la Dialéctica. Pero esta Dialéctica, a su vez, no puede subsistir sin soluciones, es decir, sin una Filosofía general: sin posesiones, sin ayuntamientos poderosos con la problemática que ha encontrado; así esta problemática se refiera al orden del Espíritu o creación —*y ya sabemos que entonces la Filosofía se llama «Poética»*—, así se refiera al orden de la naturaleza —orden patético, «*Patética*», teoría de la pasividad—. La búsqueda del filósofo es un negocio. Este negocio, a la vez que renta, necesita renovación de capitales. Sólo a tal precio se mantiene abierta la comunicación entre el filosofar y el vivir. Sin inmolación de la primera al segundo, como la que el pragmatismo intentó. Sin asepsia maniática, tampoco, del saber respecto de la vida. En la relación de ésta con aquél, la función del filósofo no consiste en rebajar su filosofar a nivel de vivir; sino recíprocamente, en elevar la vida a la

Filosofía, inscribir ésta en aquélla. «*¿Primum vivere, deinde philosophari?*» Neguémoslo. Llamemos filósofo a quien vive la eternidad del momento; filósofo, a quien vive la universalidad del lugar. Para alcanzar este vivir, filosofamos. Para tener derecho a entrar en él, problematizamos. Sin eso, o no entraríamos en la búsqueda de la verdad o convertiríamos esta búsqueda en un deporte. Pero no. Nuestro purísimo intento es todavía, tomando la palabra en su más alto sentido, utilitario... Un crítico francés, refiriéndose a la música, proclamaba: «Basta de cisnes; basta de lagos; basta de parques: quiero una música en que yo pueda entrar como en mi casa». Así, la manera de filosofar que intentamos, es la que sabe dar cabida a toda nuestra persona, como en nuestra casa; ha de admitir al hombre en todas las formas de su actividad, al hombre que trabaja y al hombre que juega... Ha de ser una filosofía humilde, cotidiana, usual. Viva, vivaz, vivible y vividera.

V. LA ESCALERA Y EL CÍRCULO

«Si buscamos a Dios es porque en cierta manera le hemos ya encontrado», es sentencia frecuente en los pensadores de la religión. Si investigamos el problema de la Filosofía es porque ya en alguna guisa somos filósofos. Si queremos resolver los problemas es porque somos nosotros mismos problemáticos. Si no estuviéramos dentro de la Filosofía, ¿cómo empezaríamos a buscarla? «¿Cómo buscaría lo que desconozco?», preguntaba Platón. «Y si, por casualidad, lo encontrase sin buscarlo, ¿cómo lo reconocería?» Mas, buscar lo que se ha encontrado, ¿no representa así como lo que se llama, en lógica, «un círculo vicioso»? Aquí se coloca una de las advertencias capitales para estas primeras de nuestra investigación. Y es que la Filosofía no se puede construir según el esquema usual en las ciencias particulares. La estructura de estas últimas cabe compararla a la de una escalera; en la cual cada peldaño sirve de paso y de sostén al que le sigue y todos se apoyan, desde el primero, en algo que no es la escalera misma. Para cualquier ciencia particular, el tal apoyo le vendrá, o bien de la aceptación de una evidencia, como la de los axiomas, que no necesitan demostración, o bien del recurso a algo ya adquirido por otra ciencia particular, así en el apoyo de la física en la mecánica, de ésta en la matemática, etc.; o bien de las observaciones empíricas de los sentidos. Mas, para la Filosofía, nada de esto sirve; pues cada uno de los criterios enumerados implica, para ella, un problema esencial. ¿Debe prestarse crédito a las adquisiciones de los sentidos? ¿Qué ciencia particular dará seguridades suficientes para fundar algo encima de sus conclusiones? La evidencia misma, ¿no encierra para el filósofo un valor problemático? La Filosofía, pues, no puede organizarse según el esquema de la escalera. Su técnica corresponderá mejor al esquema del círculo: el cual puede interrumpirse en un punto cualquiera, que deberá luego ser legitimado. En este punto convencional de interrupción, se empezará el trazado del círculo general del saber filosófico. La primera afirmación que éste lance no puede justificarse de momento: sólo se justificará cuando quede enunciada la última. Siempre el comienzo será convencional. Y que la consideración peyorativa del «círculo vicioso» no se objete aquí. El círculo en que se cifra el tratado de la Filosofía, sólo será vicioso en dos casos: cuando, desobedeciendo al imperativo de totalidad, propio de la Filosofía, se tome falsamente por total lo que es fragmentario: es decir, cuando el sistema es incompleto. O bien, cuando se procede con discontinuidad, no enlazando los diversos puntos del círculo, que así se manifiesta en una línea *discreta*, discontinua. En los dos casos, cuando la línea se rompe, o cuando quede realidad fuera de ella, el sistema filosófico es vicioso. Sólo cuando el trazado es continuo; cuando cada afirmación está grávida de la afirmación subsiguiente, el proceso circular se ve legitimado. El autor de la presente investigación ha insistido mucho, en diversas ocasiones, en esta tesis de la circularidad de la filosofía. El más fiel de sus expositores, por otra parte, José Luis Aranguren, ha generalizado como característica de la Filosofía contemporánea esta lucha por la legitimidad del *círculo in demostrando*, en determinados casos. Y cita a este propósito, el «Ser y Tiempo», de Heidegger.

Indiferente hemos declarado, precisamente por lo convencional, el punto del círculo que se escogía para iniciar la investigación filosófica. Se acepta *a crédito* un enunciado del cual van saliendo los demás. Que esto debilite el vínculo con los siguientes, de él salidos, no es para sorprendernos. Pero ya se comprende que el tal vínculo debe ser más flexible en Filosofía que en las ciencias. En éstas, la «demostración» es exigida —sobre todo cuando el hombre de ciencia se coloca en la posición apodíctica del famoso «*hypotheses non fingo*» de Newton—; mientras que, en la Filosofía, la prueba se produce asertoriamente, por persuasión y adhesión vital. Nunca interviene en el trabajo filosófico aquella acumulación mecánica de elementos de determinación lógica, como, por acumulación de pesas, la inclinación de una balanza; sino por suscitación simpática de fuerzas interiores decisivas; de la misma manera que, después de una tarea activa de consejos y recomendaciones, se produce la solución moral del varón justo; y nunca de fuera a dentro, por imposición; sino de dentro a fuera, por creación y proyección del propio espíritu de cada uno; o, si se quiere, del Espíritu en cada uno. Y nunca en momento del tiempo precisable, sino por trabajo sucesivo, indeterminable tal vez.

VI. ¿POR DÓNDE EMPEZAR?

Una de las consecuencias, pues, del reconocimiento de esta disposición circular de la filosofía, no censurable como círculo vicioso, sino efecto de una necesidad impuesta por el hecho mismo de filosofar, está en que se haya desvanecido para nosotros aquel ya cancelado problema acerca del lugar donde convenía que tomase partida el pensamiento filosófico. Fue el problema de Descartes y la solución dada por éste, el principio de la obra crítica del racionalismo moderno. A esta crisis se agrega después la provocada por Kant, al encerrar en una forzada inmanencia subjetiva a aquel pensamiento, privándole de trascendencia objetiva. A intento de salvar tales dificultades, se destina el resto del presente capítulo.

Ahora sabemos algo acerca del terreno que vamos a pisar. ¿Por dónde emprenderemos el camino?

La solución diferente dada al problema de por dónde haya de comenzarse el estudio de la Filosofía, señala una línea de separación, una frontera, por donde lo más característico de la Filosofía moderna se separa del pensar anterior. Eminentemente metafísico, éste lanzaba por delante afirmaciones referentes al Ser y a sus determinaciones más inmediatas. La cadena de su argumentar llegaba en un momento dado al examen de las cuestiones relativas al conocimiento. Entonces, trataba de ventilarse el problema de su validez. Esto se hacía a la luz de los principios adquiridos en las exploraciones precedentes. Con lo cual, a la crítica, sólo podía serle permitido preferir, por mejor garantido en la veracidad, uno u otro de los varios órganos de conocimiento, los sentidos o la razón, la lógica o la experiencia, el criterio de la autoridad o el criterio del sentido común; pero no el arruinar el fundamento de todos a la vez, so pena de ver echado abajo, al llegarse aquí, todo lo que laboriosamente se había edificado antes, desde los esfuerzos iniciales de la tarea. Siempre había de quedar a salvo, desde luego, la trascendencia del recto pensar. A los esquemas construidos por la mente, respondía, fuera de la mente, la realidad de las cosas.

La originalidad de la revolución que sobre estas convenciones pudo traer Descartes, ha sido más de una vez regateada o disentida. Lo que, desde el punto de vista de la historia de la cultura, no se puede negar —ya que, para la historia de la cultura, la repercusión, las consecuencias inmediatas del hecho y aun las reacciones que directamente provoca *forman parte del hecho mismo*— es que la substitución de una manera filosófica de pensar, que empezaba en lo *metafísico*, por otra manera filosófica, que empieza en lo *crítico*, se inicie históricamente en tiempo de Descartes y por obra suya. De no haber estado preñada de efectos de este orden, la actitud designada con el nombre de «duda metódica» no hubiera levantado la tempestad que levantó. Su fama hubiera discurrido entre sonrisas de diletantismo, como la del criticismo difuso que puedan contener los «Ensayos» de Montaigne; o entre admoniciones de prudencia, como aquellas de que son ejemplo las cautas salvedades de un Juan Luis Vives o de tal otro «precursor» que haya podido atribuirse a Descartes. Lo grave no era que la «duda» cartesiana fuese tal duda, contuviera un rehúso al criterio de autoridad, una afirmación de independencia de criterio; sino el que fuese «metódica», quiero decir, perenne compañera del acto de razonar y que se aplicara al razonar mismo: que corriera, de este modo, albur de invalidar el conocimiento resultante de esta razón, aun si se trata de la *propia* razón, el de invalidar la duda misma. Por esto la vemos ansiosa de procurarse seguridades desde el primer momento. Estas seguridades cree encontrarlas en una inicial evidencia. «*Je pense; donc, je suis*». De la evidencia de mi propio pensar saco deductivamente la evidencia de mi propio existir: ya he logrado así una pequeña adquisición metafísica, a partir de cuya posesión puedo ir combinando, en sabias dosis, el veneno y el contraveneno, la crítica y la metafísica, el ejercicio de mis órganos de conocimiento y la cadena de los resultados de mi pensar. Esta combinación se llamará —por el momento— racionalismo. Su primor consistirá sobre todo en haber limpiado de afirmaciones de carácter metafísico el primer paso de la Filosofía, sin arruinar, no obstante, a ésta, permitiéndole una casi completa restauración.

¿Limpiado, tan efectivamente? En el «*Je pense*» fundamental, ¿no habrá implícito ningún juicio de existencia, ninguna prematura afirmación extrínseca? A nosotros nos da mucha más aprensión, en este sentido, que el verbal «*pense*» el pronominal «*Je*». El verbo, aquí, todavía cupiera que pasase, por su nota de dinamismo, por el carácter de «acción» que en sí mismo tiene y que, en la interinidad de un instante, podemos suponer indeterminada, pura energía sin sustentación en sujeto ni objeto, movimiento sin figura —tal como ha de verse en el siguiente capítulo— en que nosotros captamos energéticamente cierta «Potencia» y cierta «Resistencia» en su inicialmente incondicionada dinamicidad... Pero, ¿y este parásito «Yo»? ¿Qué hace este pronombre personal, peor todavía que un substantivo —porque una *persona* exige ahí más tragaderas metafísicas que una *substancia*—; qué hace un «Yo» que no sólo hemos de aceptar como existente, sino como individualizado, *distinto de los demás*, separado de ellos? Si yo intuyo mi pensamiento, ¿quién me proporciona la garantía de que el pensamiento se produce, propia y exclusivamente, *por mí*? ¿No pudiera ocurrir que yo fuese únicamente un vehículo que trasegase este pensamiento debido a otro, o a una muchedumbre, o a Dios o al Cosmos; que la acción presumida sólo tuviese en mí teatro y no fuente; que ahora estuviera simplemente atravesando un canal sobre cuya existencia estoy desprovisto en absoluto de luces? El ojo imaginado por el filósofo Berkeley, en su «Tratado de la visión», no era mi ojo, era Dios mismo que, ligeramente enmascarado por una apariencia, veía, tras de la ligera careta de otra apariencia, a Dios. De igual modo, mi pensamiento podía no ser en realidad otra cosa que el mismo Dios que se piensa a sí mismo. ¡Ah, si Descartes hubiese tenido al menos la precaución de substituir el «*Je pense*» por un «Yo tengo conciencia de pensar»!... Pero, entonces, la cuestión criteriológica renacía. Entonces, lo que se presentaba como sujeto a caución, sería la validez del testimonio de la conciencia. A una metafísica fundada en la afirmación de existencia de una individualidad, no se hubiese hecho otra cosa que substituir una metafísica fundada en la afirmación de uno de sus órganos.

VII. INMANENCIA Y TRASCENDENCIA

La posición crítica, que ocupa los primeros pasos de la Filosofía por el examen de la cuestión del conocimiento, se llama racionalismo desde Descartes. Luego, desde Kant, el racionalismo llega ya a la posición de lo que se denomina, desde entonces, la inmanencia. Lo inicial, según la filosofía kantiana, es la crítica de los órganos del conocimiento. Sobre lo que llamaríamos su fisiología, el kantismo va desarrollándose muy bien. Jamás con tanta lucidez se han examinado los procederes de la razón. Pero el precio de esta agudeza resulta ser, en el kantismo, la ineficacia. El análisis se prolonga, en la «Crítica de la razón pura», hasta llegar a un punto muerto. ¿Qué valor de objetividad tienen las construcciones de nuestra razón? ¿La perfección formal interiormente lograda trasciende a la realidad, permite que conozcamos de ella otra cosa que los aspectos ilusorios, los que esta misma realidad presenta a nuestros sentidos? Es la misma cuestión que, en disposición negativa, se había presentado ya, con muchos siglos de anticipación, en los famosos argumentos o *aporías* (es decir, «*apuros*») de Zenón de Elea. La versión vulgar quiere que Zenón de Elea negase la existencia del movimiento... No: lo que negaba —y certeramente, por el momento— es su racionalidad. La flecha no llega nunca al blanco, Aquiles, el de ligeros pies, no puede alcanzar a la ventajera tortuga, si hay que atenerse a la construcción racional del espacio, que postula su divisibilidad infinita. Si la razón, pues, es un órgano válido de conocimiento, hay que juzgar que la apariencia del movimiento es sólo una apariencia, una ilusión. De lo cual se infiere que, si nuestros sentidos pueden engañarnos, más fácil es aún que la razón nos engañe también. Es lo mismo a que llega Kant, tras de un delicado análisis de las antinomias o contradicciones interiores de la razón. Contentémonos con ello, sin pretender alcanzar la realidad objetiva. El hombre conocerá, fuera de sí, los *fenómenos* objeto del conocimiento empírico; mas, para alcanzar los *númenos*, objeto hipotético del conocimiento racional, le faltan órganos adecuados. Las construcciones de la razón son *inmanentes* a la razón misma.

Desde Kant, todo el racionalismo moderno parece resignado a la posición de inmanencia. Inclusive se ha hecho, de esta invalidez, un orgullo. Durante mucho tiempo se ha pretendido negar el carácter filosófico a toda afirmación de trascendencia, a cualquier confianza impávida de una adecuación entre la razón y la realidad. La definición escolástica de la verdad «*adequatio intellectus et rei*», adecuación entre el intelecto y la cosa, ha podido juzgarse, durante este período, como definitivamente cancelada. En vano, algunas tentativas pretendieron —o habían ya pretendido antes de que los términos del conflicto se diseñaran netamente— romper los hierros de la jaula en que el conocimiento subjetivo vivía preso. Ya Berkeley había ensayado una escapatoria mediante la disolución del sujeto en el objeto. Spinoza recurría a la afirmación de su identidad; otros, en actitud de franco nominalismo, niegan a la subjetividad cualquier derecho a la existencia. Hegel llega al mismo resultado y su llamado «idealismo objetivo» restaura, a su modo, el proceder ontológico de la filosofía antigua. El mismo Kant cree encontrar la salida *para un solo* objeto, el orden moral, respecto del cual admite excepcionalmente la trascendencia del juicio racional formado sobre la intuición del deber. Esta trascendencia permanece, en la «Crítica de la Razón práctica», en aislamiento respecto de cualquier otra posible. Mucho más modernamente hemos conocido soluciones como la de la *Fenomenología*, afirmadora de la validez objetiva de la subjetividad empírica, descubridora de que los *fenómenos* son, a su vez, númenos de otra clase. También sabemos de la especulación blondeliana, que cree hallar en la insatisfacción en que deja cada particular conocimiento acerca de la noción del Ser, insatisfacción que demuestra, *a su modo*, la necesidad de que éste exista, y con carácter absoluto... Por el momento, la crítica de estas soluciones no nos interesa. Destaquemos solamente en los mismos la comunidad del proceder, dentro del cual se pretende examinar, primero, la validez de los órganos del conocimiento, y llegar, si acaso, luego después, a conclusiones verificables en la realidad.

    Nuestra ambición es otra. Lo que nosotros pretendemos es persuadir de que, por modo inevitable, resulta imposible adelantar afirmación alguna coherente, sobre un objeto, sin implicar en ellas otra afirmación correspondiente —*lo cual no quiere decir exactamente determinado*—, y recíprocamente. En otros términos, que ya, desde sus primeros pasos, la metafísica antigua hacía gnoseología sin saberlo, como el molieresco Monsieur Jourdain hablaba en prosa; y que también, por su parte, el criticismo moderno construye involuntariamente una metafísica. *Desde sus primeros*

V. SAN AGUSTÍN (354-430)
Grabado de Poilly, según una pintura de Ph. de Champaigne

VI. SANTO TOMÁS DE AQUINO (1225-1274)
Escultura de M. Gimoud
(*Exposición de Arte Sacro. Vitoria*)

pasos, decimos: porque no es que, en ninguna de las dos posiciones, la unión de la gnoseología y la metafísica se produzca *por deducción*; que las adquisiciones de uno de esos géneros aparezcan *después* de las propias del otro; sino que *a la vez*, indiscerniblemente en lo íntimo, aunque se diferencien en la presentación, las adquisiciones sobre el ser y sobre el conocer van apareciendo *trabadas*... Adquirir conciencia de esta inexcusable trabazón y, en virtud de esta conciencia, proceder, es el verdadero secreto de la Filosofía. Y enderezar lo torcido por la preocupación de inclinarse a un lado u otro, es la verdadera función de filosofar. A veces una persona de buen gusto, ante la perspectiva de haber de vivir en una habitación —situemos la escena, verbigracia, en una casa de huéspedes— donde la vulgaridad ostentosa acumuló ornamentos, se dedica simplemente a suprimir tales ornamentos, a dejar desnuda la pared; limpia de cacharros la superficie del mueble; recto, el contorno de éste, el ámbito, desembarazado de trastos inútiles. Pues bien, al pensar filosóficamente, cumpliremos una tarea así. Buscaremos, con la belleza, la verdad de lo esencial; haremos sistema de prescindir de los elementos parásitos que el espíritu de sistema ha acumulado en torno de la pureza de la verdad. Nuestros ojos, en trabajada impavidez, se acostumbrarán a ver ésta no sólo desnuda, sino en movimiento; y en movimiento amoroso, de nacimiento, de crecimiento, de pubertad, de procreación. Tenga la desnudez de nuestra verdad el aire, no de una estatua, sino de una diosa. «*Adequatio intellectus et rei*» se define a la verdad en la admirable y tan admirada fórmula tomista. Quisiéramos ir más lejos. «*Adequatio*», adecuación se nos antoja expresión pálida, como si referida a algo inerte e industrioso. «*Copula intellectus et rei*» pondríamos mejor. La alcoba en que esta cópula se realiza es el secreto de la Filosofía. Los ritos que la ordenan, la función de filosofar.

Acabamos de referirnos a la «impavidez *trabajada*», de nuestra contemplación. También la hemos querido «*acostumbrándose*» a ver la verdad en movimiento. Quiero decir que aquélla no nos satisfará si se presentase espontánea e instintiva; ni si su preparación para el logro no fuese tan larga, disciplinada, gimnástica por decirlo así, hasta el punto de traducirse en disposición habitual. Trabajo y disciplina, no información y menos, receta, en lo que esperamos de las tareas a cuyo curso nos acompaña el lector. Sin esta esperanza, ya pudiéramos dar el secreto de la Filosofía como totalmente revelado aquí. Pero esta revelación, buena para la noticia, no lo fuera entonces para la vivencia. Es necesario que una experiencia se traduzca a conocimiento para que el resultado pueda ser luego vivido. La comunicación directa entre la experiencia y la conducta es imposible: hay que pasar por la estación, en este respecto intermedia, del conocimiento.

Incidentalmente y porque viene a propósito, pedimos licencia para referirnos aquí a una cuestión ya caducada, pero que agitó muchas mentes y corazones y hasta *curricula vitae*, hace casi medio siglo. Aludimos con esto a la cuestión del llamado «modernismo» religioso, levantada en el campo católico principalmente y cerrada por las decisiones pontificias con una condenación dictada en 1907. Sería inexacto el formular, en nuestro juicio retrospectivo, que el modernismo religioso postulase la incomunicabilidad entre el mundo de la Fe y el de la Ciencia, por fatal e irremediable inmanencia en las adquisiciones de este último. Lo que el modernismo preconizaba es que la comunicación entre la Fe y la Ciencia, o sea entre la vida y el conocimiento, pasaba por el camino de la experiencia; sin lo cual se declaraba pragmáticamente muerta, por ineficaz, la Fe; y falsa, por vana, la Ciencia. Al revés, el intelectualismo de la Teología se hizo fuerte —*pro domo sua*, es cierto, pero con tanto acierto como pertinacia— en que la comunicación entre la experiencia y la vida debía pasar por el conocimiento. De nada le había de servir, para salvar el alma, la «experiencia religiosa» de aquellos buenos sujetos, más o menos coroneles, más o menos alcoholizantes, biografiados hacia aquella época por el bueno de William James, si, encima de ello y como vehículo para que ello se convirtiera en fuente de virtudes y, en último término, salvación de las almas, no mediaba un poco de doctrina y algún Sacramento que otro; es decir, unos cuantos conceptos y unos cuantos ritos, el dogma y la liturgia. La Religión no es una sonata que se toque de oído. Y tampoco la Filosofía —y a eso íbamos— es un saber que se logre de corazonada o, como se dice en el español de la Argentina, de *pálpito*.

VIII. VARIANTES DEL FILOSOFAR

Que, dentro de los caminos del conocer, la Filosofía representa, en relación con la Ciencia y con la Empiria, una especie de atajo, no le vale al filósofo; el cual, como un buen guía alpino, no debe sólo saberse al dedillo los atajos, sino las carreteras por los atajos excusadas. A las cuales no podrá menos de recurrirse de cuando en cuando; sobre todo si se sospecha que, en determinados parajes, hay barrenos a punto de estallar o que las lluvias han desmoronado tal recodo. Quiere decir que, entre las causas de lentitud y aridez en el quehacer que hemos emprendido, está la necesidad en que nos encontramos de explorar de cuando en cuando rincones de empiria o de ciencia. La función del filosofar, entonces, admite, por lo menos, tres variantes.

La primera, de índole característicamente crítica, trata de examinar los fundamentos mismos de la ciencia justificándola en su existir, así como aquellos que son comunes a la vida, en todas sus manifestaciones, acción, arte, técnica práctica. Precio a cualquier afirmación científica es el problema de la veracidad de sus datos. ¿La evidencia es un criterio de valor decisivo? ¿Las observaciones que los sentidos nos proporcionan, las intuiciones de introspección, los recuerdos conservados por la memoria nos imponen una certeza apodíctica? ¿Y las conclusiones de la razón? ¿Las categorías fundamentales, orden, espacio, tiempo, responden exactamente a la objetividad? Si ello no se verifica siempre, ¿qué condiciones deben exigirse para confiar en estos elementos de juicio?... «Protofísica» es el nombre que podría darse al estudio de tales problemas. El título de «Crítica», en sentido estricto, es el que les es más corrientemente atribuido. Esta crítica es aquella que ha colocado en primer lugar, dentro del programa general de la Filosofía, el pensamiento moderno. A veces en un lugar único, tras del cual no se ha admitido nada más.

La Protofísica coloca una de las funciones del filosofar en temas anteriores al estudio de la naturaleza. La Metafísica, según designación tradicional, en temas que le subsiguen. La Metafísica corresponde a la necesidad de prolongar los resultados de las ciencias, las experiencias de la vida, hasta extremos que ni las unas ni las otras pueden alcanzar. El problema de la inmortalidad del alma, por ejemplo, problema presentado a la mente humana, requiere una contestación. La Metafísica socorre esta necesidad. Afirma o niega esta inmortalidad, más allá de los datos científicos, más allá de los datos experienciales, según los cuales en este capítulo no se podría concluir.

Por último, si estos resultados son inconexos o contradictorios entre sí; si hay que colocar jerárquicamente en orden las conclusiones que los mismos proporcionan; si se aspira a formar un paisaje con lo que de otra manera es un simple inventario, la Dialéctica se presenta para cumplir esa actividad superior. La Dialéctica es una *epifísica*, encima de lo protofísico y de lo metafísico. La flexibilidad irónica, el margen de contradicción, de rectificación y de duda, se colocan ahí. El astrónomo antecoperniciano concebía el universo con la misma certeza que el astrónomo moderno; pero ésta llegó un día a la invalidación de las tesis teóricas de aquél. Y esa aventura se repite cada día. ¿Por qué no había de repetirse? En la tercera variante, la Filosofía será un saber sin contenido propio. Tendrá el mismo contenido que la ciencia o que la vida. Será una afirmación al lado de la afirmación científica, al lado de la afirmación vital; pero con una singular variación de acento. Lo apodíctico se habrá tornado asertorio, y, en el íntimo resorte de toda afirmación, se introduce una contradicción fecunda, no en forma de rectificación ulterior en el tiempo según el pensamiento de Hegel, sino simultáneamente y por ley connatural al pensamiento mismo.

Cuando habremos dicho que a la Metafísica le cabe separar los problemas de lo poético de los problemas de lo patético, tendremos formulado, a la vez que el esquema de las funciones de la Filosofía, el programa a que debe satisfacer nuestro trabajo... Pero la iniciación a la Filosofía puede prescindir, en la coyuntura presente, de articularse en Poética y en Patética. Tratábamos de encontrar el secreto de la Filosofía: en qué éste consiste queda ya, en el presente capítulo, declarado. Tratábamos de llevar la Filosofía a la vida: ello puede ya hacerse con el conocimiento de la Dialéctica nada más. El misterio de América quedó ya desvanecido cuando los primeros descubridores hubieron explorado unas cuantas costas, unas cuantas islas. La exploración podía emprenderse sin más tardanza. En nuestro descubrimiento, la Dialéctica desempeña el mismo papel que en el de Colón tuvo la isla de Santo Domingo.

PARTE PRIMERA
TEORÍA DE LAS IDEAS

LECCIÓN IV

PENSAMIENTO Y CONOCIMIENTO

I. FIGURA DEL LEÑADOR

Compareció a nuestra primera entrevista, para que sacáramos provecho de su presencia, la figura de un niño. En seguida, el encuentro fue con un bibliotecario en trance de ordenar los libros de una colección donde se encontraban obras de Filosofía. Hoy, la que se muestra a nuestros ojos es la figura de un leñador.

Está solo y trabaja. Golpea con su hacha un árbol. Nos encontramos aquí en presencia de un hecho de trabajo, simple, plástico, pintoresco. El hombre quiere abatir el árbol. El árbol opone una resistencia a ser abatido... La experiencia del leñador, clara, irrecusable, es, en estos momentos, la siguiente: He aquí una batalla. He aquí dos ejércitos. De un lado, yo, *mis* deseos, *mis* habilidad y saber, *mi* vigor, *mi* brazo, *mi* mano, *mi* hacha. Del otro lado, el árbol, y *su* dureza y *sus* raíces y la tierra que refuerza estas raíces. Cualquier teorizador monista fracasará ante la evidencia que tiene el hombre de esta irreductible dualidad experiencial.

¿Habrá que recordar que cualquier hecho humano de trabajo —o de juego— puede reducirse, en sus elementos esenciales, a este caso típico? En el trabajo, como en el juego, se encuentra siempre la lucha de una Potencia contra una Resistencia exterior. Entre la potencia y la resistencia propiamente dichas, hay una imposibilidad de fusión. *Lo que yo quiero y lo que se opone a lo que yo quiero* son, para mí, términos inconciliables. Una noción sintética, situada encima de ello, no puede permitírsela la Filosofía general. Las nociones de *Fuerza,* de *Energía,* etc., constituyen, de hecho, una mitología conceptual, y aquí, además, adventicia. Sin duda nuestras construcciones conceptuales tienen derecho a continuar los datos de nuestra experiencia; pero lo menos que podemos exigirles es que no les sean del todo infieles. La noción monista de Energía es una noción infiel a nuestro sentido íntimo, a nuestro sentido del trabajo y del juego, que no nos permite unificarnos con lo que se opone a nosotros.

No podemos, no debemos discutir en el lugar presente el valor especial de la «comodidad» que la noción sintética de Energía puede proporcionar en Mecánica: cualquiera que aquélla sea, no se nos puede exigir que ocultemos nuestra convicción de que una Mecánica que desee, sincera y completamente, construirse sobre representaciones empíricas se volverá, no una Mecánica absoluta, sino una Mecánica dualística, en el sentido de no permitir jamás, bajo ningún pretexto, la entrada de la noción del esfuerzo en la noción de la Fuerza.

Repetimos que el esquema es siempre el mismo que en el caso del leñador. Poco importa que se trate de abatir un árbol o de forjar el hierro; de construir una casa o de modelar una escultura; de escribir una página o de efectuar una investigación científica, o de educar a un niño. Los hechos espirituales más íntimos, mientras sean cumplidos con el esfuerzo que sólo puede atenuar el hábito, nos ofrecen las mismas notas esenciales. Incluso el hecho de vivir no se realiza sino gracias a una incesante guerra contra el medio. Respirar es ganar una batalla. La antigua frase que definía la vida como una *militia,* tiene, según todos sabemos, un alcance no solamente moral, sino biológico. Nuestra ciencia nos permitiría quizá colocar en el mismo plano este doble panorama de Potencia y de Resistencia, mientras no se trate de la nuestra, de la *mía,* de lo que constituye lo más íntimo, lo primario e irreductible en mí. Puedo yo considerar todas las plantas, todos los animales y hasta —provisionalmente— a los hombres, excepto yo mismo, como simples puntos, donde corrientes impersonales de energía se personalizan. Pero, por lo que a mí toca, a mí mismo, al hecho de mi esfuerzo y de mi potencia, yo no puedo privarme de creer que soy esencialmente opuesto al mundo exterior. Porque esta oposición es, en mí, una condición irreductible, sin la cual no puedo ni conocerme, ni sentirme ni quererme hombre, ni conocer, ni sentir ni querer hombres a los demás. Añadamos que la creencia de una oposición en mí, y, por consiguiente, de un esfuerzo, me obliga a conocer, a sentir, a querer la presencia del mismo drama en los demás hombres. Sin lo cual, no habría Diálogo; sin el cual, no habría Dialéctica; sin la cual, no habría Filosofía. Bien podemos, pues, partir del leñador, de la figura donde se funden el ser y el conocer, del hecho del esfuerzo, para tomar la condición como principio y empezar ahí nuestro itinerario sistemático, nuestro círculo de filosofía.

II. LO POSEÍDO Y EL POSESOR

Llegados a este punto, en la consideración de nuestra inicial figura, la más sencilla de las reflexiones nos permite reconocer que la separación formulada primeramente por el leñador es grosera y, bien que veraz profundamente, poco exacta en sus límites. Ha dicho: «Por un lado, yo, *mi* deseo, *mi* habilidad, *mi* vigor, *mi* brazo, *mi* mano, *mi* hacha...» Vemos aquí cómo el mismo lenguaje nos obliga a una distinción entre el primer término y los que siguen. Una diferencia es inmediatamente percibida entre el término «*yo*», inadjetivado, y los otros, señalados por el adjetivo de la propiedad, que les pone en relación con el inadjetivado primero. «*Mis deseos*», «*mi brazo*»: he aquí otras tantas expresiones paradójicas. Ya su adición al nombre de una cosa indica, por lo que se refiere al *yo,* que esta cosa no es completamente *suya*. En realidad, para el leñador, su hacha, su mano, su vigor, su saber o habilidad, su deseo, pertenecen a la misma familia hostil que el árbol. Estas cosas *son fatalidad*. Y únicamente por un esfuerzo, por una conquista anterior, ha podido dominarlas.

Esta hacha, que sirve en este presente instante al leñador, le es tan extraña, que puede mañana, en otras manos, llegar a herirle. Estas manos, las suyas, este brazo, que golpean el árbol, están ahora al servicio de su libertad; pero forman parte de un organismo, de un cuerpo, *que no es él mismo...* La concepción del cuerpo como perteneciente a un no-yo, es un hecho de conciencia, que se adquiere en cierto momento del desarrollo mental y constituye precisamente el primer fundamento de cualquier psicología. Nuestro cuerpo cae bajo nuestros sentidos, al igual que el resto del mundo exterior. Nos ofrece, como éste, una resistencia.

Mas, por motivos análogos, debemos eliminar todavía de la propiedad libre del individuo imaginado, ciertas condiciones biológicas, estrechamente dependientes del organismo: las tendencias, las pasiones y hasta aquellos elementos algo más estables, que constituyen lo que se llama su temperamento. Todo ello forma como un tejido de limitaciones, que el esfuerzo encuentra ya establecidas y contra las cuales tropieza. El leñador querría, por ejemplo, estar dotado de una gran paciencia, para alcanzar con seguridad su propósito; pero es irritable; un nudo en la madera le encoleriza; hétele fracasado. En estas condiciones orgánicas o casi orgánicas, no reside, pues, el sujeto del *esfuerzo*. Éstas *no son todavía él*. Pero, penetrando más lejos aún en la vida psíquica, *¿será él,* quizá, sus fenómenos intelectuales? La memoria, la imaginación del leñador, su fuerza en la asociación de ideas, su poder de análisis, su poder de síntesis, ¿no forman un conjunto de cosas, ya dadas, extrañas y aun hostiles a su deseo? Su deseo no se satisfaría con menos que con el infinito en inteligencia; no se resignaría a privarse de ninguna de las variedades, las más contradictorias inclusive, de la mentalidad. Nuestro leñador posee, supongamos, una memoria principalmente óptica: querría igualmente poseer una memoria acústica soberana. Pero la modalidad de su memoria, como la de sus sentidos, no corresponde a la integridad de su deseo. *Él no es todavía esto...* Ni su voluntad, tampoco... ¡Cuántas veces no resulta, justamente, nuestra voluntad, por lo débil, por lo lenta, por lo impulsiva, el principal obstáculo a nuestra libertad! Quienes, por una razón u otra, han ejercido una cura de almas más o menos extendida, han recibido alguna vez confesiones de este género: yo querría ser un hombre enérgico, pero soy un pobre hombre. *Quiero querer,* pero, *¿cómo querer?...* Estamos lejos, según se ve, de encontrar al protagonista de nuestro esfuerzo. Estamos lejos de la libertad...

III. ADJETIVIDAD DE LO SENTIMENTAL Y LO VOLITIVO

Ni el hacha, ni la mano, ni el brazo, ni las pasiones, ni los fenómenos intelectuales, ni los fenómenos volitivos del leñador son todavía la potencia del leñador. Quedan los sentimientos. Pero, ¿qué debe entenderse por sentimientos? ¿Serán ya el *sujeto del esfuerzo* que andamos buscando? Toda una corriente filosófica cree, por ejemplo, haber agotado la noción de religión en el hecho de los sentimientos religiosos. Y, entrando en la descripción de éstos, se nos habla de estados de unidad o de ruptura interior, de tristeza o de alegría, de esperanza o de desesperación, de tendencias a la soledad o a la expansión social, de éxtasis y visiones... Ahora bien, ¿encontramos aquí el sujeto del esfuerzo? ¿No podríamos decir de estas concreciones espirituales, que entran, como todo lo precedente, en el dominio de la fatalidad? ¿Vive el leñador, a tenor de sus deseos, en un estado de gozo o de tristeza, de unidad o de ruptura interiores? ¿No tienen ahí una influencia decisiva mil fatalidades orgánicas o cosmológicas: el medio, la herencia, la educación, las enfermedades del hígado o de las arterias? Si los hechos de sentimiento no corresponden al deseo, es que el deseo corresponde a algo más lejano que los hechos de sentimiento y nace de algo de donde los hechos de sentimiento nacen también.

Sólo que aquí, nuestro análisis, en cuanto análisis racional, debe detenerse. Una vez se ha pasado la frontera —última Thule, Finisterre— de este mundo sentimental que constituye, verdad es —y ello nos da la razón de la tendencia filosófica referida—, lo que hay de más íntimo, de más inmediato al núcleo espiritual; a lo que, empleando una imagen geológica, podríamos llamar *las capas más próximas al fuego central del espíritu,* nuestros instrumentos de conocimiento fallan; el solo hecho de emplearlos representaría ya una tentativa de definir este centro por uno de sus radios, por el radio intelectual. La única definición de este fondo irreductible puede, mientras permanecemos en el terreno lógico, sernos dada por exclusión: por la negación de una condición cualquiera. Es decir, por la noción negativa de Libertad.

Así alcanzamos la fórmula de que lo que hay de irreductible en el espíritu es su libertad; o, por mejor decir, la Libertad. Aquí, una experiencia interior, negativa también, viene a confirmar el último resultado del análisis teórico. La expresión «*Quiero querer*» es la manifestación típica, en el lenguaje, de esta experiencia. Sepárase en la misma, si bien se repara, en dos grados sucesivos, el reino de la libertad absoluta, que es puramente interior, del reino de lo voluntario, ya condicionado por la fatalidad; y, al mismo tiempo, se expresa de una manera categórica el carácter ideal de la primera. La libertad se vuelve así, en la vida espiritual, el *substantivo primario,* del cual los hechos sentimentales, lo mismo que los intelectuales, no son más que adjetivaciones simbólicas. Ella, la libertad, es la que puede admitir adjetivaciones especiales; ningún orden de fenómenos es capaz de admitir a la libertad como adjetivación. Constituye, pues un contrasentido el decir que la voluntad es libre. La expresión legítima sería decir respectivamente que la libertad piensa, que la libertad quiere, que la libertad siente... Hay aquí, contra una manera de hablar común, un nuevo secreto de la Filosofía.

IV. SUBSTANTIVACIÓN DE LA LIBERTAD

El nudo, pues, de nuestra actividad, sea en el trabajo, sea en el juego, sea en lo que es trabajo y juego a la par, muestra siempre vigente el conflicto entre dos elementos, uno de libertad y otro de fatalidad, cuya existencia se impone a nosotros; como dato previo, inclusive, a cualquier determinación del conocer. Llamar intuición a la libertad, fuente de la potencia, significa ya falsear las consecuencias de esta revelación, incluyéndola en un orden intelectivo, al cual no sabemos si pertenece todavía o si pertenece indistintamente, mezclada con los demás órdenes, como algo indiferenciado, del cual después las diferenciaciones se producirán y separarán. Llamar intuición a esta fiducia de orden inevitablemente religioso que prestamos al hecho de nuestra potencia personal —no, entiéndase bien, al hecho de nuestra existencia, que, en realidad, es de conciencia secundaria—, vale tanto como llamar ya vegetal a un protoplasma vivo.

Todavía ha de parecer más abusivo el ir a buscar ahí, a lo kantiano, la fuente del deber, bajo especie de conciencia moral o de imperativo categórico, y pretender sacar de ello la justificación metafísica de ciertas seguridades éticas. Menos arriesgada era, en este capítulo, la posición monadológica de Leibniz. Leibniz, por lo menos, al no querer prescindir en aquella especie de protoplasma ni del germen de la voluntad o impulso, ni del germen de la razón, es decir, la memoria —o, mejor diríamos, en nuestra terminología moderna, de *la mneme,* común denominador de la reminiscencia, de la herencia y de algunas cosas más—, salva ya la unidad de la Potencia. Con todo, sólo convencionalmente, cabe imaginar la posibilidad de una diferenciación sin disyunción de ese núcleo primero.

Interpretando en guisa nueva el léxico de ciertos psicólogos, sobre todo norteamericanos, nuestros primeros trabajos filosóficos —y que se nos consienta aquí una alusión a obra propia— ensayaron durante algún tiempo dar a la libertad incondicionada, que está detrás del *yo* mismo, el título de «*conación*», como para significar, a la vez que su indeterminación genuina, la posibilidad de cualquier determinación ulterior. Ciertas razones, que apenas si tenemos derecho a rozar aquí, nos han inducido más recientemente a ver como legítima la personalización del elemento primero indiscernible; más aún, de buscar, en él, revelaciones sobre el secreto de la personalidad; situado como este secreto debe estar en la región donde lo uno asume series enteras, es decir, donde se funden lo individual y lo genérico. Naturalmente, esta región ya cae fuera del régimen de obligaciones lógicas contenidas en el principio de contradicción. Y así, esta personalización admitida, no se tiene más remedio que identificar la libertad absoluta con las entidades a que las religiones y aun —¿por qué no?— ciertas supersticiones, han dado nombres como los de «Ángel», «Daimón», «Numen», etc. El léxico fuera indiferente, si no hubiera entre esos títulos una escala paralelamente desarrollada de lucidez en la aprensión del misterio y de dignidad en la pureza de la adhesión. Ni que decir tiene que, particularmente, nuestra preferencia se va hacia el titulo de «Ángel». Lo esencial para la investigación que estamos desarrollando es, con todo, consignar solamente que se encuentra aquí la primera y esencial certidumbre.

V. LA PLENITUD FUNCIONAL CREADORA

La misma consideración debe repetirse en el otro cabo de la serie; o sea, en lo relativo al último reducto de la Resistencia. ¿Por qué usamos aquí de esos términos «reducto», «último»? Porque el análisis que acaba de referirse y a cuyo través ha ido sucesivamente despojándose de engaños el mundo de la Potencia y adelgazando su contenido hasta dejar tantos elementos fuera de sí, ha de tener sin tardanza su compensación por nuestra parte, a la vez que el recuerdo de su carácter convencional —por lo científico, precisamente—, cuando nos encaremos con los instantes de plenitud funcional, con el hacer del hombre —o de la humanidad—, con el conocimiento, el juego y el trabajo. El leñador que, en busca interior de su pureza, ha ido entregando a la fatalidad el hacha y el brazo y aun sus propios entendimiento y voluntad, *no es el mismo* a quien sorprendíamos en la actividad de su trabajo. Ahora nos toca volver sintéticamente a vestirle con las riquezas de que le habíamos despojado. Contemplémosle en su trabajo; quiere decirse, en su creación.

En la plenitud funcional se comienza por ser asumido por su personalidad, por el centro mismo de su Potencia, ahora convertida en potencia irradiante. Por esto, de cierta manera, *desaparece* el yo, transformada la conciencia en sobreconciencia. La voluntad, el entendimiento del trabajador, puestos al servicio de la energía del esfuerzo, se identifican igualmente con esta inicial entidad, la prolongan, la vierten. Todo lo psíquico es ganado por esta fluencia: sensibilidad, memoria, determinaciones psicofisiológicas, ahora incorporadas, en conjuntos indiscernibles, a la libertad. ¿Y el cuerpo? El cuerpo también; el cuerpo, que la energía desmaterializa, libera todo a su trascender, todo a su crear, todo a su flor, como cuerpo en cópula. Crear, crear. Los pies humillan el suelo en que se apoyan; el enser laboral prolonga la mano. Porque, ya fuera del individuo, el cosmos ha empezado a verse conquistado, colonizado también. Conquistado para colonizar. Colonizado para incorporar. El hombre que trabaja —y el hombre que juega— trasciende al universo, lo transforma, lo humaniza.

Lo que era Resistencia se potencializa y le ayuda ya. La resistencia es vencida a cada instante, empobrecida a cada instante por el saber del hombre, por su técnica, por su valorar. La naturaleza, que antes fue *natura naturans*, se convierte ya ahora en *natura aulica,* valorizada, adoptada y adaptada, domesticada. El trabajo, en forma de doma, ha creado el perro con materiales de lobo; el caballo, con materiales de no sé qué otro monstruo. El leñador ha abierto, a fuerza de hachazos, a fuerza del trabajo y de su energía, un camino en la selva. Y este camino, que era natura, se ha vuelto ya cultura.

VI. SUBSTANTIVACIÓN DE LA RESISTENCIA. EL MAL

¿Toda la Resistencia puede llegar a ser colonizada así? Nuestro análisis de hace poco ha debido detenerse ante un límite. Como que era aquél, conocimiento, como que era razón, un último elemento, no ya racional, no ya cognoscible, le escapaba. No podía con la libertad, quintaesencia del movimiento... «*Religio est libertas*» se titulaba la juvenil memoria con que un estudiante español salió a combatir a los pragmatistas, cuyas tesis de reducción de lo religioso a lo sentimental veíanse muy aceptadas en aquel entonces... Ahora, en el recorrido inverso, nos veremos obligados a reconocer igualmente un límite. Nuestra invasión victoriosa del mundo externo, nuestra obra de creación se estrellará en último término contra una fatalidad residual irreductible, cuya quintaesencia es el Mal, que recibe también por otro nombre el de Muerte.

VII. RAMON LLULL (1232-1315)
Vestíbulo de la Universidad de Barcelona

VIII. JUAN LUIS VIVES (1492-1540)
Según un grabado antiguo

Hay quizá algún derecho de sorprenderse al advertir el escasísimo lugar que la noción del Mal ocupa habitualmente en la Metafísica. Se ha procedido con ello como si se tratase de una concepción ética o, todo lo más, como si fuese únicamente la expresión de un valor subjetivo, con la relatividad a ello inherente. Mientras la Bondad es tomada frecuentemente como categoría, la Maldad, aun cuando logra emanciparse de la simple calificación psicológica, pasa a ser, en el cosmos y para saberes de Cosmología, una anécdota solamente, una anécdota algo prolongada. Pero la suprema objetividad del Mal, su calidad de límite, se impone como una obligación a la razón humana, por lo mismo que emancipado de las determinaciones de la razón. Él, a su vez, es activo: destructor; si lo otro, creador. Extintor del movimiento, traducido por doquier a la inercia. Muerte. *Muerte inmortal* que no puede eliminarse mientras nuestra metafísica de mortales sea válida. No se trata de juicios morales, en todo esto; no se trata de ética. La Patética puede demostrarnos que la noción del Pecado Original es como la clave de arco de toda la Física. El postulado del Mal objetivo, es decir, el de la Resistencia irreductible, es, al lado de la Potencia indeterminada, uno de los dos indispensables para que cualquier especulación metafísica pueda iniciarse y avanzar.

La nota de individualización personal que se ha de atribuir al Mal objetivo, al principio del mal, parece menos clara que la que nos permitió llegar a este resultado al tratarse de la sublimación del yo... Las mismas actitudes religiosas, como la del dualismo mazdeísta, que divinizaron el Principio del Mal, no han estado servidas, en la historia del pensamiento, por organizaciones metafísicas adecuadas. Su secreto no ha sido nunca —y acaso es lástima— uno de los secretos de la Filosofía, que nosotros tratamos de averiguar. Lo que sí hemos averiguado, en el curso de la síntesis de la plenitud, como, unos momentos antes, en la ascesis de nuestro análisis, es que la frontera entre el mundo de la Potencia y el de la Resistencia, el de la Libertad y el de la Determinación, el de la Creación y el de la Inercia, el de la Persona y el del Mal, resulta, por definición, inestable y cambia en realidad a cada momento. En el análisis, el primer dominio se cercena; en la plenitud funcional, al contrario, se coloniza. Mi Potencia puede comprender, es decir, crear en un momento dado, hasta una piedra en el camino y hasta el mismo hierro que me hiere. La Resistencia con que tropieza puede invadirme hasta la obliteración de mi entendimiento, hasta la atonía del «no puedo querer». De este flujo y reflujo nace, ya lo sabemos, la trascendencia y se afirma, a la vez, la posibilidad del conocimiento y de la acción.

VII. PENSAMIENTO Y CONOCIMIENTO

Si volviendo la vista a todo lo enunciado en el presente capítulo intentásemos resumirlo en unas conclusiones, destacaríamos las siguientes tres:

Primera: En todo esfuerzo humano se da una dualidad, donde entran en obra dos fuentes, una Potencia, que doblemente me trasciende, siendo *yo*, y a la vez, *no yo* —puesto que, dentro de mí, escapa a mi conciencia y, a la vez, a mi conocimiento discursivo—, y que tiene posibilidad y aun necesidad de verterse sobre el mundo exterior a mí; y una Resistencia, que también trasciende doblemente en el sentido de la versión del objeto en mí y en el sentido de la trascendencia íntima —puesto que el origen de esta fuente está en el Mal; en el Mal objetivamente considerado, con el cual se identifica la muerte.

Segunda: En todo esfuerzo humano, estas dos fuerzas se unen, contienden y copulan, en lucha que admite infinitas matizaciones de jerarquía, según el dominio que la Potencia o la Resistencia respectivamente ejerciten.

Y tercera: El predominio de la Potencia, en esta copulación, se traduce en *una creación*, es decir, en realidad viva; mientras que el predominio de la Resistencia se traduce en *determinación*, es decir, en realidad inerte.

Ahora bien, dentro de lo que pudiéramos llamar el panorama universal de los esfuerzos humanos, se da una gradación, cuya zona más propicia a la creación se encuentra en el juego; cuya región de más rigurosa determinación la constituye el trabajo y cuya región media está en el saber —topografía, que ya nos anuncia aquella clasificación de triple enseña, sucesivamente cifrada en el «*Homo Ludens*», el «*Homo sapiens*» y el «*Homo faber*», con los cuales trabaremos conocimiento, en nuestra «Teoría del Saber»—. El hombre que danza, del repertorio figurativo nietzscheano, ejemplar lúdico supremo, tropieza con un mínimo de elementos de resistencia; mientras que el obrero que a fuerza de producir cabezas de alfiler llega a convertirse en cabeza de alfiler —y del cual tanto partido se ha sacado en el repertorio figurativo, enderezado contra la economía liberal—, se halla en el otro extremo de la serie; allí donde se presente el máximo de resistencia, el máximo de determinación (y, si fuésemos moralistas, sacaríamos también aquí a colación, como nueva ilustración de esclavitud, al «hombre esclavo de sus pasiones», al vicioso de la bebida o de la droga, etc.). Pero, dentro mismo de la región intermedia, en el dominio del «*Homo sapiens*», se da a su vez la gradación. No es lo mismo crear la *Odisea* que recopilar el «*Medina y Marañón*». Y esto, que se produce en el orden general del saber, se produce igualmente en el interior de cada juicio, en el interior de cada idea. La noción del ritmo es más libre, más *jugada* por el espíritu que la noción del *trueno*: idealizar es potenciar. El juicio por el cual atribuimos al hombre la racionalidad es menos libre, menos creador que aquel otro por el cual le atribuimos la inmortalidad al alma. Si formulamos el primero: «*El hombre es racional*», tendremos un juicio de los llamados *analíticos* en que ya el predicado de la racionalidad estaba implícito en el sujeto. Al formular el segundo juicio: «El alma es inmortal», tenemos que proyectar sobre el sujeto algo que le impone nuestra potencia de pensamiento: *la inmortalidad* no implicada necesariamente en la noción de *alma*. Pues bien, esa actividad creadora del «*Homo faber*» es —según lo conocido ya en nuestra preliminar «Acotación sobre Vocabulario»—, lo que llamamos, técnicamente ya, *Pensamiento*. El término *Conocimiento* queda correlativamente reservado a los actos en que lo inerte, lo *dado*, vence ya —bien que no lo aniquila— a lo vivo del pensar. El recopilador del «*Medina y Marañón*» reúne mayor número de conocimientos —que, precisamente por lo dados que son, se llaman *datos*— que el cantor de la *Odisea*. El cantor de la *Odisea* hace jugar mayor energía de pensamiento, traducida en *invenciones*, que el compilador del «*Medina y Marañón*». Sin llegar a esos extremos, en la obra de erudición se da siempre más inercia, más pasividad que en la de la síntesis histórica, por ejemplo: Mommsen se acercó más al tipo del poeta que los bollandistas. A veces hemos hablado del contraste entre la función del filósofo y la del «profesor de Filosofía»: la frontera entre ambas funciones pasa por ahí.

La libertad piensa. El pensamiento crea. Lo creado muere. Con lo muerto tropieza —cerrado ya el círculo— la libertad. Pero —no descuidemos nunca el atender a la presencia de este hecho—, *aquello que se nos opone, nos apoya*. «Dadme una palanca y un punto de apoyo, y removeré el mundo». Si todo estuviese de mi parte, si mi pensar no encontrara oposición, si lo *dado* no coartara la *creación*, si el *pensamiento* no tuviera necesidad del *conocimiento*, inclusive en la forma humilde del *dato* —*si todo fuese palanca*—, faltaría la posibilidad, no ya de remover el mundo, sino, simplemente, de adelantar un paso en él. Mis límites son mi riqueza. Más todavía: mis límites son mi ser. Yo no existo como objeto, antes de que haya surgido de la realidad circundante; separado de ella, *recortado* en ella mi contorno. Sólo a precio de ceñirme a este contorno puedo yo, a mi vez, ser realidad. Alguna vez, actitudes mentales más o menos tocadas de panteísmo, han pretendido incorporar a la definición del ser su ambiente, su circunstancia... Al revés, hay que ver al ser *contra* su circunstancia: definiéndose por oposición a ella. Sin forma, no soy. Mi existencia se identifica con mi figura. ¿Se ha reflexionado lo que nocionalmente distingue, dentro del repertorio del arte pictórico, el género llamado «figura» del género llamado «paisaje»? En este último pueden también contenerse representaciones de seres humanos. Se contendrán, empero, fundidas con el ambiente, igualadas con otros aspectos de él, rocas, árboles, cielos, meteoros. En el primer género, al contrario, una jerarquía se establece; y una jerarquía *discontinua*, dentro de la cual la representación de un ser humano o de unos cuantos seres humanos reduce todo lo demás a la condición accesoria de «fondo»... Pues bien, la creación de un ser por la Potencia consiste esencialmente en destacarlo como *figura* del *paisaje* amorfo de la Resistencia. Quiere decir que esta creación no es una creación *ex nihilo*, una creación salida de la nada. Ha necesitado otras creaciones anteriores. Ha necesitado la previa existencia de la oposición, del Mal... También en el Génesis la aparición del Mal precede a la aparición de la Razón.

La confusión entre las nociones de creación *ex nihilo* y de creación en general, es uno de los orígenes de la dificultad que encuentra la Filosofía en abrir paso a sus concepciones en mentes demasiado avezadas a los métodos de la Empiria y aun a los de la misma Ciencia. Parece darse por sentada una imagen de la realidad en movimiento perpetuo, como una máquina a la cual se hubiera dado cuerda de una vez para siempre. Unos presentan la máquina como un dios, que se mueve a sí mismo. Otros, como separada de su relojero, a quien llaman Dios. En el primer caso, la máquina es imaginada como completa y perfecta: su carácter divino no permite otra cosa. En el segundo caso, como abandonada: este abandono lleva consigo la imposibilidad de que intervengan en ella —pasado un momento *único* de creación que queda fijado y dejado atrás en el tiempo—, ni el Creador-Causa primera, cuya intervención recibiría el nombre de «milagro», ni el Creador-Causa segunda, cuya intervención, llamada «libertad», sería tan ilusoria como el milagro mismo... En el curso de nuestras lecciones nos incumbirá hacer justicia a la versión sabia de este prejuicio anticreacionista: esta versión titulada racionalismo se verá entonces privada de sus dos apoyos científicos fundamentales, el principio de conservación de la materia y el principio de conservación de la energía, y tan invalidada conceptual como experimentalmente. Pero ahora no debe ocuparnos la versión sabia del anticreacionismo: lo que conviene barrer en seguida es su versión popular, que se presenta como una adquisición del sentido común. Pero todo el sentido común y toda la vulgaridad del mundo no podrán evitar que éste sea continuamente *potenciado* por la palabra.

Que el milagro, es decir, que los nacimientos no predeterminados de energía, lejos de constituir la negación del pensamiento, sean la condición misma de la existencia del pensamiento. Esto sí: una vez producido, este milagro, que ha significado una *condición*, se vuelve un *obstáculo* para el pensamiento. Obstáculo del cual necesita, como punto de apoyo, para el juego de su palanca. Cuando la creación se ha *enfriado*, cuando el pensamiento se vuelve conocimiento, cumple la función ambivalente de servir al pensamiento contrariándole, de modelar su pasividad, dar forma —es decir, espíritu— a su materia... Una vez más el vocabulario teológico da la pauta al vocabulario filosófico, según una posibilidad, tal vez necesidad descubierta por filósofos alejandrinos —y que probablemente constituye su gloria más alta—. Una doctrina genérica de lo paternal, una explicación de la figura del Padre puede aplicarse igualmente al caso del Supremo Hacedor que al de los hacedores segundos. Con exactitud resumían estas tesis sobre lo paternal los colaboradores del *Petit vocabulaire de philosophie orsienne*, publicado en París en 1938: «Tres versiones de Dios hay posibles, dentro de la limitación del entendimiento humano: o bien se identifica el Ser Supremo con el Ser total (panteísmo); o con el Ser causal, causa primera (teísmo); o bien el Arquetipo, la Antonomasia suprema. En este último caso, Dios es visto según un estilo que podríamos llamar *geométrico*, como una figura, como *la Figura*, la llave del Orden. Éste es, entre las figuras, la que asume el esquema de la paternidad, la última razón de lo hereditario, *la causa que subsiste en el efecto* ("Providencia"), no en el sentido de la *previsión*, sino en el de una *intervención* no circunscrita a porciones en el tiempo. El Dios del panteísmo, exclusivamente lógico, es obtenido por sucesivas reducciones, cuya norma es el principio de identidad. El Dios del teísmo es un dios exclusivamente histórico, obtenido por sucesivos retrocesos, cuya norma es el principio de razón suficiente. El Dios del pensamiento figurativo es geométrico, es decir, trinitario o triangular... Concreto a la vez que abstracto, su función de "Creador" no excluye su función de "Interventor" continuo; pero esta última no implica necesariamente una identificación con un supuesto *Ser total*...» También, proporciones guardadas, la palabra, entendida filosóficamente —ya no habría obstáculo, llegados a este punto, en declarar: «entendido como idea»—, tiene esa doble función, creadora e interventora, creadora a lo paternal. La diferencia está en que la creación de la palabra no se produce *ex nihilo*, sino como una *procreación*. Es decir, suponiendo necesariamente la existencia de palabras anteriores: sobrehumanas, si se trata de una Revelación; humanas, si se trata de la Cultura.

VIII. FUNCIÓN Y PRODUCTO

Varias veces le hemos sacado el jugo —y era a beneficio nuestro— a un dicho de Humboldt: «El lenguaje no es un *ergón*, el lenguaje es una *energueia*». Quiere decir que el lenguaje no adiciona *productos*, vocablos, formas lingüísticas, sino que conjuga *funciones*, actividades vivientes. La llamada «riqueza» del lenguaje —o «riqueza en un lenguaje»—, es una riqueza de capitalización: no solamente representa unos *tesoros*, sino sus *rentas*. A su oro, inclusive; a su oro, ya precioso en sí, va acumulado el sobreprecio que, por su escasez en el mundo, alcance el oro... «Acumulado», decimos. Toda acumulación supone dos entidades: la que se acumula, la que recibe la acumulación. A la sentencia de Humboldt, nosotros debemos hoy oponer una corrección muy justificada. El lenguaje es *energía*, pero también es *ergón*, producto. Si no fuese, además, producto, su energía, su función, no hubiera podido tener existencia. Si en el lenguaje no entrara el *ergón*, la inercia de lo producido ya, jamás se hubiera podido componer un solo Diccionario. —«Es que», se dirá por ventura, «los Diccionarios se componen con las palabras de *un* lenguaje, de una manera que *traduce* ya en productos particulares, determinados, la energía alojada en el acto simple del lenguaje»... —«No», advertiremos nosotros. «El acto simple de hablar tiene ya sus formas determinadas, que precisamente son las que cada idioma particular *traduce*». Gracias a esta comunidad es, por de pronto, posible la existencia de Diccionarios bilingües y políglotas. Se ha observado —y el hecho se alega como testimonio de unidad en la especie humana— que entre el repertorio de gestos y ademanes con que el lenguaje oral es suplido, en los distintos pueblos, civilizados como salvajes, los hay de unánime sentido, como el de mover la cabeza de arriba abajo, en señal de afirmación; lateralmente para denegación. Tampoco, en el lenguaje oral, el hecho de los varios acentos, o desinencias, fonemas o grafías adoptados en las diversas naciones, el hecho de que la una pronuncie *Vater* lo que la otra *Padre*, indica que se trata, en realidad, *de palabras distintas*; esto, para no hablar de la solidaridad implicada en aquellas voces, muchísimas, con las cuales el matemático Peano pudo un día formular su macarrónicamente titulado «*Vocabulario comunis a tute le lingue de Europa*»... Hay, pues, ergones, productos, elementos de concreta determinación, resistencias-apoyos a la potencia de hablar (mejor dicho, a la potencia en función de hablar), no ya únicamente dentro de *cada* particular lenguaje, sino en el hecho mismo del lenguaje, como actividad general humana. Y, si se continuase objetando que no se entiende por «lenguaje» el conjunto de los mismos, sino, en sí, la función a la cual sirven de instrumentos, se retorcaría entonces que la sentencia de Humboldt es una pura tautología, puesto que en ella lo definido implica ya la definición; por modo que se acaba definiendo como energía a lo que ya por energía se toma.

La Física moderna ha acabado por definir el átomo por la conexión entre un núcleo y una onda. Sin núcleo no hay átomo, sin onda tampoco. La onda representa aquí el elemento dinámico, la «energueia»; el núcleo, el elemento material, el «ergón». De estos átomos se compone el «acontecimiento» —ya aludiremos en su hora a la luminosísima definición del «acontecimiento» por el físico Minkowski—; de «líneas de acontecimiento», la línea general del Universo. No es, pues, que en el Universo exista la materia, exista la energía; el espacio, constantemente, indiscerniblemente mezclado con el tiempo; los productos, constantemente, indiscerniblemente mezclados con las funciones. *Toda realidad, por consiguiente, es una posición.* Una posición de posiciones representa una correlación. Y la correlación de las correlaciones forma el Orden, núcleo y onda a la vez, espacio y tiempo, necesidad y contingencia, función y producto: el Orden, categoría suprema.

En la realidad, aquellos elementos, que ya hemos descubierto parciales, no se dan separados. Infiel anatomía, por ejemplo, la que, al detallar un organismo pretendiese constituirse únicamente como una reseña de los órganos, sin alusión a las funciones, sin cuya presencia —y no ya sólo actividad engendradora— los órganos no existirían. Infiel fisiología, por otra parte, la que emplease un puro lenguaje de dinamismo, y prescindiendo del estudio de las correlaciones, pretendiese ver en cada función únicamente la actividad de un órgano —como si aquélla no estuviera de continuo sobrepasando a éste—. Como hay una instancia, un Orden superior, en que se funden la Geografía y la Historia, hay una instancia, un Orden superior, en que se reúnen la Anatomía y la Fisiología. Esto nos fuerza a considerar como abstracciones convencionales así a una Geografía o una Anatomía que se pretendan puramente estáticas, puramente espaciales, como una Historia o una Fisiología que aspiren a lo puramente dinámico, a lo proyectado exclusivamente en el tiempo. Tales ambiciones fracasarían en la captación de lo real, como la de una Física que se pretendiese asépticamente ondulatoria o asépticamente mecanicista. Esta última quisiera manejar tan sólo conceptos, elementos de carácter científico por excelencia. A la otra pudiera tentarle la ascética de lo experimental, el simple operar sobre percepciones. Pero no hemos de tardar en ver que las percepciones contienen también ideas, es decir, asistencias de fuerza generalizadora; y los conceptos contienen ideas igualmente, concreciones inevitables. Todo retrato es una figura; al par, todo emblema figura es. Y, porque la idea está en todo, debe estar en todo la Filosofía. Nuestro combatir contra la arrogancia del concepto, contra la abundancia de las percepciones —ejércitos respectivos de la Ciencia y de la Empiria—, se presenta ya en condiciones de superioridad para nosotros.

IX. LO POÉTICO Y LO PATÉTICO

La inestabilidad de las fronteras, cuyo trazado viola a cada punto lo trascendente, nos hace sospechar en seguida que existe una comunicación continuada entre los dos mundos: el colonizable por la Potencia y el rebelde con la Resistencia; el de la proyección subjetiva y el de la inerte objetividad. Si, acordándonos de la identidad entre «creación» y «poesía», según la etimología griega de esta última palabra, llamamos *poético* al primer mundo y *poética* a su estudio, no sorprenderá el que, al pensar paralelamente en la pasividad del mundo de la Resistencia, se la deba tener, según terminología que viene del *pathos* griego, por un mundo *patético*, en cuya comprensión puede esforzarse una disciplina: la «Patética». En el bien entendido, siempre, de que esta denominación alude a la vez a la inercia de lo objetivo y al carácter hostil con que esta inercia se presenta a nosotros; fiel, por otra parte, a la nota de *mal* que de su irreductibilidad definitiva a la Potencia se deduce. *Padecemos* a la realidad, porque la realidad *se nos opone*. Que lleguemos a dominarla y que, aun antes de dominarla, sea ella admitida por nosotros a estratégica colaboración —y hasta que nos valgamos de ella o que, al servicio de nuestra potencia, agitemos en disensión interior el mundo de la Resistencia (como cuando se combate el fenómeno natural que llamamos dolencia con el otro fenómeno natural que denominamos medicamento)— es ya otra cuestión. No nos cansaremos de insistir en que aquí las fronteras tienen la condición de inestables. No puede, por tanto, extrañarnos aquí el hecho de ciertas confusiones, ciertos entrecruces, deslices, traiciones inclusive, que, también en el práctico vivir de los pueblos, caracterizan a lo fronterizo.

Cuando la emoción y desazón inevitables producidas en nosotros al entrar tan cautelosamente en los secretos de la Filosofía, se hayan calmado y se enfríen, el aumento en la seguridad, por efecto del avance en lo recorrido, nos permitirá examinar, aparte y en convencional sistematización, casi en estilo científico, lo que contiene la Poética y lo que contiene la Patética. En ésta, sin salirnos de lo científico, *desenmascararemos*, por decirlo así, la noción de inercia; mostrando su inevitable *intención* de muerte y de mal; mostrando, en otros términos, que *la Naturaleza es pecado*. No otra cosa quiere decir el que toda Física deba incluir la amenaza de aniquilamiento; amenaza contenida —por lo menos— en el principio de la degradación de la energía, capital en Termodinámica. También nos daremos cuenta del verdadero ejército de salvación que despliegan, en lucha con ello y como para su compensación, las actividades creadoras del Espíritu y de la cultura y aun las que forman, cómplices, parte de cierta *naturaleza espiritualizada* —opuesta a la *naturaleza naturante*— y que van desde el humilde sendero que abre a través de la selva el paso del hombre, hasta la plenitud de los fenómenos de la vida; la cual es, en sí misma, *poética* también: inserción del espíritu —y hasta de la cultura, según demuestra nuestra «Fórmula biológica» de la lógica— en la materia; vencimiento infatigable de resistencias, creación continuada.

En la consideración, precisamente, de que existen una vida y una cultura creadoras, se cifra la dificultad con que nosotros hemos tropezado para encerrar nuestros capítulos, respectivamente concernientes a la Poética y a la Patética, en el marco representado por las consuetudinarias denominaciones de «*Psicología*» y «*Cosmología*». Cierto, lo primordialmente activo en torno nuestro es el alma humana; pero tampoco resulta indiferente a los fines de nuestra creación el hecho de que las bestias de tiro arrastren piedras con las cuales se construyen catedrales. Cierto, igualmente, que las fuerzas de la naturaleza, en el otro extremo, cumplen leyes ciegas donde no parece intervenir para nada nuestro albedrío; pero también lo es el que en nuestra particular psicología se producen *hábitos*, de aquellos que, según la expresión tan vulgar como justa, «constituyen una segunda naturaleza»; y que estos hábitos pueden hacer ineficaz nuestro albedrío y quien los tiene debe padecerlos, como se padece la rudeza del viento o el ardor del sol... Había, pues, que escoger: o suponer una frontera fija entre naturaleza y espíritu, y sólo entonces los títulos «Cosmología» y «Psicología» se justificaban; o bien, dada la movilidad de la frontera, se debía recurrir a una caracterización funcional y se llamaba, según hacemos nosotros, *Poética* a cuanto es creación, la ejercite una mente o una piedra (¿quién negará que el «ónfalo» de Delfos pertenece a la historia de la cultura?), y *Patética* a cuanto describe la pasividad, acontezca la misma en una piedra o en una mente.

X. NI MAGIA NI MANIQUEÍSMO

Dos aclaraciones nos importan, antes de cerrar este capítulo y de entrar, anhelantes de mayor claridad, en el itinerario que, desde la elementalidad del percibir, función que —por lo menos en apariencia— incluye el hombre en el vivir zoológico, hasta la plenitud del saber, que le eleva a la proximidad del vivir angélico. Una de estas aclaraciones se refiere al sentido en que cupiera por ventura llamar «magia» al reconocimiento, en la palabra, de una eficacia creadora. La otra aclaración atañe a la prevención de que nuestro irreductible dualismo en el enfrentamiento de la Potencia con la Resistencia y el carácter substancial —a dos dedos de lo ya personal—, que atribuimos a la una y a la otra, diese a sospechar que la actitud metafísica que juzgamos indispensable al estatuto de nuestra Dialéctica se encuentre incursa en aquella figuración religiosa del pesimismo heroico, que ha tenido infinitas manifestaciones en la historia del pensamiento universal, hasta el punto de constituir una *constante* dentro de ella; constante un día manifestada en la oposición entre el maniqueísmo y el pelagianismo; como otro día, y en sentido inverso, entre el pensamiento agustiniano y el pensamiento franciscano. Ex profeso hemos escogido estos ejemplos, traídos de zonas tan distantes, desde el punto de vista de la ortodoxia cristiana, para subrayar el que lo extraído de ellos, a los fines de nuestra segunda aclaración, no son las *tesis* respectivas, sino las *tendencias*. Por modo que se pueda igualar aquí en el prejuicio, pesimismo con optimismo, escogiendo entre Manés y Pelagio, entre San Agustín y San Francisco, por estrictas razones teóricas, sin mezcla de elementos extraños ni de juicios de valor que traben a los juicios de existencia en juego... Inclusive, de haber llamado «heroico» hace un instante a un cierto pesimismo, estamos a pique de sentir remordimiento al llegar al punto en que estamos: lo hacíamos, no al servicio de ningún interés moral, sino de una economía en la caracterización. El pesimismo *heroico* era aquí distinguido de pesimismo *cobarde*, no por la presencia o ausencia de una virtud, sino por el carácter concreto y vago de su posición. Lo que en el pesimismo heroico son *mitos*, es decir, figuras, en el otro son *aprensiones*, es decir, algo amorfo.

Vayamos con el primer tema necesitado de precisión. El hecho y la doctrina de la Magia están lejos de seguir afectos, ante el juicio de la ideología contemporánea, a aquella nota de descrédito, que les infligiera el «siglo de las luces» y que el XIX heredó de él. Hasta nosotros ha llegado, por la traducción de algún estudio fenomenológico, la noticia de que Magia y magos no presentaban siempre el carácter de supersticiones tan simples como las que pudieran zaherir, en un día y por ambiente de «ilustración», la «ilustración» del siglo XVIII, el «cientificismo» del siglo XIX. Por otra parte, más de una actividad espiritual del tono más alto ha venido a reivindicar, en los últimos tiempos, un parentesco funcional con la magia: el título de «realismo mágico» se ha visto enarbolado por una escuela de pintura; en las teorías y discusiones sobre el acto poético, el término «magia» y expresiones como «magia del verbo», «encantamiento por el canto», se producen más de una vez. Nosotros mismos, en fin, y en actitud precisamente crítica, no vacilamos —según se verá cuando tratemos del «principio de participación»— en sacar partido de la comunidad de ciertas prácticas, la actividad mágica entre ellas, que resultan comunes a la mentalidad primitiva o vernácula y a la del hombre civilizado del más empinado nivel intelectual. Un entronque de especialidad con la magia no había, pues, de desdorar demasiado a nuestra filosofía. Fuera éste un parentesco que hoy no habría inconveniente en confesar y hasta proclamar.

Sin embargo, aplicando a la cuestión un criterio igualmente alejado de remilgo que de vanagloria, todavía cabe establecer entre Filosofía y Magia una disparidad fundamental. *El precio de la Magia está en lo extraordinario; el precio de la Filosofía, en lo normal.* La primera representa, pues, un desorden; un principio de desorden, por lo menos, considerado teóricamente. La Filosofía representa una vuelta al orden, tanto cuando trata de explicar la vida, como cuando, llegado el momento, se aplica a gobernarla. Consecuencia de ello será que la Magia se traduzca siempre, cuando se la lleva a la práctica, a *imprudencia*; mientras que la Filosofía verdadera se traduce a *cordura*. Cualquiera que sea la dosis de verdad que se pueda atribuir a tal o cual ejercicio de la Magia, los conjuros o adivinaciones por ejemplo, loco será el magistrado que ajuste a ellos su conducta política, como parece que más de un rey hizo antaño; y diz que hacía, muy en lo reciente, nada menos que un Presidente de la República, nada menos que en los Estados Unidos. En cambio, el físico que, gracias a la Filosofía, no esperó siquiera a Maxwell para reservarse dos dedos de eventualidad ante la determinación mecanicista con que otros daban cuenta de un fenómeno, no anduvo loco, sino discreto por demás. En cifra, cabe decir que el filósofo se diferencia del mago, como se diferencia el hombre que, donde suelen los hombres engendrar, engendra un hijo, del hechicero que *in vitro* se afana en la producción del homúnculo. Puede ser que creen los dos. Pero la creación del segundo será, sobre anormal, precaria; y, en sí mismo —a pesar de cuantas alharacas puedan hacer todos los doctores Fausto del mundo—, presumimos que desagradable. En cambio la creación del primero, laudable por su normalidad, lo será también por su eficacia vital. Y hasta presumimos que más gustosa; como lo demuestra el que, la noche de Pascua, el mencionado y dado al chápiro Doctor, se apresure a cambiar así que de ello encontró coyuntura un género de creación por el otro.

Al dualismo religioso radical habrá ventaja en llamarle «mazdeísta», no «maniqueo». Puesto que se trata de una constante histórica, ¿por qué no darle el nombre más antiguo? Si no se habla del agustinismo de Platón, no hay por qué hablar del maniqueísmo de Zoroastro... Puestos, de una parte, a pasar de lo religioso a lo filosófico; puestos, de otra parte, a tomar en cuenta, no tesis, sino tendencias, hay que apresurarse a reconocer que nuestro entendimiento de la Inteligencia como una pugna, del vivir como una milicia, del pensamiento como una oposición; y, muy directamente, de la inferior trascendencia del espíritu y de la remota trascendencia de lo inerte, así como —en grado eminente— nuestra sospecha de una personalización posible de la *Potencia* interhumana y del *Mal* metafísico, se dejan mejor inscribir hacia la región del dualismo que hacia la del panteísmo; serán más bien mazdeístas que pelagianos —por lo mismo que son más *clásicos* que *barrocos*—, se parecerán mejor a San Agustín que a San Francisco. ¿Cómo se salva aquí, sin embargo, el riesgo de una más estrecha filiación? Cabalmente por la entidad, a un tiempo substancional y funcional, que atribuimos universalmente a la existencia... «Más allá del yo existe y opera algo que, simultáneamente, soy yo y no soy yo», hemos dicho. Esto, ¿ha de ser el Dios del Bien necesariamente? ¿No puede ser algo plural, un Numen, un Ángel, nuestra propia personalidad según ha de acabar reconociendo la filosofía en la Poética? Y, en el otro cabo, ¿por qué la personificación del Mal ha de ser precisamente el dios del Mal? ¿No puede el Mal tener también sus *númenes*, puesto que tiene sus *númenos*? La Muerte, ¿no es un numen? El Pecado Original, tan estrechamente relacionado con ella, ¿no constituye otro numen? Su pluralidad nos otorga la mejor esperanza de superación. Eso tiene contornos; y podemos operar con ello como Tobías cuando, por consejo de su guiador Arcángel, sacó el pez de su turbio medio acuático. Y, porque con claridad entera le veía, pudo con él.

Un afán teórico nos ha movido a hacer aquí estas dos aclaraciones. Pero no puede negarse que la operación practicada ha tenido, al lado de un interés teórico, una utilidad higiénica. Vamos a emprender un arduo camino y nos importa saber quién va con nosotros. Desembarazados por fin de la dudosa compañía de magos y de maniqueos, hay que ver cómo nuestro creacionismo avanza con paso más seguro.

LECCIÓN V

PERCEPCIONES, CONCEPTOS, IDEAS

I. PERCIBIR

Entre las formas de una relación cognoscitiva entre la Potencia y la Resistencia, son las percepciones las más sencillas. Son también aquellas donde, aparentemente, se presenta en mayor dosis la pasividad. Un objeto cualquiera se coloca ante nuestros ojos; éstos perciben el objeto. ¿Qué puede haber, en apariencia, más elemental, menos activo? Vamos, con todo, a descubrir, ya en él, cierta complejidad. Vamos a encontrar, hasta en eso, un primer conflicto entre la Potencia y la Resistencia. En algo tan puramente patético a primera vista existirá también una intervención de la poesía, de la creación. Este conocimiento será ya una manera de pensamiento.

Por de pronto, acabamos de decir que los ojos perciben el objeto. Pero, ¿perciben el objeto solo? La visión, en realidad, no individualiza. La visión abarca, con el objeto, otros objetos: abarca, ya lo sabemos, un verdadero *paisaje,* dentro del cual es imposible ceñir por un contorno un objeto individual. Encima del mismo se encontrará, por lo menos, la luz que le baña, que se funde íntimamente con su superficie, pero de la cual nuestra percepción prescinde cuando simplemente, al referirla, se dice que se ha visto *una pluma, una mesa.* Consintamos en suponer el objeto más aislado, más individualizado en su representación: una pintura en su marco; una fotografía de un vaso sobre un fondo negro; una vista en el estereóscopo por quien la mira a través de sus aisladoras ojeras. La visión del cuadro, ¿no contendrá también la del marco? Los límites de éste, ¿no se recortarán sobre la pared? Y en la fotografía de fondo negro, ¿no entrará, conjunta a la visión del objeto, la de la superficie, con su calidad de papel o cartón en que va campeado? En el interior del estereóscopo, ¿no habrá aire, luz, reflejos, presencia del volumen en la superficie plana? Sólo podemos llegar a la percepción de un objeto mediante un proceso de abstracción que *elimina* cierto número de elementos de un paisaje, que escoge otros en relación con una unidad. Pero esta unidad necesita un punto de referencia. Y este punto ha de ser dado previamente, no puede constituirse en el momento mismo de la visión. La visión necesita, por lo menos, la constitución previa de una entidad de conocimiento, gracias a cuya referencia puede escogerse cuáles notas constituyen el objeto, cuáles no. Quiero decir que es imposible ver sin abstraer, sin idealizar. El objeto, en puridad, ha necesitado ser *creado* antes que *visto*.

Es más, las cosas que, por lo menos, *no se parecen* a otras ya previamente conocidas por nosotros, no son vistas. Para que la visión se produzca es necesario, sobre una referencia de los detalles a un núcleo constitutivo, la referencia de este mismo núcleo a otro constituido anteriormente. En rigor, todo *conocimiento* es un *reconocimiento*. Por esto advertimos la indiferencia con que son acogidas por el espectador las sorpresas cuya novedad traspone cierto límite. El pueblerino no se asombra de las dimensiones de la gran plaza metropolitana, ni las advierte siquiera; porque le faltan *términos de comparación* con las dimensiones de otras plazas grandes. Inclusive para ver las diferencias entre las cosas, es necesario encontrarse en posesión previa de sus elementos de semejanza. En uno de esos chistes absurdos, con que el humorismo alimenta su inspiración en forma de «colmos» u otras no menos reputadas en la payasería, se figura a un interlocutor preguntando a otro: «¿Sabes qué diferencia hay entre un piano y un panecillo?». El otro espera alguna ingeniosidad; y como el adivinar ésta no se le ofrece obvio, contesta que no sabe qué diferencia puede existir. «Pues ten cuidado —replica el primero— en no comprar nunca un panecillo, pues te iban a encajar un piano»… La discusión sólo es posible a partir de cierto nivel de conformidad. La percepción de lo múltiple, sólo gracias a una adquisición anterior de la identidad de lo uno. Schelling ha extraído consecuencias muy importantes de esta necesidad de percibir las identidades para que sea posible la percepción de las diferencias.

II. COMPARECE LA CULTURA

Ahora bien, ¿qué objetividad podemos atribuir a estas percepciones? Quiere decirse, ¿hasta qué punto subsisten éstas independientemente de nuestro esfuerzo cognoscitivo? Por el momento, nada podemos decir acerca de este punto. Lo mismo si se trata de *sensaciones* que si se trata de *imágenes;* que si son *recuerdos,* que si *intuiciones;* igual si éstas son internas, así la de nuestra propia existencia, que externas, como la intuición de la unidad, los resultados de la actividad empírica pueden reducirse, en hipótesis, a puras ilusiones, a sueños de nuestra mente, a los cuales en la realidad nada corresponde. Se exceptúan solamente dos, y éstas, *a posteriori,* quiero decir por un razonamiento, por el razonamiento al absurdo; pues si a estas dos percepciones no corresponden sendas existencias, la actividad cognoscitiva se negaría a sí misma. Ya sabemos cuáles son estas intuiciones: la de la potencia en un extremo, la de la resistencia en el otro. Pero sería inútil querer justificar estas intuiciones de otra manera que *finalísticamente,* es decir, como indispensables a algo que ante nuestra reflexión encontrará solamente apoyo, no en lo que antecede, sino en lo que sigue y esquematiza la marcha regular de la Filosofía.

Pronto, sin embargo, nos acude la sospecha de que, aunque sea menos primigeniamente que en estas adquisiciones fundamentales, otra intuición se acerca a las mismas por su carácter de inexcusabilidad. Entre las percepciones con las cuales una exterioridad —que pudiera ser fingida— se presenta a nosotros, algunas lo hacen dotadas de cierta nota que nos impide radicalmente considerarlas incursas en el género común. En el mundo de resistencia con que nuestra potencia tropieza, ciertos núcleos se nos ofrecen a la vez como independientes de la fuerza de mal en que la resistencia halla su fuente y de la condenación de inercia a que la misma se traduce. En otros términos, que hay, en lo que nos rodea, *potencias autónomas,* de las cuales nuestra acción puede esperar, en vez de *sumisiones* —como en el caso más favorable cabe esperar del mundo de la resistencia—, *respuestas colaboradoras* que hagan de esas fuentes de energía aliadas nuestras. Percibido todo esto junto a una intuición única, la existencia de objetos a los cuales llamamos *prójimos* empieza a delinearse en nuestra mente. ¿Qué significa, para nuestra actividad cognoscitiva, el allegamiento de esa intuición del prójimo? Significa una puerta por la cual, si no un asegurado descenso todavía, ya se abre una vertiente de nuestro conocimiento al mundo de la objetividad. La inmanencia tiene en el *yo* su centro y su escenario. La *projimidad* —o, si se nos consienten ciertas anticipaciones, la cultura— tiene todavía en el yo su centro, pero no ya su escenario totalmente. Gracias a la cultura, nuestras sensaciones, nuestras imágenes, nuestras intuiciones, nos sobreviven y, por consiguiente, adquieren una dosis de existencia que ya se encuentra fuera del yo. Podrá tratarse de ilusiones todavía —«*idola theatri*», «*idola fori*», decía Bacon—, pero serán ya *ilusiones comunes*. Esto dibujaría por lo menos la existencia de una *zona intermedia* entre la subjetividad y la objetividad. Si en este capítulo nos engañamos, nos engañamos siquiera en compañía.

Cuando habremos dicho que en el dominio de estas percepciones se encuentra situado todo el saber empírico, el saber de las ciencias naturales, habremos manifestado la importancia que debe seguírsele atribuyendo. Este saber es el que Platón llamaba «opinión», y con ese término se expresaba, a la vez que la inferioridad de su contenido respecto del saber racional emancipado de las apariencias sensoriales, el principio de objetividad, de trascendencia, contenido en aquel saber. La *opinión* no es el *capricho*. La calidad *social* que tiene la *opinión* le emancipa ya de la estrecha inmanencia subjetiva. Obsérvese que el *prójimo* no reacciona únicamente con reacciones observables sensualmente a las situaciones o a los estímulos en que le coloca nuestra experiencia: reacciona *con palabras,* es decir, con algo que no sólo ha entrado ya en la región de lo conceptual, sino más allá, en la región de lo ideal, cuyas notas hemos empezado a conocer. Estas palabras *crean,* por sí mismas, un objeto, algo con independencia más persistente, con más autonomía de existencia, que un gesto, un semblante u otra cualquiera modificación corporal. El conjunto de tales palabras constituye un mundo, local, por lo menos, en el ámbito en que se habla un mismo lenguaje; pero, además, cultural, general, inevitablemente por el hecho de la existencia, dígase lo que se diga, de un *lenguaje común,* usado a la vez por todos los pueblos y naciones. Todos nuestros inventos, todas nuestras enfermedades, todas nuestras plantas, todos los seres vivos, todas las relaciones lógicas, todas las relaciones jurídicas, *tienen* vocablos internacionales que forman un tanto por ciento crecido en nuestro hablar. Todo esto *pesa* sobre las mentes humanas y las determina; el *lugar común* expresa esta determinación. Pero a la vez *pesa* sobre la realidad extrínseca, la transforma, le da sentido.

¿Quién creería que el planeta *Tierra* fuese lo mismo, si la mente humana cultural no le hubiera *impuesto* la existencia de *puntos cardinales,* Norte, Sur, Este y Oeste? Los vientos, sin esto, se agitarían, tal vez, de la misma manera. Pero las innúmeras resonancias, físicas inclusive, que vienen de que un viento sople del Sur o del Norte, *no existirían aún* si los puntos cardinales no se hubiesen inventado. Y en el ser *objetivo* del Tíber entra igualmente el hecho de que se llame Tíber. Y en el curso de las estaciones, la imposición humana de que su dimensión sea de tres meses.

III. LO DEL «SENTIDO COMÚN» ES OTRO CANTAR

Aquí nos conviene solicitar del investigador que pare mientes en la imposibilidad de confundir este recurso a lo social para romper la inmanencia, con el empleado, y no sin exceso, por ciertas escuelas de Filosofía, que dicen basar su criterio de certeza en el «sentido común», en la opinión general. La nota común a estas escuelas consistía precisamente en lo que llamaríamos *escamoteo* de lo filosófico, en obsequio a una cierta visible *prisa* que el expositor del sistema tenía por llegar a las cuestiones de la ética y de la praxis. En la Gran Bretaña, la escuela escocesa, invocadora constante del «sentido común», tuvo las conexiones más manifiestas con el utilitarismo y las concepciones liberales de la economía política. En España, la filosofía del *«common-sense»* fue importada por Cataluña, que recuerda a su propósito el nombre de Francisco Javier Llorens, el cual la comunicó a Menéndez y Pelayo, que no cesaba de proclamarse «escocés a macha martillo» y puso esta variante de estilo del pensar al servicio de su patriótica vindicación de la ciencia hispana; como Balmes, que, en el prólogo a su «Filosofía Fundamental», declara escribirla «para prevenir el peligro de que se introduzca en España una filosofía plagada de errores trascendentales», empieza la suya afirmando que «los cuerpos existen» y que este «es un hecho del cual no duda nadie que esté en su juicio», todo al servicio de tan piadosa intención. Naturalmente que para todo ello es necesario colocarse en la actitud de aquel personaje de la anécdota que, para demostrar la existencia del movimiento, en contra de los argumentos o «aporías» de Zenón de Elea, se puso a andar. Y es claro que en la coyuntura, desde el punto de vista de una razón exigente, aquel que dudare de la existencia del movimiento teniéndolo por ilusión vana, con más razón temiera el ser ilusión vana la apariencia del paseo. Pero ello no impide que, a favor de ese perentorio paseante, como a favor del «hecho» de los cuerpos, como en aprecio a las perentoriedades de los escoceses, ha votado el sufragio unánime e indolente de cuantos sobre el pensar filosófico pasaban como sobre ascuas, sin advertir que aquí, como en tantos otros ejercicios, vale más la caza que la presa.

El hecho precisamente de esta asistencia profana y gregaria nos hace saltar a los ojos una primera diferencia entre nuestra solución por el camino de la «projimidad» y de la cultura, y las que emplean los filósofos del «sentido común». En éstas, el criterio de la certidumbre basa la posibilidad de ésta en el valor del *conocimiento ingenuo directo,* por una parte; y, por otra, en el del asenso general. Sin atención para la necesidad de un elemento constructivo, en el mismo simple acto de percibir, dan por bueno estos empiristas el valor objetivo de las percepciones y sólo exigen contra preservación del posible engaño que «todo el mundo» que «esté en su juicio» consienta en su admisión. Quizá la primera parte de esta validación excusara la segunda; por lo visto, nunca está de más remachar el clavo. Ahora, que puede ocurrir que el muro donde se clava el clavo sea tan deleznable que éste empiece por quedar en lo baldío y no se gane tampoco nada con el remachar. En todo caso, ese amplio crédito concedido a la primera y desprevenida visión del hombre sobre las cosas, es lo más contrario que darse pueda a la posición crítica minimalista, por nosotros adoptada desde el principio, y a la exigencia de justificación, aunque sea ulterior, que inspira a la tectónica de nuestro sistema. Nosotros llamamos al prójimo en nuestro auxilio, tras de habernos batido largo rato con la dificultad; una vez *elaboradas* las «materias primas» que nos proporciona la percepción, la sensación, la imagen, la intuición; y como sostén intermediario entre la desesperada estación del conocimiento ingenuo y el ya orgulloso belvedere de la lógica. «Dadme una palanca y un punto de apoyo». En nosotros el punto de apoyo se encuentra en la cultura; pero la crítica sigue siendo la palanca.

En segundo lugar, se separan nuestro recurso a la cultura y las filosofías del sentido común, en la índole, por decirlo así, mayoritaria, propia de estas últimas y que aquél contradice, desde el momento en que echa mano, no de facultades que se dicen poseídas por toda la humanidad —«el buen sentido, advertía Descartes, es la cosa del mundo mejor repartida: cada cual está contento con la parte que le ha tocado»—, sino de adquisiciones reservadas a unos pocos y que únicamente el diálogo entre los mismos decanta y una comunión, es cierto, con mentes de otros lugares y de otros siglos, pero que, en desquite, queda reservada a los participantes en la noticia de cierto santo y seña en las fraternidades conseguidas gracias a cierta iniciación. El sentido común —para decirlo de una manera algo torpe, pero suficientemente expresiva— es democrático, mientras que la cultura es aristocrática. Nos atreveremos, en este punto, a recordar la anécdota de un divertido diálogo, habido por nosotros un día con el filósofo americano Josiah Royce —cuando nosotros, estudiantes— y después de una sesión bastante polémica en un Congreso de Filosofía. Royce hablaba de la relatividad de la oposición entre las tesis de los pensadores, situados a cierta altura de desinterés, respecto a tales antagonismos. «Porque yo seré —nos decía Royce— pesimista, por ejemplo; y usted optimista. Y yo tengo un vecino de profesión barbero y que es pesimista como yo; mientras que usted tiene un vecino que es albéitar y profesa el optimismo como usted... Nosotros buscamos la verdad, bien entendido. Si usted cree verdad su versión, condenará la mía y se sentirá conforme con la de su vecino... ¿En qué consiste, sin embargo, el hecho de que usted procure no hablar de Filosofía con su correligionario el albéitar, como yo procuro no hacerlo con mi correligionario el barbero, y que tengamos los dos, al revés, el mayor gusto en encontrarnos y platicar?». Consiste en una de las consecuencias de aquel ya recordado principio de que, para el aprecio de una diferencia, es indispensable partir de una identidad. La participación en el patrimonio de la Cultura —con el doble carácter de tradición y de universalidad que ésta exige— representa un mínimo de exigencia para que consintamos en apoyar nuestra visión en la visión de otro.

En tercer lugar, este apoyo de que echamos mano, no lo queremos limitado a un momento único de nuestro proceso de objetivación del conocimiento, sino renovado a cada instante. Desde luego, necesitamos de él en un momento de entrar en el mundo de lo conceptual, regido por la lógica. No basta con que todos, o siquiera los más lúcidos, *veamos* una cosa para garantizar el valor objetivo de esta visión; es necesario también que todos, o por lo menos los más lúcidos, nos formemos de la esencia contenida tras la apariencia de esta visión un concepto análogo. Ni siquiera esto basta, tampoco; es necesario que el concepto se conjugue según *leyes* comunes que no consientan exclusión ni juego. Y advirtamos que ni siquiera conviene que estos lúcidos lo sean demasiado. A cierta altura, hay el riesgo de que renazca ya la disensión. Puede atravesarse el interés personal, el prurito de originalidad, la vanagloria. La historia del pensamiento universal ha conocido plagas como las de la sofística griega, del ergotismo escolástico, del panlogismo en las universidades románticas alemanas seguidoras de Hegel, del «*superamento*» entre las mocedades filosóficas italianas de hace un tercio de siglo o del «alacranismo» entre las mocedades argentinas de hace dos décadas; ha conocido el «*odium theologicum*» nacido de las emulaciones eclesiásticas y la erística de las «oposiciones» españolas; ha conocido, sobre todo, el mandarinismo profesional y las armas de su vasta panoplia ofensiva y defensiva... Todo esto hace que el filósofo encuentre más fácilmente *prójimo* filosófico, interlocutor con quien dialogar, colaborador en que afianzar su propia tarea de investigación, punto de apoyo para la acción de su palanca, en el hombre de cultura que en el otro filósofo profesional. La historia más o menos frustrada de todas las que se han llamado «Sociedades de Filosofía» lo demuestra así.

Quizá, con todo, la, no ya diferencia, sino incompatibilidad más importante entre filosofías del «*Common sense*» y nosotros, estriba en que aquéllas, no limitadas a dar validez a la evidencia con que se presentan las percepciones, en el orden de los elementos lineales del conocer, cuando ya se entra en la región de las superficies, quiere decir, de los principios, atribuyen el mismo crédito y quieren imponer con la misma ausencia de crítica ciertos principios habituales a la lógica y a los cuales se añade la razón científica, tales el principio de razón suficiente y el principio de contradicción. Ahora bien, nada más ajeno a la actitud filosófica —que ya, en la presente sección de nuestro tratado, se insinúa, pero que, en la sección próxima, cuando ya se trate de los principios, va a cumplirse— que la interpretación absolutista del principio de contradicción. No sería cómodo anticipar aquí puntos de vista que han de encontrar su desarrollo más tarde. Contentémonos con adelantar que, aun sin llegar a su madurez con la «Ironía», ya la noción de «Diálogo» tal como resulta impuesta en nuestro pasar a la objetividad por el camino del «prójimo», representa una contradicción con cualquier ensayo de substraer a la crítica un principio que resulta así erigido en dogma. El pensamiento creador es por naturaleza un pensamiento asertorio; no puede ser apodíctico, dogmático. Inserta en su propia construcción el movimiento, síntesis, entre el ser y el no ser. Ni siquiera espera para la síntesis que la antítesis haya sucedido a la tesis. Encuentra ya a la antítesis implícita en toda tesis, en cualquier afirmación. Las seguridades, en cambio, del sentido común —de un inglés, Macaulay, decía un su enemigo parlamentario: «Ya quisiera yo estar tan seguro de una sola cosa como Macaulay *lo está de todas*»— le llevarían fácilmente a lo que, en términos harto vulgares, llamaríamos «inquisitorial». Aquí, como en el mismo orden político, es lo democrático lo que tiene el riesgo de convertirse en *antisocial*. A fuerza de fiarse del sentir ajeno, el empirista concluye no pudiendo hablar con nadie. «Yo no discuto sobre las cosas que son verdad», decía un polemista avinagrado. Pues sobre las cosas que son mentira, ¿qué va usted a discutir?

Por último, una nota inconfundible nos muestra que, escoceses o no, los del sentido común cantan otro cantar. Su canción tiene indiscutibles cadencias *morales*. Ya advertíamos desde el comenzar cuán grande era su prisa en atravesar lo propiamente filosófico para llegar a esta zona en que filosofía significa aproximadamente *templanza*. Ahora bien, nosotros que, modernamente, hemos acabado por encontrar insufrible la afectación de la «angustia», de la «agonía» y de otros patetismos, sobre todo si, con estos patetismos, se intenta una construcción filosófica, tampoco, en el otro caso, nos podríamos contentar con esta especie de suficiencia burguesa demasiado transparentada en el ajuste a los conocimientos del «sentido común». Agonía, angustia, puede ser que no deban producir necesariamente el choque de nuestro impulso a lo infinito con las condiciones de lo vital; pero inquietud, sí. «*Irriquitus est cor meus*». Un Blondel, en esta inquietud, verá la misma garantía de una trascendencia a la objetividad. En todo caso, si una verdadera filosofía alcanza a la serenidad, será superando el conflicto, no ignorándolo; estará, como quien dice, de vuelta. Por de pronto, mientras se debate en pleno conflicto, a lo más que puede alcanzar es a una impasibilidad ante la perspectiva del resultado. No abdiquemos de nada. Cerremos los ojos al *valor* de la cultura. La cultura no nos vale aquí porque sea *un bien,* sino porque es un *criterio*. El precio que le otorgamos es, en esa etapa de nuestras reflexiones, el de algo exclusivamente instrumental. Su función consiste en procurar una continuidad entre lo subjetivo y lo objetivo. «*Natura non facit saltum*». Nuestro yo, tampoco. Y no hay salto tan siquiera en el trascender de nuestro yo a la realidad, del fenómeno al númeno.

IV. DEL FENÓMENO AL NÚMENO

La vida anima ya el óvulo del mamífero en la oscuridad de un útero. No es la suya. Pero, un mensaje procedente de otra vida entró ya en contacto con él. Inmediatamente, el óvulo se pone en movimiento. A partir de este instante, vida más vida forman una vida tercera, que va lentamente madurando en el secreto de la gestación. Poco a poco, pequeños núcleos de autonomía vital aparecen. Un día, es un asomo de corazón, que se pone a latir por su cuenta; otro día, empiezan a plasmarse y a modelarse los órganos de unos sentidos, que todavía no pueden venir. Así el mamífero nuevo pugna por su libertad; quiere salir, nacer, sumarse a las realidades del mundo, tornarse independiente de la vida que lo procreara. El último ligamen se rompe; he aquí a la criatura sola. Pronto la fuerza afianzará esta libertad suya. No tardará en prescindir, inclusive, de los últimos vínculos de necesidad, lactancia, sostenimiento, que le unían a otras existencias.

¿Por qué no concebir la trascendencia así, en el desarrollo del pensamiento? Como la vida añadida a la materia, la objetividad, desde el primer instante, se combina con la subjetividad. Primero es una pobre cosa y ajena. La percepción no tiene más objetividad que la objetividad del yo. Pero poco a poco va adquiriendo la suya, madurándola. Ha necesitado para ello ponerse en contacto con una objetividad ajena: no importa. Gracias a ello, ha podido empezar a moverse. El movimiento sigue, se hace complejo, se hace autónomo. Y, por fin, la objetividad *nace*... ¿Cómo no han entendido el proceso de este devenir tantos filósofos apurados por romper la cárcel de la inmanencia? Pues, sencillamente, porque estaban cegados por el terror a la vigencia del principio de contradicción. Por la amenaza del dilema: ser o no ser. Kant se encontraba todavía bajo el peso de tal superstición. No alcanzó a comprender que, gracias a la fecundación de la cultura, por instrumento de la cópula y del diálogo, el *fenómeno* no tiene ya que buscar el *númeno*, porque *se ha convertido en él*. El paso no se entendía, por efecto de la misma causa que impide entender racionalmente la evolución. Por la misma causa que impide entender racionalmente el movimiento —recuérdense las «aporías» o argumentos famosos de Zenón de Elea—. Por la misma causa que impide reducir el acontecer a los compartimientos estancos del ser. No se entendía esta maduración de la objetividad *porque no se la comprendía*. Porque no se la abarcaba. Porque se estaba inscrito en ella... Más extraño parece que tampoco el filósofo del movimiento, de la evolución, del devenir, fuese aquí totalmente iluminado. El camino de la objetividad lo vio él en una identidad entre sujeto y objeto, que le permitía conformarse con este postulado: «Todo lo real es ideal; todo lo ideal es real». Mas ¿por qué el *Sein* aquí y no el *Werden*? ¿Por qué no haber dicho de preferencia que todo lo ideal se *vuelve real*; que lo que fue sujeto, como un germen, se convierte en objeto, como una criatura? Un pensar, como el pensar hegeliano, que tiene cabalmente la tacha de proceder por síntesis *sucesivas,* es decir, de necesitar del recurso al tiempo, ¿cómo aquí, por excepción, ha presentado como *simultánea* la identificación entre el ser y el no ser? ¡Tal vez era éste el único momento para introducir un poco de historia en la estructura de la metafísica! No dejemos de recordar a este propósito que el darwinismo, fracasado al tratar de explicar el paso de una especie a otra, ha triunfado, al revés, triunfado en toda la línea, al explicar el tránsito de la vida vegetal a la vida animal.

Para lo que importa a nuestro propósito del momento, nos basta resumir insistiendo en que el paso del fenómeno al número se inscribe en la continuidad, como una maduración. Ahora veremos —y no nos importará prescindir en adelante del símil que nos ha servido por unos momentos— que no se trata de una maduración, sino de una diastasa; casi, casi de una digestión...

V. DE LA PERCEPCIÓN AL CONCEPTO

Estemos siempre atentos a la persistente nota de pugna con que va desenvolviéndose en sus grados sucesivos la relación entre la Potencia y la Resistencia. Ya sabemos que esta pugna, entre quienes se ve directamente establecida, es entre la versión de la Potencia que, por haber entrado en copulación con un elemento contrario, resistente, se llama *Pensamiento* y la Resistencia, que se presenta en objetividad y constituye así la materia del *Conocimiento*... No exigimos que esa pugna llegue a la angustia, a lo que se llama una agonía en el sentido corriente y menos sabio de la palabra. La muerte, que en la agonía *opera,* en el *problema* —cuya constitución se produce en una situación de tal orden— *acecha* nada más. Sí: detrás de cada problema —y tanto lo son, en el sentido en que los tomamos, los de orden vital como los de orden teórico— la muerte acecha. Ahora que la muerte acecha también, si bien nos fijamos, no sólo en cada enfermedad que se sufre, sino en cada alimento que se ingiere.

Un día, y va de anécdota, un buen señor de filantrópica vena emprendió una campaña de antialcoholismo, por vehículo de algunas conferencias que daba en los centros obreros de París y suburbios. Para mayor ejemplaridad y lección más espectacular en su propaganda, llevaba a cada conferencia un conejillo de Indias, al cual, hacia la mitad de la disertación, inyectaba una dosis de ajenjo. No tardaba la bestezuela en fenecer, entre convulsiones; y quedaba el público edificado por demás... Las cosas siguieron así a maravilla, hasta que, en cierta ocasión, uno del público, tal vez animado el rostro por una diabólica sonrisa, se levantó para gritarle al conferenciante: —«¿Quiere usted hacer el favor de inyectarle hoy, en vez de ajenjo, agua pura?»... En su inocencia, el moralista no tuvo inconveniente en hacer como le pedían. Al cabo de pocos instantes moría el conejo, ahora también, entre convulsiones. Y a los adoctrinados obreros les faltaba tiempo para correr a atizarse un pernod en la tasca de la esquina.

Pues que, el agua, la pura agua potable, ¿puede ser tan venenosa? Si entra en contacto con el organismo de otro modo que por la normal vía digestiva, sí. O si contiene gérmenes de infección. Mas, ¿por qué el agua ingerida normalmente no intoxica, antes restaura? Porque esta agua es digerida, es decir, en gran parte asimilada. Y, ¿por qué los gérmenes de infección pueden ser neutralizados? ¿Cómo se vence de ellos? Por la inmunidad específica que en relación con ellos posee el organismo, gracias, por ejemplo, a una vacuna, que en la proporción debida, contenga el principio tóxico; pongamos que se trata de una bacteria, sin cuya asimilación por dicho organismo se hubiera producido el mal.

El paralelismo funcional entre el proceso digestivo y el proceso patológico parece suficientemente demostrado por las ciencias biológicas. El hombre se preserva como se cura; se cura como digiere. Si la inestabilidad, tan delicada, que es la misma base de la vida, puede triunfar de las dificultades del medio, es siempre en virtud de asimilaciones parciales cuyo resultado se cifra en hacer adquirir al organismo vivo inmunidades más o menos pasajeras.

IX. EL P. FRANCISCO SUÁREZ (1548-1617)
Según un grabado antiguo

X. FRANCIS BACON (1561-1626)
Según un grabado antiguo

Ajena a la Filosofía es la pregunta de si la noción general de inmunidad puede considerarse, a su vez, como un caso particular de una noción aun más fundamental y más vasta, la de la *sensibilidad celular*, que tan considerable papel desempeña en la explicación de los fenómenos de la vida en las plantas y en los animales, aun de los fenómenos que podrían parecernos simplemente fisicoquímicos. Lo que, en cambio, interesa sí, directamente, a la Filosofía, es la posibilidad de que el esquema de la diástasis y la consiguiente inmunización se apliquen igualmente al procedimiento que emplee la vida para asimilarse parcialmente el problema, desproveyéndolo de su coeficiente de toxicidad y convirtiéndolo en arma, a su vez, de útiles asimilaciones futuras.

Decir que la vida es inestable en lo celular o decir que es dinámica en su función creadora, da lo mismo: el dialecto de los laboratorios apenas si tizna de tecnicismo las alas de la filosófica expresión. Lo más estable es lo inerte. Al punto de nacer en una entidad cualquiera un impulso hacia lo trascendente, aquélla se desequilibra. El orden busca entonces realizar un equilibrio nuevo; el movimiento se produce así. Como el respirar encadena una serie discontinua de opresiones, el vivir equilibra una serie discontinua de problemas. Y el pensar, una serie discontinua de conocimientos.

Pero lo que más decisivamente se tomará de la biología —dentro del criterio aquí sustentado, de comunicabilidad continua, entre las varias manifestaciones del saber— es la afirmación de que ciertas partes del ser vivo, que son, genéticamente, desde el punto de vista del desarrollo evolutivo, las más recientes y, funcionalmente, desde el punto de vista del trabajo que hay que ejecutar, las más imperfectas, resultan las de equilibrio más frágil, más precario. Así, en los animales, las células nerviosas, y especialmente aquellas cuya particular indeterminación funcional acompaña a la aparición de los fenómenos de conciencia. Esta imperfección biológica, cuya más completa expresión anatómica es el cerebro humano, hace aún más frágil y precario el equilibrio vital, y disminuye considerablemente en los seres y en las partes de los seres donde se manifiestan las garantías de triunfar sobre las excitaciones procedentes del medio. Cuando, pues, se estudian las relaciones entre la energía de un ser vivo y consciente, que representa, por esta conciencia y esta vida, el límite inferior extremo en las condiciones de estabilidad respecto de las excitaciones procedentes del medio que le rodea, conviene no olvidar que esas relaciones toman la forma desfavorable a aquel ser de una desproporción considerable. Hoy bastante olvidado, el filósofo Avenarius quiso estudiar un día lo que es un problema en sí mismo y genéricamente. Le presentó como una ecuación entre nuestra energía resolutriz y la dificultad que el objeto le impone. Tensiones de insuficiencia, de insuficiencia y aun de exceso, podían quedar representadas en esta ecuación. Pero lo que Avenarius no pudo aprovechar, por no haber estado antes de su tiempo descubierta, es la noción de la inestabilidad profunda, como propia de la vida. Dada la existencia de tal desproporción, el ángulo de medida de que dispone la energía vital v se presenta en inferioridad decisiva respecto del poder letal de la excitación, en forma que ya debería hacer la ecuación imposible. En la fórmula

$$v < E$$

la desproporción significaría el desequilibrio definitivo de v, su destrucción, su muerte, si v no fuese capaz de una *defensa específica* contra E, de una inmunidad respecto de los efectos tóxicos de E. Es necesario, por consiguiente, para que un equilibrio tan inestable pueda persistir y que, por tanto, la continuación de la vida sea posible, que exista una disposición especial, que constituya para v un carácter adquirido y que podamos imaginar, así como en los otros casos de inmunización, como la resultante de un primer conflicto, en el cual v, vencedor, se haya asimilado, en todo o en parte, una E primitiva; la cual, desde este momento, ha entrado a formar parte del sistema de resistencia de v. Sólo la existencia de esta parte, por su especificidad frente a una nueva E tóxica, es capaz de reducirla a proporciones tales que la lucha y la victoria de v sean posibles. Es decir, que para que la fórmula de nacimiento de un problema

$$v < E$$

exprese una solución de conmensurabilidad, es necesario substituir así el primer término

$$v^e = E$$

Sólo así el equilibrio puede establecerse rápidamente; sólo así puede producirse una solución:

$$v^e = E$$

Y aun quedar el individuo en situación de exceso de energía frente a las dificultades de la resistencia:

$$v^e > E$$

Debemos concluir, en resumen, que, dada la inestabilidad del ser viviente, las excitaciones en él producidas por la percepción le serían todas más o menos tóxicas si no existiese una inmunidad específicamente relativa a las mismas, que permite que aquél las incorpore a su propio fondo vital; y, en el caso de que la toxicidad fuese más intensa, es decir, cuando se trata de equilibrios precarios, como aquellos que acompañan a los fenómenos mentales de orden superior, la actividad específica del ser que *resuelve* el problema intelectual procede de una inmunidad adquirida, en virtud de una victoria sobre excitaciones anteriores. De donde resulta que la actividad conceptual en el ser consciente debe, sí, ser considerada en función con las relaciones de tensión, entre la potencia y el problema que la excitación le ha producido; pero añadiendo que esa actividad cumple una función específicamente antitóxica; constituyendo en la economía del ser consciente una *defensa* contra la intoxicación que significa, para el pensamiento y para la vida, las percepciones procedentes del medio. Respecto de lo digestivo y de lo patológico, este proceso de asimilación se realiza en virtud de una disociación, que puede recibir el nombre genérico de «diástasis». Una «diástasis» significa, en términos generales, una asimilación parcial producida en virtud de la existencia de un agente homogéneo anterior y cuyo resultado es la no toxicidad del elemento entrado nuevamente y su capacidad de aumentar la resistencia a dificultades ulteriores... No nos importa que el vocablo tenga todavía el relente de los laboratorios de donde procede: el primer deber de una Filosofía que pretenda incorporarse a la vida, servir para la vida, está en no ser remilgada.

VI. LA FÓRMULA BIOLÓGICA DE LA LÓGICA

Hay una antigua fábula —un poco desviada, a efectos de piadoso espiritualismo, en un soneto famoso de Blanco-White— donde se representa el terror de Adán, el hombre primero, cuando, recién creado y sin experiencia todavía de los fenómenos naturales, vio en el primer crepúsculo del mundo desaparecer totalmente la luz, dejándolo todo anegado en la tiniebla. Pudo creer entonces que esta desaparición era definitiva; que ya nunca más iban el beneficio y el goce de la claridad a ser con él. El espanto le posee hasta el lucir de la aurora. El sol renace, la alegría de su resplandor vuelve al mundo. Y lo mismo el día siguiente, y el otro y el otro. La posesión del concepto de una regularidad en la alternancia del fenómeno es adquirida por Adán. Ya, en los conceptos nacidos de esta alternancia, llegará al primor, inclusive, de nombrar antonomásticamente *día* al período cotidiano de claridad, dejando el título de *noche* para la relatividad del otro.

Reproduce esta fábula suficientemente —desde luego, en alegoría— el esquema del proceso gracias al cual las percepciones, transformadas por una elaboración abstractiva y generalizadora en conceptos, triunfan del problema vital representado por la reacción emotiva que aquéllas traen consigo y que, sin eso, resultaría desorganizadora y letal. Falla la alegoría en un punto. La aludida reacción, en el hipotético hombre primero, no pudo tener todavía los caracteres de intensidad que hoy hubiera tenido: menos inestable en aquél el equilibrio vital que en nosotros, a la intoxicación consiguiente puede suponérsele ligera; como lo es la de una vacuna propinada en dosis útil. Pudo, pues, no exigir como contraveneno sino el bajo nivel de abstracción defensiva representado por una razón grosera, es decir, por un sistema de conceptualización elemental. Históricamente, en el curso de una evolución humana, que ha transformado hasta ciertos estratos profundos de su naturaleza, las cosas han debido de acontecer de modo tal que el refinamiento de la sensibilidad, con la mayor virulencia, por tanto, de la excitación peligrosa, y el desarrollo del sistema defensivo de abstracción hayan corrido aproximadamente parejas. Como dos ejércitos enemigos en lo de procurar, sea como sea, el equilibrio, y, si le es posible al uno, la ventaja, entre los respectivos armamentos, a la excitabilidad en las percepciones, la capacidad generalizadora y regularizadora de los conceptos ha ido contraponiéndose sin demasiado déficit. Alguno se produce, sin embargo, en determinados puntos del combate.

El concepto de una alternativa regular y perpetua entre la luz diurna y el oscurecimiento nocturno, está, ya inmemorialmente, lo bastante arraigado en la mente humana para que la vida humana no se encuentre intoxicada por temores acerca de este punto, como el que la fábula atribuye a Adán. Pero, ¿ocurre lo mismo con nuestra sensibilidad en presencia de la muerte? El aparato conceptual defensivo, ¿no resulta insuficiente aquí? Apto ya, sin duda, para que los espectáculos de la muerte no nos maten a nosotros mismos, no lo es aún tanto como para que nos dejen enteramente seguros. El déficit del sistema defensivo en relación con el riesgo implicado en el ataque, constituye entonces lo que, en el lenguaje corriente, se llama *el misterio*. Como una inmunización debida a lo análogo no excluye en patología, la enfermedad, una abstracción, en lo psicológico no excluye la turbación ante el problema. La muerte es *misteriosa* para nosotros: lo son todavía muchas cosas, además de la muerte.

Una advertencia, algo marginal, nos conviene. En cuanto acabamos de decir, expresiones como «evolución», «hoy» y otras parecidas, así como el empleo de los tiempos, presentes o pretéritos, en los verbos utilizados, pueden contener la amenaza de que se nos entienda como tocados por aquel evolucionismo optimísticamente progresista que nos mostraba a la civilización como operante en línea ascensional sobre la especie humana, sacándola sucesivamente y por grados de una primitiva barbarie y llevándola poco a poco a un nivel más alto cada día. El ciudadano de Atenas, según eso, hubiera tenido a la vez más finura de sensibilidad y mejor ejercicio de la razón que el hombre de las cavernas; el cristiano, más que el pagano; el moderno, más que el medieval; y, ¿para qué decir el hombre de mañana, respecto de nosotros?... Lejos de nuestra intención tal prejuicio. Inclusive respecto del hombre moderno, y por motivos sacados de evidencia de la mismísima última hora, no está falta de apoyos la suposición de que se haya producido un embotamiento de sensibilidad que trae consigo el hecho de que el aparato conceptual defensivo, y, en términos generales, la razón, se hayan obliterado relativamente por falta de uso... Interprétese este «traer consigo» por activa o por pasiva, como se quiera. No renovemos a este propósito la cuestión del huevo y de la gallina. No discutamos acerca de si la despotenciación de la sensibilidad ha producido la del entendimiento o si, al contrario, estamos en el día menos conturbados porque somos menos razonables. El hecho es que la muerte, por ejemplo, se ha vuelto menos misteriosa en la proporción en que es menos temida: se ve en conjunto que la muerte tiene para el contemporáneo *menos importancia.* La del prójimo, sin duda; la propia, también. ¿Renuevo de la barbarie? ¿Estoicismo sublime que del héroe está difundiéndose en la masa? No califiquemos, consignemos. El fenómeno no es nuevo, por otra parte. La riqueza de las luces, cuando el Renacimiento, coincidió con la abundancia de los crímenes. La frialdad del maquiavelismo, con la difusión de las imprentas... Acordémonos, en conexión con esto y en apoyo, por otro lado, de nuestras tesis sobre el valor vital de lo racional, del hecho curioso de haberse advertido, en alguna enfermedad, cuánto favorece a la energía del adolecido y a su victoria —o a una derrota más lenta— la condición de que el mismo posea mejores ejercicios o dotes en la vida intelectual. Así es más lento en los letrados que en los analfabetos el curso, fatal siempre, pero rápido o lento según los casos, de la enfermedad terrible a la cual —como aquel que llamó *el mengue* al diablo— designan los médicos con las iniciales P. G. P... La razón aleja de la muerte. Ser racional es un buen negocio vital.

    Liquidada esta cuestión al margen, una palabra previa, también para aclaración de un tecnicismo, que, agravado por una presentación lacónica, va a encontrarse en las conclusiones que debemos inmediatamente insertar. Ocurrió al autor de las presentes páginas el presentar, en sus años mozos, la tesis que renueva ahora bajo el mismo título que le ha servido de epígrafe a estas últimas líneas. El título y el vocabulario de esas tesis presentadas —quizá elementos tan extrínsecos como el de la revista donde aparecieran por primera vez y que era una publicación especializada de neurología—, no pudieron menos de influir en el reparo de biologismo que por una parte de la crítica filosófica se opuso a la *fórmula biológica de la lógica.* Este reparo se ha reproducido en tal cual ocasión luego después. Quizá al articularlo no se tenía lo bastante en cuenta este carácter irrecusablemente metafórico de que la expresión de la Filosofía —como por otra parte el lenguaje común— saca conjuntamente su inconveniente y su ventaja, su obstáculo y su sustento. En rigor, tan ajeno a la esencia de lo que el verdadero filósofo quiere decir es el emplear la expresión *diastasa* para definir a la razón como el emplear la expresión *psique,* o sea «la mariposa», para denominar el alma, y *psicología,* al saber que en ella se ocupa. El mismo vocablo «sabiduría», ¿no alude al sabor? Si decimos «religión», que es la libertad (*Religio est Libertas*), ¿no aludimos paradójicamente a lo que liga, a lo que amarra? Si decimos «desenvolver», ¿nos referimos a algo que estuviese enrollado? Cuando hablamos de «teoría», ¿imaginamos una «procesión»? ¿La «percepción» tiene algo que ver con los «cepos», el «concepto» con las «concepciones»? Sí, todas estas parejas de términos ofrecen para cada una un denominador común. Tienen la solidaridad dentro de un esquema. Tienen la constante movilidad, la inasible ligereza que justifican el que se llame al alma «mariposa»; el poder disociador que convierte el elemento venenoso en defensivo que justifica el que —con más tímida imaginación, con más literal exactitud, desde luego— se defina como «diastasa» a la razón. Y el que no se satisfaga con ello, que traiga un término más apropiado para designar el esquema por donde comulgan solidariamente las nociones de la digestión, de la curación, de la razón. «Asimilación» sería inexacto; «inmunización», insuficiente; «defensa vital» contendría el género próximo, no la última diferencia. ¿No tendrían, por otra parte, todos estos vocablos la misma tacha de pertenecer al léxico biológico? Probémonos ahora en la experiencia inversa; intentemos llamar a la enfermedad, problema; al alimento injerido, dificultad; a la fagocitosis, razonamiento; ¿se juzgará ese repertorio tecnológico de recibo?... Cierto —y aquí prevenimos una posible objeción—, la expresión no es indiferente al concepto. Cierto, la *forma decide*: nadie habrá insistido más que nosotros en la vanidad de la distinción entre fondo y forma. Pero cuando hablamos de «forma» pensamos en un cuerpo, no en un traje. «*C'est le ton qui fait la chanson*», sin duda. El tono, en la canción, puede permanecer, sin embargo, el mismo, cántese en noruego, cántese en alemán. Tradúzcase en buena hora al catalán el lied de Verlaine-Fauré: no por ello perderá su tono. Publíquense en francés los descubrimientos del investigador español: no por ello será debilitada su verdad. Cabe, inclusive, sospechar que serán más verdaderas, por tener mayor dosis de elemento general humano, las tesis de un pensador del Ática, cuyo griego se deja imperturbablemente traducir, que los deliquios de un místico de la India, cuyo balbuceo da al traductor fatigas sin cuento. Así, en ocasión de la guerra reciente, hemos conocido cambios de divisas monetarias en que tal cantidad en cheque valía más que la misma en billetes de Banco; en razón a que el cheque se dejaba transportar con mayor facilidad.

VII. DE LOS CONCEPTOS A LAS IDEAS

He aquí literalmente reproducidas —una vez autorizado su léxico de circunstancias— las conclusiones a que llegaba el trabajo antes aludido y que ahora aplicamos a la fijación del itinerario del pensamiento, desde la captación de las percepciones completas hasta el logro del concepto abstracto.

1.ª Dado que un equilibrio inestable caracteriza la materia viva —equilibrio más precario aún en las células cuya indeterminación funcional da lugar a la conciencia—, las excitaciones producidas en un ser vivo y consciente, por las dificultades vitales, que nacen de la situación de inferioridad con relación al medio, son, en sí mismas, tóxicas para el individuo.

2.ª La inocuidad de las excitaciones que son, históricamente, las primeras, se explica por el estado, aun rudimentario, de la conciencia.

3.ª El desenvolvimiento de la conciencia exige un sistema de defensa específica. Esta defensa se obtiene por la intervención de una diastasa, que recibe psicológicamente el nombre de «razón».

4.ª Las excitaciones tóxicas, transformadas por la razón en conceptos no tóxicos, confieren al individuo una inmunidad relativa ante las nuevas conmociones. Esta inmunidad constituye la «lógica».

5.ª La lógica es una inmunidad adquirida.

Prescindimos de una sexta conclusión añadida entonces (y donde se entreveía la posibilidad de una aplicación de la ley de Weber-Fechner al caso), por su carácter —esta vez, sí— exclusivamente biológico, y porque sobre la hipótesis allí adelantada no se han llegado jamás a emprender trabajos de comprobación, ni siquiera en el orden de lo estadístico.

En cambio, nos parecen llenas de elocuencia comprobatoria las ilustraciones y aplicaciones que a aquel trabajo se trajeron en su día. Y entre las cuales descuellan:

La consideración de las enfermedades mentales, no como tales alteraciones de la mente, sino como un sistema defensivo de interpretación conceptual, *inadecuada* pero *correcta,* de una conmoción vital profunda, contra la cual se trata de reaccionar con el instrumento de *vesanias,* que corresponden (y a veces substituyen) a lo que en otras determinadas enfermedades del mismo orden se traduce en *alucinaciones defensivas,* en *movimientos.* También en esta correspondencia (y sus substituciones) puede haber reciprocidad: una megalomanía puede reemplazar a unas convulsiones; una esquizofrenia, encontrar su equivalente en una alucinación (particularmente interesante es, a este respecto, el caso de los simuladores).

La consideración del lenguaje articulado, también como sistema defensivo, contra las *expresiones puras* de la conmoción vital experimentada y que se traducen en el *aullido* (respecto del cual el mismo *ladrido* del perro constituye una disociación ya diastásica, análoga a la que, en el hombre, quiebra el *llanto* en *sollozos*) y que permite, pues, el reemplazo de un sistema por otro de signos expresivos (el lenguaje de los místicos es igual al de los amantes, etc.). La definición del «sentido común», a título de *socialización de un sistema de defensa contra la turbación biológica profunda producida por el misterio...* Nada digamos, ahora, acerca del valor *constructivo, edificante,* de las tesis implicadas en la de la fórmula biológica de la lógica. Gracias a las mismas cabe restaurar, en nueva guisa, el intelectualismo, resorte insustituible de nuestra tradición clásica. Gracias a las mismas es realizada la *reforma kepleriana de la Filosofía*, según veremos al llegar a nuestra «Teoría del Saber». Todavía estamos bastante lejos de ella. Debemos ahora, averiguado el camino por donde se convierten las percepciones en conceptos —el sentido del camino de la abstracción—, ver por dónde los conceptos no logran captar adecuadamente la realidad y necesitan que de los mismos pasemos a las *ideas*.

Contra ciertos riesgos de error urge prevenir, llegado este punto. Tales, por el pronto, en número de tres. Está el primero en la tendencia a ver, en el orden sucesorio de nuestra explicación, un trasunto, más o menos esquemático, de otro orden sucesorio cuyo teatro fuese la realidad; por modo que se juzgase el mundo y dominio de las ideas, en cuya consideración entramos ahora, como una estación ulterior y más elevada en el mismo camino de la abstracción, en cuya anterior parada hubiésemos encontrado el mundo y dominio de los conceptos. Otro peligro viene implicado en la casi inevitable tentación que nos llevaría a desvalorizar, en vista de lo insistentemente dicho acerca de la convencionalidad de lo conceptual, a cuanto es propio de éste; de donde resultaría una Ciencia jerárquicamente inferior a la Filosofía; compuesta, como esta última se halla, por ideas, o sea por palabras, en tanto que la Ciencia está construida por conceptos. Se erraría igualmente, en fin, si se imaginara a nuestra superación de lo conceptual con una cancelación de éste; que ya se quedase en tal guisa de aislamiento desprestigiado, que llegase a faltarle cualquier comunicación con las ideas, así bárbaro soberano, no destronado únicamente, sino metido en la cárcel por su más bárbaro destronador. Lejos de ello, entre el mundo conceptual y el mundo ideal se abren continuamente accesos y se cambian sin cesar mensajes. Llegará momento en que veamos, al desarrollar la teoría del saber, que la Filosofía consiste esencialmente en el socorro que el mundo de los conceptos manda al mundo de las ideas y con que la Razón acude a evitar que la Inteligencia se disuelva en la Vida, a la cual ha sido por demasiado tiempo demasiado fiel. Nosotros mismos, al exponer, bien que lo hagamos ahora en estilo abierto y popular, la Doctrina de la Inteligencia, la hipotecamos hasta cierto punto en lo conceptual; justo desquite a lo que tiene que hacer el racionalista más pintado —y menos pintor— cuando, al encadenar conceptos dentro de una presunta asepsia deductiva, no puede menos de impurificarlos, consciente o inconscientemente, con ciertas vitaminas de lo figurativo; haciendo como el geómetra, que hasta para calcular debe emplearse, quiera o no quiera, en dibujar.

Conjuremos sin tardanza el primer riesgo. Para el expositor de una teoría no hay otro remedio que irla sacando, vertida al lenguaje. O escrita en el papel, según cierto orden enumerativo, que coloca unos aspectos de lo teorizado después de otros; que por algo la teoría se llama «teoría», es decir, en griego, «procesión». Sólo que este orden no quiere decir que el juego forzado de sus procedencias y secuencias sea exactamente el que, aparte la enumeración, tiene lo enumerado. Cuando un notario, cuando un novelista, describen lo contenido en una habitación, reseñarán primero un armario, verbigracia; después las ropas o los libros depositados en tal armario. La mención de éste podrá encontrarse en la página 3, y en la página 4 la de aquellos libros o ropas. Pero, en realidad, aparte el inventario, las ropas o los libros no están *después* del armario, sino *dentro* de él. Significa esto que el inventario y la realidad tienen cada uno disposiciones espaciales diferentes. Pues bien, de igual modo la disposición con que nuestro texto ordena la relación entre lo conceptual y lo ideal puede resultar distinta a aquella con que los dos en la realidad se ofrecen. Esta última no tiene ni siquiera necesidad de ajustarse a un espacio cualquiera.

Nosotros, sin embargo, para mayor ventaja en la adquisición mental, cuando exponemos el secreto de la Filosofía en una ciudad que posea un medio de transporte de los que se llaman, por antonomasia, «metropolitanos», acostumbramos decir a los alumnos, muchos de los cuales acaban de recurrir a tales trenes para venir al lugar de la explicación: «Ustedes han visto —ocurra el lance de nuestro ejemplo en Madrid— en las paredes de los túneles del Metro unos mapas en líneas gruesas, donde las direcciones están marcadas por tales trazos y las estaciones, por pequeños discos. El que se haya montado en la Puerta del Sol, por ejemplo, al llegar unas estaciones más tarde, a la rotulada «Goya», habrá descendido de su vagón, para montarse en los del ramal que conduce a «Diego de León», mientras su primer tren prosigue el camino hasta la estación titulada «Ventas»... Pues bien, supongamos que ese tren primero es el de la abstracción; supongamos que el deseo de llegar a las ideas va montado en él; para que el vehículo no le conduzca a los conceptos deberá descender en cierta estación y, por correspondencia, tomar el ramal que le conduzca a la divergente estación de su propósito. Para lo cual será conveniente que vigile, no le vaya a pasar la estación propicia por alto». Ahora, ¿cuál será la estación propicia para abandonar la dirección de los conceptos y entrar en las ideas? Esto se conoce en ciertas señales de cuyo carácter vamos a dar cuenta en seguida. Pero antes, atendamos a conjurar los otros peligros indicados en nuestra inicial prevención.

    El segundo era, recordémoslo, el de caer en la desvalorización de lo conceptual. Que entre en el mismo una irreductible dosis de convención, tanto más importante cuanto, arrastrada por un pensamiento más activo, el alejamiento de los datos de la intuitiva o sensual percepción va quedando atrás, es cosa innegable; más aun, que en su revelación nos hemos nosotros complacido. Pero de la artificialidad del procedimiento no se saca, por supersticiosos que seamos de naturalismo, su inferioridad. Tanto valdría considerar nuestra imagen en el reflejo de un agua dormida como superior a nuestra imagen reproducida en un espejo; y la imagen del espejo, superior a la obtenida por el fotógrafo; y la del fotógrafo, a la debida al talento artístico de un pintor. En la cotización de pasividad, no hay duda que esté fuera el orden estimativo. En la cotización de poesía, resulta ser precisamente el contrario. Si nuestro prejuicio nos hiciera considerar la pasividad como garantía de objetividad, lógico fuera que prefiriésemos la fotografía a la pintura. Nosotros, sin embargo, de caer en semejante prejuicio, nos vamos sintiendo más indemnes cada día; ya hemos encontrado motivos suficientes para afirmar en la poesía, quiere decir, en la creación, más verdad que la estribada en la sumisión a la inercia; en otros términos, que la verdad, nupcia entre el pensamiento y el conocimiento, crece aún cuando la intervención del pensamiento aumenta. Por esto, una pintura puede contener más verdad, más durable verdad desde luego, que una prueba fotográfica. En la escala de las dignidades, la mente del hombre, nutrida de cultura, quiere decir, de artificialidad, vale más que la mente de la bestia, dócil a los auténticos impulsos del instinto. El dibujo es más abstracto, o sea más convencional, que la pintura. ¿Quién ha dicho, sin embargo, que el dibujo *valga* necesariamente menos que la pintura? ¿Quién ha dicho, si nos fijamos bien, que lo mejor en la pintura no sea justamente lo que la pintura encierra como dibujo? En el concurso entre la ciencia y la vida, puede resultar —y así nos lo ha revelado, en efecto, la fórmula biológica de la lógica— que lo más útil para la vida sea la ciencia. Pues, si a la vez se reúnen en uno de los términos de la comparación la mayor dignidad, la mejor utilidad, ¿cómo íbamos a tenerle por inferior?

Y vamos ahora al tercer conjuro. Conjuremos la amenaza de que la razón, en el camino de los conceptos, se imagine estar sola o de que la Inteligencia, en el ramal de las ideas, se crea desasida y desamparada. No: entre el camino y el ramal —y, en rigor, está aún por saber y sólo mediante consideraciones finalistas puede esclarecerse dónde está el ramal y dónde el camino— la comunicación intersticial es incesante. Un día, la idea de unidad se infiltra entre los conceptos, al nivel mismo en que éstos van a volverse matemáticos. La unidad no es un concepto: no tiene justificación lógica, no tiene definición. No es posible —la escuela filosófico-matemática de la llamada «Logística» se ha aplicado a ello, pero en vano— ecuación que la formule, análisis en que se encadene. Sin embargo, sin esta representación de lo real, que, lo repetimos, no es lógica, bien que sea por demás inteligente, sería imposible constituir sistema alguno de conceptos matemáticos. Antes, la idea de «vida» ha sido prestada generosamente por lo filosófico a lo científico. No cabe tampoco analizar el contenido de este préstamo: no se puede formular ni una definición de la vida ni una ecuación donde vengan a copularse elementos. No obstante, los conceptos sobre la vida han llegado a constituir una verdadera ciencia, la Biología, que no tiene ya el carácter empírico de la Historia Natural, de que salió. Cosa parecida deberá afirmarse tal vez en lo concerniente al paso de la idea de movimiento desde el dominio de lo ideal hasta el de lo conceptual. Dentro de éste, el movimiento es absurdo: así lo demostraron, de una vez para siempre, los famosos argumentos o aporías de Zenón de Elea. Sin embargo, los conceptos relativos a la física exigen su inclusión: la física admite el movimiento, porque otra física, no ya conceptual, sino ideológica, al demostrarle la existencia objetiva del punto indivisible en la «línea del acontecimiento» —la expresión es del físico Minkowski—, salva el inconveniente que opone a la existencia del movimiento la divisibilidad infinita del espacio puro. Y así sucesivamente, para no hablar de la recíproca; quiere decirse, de las continuadas provisiones de estructura que el mundo de lo filosófico recibe del mundo de lo científico. Ya hemos denunciado una de ellas, y de valor supremo. Ya hemos aludido al hecho de que las exposiciones didácticas de la Filosofía repitiesen necesariamente el molde proporcionado por el estilo de la ciencia. El filósofo, cuando piensa, y hasta cierto punto cuando dialoga, podrá parecerse al poeta o al mago. Pero todavía no se ha encontrado el medio de que el profesor de Filosofía, cuando enseña, no se parezca al profesor de Matemáticas.

VIII. NO ALEJARSE DEMASIADO

La necesidad de que nuestro itinerante pensamiento abandone la vía de lo conceptual, donde era movido por un impulso de abstracción para cambiar de vía, se presenta acompañada por ciertas señales que revelan cómo, a partir de un ya cercano momento, el alejamiento de la realidad será ya excesivo. Lo primero que se advierte es la presencia de algún elemento resistente, en grado que va volviéndose invencible, a las corrosiones mordedoras de la abstracción. El campo donde ésta se mueve y avanza con facilidad, es propiamente el de las relaciones cuantitativas. Si existiera un universo donde las diferencias de calidad fueran tan sólo aparentes y se dejaran todas reducir, apenas desvanecida su ilusión, a relaciones de cantidad, la racionalidad, la lógica, la ciencia, darían cuenta exacta del tal universo.

Tal pretendió ser la Física, desde Descartes. Ya mucho antes, y ni siquiera en términos exclusivos de Filosofía, Pitágoras había sentenciado que los números son la esencia de las cosas. Históricamente, la Mecánica fue consintiendo durante un largo período y progresivamente que sus fenómenos se redujeran a explicaciones meramente cuantitativas. Es más: en la euforia de estos primeros resultados, creyó la ciencia avizorar la perspectiva de que los mismos fenómenos de la vida, y aun los mentales, acabaran por entregar cada uno de sus secretos a tal tipo de explicación. Si la Mecánica se había reducido a la Matemática, y la Física a la Mecánica, y la Biología a la Física, ¿por qué no esperar que la Psicología inclusive, sucesivamente disuelta en Biología, en Física, en Mecánica, se disolviera en Matemática también? Las cosas, con todo, no tardaron en complicarse.

Desde el momento en que unos señores, frotando un clavo en una piedra imán, o un pedazo de ámbar con un trapo, o el lomo de un gato a contrapelo, lograban habérselas con una forma de energía que, sin mudar de cantidad, atraía unas veces, repelía otras, anidada en polos que podían presentar signo positivo o el negativo, ¿cómo dar cuenta de este endemoniado elemento mediante cifras, mezcladas a las cuales no se introdujera alguna representación simbólica de la calidad ejercitada en el caso? Pudo igualmente advertirse en seguida que, dentro de la misma aritmética, es decir, dentro de aquel dominio a que ya una privilegiada antonomasia atribuye el nombre de análisis, figuraban unos molestos huéspedes —así huevos de avutarda en nido ajeno—, los denominados «números ordinales», que no iban a poder volar tan ligeros como los números cardinales por los cielos de la abstracción, por efecto del lastre cualitativo que llevaban en las alas. Una serie de números ordinales, en efecto, implica la presencia de una valoración estimativa, que no tiene a la cantidad por asiento. Cuando, en vez de decir, con una alta dosis de pureza racional: uno, dos, tres, decimos: «primero, segundo, tercero», superponemos a la cotización numeral abstracta vínculos de jerarquía que suponen un punto de arranque en otra cotización concreta, ligada a una posición con la cual intelectualmente simpatizamos. Si, por ejemplo, hablamos del siglo I o del siglo XIV después de J.C., es porque consideramos el nacimiento de Jesucristo como el centro y eje de la historia universal, cuyo valor tiñe a las centurias anteriores con un color de expectativa y a las posteriores con un color de secuencia. Doquier producimos la presencia de números ordinales se manifiesta la de calidades irreductibles a la seca relación de cantidad. Con estas calidades no es posible, pues, operar como con las reductibles a números y a sus combinaciones elementales: habrá que añadir a las cifras unas letras, por ejemplo, o una alternativa entre cruces y guiones, que indiquen si la electricidad es positiva o negativa, si el siglo es anterior o posterior a Jesucristo. Ahora bien, mientras las cifras son entre sí homogéneas, en cuanto a tales cifras, y da lo mismo poner un 12 y luego un 8 a poner, de una vez, un 20, los signos expresivos de calidades no pueden ofrecerse a esta reducción. Más bien puede ocurrir que se opongan, destruyendo a la vez como resultado cifras y signos.

Los avances de la abstracción, por consiguiente, gracias a los cuales las variedades de lo real son reducidas a especies, y las especies a géneros, y los géneros a clases, etc., no pueden tener lugar aquí. Los elementos del pensar presentan una consistencia dura, cada uno en la concreción de su entidad, que impide que se diluyan en el mismo jugo conceptual en que pueden bañarse; no son solubles a la razón. Mas como, por otro lado, tampoco es dable reducirlos a la pretendida pasividad de lo empírico, ya llegamos a la conclusión de que el objeto, para ser visto como tal objeto, necesitaba, puesto que era individualizado, ser hasta cierto punto abstraído, idealizado —sin lo cual la *figura* objetiva no se destaca nunca del *paisaje* objetivo—; como hay lugar, en lo objetivo, a la paradoja de que la concreción para individualizar necesita de cierta abstracción, que pone el fenómeno en camino de la esencia, obligándole a contener elementos numéricos, resulta, al convencerse de que en nuestra mente no hay percepciones ni conceptos puros, que tampoco en la trascendente realidad existen fenómenos ni númenes puros; no hay individuos ni esencias.

La abstracción llevada demasiado lejos tiene fatalmente que concluir, arrastrada por su obligación analítica, que en la realidad *no hay más seres que el Ser,* puesto que para ella el individuo no existe y toda especie se convierte a su vez en individuo del género próximo; y todo género, en individuo de la clase en que se incluye; el drama ideológico habido en la historia del pensamiento en el período histórico que media entre Descartes y Spinoza, bien lo comprueba: el racionalismo del primero había de llevar al panteísmo del segundo... Por su parte, una fidelidad demasiado rigurosa tiene fatalmente que concluir desamparada de cualquier superior unidad que permita el reconocimiento de relaciones entre los objetos individuales, y puesto que la percepción misma necesita de un mínimo de abstracción —*que la realidad es ininteligible*—. La afirmación simultánea de que la multiplicidad puede *verse* y de que la multiplicidad puede *entenderse* implica la otra afirmación de que los conceptos son *convencionales,* las percepciones *ilusorias.* De que la verdad no está en los unos ni en las otras; sino en ciertas percepciones-conceptos, en ciertos concretos-abstractos, en ciertos *individuos-universales,* en ciertas *apariencias-esencias,* a que damos —a reserva de una positiva definición— el título de *ideas.*

No, no. Para captar la verdad, no hay que alejarse demasiado de las ideas, ni por el camino de la Ciencia, ni por el camino de la Empiria.

IX. NOMINALISMO Y REALISMO

Y aquí nos ataja la necesidad de intervenir en una querella filosófica antigua, antigua y esencial; tanto, que tiempo ha habido, como el de la Edad Media, en que, al corte entre sus dos respectivas soluciones, se han abierto conjuntos tan sellados por la unidad de estilo, tan ansiosos de interior dogmatismo sin matiz como el de la Escolástica. «Nominalistas», «realistas» llamó respectivamente a cada uno de de los dos bandos... Una formidable lección de cosas, por la historia traída, ha acabado no obstante modificando el tenor de tales denominaciones: lo que en la Edad Media se llama «realismo», es exactamente lo que llama «idealismo», idealismo por antonomasia —vale decir: «idealismo objetivo»—, la Filosofía moderna.

Cuando, en vez de designar adicionalmente a un hombre, más otro hombre, más otro hombre, más otro, más otro..., decimos «el hombre» genéricamente, ¿corresponde esta designación genérica a algo que tenga, fuera de nosotros, prescindiendo de nosotros, un auténtico, objetivo, existir? Cuando substituimos la suma de todos los caballos conocidos o por conocer por la definición dicotómica que del caballo dio la historia natural de Linneo, constituyendo con él una especie; o, si decimos «silla» sin pensar en ninguna silla concreta, este nuestro decir, ese definir de Linneo, ¿no serán más bien invenciones subjetivas de nuestra mente, simples abreviaturas convencionalmente alusivas a otra cosa, meras etiquetas que les colgamos a los conjuntos para comodidad de nuestras alusiones y como signo que permite sobre ellos la especulación intelectual? Si aquella objetividad de los universales se afirmaba, se era, en la Edad Media, «realista»; si se negaba, atribuyendo únicamente la existencia a los particulares empíricamente adicionados, se era «nominalista». Raimundo Lulio fue «realista» hasta el punto de querer cambiar a los fines de las funciones unitarias del saber la *abstracción,* que elimina las existencias individuales, por una *combinatoria,* que trata de conservarlas. Guillermo Ockam era nominalista y fue, por largos siglos, tomado como patrón de la actitud filosófica que no quiere ver, en los «universales», más que nombres. Kant, después, fue también nominalista, en su negación de la posibilidad de conocimiento humano sobre el númeno. Hegel, realista; y el númeno, con el nombre mayestático de «lo Absoluto», volvió, entrado ya el siglo XIX, a comparecer en su pensar.

Caracterizamos, es cierto, nominalismo y realismo o idealismo en sus tesis extremas, en sus representantes de radicalismo mayor. Hubo, ha habido, hay, de uno y otro lado, opiniones más templadas. Entre ellas tiene capital interés la de la tradición aristotélico-albertino-tomista, fundada en la existencia de un «principio de individuación» que transporta la verdad objetiva de la idea a una verdad también objetiva *en* el individuo, sin que por esto cese esta verdad de estar en la idea. Y, no probablemente como nota excepcional, sino como alusión, más o menos precisa, a la sospecha de algo común —conste que esta sospecha de una sospecha en Santo Tomás no es tampoco más que una sospecha en nosotros—, se habla aquí de los Ángeles, en cuya entidad la *verdad del individuo* se superpone, coincidiendo exactamente con ella, a la *verdad de la especie;* por modo que de ellos cabe decir que un individuo angélico *asume* toda una especie angélica. Se relaciona además con esto la teoría dionisiano-tomista de la jerarquía entre los seres, es decir, del Orden. Desde Dios, acto puro, hasta la materia prima, sin actualizar, el descenso de la escala coincide con el descenso de la dosis de individuación. Si nosotros llegáramos a estatuir aquí nuestra «Poética», veríamos, en el capítulo concerniente a la teoría de la *personalidad,* cómo ésta se constituye al modo angélico como asunción de lo individual insignificante en la individualidad significativa.

Si ahora, dentro ya del Sistema de la Inteligencia, nos planteamos por cuenta propia el problema de los universales, nos encontraremos en el deber, impuesto por la coherencia, de distinguir, seriándolos como en una gradación, estos casos en que la asunción de lo específico por lo individual interviene. En tal situación no pueden encontrarse los conceptos puros —o, para ser nosotros más exactos, sólo pueden encontrarse los conceptos en proporción con su impureza—; porque, en los conceptos, la universalidad anula —hasta donde puede— la individualidad, el emblema hace desaparecer el retrato. Tampoco se pueden encontrar en la misma las puras percepciones —repitamos aquí las salvedades apuntadas arriba—, o sea, aquellos elementos cognoscitivos en que no apunta aún, dentro de la individualidad, la generalidad. Pero se da, sí, la asunción en las ideas, donde lo concreto y lo abstracto coinciden y se superponen. Por esto, desde Platón, el léxico filosófico aplicable a las ideas coincide tan elocuentemente con el léxico teológico aplicable a los ángeles. Por esto, igualmente, podemos proponer el nombre de «númenes» —a favor, por un lado, de su semejanza semántica; de otro lado, de su diferencia fonética con el término «noúmenos»—. Ese término de «númenes» conviene especialmente en aquellos caso en que la asunción de lo múltiple por lo concreto alcanza ya el nivel jerárquico de lo personal. Un «numen» es la personificación de lo universal concreto. Las percepciones captan fenómenos; los conceptos captan esencias; las ideas captan númenes. En las primeras se enciende el fuego de la creación; en las ideas opera; en los conceptos muere.

Sean *sensaciones* procuradas por los sentidos, *imágenes* plasmadas por la memoria, *intuiciones* nacidas de la observación interior o conciencia, las percepciones se archivan en el conocimiento, arsenal de la resistencia. Trátese de *definiciones*, de *axiomas*, de *razonamientos*, los conceptos se atesoran en la realidad misma. También aquí hay clases: las *ideas-categoría* no deben confundirse con las *ideas-constante*; ni tampoco, por otro lado, con las *ideas-persona*, con los númenes.

Pero, ante esta clasificación —como ante la de las percepciones o de los conceptos—, la Dialéctica se detiene. Así como la Biología llega hasta la frontera en que se estudian las leyes de la vida animal o de la vida vegetal, pero no alcanza al estudio de las clasificaciones y de las particularidades de la Zoología o de la Botánica, así la Dialéctica, averiguada ya aquella parte del secreto de la Filosofía que se refiere a la existencia de las ideas y a su función, espiritual y real a la vez, pasa a la teoría de los juicios. Región de su itinerario que ya prevé poder recorrer con pie más firme; tanto por la mayor seguridad que el éxito de la etapa anterior procura a su denuedo como por la mayor holgura que el terreno brinda a la andanza.

PRIMER DIÁLOGO DE INTERLUDIO PRESIDIDO POR UNA ORQUÍDEA

A tiempo que entraban nuestras reflexiones a considerar lo inevitable que es la Filosofía, me vino a las mientes una frase, oída en un sainete madrileño, a uno de sus personajes, tipo de grotesco Don Juan. Como otro le reprochase al verle de nuevo tras de unas faldas y le dijese: «¡Siempre el mismo! ¡Siempre entre mujeres!», contestaba aquél, con aire más resignado que contrito: «¡Si las hay!»... Así es cómo venimos a sincerarnos y, a la vez, a animarnos en lo nuestro: «Ya que la Filosofía existe y que de ella no se puede prescindir, hagámosla, procurando ver claro en ella». Ver claro y llevarla a la perfección posible. Con inspiración, aquí también, vernácula y chistosa (bien que el chiste viniera de una parodia de lo sabio, como que se trata de la famosa «*Crotología o arte de tocar las castañuelas*»), se dijo en ese texto: «En el supuesto de tocar las castañuelas, vale más tocarlas bien que mal».

— Todos hablamos en prosa, como el molieresco Monsieur Jourdain. Todos llevamos nuestro pensar a Filosofía, consciente o inconscientemente. Quien estudie Gramática, Análisis gramatical, Retórica, Estilística, Estética, introducirá en lo que diga o salga de su pluma una lucidez, una eficacia, un arte, que le sublimará a sí propio y traerá intelectual mejoría en torno suyo. Ya no hará con la Agricultura lo que el mal agricultor, según Bernard Palissy, con la tierra: violarla cotidianamente, y a todas sus substancias; sino que, al contrario, la volverá feraz y sustentadora; útil, inclusive, para satisfacción de las necesidades más elementales y humildes.

— Bueno es que ahora insistamos en este valor pragmático y hasta, si se quiere, casero de la Filosofía, ante los riesgos de equívoco que nos puede traer una imagen, que hoy se presenta, como para presidir nuestro diálogo, al servicio de la utilidad que de él querríamos, resumidora y promovedora a un tiempo: vivo eslabón entre lo ya dicho y lo que aún toca decir... Tal imagen es la de una orquídea; flor lujosa si las hay. En el momento en que íbamos a acordarnos de la espiga del trigo, abuela de nuestro pan cotidiano, quizá a adorarla, como en los mitos de iniciación de Eleusis, ¿cabrá mayor inoportunidad que la presencia, imprevisible hasta el momento, de esa floral y artificiosa cortesana, inmaterial y montada en el aire, con su belleza decadente, con su delicadamente viciosa constitución, con las señales y los orgullos de una costosísima educación en estufa? Pero, en la especialidad justamente de esta educación —según descubrimientos de ciencia botánica y arte jardinero, que también, la verdad sea dicha, han costado bastante—, es cabalmente donde encontramos un símil maravilloso en que simbolizar la índole especial del saber de Filosofía. Tomaremos el parangón para ilustrar la índole, aunque lo rechacemos cuando se trata del provecho. Pongamos, si se quiere, que es la Filosofía a una orquídea semejante, aunque pueda servirnos después como una espiga. Si los episodios del itinerario que hoy seguimos juntos, en prosecución del secreto de la Filosofía, se convierten mañana en un libro, pediremos que en la cubierta de este libro figuren, doble emblema, la Espiga y la Orquídea combinadas. En alusión, además de a sus episodios metódicos ilustrativos, a su contenido constante: la concepción del mundo por el hombre que trabaja y que juega.

— Las orquídeas, por otra parte, han acabado por ponerse al alcance de todo el mundo, sin que su exquisitez estorbe a su relativa baratura. Sabemos que esto ha podido lograrse al cabo gracias a ciertos descubrimientos experimentales, donde naturalistas y floricultores han trabajado, durante un siglo, de consuno, y que, encima de revelar los secretos de la generación de estas flores, proporcionaban los métodos para su últimamente industrializada producción. ¡Si a nosotros fuese dable el repetir en abreviatura la intelectual y técnica hazaña! ¡Si llegáramos a explicarnos tan bien de dónde sale esta nueva orquídea, el pensar filosófico, que pudiésemos generalizar con su cultivo, su ventaja!...

— Indirectamente, pudiera ocurrir que el estudio de la botánica de los epifitos, el descifrar este misterio de su vida aérea y parásita, trascendiese a otras utilidades que éstas a que acabamos de aludir. ¿Me atreveré, sin razones, valido esta vez de una pura corazonada, cuya suerte eventual (llegada que fuera, es claro, a otras mentes y su posesión, a otras manos) sólo justificaría la imprudencia de su lanzamiento en la proporción en que el sacar la lotería justifica el dispendio del número tomado, me atreveré, digo, a insinuar una probabilidad en que atino? ¿Qué se diría si por ahí encontraran algún camino los investigadores que, en centenares de clínicas y laboratorios del mundo, intentan algo en pro de las posibilidades de curación del cáncer?... Digo, ahora, una locura, ya lo sé. Con la agravante de ser una locura marginal: *non erat hic locus*...

— No hay por qué avergonzarse. La desviación, acaso filantrópica, tiene en las exposiciones doctrinales de la Filosofía precedentes ilustres. También estaba muy en su papel Berkeley cuando, a propósito de idealismo y dentro del mismo volumen, cuidó de propagar entre quienes pudieran necesitarlas las virtudes higiénicas y curativas que atribuyó al agua de alquitrán.

— Sí, pero Berkeley escribía en el tiempo de los filósofos y nosotros dialogamos, venidos a menos, en el tiempo de los profesores de Filosofía.

— Quiere decir que también nosotros somos una manera de epifitos.

— Sólo que, en este caso, parásitos, no lo resultamos precisamente nosotros... Pero, no adelantemos los acontecimientos. Decíamos que el descubrimiento de la generación de estas plantas no se había logrado en un día. Desde el momento en que un misionero portugués, Loureiro, llegado a la Indochina remota, se declaró admirado por la belleza y la rareza de este monstruo «libremente suspendido en el aire, sin ningún alimento ni base, sea terrestre, sea acuoso» hasta la fecha en que, publicado, al fin, el secreto, gracias al cual la germinación de las orquídeas podía obtenerse, convirtiendo así en producto industrializado lo que hasta entonces había sido curiosidad obtenida merced al puro azar, transcurre más de media centuria. Y todavía otra media se necesita para que esta revelación técnica sea acompañada por una explicación científica suficiente. La técnica era la de la hibridación de las orquídeas, fundada en la observación de que las germinaciones se manifiestan encima del compuesto que cubre la planta madre, o, más bien dicho, sobre las raíces que se encuentran encima del tal compuesto y que pueden aparecer más o menos completamente. Estas raíces, según observaciones que datan de 1886, contienen uniformemente unos honguillos, que sutilizan con sus tóxicos la semilla de las orquídeas e impiden al embrión evolucionar y producir, como en la generalidad de los granos, una radícula, un tallecillo y unos cotiledones. Tal aborto es el que determina la rareza y la delicadeza morfológica de las flores. Los inicios del Novecientos han presenciado, con las discusiones levantadas por la aparición de esa tesis explicativa, su rápido triunfo, base de la fortuna de muchos nuevos floricultores, que, con ello, se despedían de la lentitud complicada, propia de los antiguos métodos, dentro de los cuales se necesitaba a veces veinte años de esfuerzos y de atenciones para la producción de un nuevo tipo... La quintaesencia del procedimiento actualmente empleado postula, desde luego, una dualidad. La flor necesita de la colaboración de los honguillos para reproducirse. Éstos, a su vez, requieren los gérmenes y la ulterior gestación de la flor. Ya no se trata aquí de una colaboración de índole sexual, en donde el semejante completa al semejante. Ni de un simple vínculo parasitario, donde el uno vive a costa del otro. Ni de una simbiosis, desarrollada en paralelismo de existencias, por juntas que ellas estén. Se trata (¿cómo decirlo mejor?) de *un diálogo*, de un verdadero diálogo, sin el cual la flor fenecería sin sucesión, sin el cual los honguillos representarían tan sólo una podredumbre. Así cada pensar filosófico nace al pie de otro u otros pensares filosóficos, lo más cerca posible de sus raíces respectivas. Pero no nace como consecuencia, por filiación, de estos otros pensares filosóficos, que solamente en un sentido muy laxo deben llamarse sus padres; sino gracias a la intromisión de ciertos elementos impuros, procedentes de la vida, procedentes de la experiencia, procedentes de la ciencia, procedentes, inclusive, de la contradicción grosera, del absurdo, del chiste. No porque la Filosofía signifique una floración parásita sobre ninguno de estos elementos, ni siquiera sobre los de las ciencias, a cuyo diálogo debe tan frecuentemente recurrir; al contrario, la función de estos elementos, con su intervención heterogénea, es la de anemiar a la Filosofía, o, si se quiere, sutilizarla. Y, por consiguiente, convertirla en más bella. Y, añadamos finalmente, más útil, más semejante en eso a la espiga en lo de servir a la nutrición humana, a despecho del lujo artístico de tan exquisita floración.

— Alegorías excelentes serán éstas, tal vez, para decorar la cubierta del libro, no para mantenidas demasiado largamente en su texto. Ya, por de pronto, debemos recordar que la comparación será siempre algo indigno del verdadero filósofo, como lo es del verdadero poeta. El verdadero poeta no es quien dice (no lo es *cuando* dice) que los labios de la bella son *como* el coral ni sus ojos *como* las estrellas; sino el que siente y expresa en la divina embriaguez de un instante que hay un color por cuya posesión se transubstancian los labios en corales y un resplandor en cuyo deslumbramiento se identifican las pupilas y los luceros. De igual modo en la figuración propia de la Filosofía, ni el proceso del pensamiento conceptual es *comparado* al de una digestión o al de una infección, ni la especialidad de su propio orden sistemático parangonada con la del círculo, ni con la de una escalera la del orden científico. En la figuración propia de la Filosofía, lo que se trata de obtener son los esquemas genéricos comunes, dentro de cuya generalidad pasan a ser simplemente casos particulares, por un lado, la infección, la digestión y la formación conceptual; por otro lado, la forma geométrica llamada círculo y la forma intelectual llamada Filosofía; o la escalera y la llamada Ciencia. No debe haber, pues, ahí *símiles* dentro de cuya presentación un objeto permanezca extrínseco al otro y más o menos asociado con él por una relación subjetivamente impuesta; antes bien, de *comunes denominadores*, signos de una síntesis real, donde, lejos de cualquier nominalismo, se identifican funcionalmente los objetos. Conviene, según lo que se acaba de decir, que el filósofo, cuando se le ocurre, para ventaja de ilustración, una comparación cualquiera, ande siempre en desconfianza respecto de la misma y no se ilusione con ella, sabiendo, al contrario, abandonarla en seguida; no sea que con su presencia demasiado prolongada se le contamine el resto del pensar y venga a producirse una confusión entre lo que son y deben seguir siendo alegorías (o sea, vínculos extrínsecos entre sí y subjetivos en su apreciación) y lo que importa que sean asépticamente *símbolos*, implicaciones reales, descubrimientos de la verdad. Cuando adoptamos la fórmula *la razón es una diastasa*, simbolizamos. Cuando decimos *la Filosofía es como la orquídea*, alegorizamos nada más. Por esto, llegados a este punto, nos conviene una declaración sobre la naturaleza de esta clase de, digamos, fermento, que la vida, las ciencias, etc., prestan en diálogo a la Filosofía, *como* los honguillos del cultivador de orquídeas a la flor que trata de obtener.

— A este fermento le hemos dado un nombre, verdadera clave mágica para penetrar en el secreto por nosotros buscado, y es el nombre de «Orden», a la vez quintaesencia de la realidad y primer motor del pensamiento. No hemos de tardar en comprender que las mismas tituladas «categorías», las formas más amplias de nuestra ideación y de la realidad, el espacio y el tiempo, son lógicamente categorías. Pero categorías que, por ser menos amplias y determinadas inferiormente cada una en su dirección, han podido conocer la aventura, que tanto hubiera sorprendido a Descartes, de llegar a fundirse en una entidad única, no menos para un físico como Minkowski que para una filosofía como la nuestra. Pero, la noción del Orden ya lo abarca todo. La noción del Orden, la realidad del Orden, se nos ofrecen como el símbolo de la inteligibilidad del mundo. Sin esta claridad, ni el pensamiento puede dar un paso, ni el conocimiento captar nada. Razón y acción son particulares determinaciones del Orden. ¿A qué, puesto a enmendarle la plana al principio del Cuarto Evangelio, se fatigó el pobre Doctor Fausto en substituir, para la interpretación del *Logos*, el término «Razón» por el término «Acción»? En un principio, no era la Razón, no era la Acción. En un principio, era el Orden.

— Nosotros, pues, aplicando a lo que entre manos traemos, no sólo aquel «Conócete a ti mismo» de la máxima antigua, sino un «Ordénate a ti mismo» imperativo de nuestro pensar (bien que imaginemos que también lo fue en Dionisio Areopagita, filósofo del Orden y su imponedor, no sólo en la jerarquía eclesiástica, sino en la celeste), hemos empezado por poner en orden nuestra propia filosofía; quiere decir, procurarle una manera de construirse inteligiblemente.

— Para lo cual conviene que, orquídeas o lo que sean, las imágenes florales se queden ya bastante lejos.

— Sin embargo, cosa de botánica fue también, y muy esclarecedora por cierto, aquello que el filósofo Cournot dijo, y nosotros hemos repetido varias veces, de que «la Filosofía es como la trufa: la raíz de la trufa ya es la trufa entera».

— ¡Comparaciones, comparaciones nada más! Ya nos urge salir de su atmósfera y de lo que ésta contiene de agentes deletéreos.

— No obstante, si ahora los temas figurativos los empezamos a tomar de la Arquitectura, quizá logremos encontrar en los mismos símbolos auténticos, que no prestigiosas alegorías. Un libro ha podido escribirse y publicarse entre nosotros recientemente, cuyo lema bajo el título: *Teoría de los Estilos*, consiste en declarar que, así como la palabra «poesía» tiene dos acepciones, una de las cuales alude a los poemas que el poeta escribe; la otra, a una manera especial de propulsión al sentir, que la tienen los versos, pero que también la tienen un paisaje, unas ruinas, un amor, etc., lo mismo cabe asegurar de la palabra «arquitectura»; pues hay una arquitectura que hace casas y otra que cabe predicar de un texto literario también, o de un razonamiento, o de una ley promulgada, o de una ceremonia, etc. La obligación que tiene la Filosofía de reflexionar sobre su propia arquitectura, con no haber sido reconocida sino muy recientemente, se ha impuesto a los ánimos con singular vigor. No existen hasta hoy muchos libros como el de Étienne Souriau, dedicados a examinar lo morfológico, lo estructural, de la Filosofía.

A este libro, sin embargo, y a pesar de no contener grandes revelaciones, le ha podido llamar el belga De Waelhens: «La filosofía de la Filosofía». Y no en la guisa en que es posible hablar de un «Cantar de los cantares», sino más bien a tenor de lo que pudo representar por el título «El alguacil alguacilado». Es decir, no a título de adquisición compiladora, sino de tal vez correccional disciplina.

— Típicamente morfológico, y a la vez disciplinario en la Filosofía era el principio que hace un instante, y a título de ejemplo, acabamos de recordar, según el cual el esquema definidor de la Filosofía es el del círculo; mientras que, para las ciencias particulares, puede ser el de la escalera. En la escalera, cada peldaño se apoya en otro peldaño; el inferior, en el suelo. El suelo, extraño a la escalera, lo representan los principios que toma cada una de estas ciencias a otra distinta o que le proporcionan las evidencias de los sentidos o de la razón. El pensar filosófico, empero, no puede apoyarse en nada fuera de sí. Lo del valor de los sentidos significa para él un problema, que ha de ser, a su vez, filosóficamente resuelto. Lo de la razón, también. Lo del criterio de las ciencias particulares, igualmente. No puede la Filosofía apoyarse en nada ajeno a su contenido. Si lo hiciese, cometería el error de los primeros floricultores, que quisieron obtener orquídeas sembrando sus semillas en la tierra.

— ¡Cuidado, cuidado! ¡No volvamos a las andadas! Abandonemos de una vez esta suscitación alegórica de la orquídea, cuyo resobo amenaza darle, para nosotros, tiranías de mito. No olvidemos nunca lo que nos advierte Mefistófeles en la segunda parte del «Fausto» cuando el Homúnculo obliga a sus creadores a ir donde no quisieran ir: «Acabamos siempre por depender de las criaturas que hemos fabricado nosotros mismos».

— Ya me tengo en guardia... Continuaré con decir que la Filosofía soporta, para cada una de sus afirmaciones, la necesidad de una recurrencia hacia atrás, a lo largo de una cadena de afirmaciones; cada una supondrá, como adquisición previa, otra afirmación, y la última en decirse, la primera que se dijo. *Ring des Ringes* nietzscheano, serpiente que se muerde la cola, la imagen estructural del pensar filosófico no será una escala, sino un círculo.

— ¿Se trata, acaso, de un «círculo vicioso»?

— No, aunque, tectónicamente, el esquema sea el mismo aquí y en el famoso pecado de lesa lógica. Otras construcciones intelectuales hay que igualmente lo reproducen, y son las obras de arte. En ellas resulta innecesario lo que en Filosofía resulta imposible: el recurso a una realidad extrínseca, donde la escalera pueda, en su primer avance, descansar. Cada obra de arte tiene su cosmos libre y, diríamos, su verdad propia; dos veces, en la historia de la Filosofía, se ha intentado negar este fuero: una, cuando los episodios de la reacción del Renacimiento contra los «libros de la Caballería»: el *embuste* de los mismos, su apartamiento de la verosimilitud, sirvió entonces de base a una condenación, en que los elementos morales se mezclaron inadecuadamente con los estéticos, sin ver que la base que tomaba la tal condenación, lo mismo que alcanzaba a cualquier novelón desaforado, alcanzaría, por ejemplo, a la «Divina Comedia», no menos exenta de la jurisdicción de la realidad que pudieran serlo las invenciones de la más brava ultranza, en punto a contar maravillas de gigantes y paladines. El otro momento de pretensión crítica contra la libertad creadora se sitúa en el siglo XIX y so color de naturalismo: cuando Courbet decía no poder pintar ángeles, porque *no los había visto nunca*, y cuando los actores creyeron que debían hablar en el teatro «sin darle importancia a Sevilla ni al Guadalquivir», con la misma ausencia de énfasis, y hasta de corrección, con que se producen los diálogos en la vida ordinaria. Entrambos momentos, sin embargo, el renacentista y el ochocentista, omitieron el llevar el empeño hasta sus últimas consecuencias: no hubiera tardado en verse el absurdo del mismo, al contrastar simplemente su exigencia con el hecho, entre otros, de que existe la música, arte por esencia, tan alejado de la necesidad de «verosimilitud» como de cualquier otro recurso a una ley cualquiera extraña a las anteriores construcciones de la obra artística.

— Lo del «vicio» en el círculo, la proscripción de una economía cerrada y autónoma en el mismo no reza, por consiguiente, con las obras de arte. ¿Tampoco rezará, según lo antes dicho, con la construcción filosófica?

— Respecto de ésta, dos necesidades viene a substituir a la de descansar en algo extrínseco. De una parte, la coherencia del círculo ha de ser aquí perfecta y consumada: la línea de una filosofía, para que ésta no sea viciosa, ha de carecer de soluciones de continuidad. No ha de ser una línea de la que los matemáticos denominan «discretas»: y, por cierto, resulta un si es no es chocante el advertir aquí que la discreción es lo contrario de la Filosofía. El otro deber de la construcción filosófica está en que, dentro del círculo, se encierren, más o menos transformadas en sus condiciones, todas las posibilidades de conocimiento de lo real: será vicioso el círculo fuera del cual quede la referencia a cualquier solución fundamental, y hasta a cualquier problema fundamental, de la naturaleza o del espíritu.

— Este par de exigencias, ¿lo encontrará el lector del libro a que se ha aludido antes?

— En la «Instauración filosófica» de Souriau (y bien podemos concederle, en gracia a la novedad de su tema, la excepción de una mención puntualizada en nuestro discurso) aquellas condiciones son en parte afirmadas, en parte contradichas. Ya sabemos que se trata aquí del establecimiento de las reglas de la arquitectura filosófica. La primera de las cuales consiste precisamente en exigir que la Filosofía tenga una arquitectura. Lo indotado en este respecto, lo asimétrico y amorfo, presentará al productor en actitud, si se quiere, filosofante; nunca, en auténtica posición filosófica, cualquier que sea la riqueza de sugerencias que la producción de que se trate traiga consigo. Es ésta la misma condición que lleva implícito el precepto de que la Filosofía haya de ser *sistemática*; precepto que aleja al diletante y también al que trae al pensar teórico demasiados elementos literarios, morales o políticos. ¿No estamos dando nosotros mismos ejemplo de autovigilancia respecto de las tentaciones que pudieran asaltarnos en este capítulo? ¿Este mismo dialogar en que nos deportamos no queda aislado por la separación que introduce en nuestro discurso el diálogo mismo, expuesto ya sin vergüenza, a cambio de que se le encierre entre paréntesis y en uso de ciertas libertades que la austeridad del cuerpo doctrinal no nos permitió? La promiscuidad, en este respecto, descalifica.

— Mentes de gran poder, la de un Simmel para no ir más lejos, o cualquier que sea la boga que se le haya querido conceder en los últimos tiempos, la de un Kierkegaard, quedan por esto sólo fuera del recinto sagrado. No hay más filósofo, viene a decir Souriau, que los autores de tratados de Filosofía, cualquiera que sea su forma; por la misma razón que hace que no haya otros pintores sino los autores de cuadros.

— Lo de «tratados», naturalmente, ha de entenderse *cum grano salis*: un Sócrates, sin que conste que escribiese nada, es, sin embargo, el autor de una doctrina provista cumplidamente de una arquitectura sistemática; un Goethe alcanza la misma calidad, aunque el cuerpo de su mensaje ande repartido en escritos diferentes y de apariencia y forma variadas; o bien convenga extraerlo, sobre todo, de las conversaciones con Eckermann. El «tratado» que se exige aquí puede, por otra parte, haber quedado reducido a unos cortos fragmentos, como ocurre en el caso de los presocráticos, según los cuales fragmentos deba colegirse la estructura entera del producto, como del hueso vertebral del animal antediluviano, en el ejemplo famoso, se dedujo la disposición total del esqueleto.

— Otra ley de la arquitectura filosófica (ley previsible, puesto que, según lo declarado, le corresponde bien el esquema de un círculo) es que este círculo tenga un centro; es decir, que la construcción completa cristalice en torno de una intuición capital y matriz. En ella, según Bergson, está el secreto de la originalidad; lo demás, ante esa intuición, resulta accesorio. El filósofo citado justificó así un día la suya propia ante la injusta campaña de René Berthelot, que le acusaba de tal cual empréstito a los conceptos de la Filosofía romántica alemana, hasta el punto de considerar que el pensamiento bergsoniano no era otra cosa que un ejemplo de «romanticismo utilitario». Conviene aquí advertir, con De Waelhens, en el comentario antes aludido, que no debe confundirse este «punto de vista», que centra la construcción del filósofo, con el «punto de partida» de que se vale el filósofo para empezar la exposición de su sistema, por razones de método o de oportunidad. El mismo De Waelhens recalcaba que si, obedeciendo a una oportunidad, la fenomenología de Heidegger empezaba por el análisis de las formas cotidianas de la existencia, ello no quería decir que, en la mente de Heidegger, las cosas hubiesen seguido igual camino. El ángulo por el cual el filósofo redacta su pensamiento corresponde siempre (corresponderá, inclusive, en raras ocasiones) con el orden genético de la invención. Tectónicamente, el que nos importa es este último. Su necesidad establece la segunda ley de la construcción filosófica.

— Tampoco repugnamos a la tercera, según la enumeración de Souriau. Éste la designa con el título de «Ley de la oposición significativa», por la cual se pide al sistema filosófico el fundarse en la oposición entre dos elementos fundamentales que pugnan entre sí. También aquí conviene evitar la confusión que pudiera llevarnos erróneamente a los dominios de la dialéctica hegeliana. No se trata del confrontamiento entre la tesis y la antítesis, con la ulterior conciliación de la síntesis, sino más bien de una evocación de la condición misma del trabajo creador, que presupone una dualidad entre la forma que se establece y aquella sobre la cual se instaura.

— Esta inexcusabilidad del antagonismo, sobre confirmar nuestro continuo recurso al diálogo, nos recuerda el hecho de que no sean pocos los filósofos que, en la sinceridad de sus confesiones íntimas, hayan manifestado que el maestro a quien más debían había sido justamente el adversario a quien habían tenido intención primordial de combatir. Recordamos a Meyerson cuando, en una conversación para nosotros inolvidable, nos refería los comienzos de una actitud metafísica suya, enemiga del positivismo y destructora de las razones de existencia de éste. Como, a poco de ello, nosotros le preguntamos quiénes habían sido sus maestros en realidad, él, de prisa y sin vacilación, hubo de darnos la siguiente respuesta categórica: «Auguste Comte»...

— Con otra exigencia de las presentadas por Souriau nosotros no podríamos ya coincidir. Quiere que un sistema filosófico no sea nunca un sistema cerrado. Que deje siempre abierta la puerta a lo que, en un lenguaje que ha estado muy de moda, no ha mucho, entre los medios de la poesía de vanguardia, llamaremos «una evasión». Dice más (y aquí sí que nuestras preferencias de siempre se encabritan): quiere que la evasión sea «dinámica». Nosotros, al contrario, puestos a exigir algo en este punto, querríamos que la buena construcción arquitectónica proporcionase al contemplador la divina impresión del reposo. Y no se trata aquí de la preferencia de un gusto clásico, sobre lo que, con igual arbitrariedad, pudiera ser inclinación romántica hacia lo inquieto e intenso. Se trata de un imperativo involucrado en la base misma de la justificación del pensar filosófico. El cual (repitámoslo sin fatiga) no puede recurrir a adquisiciones situadas fuera de su propio campo; debe encontrar dentro de sí mismo la plenitud de elementos destinados a su satisfacción. Decir que un sistema filosófico debe contar con la insatisfacción y dejar la puerta abierta a las evasiones es como decir que un régimen de economía autárquica debe dejar lugar al hambre y consentir la exportación del dinero.

— ¿No se contendrá siempre alguna amargura, alguna decepción, en el reconocimiento de una movilidad circular? ¿No acontecerá ahí lo que el *quidam* del cuento alegaba, para no subir al tiovivo, o sea, que no quería marearse y gastar dos reales para que lo dejaran en el mismo lugar de donde había salido?

— Platón encontró, sin embargo, una fuente de serenidad en su fantasía del «Año perfecto», en que vuelven a empezar todas las cosas, tal como han acontecido una vez; Nietzsche, en el «eterno recomenzar», un tónico para el estoico pesimismo de Zaratustra; Otto Weininger, en el esquema del vals, la descuidada alegría de las irresponsabilidades... Nuestra posición no excluirá la necesidad de algo menos grave sin duda y menos perturbador que la angustia romántica de un Pascal, un Kierkegaard o un Jaspers: quiere decir, el desdoblamiento irónico de un Sócrates, un Montaigne, del mismo Leibniz. La ironía, templando la dureza del dogmatismo apodíctico, ayuda, con su irregularidad ligera, al reposo; lo mismo que, en el lecho de nuestros recogimientos vespertinos, la blandura de la almohada sobre la rigidez cilíndrica del travesaño. Se descansa mejor y puede permanecerse más tiempo cuando unos muelles mitigan la horizontalidad de la superficie donde se descansa. Nuestra mente, como nuestro cuerpo, necesita de que la reciba un poco de plasticidad. Dicho de otro modo, lo que pedimos a la construcción filosófica es (vitalmente, no sólo estéticamente) que tenga «gracia»; en dialecto andaluz y con verdadera elevación metafísica, diríamos «que tenga ángel». Cabe que haya filósofos de escritura muy pesada, o que pasa por tal, y que tengan sin embargo *ángel*: por ejemplo, Hegel. Otros, autores de libros ligeros y hasta bien escritos, Stuart Mill, verbigracia, se muestran infinitamente menos bien dotados a este respecto. Importa, por otra parte, no creer que la tal ironía coloque en la vía de un escepticismo o de un relativismo siquiera. Puede perfectamente coincidir (y el caso de Platón nunca se citará bastante a este propósito) con una vocación auténtica de absoluto y con la convicción de la trascendencia divina. Llégase inclusive a afirmar ser aquélla indispensable a tales convicciones y vocación, por lo mismo que significa un reconocimiento de los límites del propio poder humano. Por esto (y aquí nos encontramos en presencia de una nueva ley) parece pecado el que el filósofo desemboque en el místico. La diferencia esencial entre el uno y el otro consiste en que, así como la aceptación de lo trascendente constituye, para el filósofo, el punto de final detención, que su esfuerzo ha tratado de alejar todo lo posible, la afirmación representa, para el místico, el punto de partida, desde el cual proyecta, suspenso y embriagado, los vuelos de su especulación.

— No rehusaremos nuestra atención, después de todo, a otro de los enunciados de Souriau. Éste compara, hasta cierto punto, la arquitectura de la Filosofía con la arquitectura de la Música, postulando que, en la estructuración del contenido filosófico, deben multiplicarse los que llamaríamos *Leitmotiven*, o sea, las aplicaciones de un tema fundamental a encuentros, concordancias y desarrollos sucesivamente diversos. Los puntos de una circunferencia no son únicamente tales, sino, a la vez, los cabos o extremos de unos radios que, partiendo del centro regular, van a parar al contorno y multiplican, a todo lo largo de su perímetro, el reflejo y trasunto de la centralidad, la obediencia a esta ley de la centralidad. Como los radios de un círculo, el tratamiento respectivo de cada problema, dentro de un sistema filosófico, ha de tener un elemento común con el tratamiento de los otros y manifestar la presencia de este elemento. Así se sirve a lo concreto con la substancia de lo infinito. Y sólo a precio de esta aparente paradoja, cabe afirmar que exista una auténtica filosofía.

— El Ochocientos, y no sólo en el conjunto de las artes, ha sido la gran época del impresionismo. En un clima estético así, no solamente había de perder la Arquitectura su valor primordial (los arquitectos ochocentistas han firmado; mas, por lo general, el ambiente público ha permanecido impermeable a la gloria de sus nombres). A la vez, en cada una de las instituciones humanas, el elemento arquitectónico, lo constructivo, el aseguramiento de la estabilidad, había de verse pospuesto a la pasión por la intensidad, a lo que se inserta en el tiempo y se acomoda con su destrucción; por la música, en fin.

— Mucho se ha difundido, en una fórmula que nos fue cara, la llamada por nosotros «ley de la gravitación de las artes». En cada período histórico un arte determinado ejerce atracción sobre los demás y, dentro de la gradación en que los mismos se colocan, comunican su estilo y notas al arte vecino. La Música, soberana del siglo XIX, atrajo, a todo lo largo del mismo, a la poesía; y ésta, por contragolpe, a la pintura (pintura anecdótica, impresionismo pictórico); como ésta, a la escultura (Rodin); como ésta, a la arquitectura (los arquitectos del *Modern Style*)... Al contrario, en las horas del principado de la arquitectura, la escala de la gravitación se invierte, y es esta arquitectura la que atrae a la escultura (véanse tantos estatuarios contemporáneos, tendentes a sumir el elemento figurativo de su arte en lo que Woerringer llama «el sueño de la piedra»); la escultura atrae a la pintura; la pintura, a la poesía; la poesía (y hasta la sátira y la parodia) a la música, que se convierte, de este modo, en un arte perfectamente intelectual. Pero, no solamente en el terreno de la actividad artística se ejercen tales influencias, respectivamente contrarias. La vida espiritual toda puede caer bajo el uno o el otro sino. Y así se dirá que, para la historia de la Cultura, hay épocas predominantemente arquitectónicas, como hay épocas caracterizadamente musicales.

— La de hoy, la que se ha presentado a sí misma las leyes de la arquitectura, pertenece, todo lo hace pensar, al primer grupo. Un intelectualismo nuevo sucede, a turnos demasiado favorables a la intuición. Nadie ignora que, a principios del siglo presente, la Cultura se vio toda ella agitada por una «sorda conspiración contra la Inteligencia». El pragmatismo, el activismo, la filosofía de los valores, el inmanentismo modernista en lo religioso, las tendencias místico-orientalizantes dominaban todo el campo; habiéndose descubierto y, lo que es peor, demostrado, gracias a una demoledora «crítica de las ciencias», en la cual colaboraban los hombres de ciencia mismos, que ni la razón puede dar cuenta enteramente de la realidad, ni constituye siquiera un órgano adecuado al conocimiento de parte alguna de la misma. Todo esto era algo que, para la Filosofía, *había acontecido*: cabía superarlo, pero en manera alguna prescindir de ello. Si el intelectualismo se restauraba, había de ser asimilando todas estas dificultades, grave peligro para la razón, que había sido, desde luego, el nervio de toda la tradición occidental. A lo que podemos llamar (ya se sabe con qué derecho) «reforma kepleriana de la filosofía», debía presidir un espíritu de substitución de la rigidez racionalista por un recurso a la mayor capacidad y flexibilidad de la Inteligencia. Todo lo que el sistema conducente a aquel objeto tenga de rigor formal debe tener de irónica maleabilidad en el contenido. Y esto ya desde sus primeros pasos...

— ¿Dónde situar éstos? La constatación de una estructura circular en la Filosofía permite el escoger, para principio de la explanación, no las cuestiones referentes a tal o cual existencia ni las que tratan o de tal o cual otra manera de conocimiento, sino las que versan sobre el pensamiento mismo, considerado como creación. Una creación es, a la vez, conocimiento *in fieri*, puesto que se trata ahora de algo ya humano; y de una existencia *in actu*, puesto que tal existencia se identifica aquí con la función. Desde este momento, si yo veo mi pensar, como un acto cualquiera de trabajo o de juego, mejor dicho, como un acto de trabajo y de juego a la vez, en figura de una potencia, en lucha con una resistencia, ya, a partir de ahí, puedo conducir simultáneamente las adquisiciones con que se vaya enriqueciendo mi conocer, como adquisiciones en que se va concretando el existir. La Lógica, así activada y la Metafísica, así emancipada de lo abstracto, pasan a constituir una cosa única, a la cual resulta legítimo que adjudique el nombre de «Dialéctica», puesto que su esencia es dualidad constante, y su acontecer, perpetuo diálogo. La exposición de la Dialéctica estatuye lo fundamental del camino que debe seguirse para la posesión del secreto de la Filosofía. Luego, en posesión ya de éste, la clave que nos proporciona puede aplicarse a todos los problemas filosóficos, en los cuales potencia y resistencia se presentan siempre trabadas, bien que podamos examinar el resultado separadamente primero, en los casos en que la primera, la potencia, ha ganado la partida a la segunda; que por esto llamamos, en su conjunto, «Poética», porque lo dominante aquí es la misma creación. Mientras que damos a los otros casos, donde la resistencia le puede a la potencia, para subrayar su carácter de pasividad, el título de «Patética». Este discernimiento no reproduce exactamente los términos de una clasificación que empleara las calificaciones más usuales de «Psicología» y «Cosmología», para los tratados respectivamente constituidos por la doctrina sobre el Espíritu y la doctrina sobre la Naturaleza. En la Naturaleza, se da también lo poético, puesto que en ella hay creación humana, la de los productos técnicos, para no ir más lejos. En el Espíritu puede haber también pasividad, según lo revela la existencia de «hábitos» y, en general, aquellos predeterminables automatismos en que se ocupa la ciencia psicológica.

— Mas diremos: en rigor, cuando enunciamos la trilogía *Dialéctica-Poética-Patética,* no presentamos una verdadera clasificación, puesto que no se trata ahí de una parte *separable* de la otra y que, entre la una y la otra, no cabe establecer límites fijos. La Patética no se distingue de la Poética, sino al modo como cabe distinguir la adolescencia de la niñez. Así como un Freud, para no ir más lejos, ha descubierto en la primera niñez caracteres propios de la que hasta él venía considerándose como ulterior púber adolescencia, se advierten ya de igual modo en lo mejor de lo poético, elementos de un automatismo patético, al cual, en verdad, no sabríamos maldecir, ya que gracias a estos elementos existe lo que en puridad se llama el arte. La frontera entre un momento y otro de este proceso es móvil; y su fijación, a los fines de nuestro examen, convencional. Bien que sea con dosis menor de convencionalismo, un confín entre el estudio de la Dialéctica

XI. RENÉ DESCARTES (1596-1650)
Pintura de Franz Hals

(Museo del Louvre)

XII. BLAISE PASCAL (1623-1662)
Grabado de Edelinck según un retrato de Quesnel

y los otros dos estudios filosóficos, es móvil también. Nosotros, sin embargo, que no tenemos otro remedio que asistir a las manifestaciones de la creación en guisa parecida a la del operador cinematográfico que trabaja con su cámara en la reproducción de un acontecimiento, no podemos prescindir de seriar nuestra exposición, aun presentándola como un itinerario, separada en tratados sucesivos, para cada uno de los cuales fingimos cierta substantividad. Así, nuestra Dialéctica forma un cuerpo, al cual dedicaremos enteramente un libro (puesto que ya sabemos que basta el mismo para revelarnos el secreto de la Filosofía). A la Poética, a la Patética, podríamos dedicar otros. Y, dentro de la Dialéctica, con la misma frialdad de artificio y la misma infidelidad en la abstracción, con que un geómetra estudia sucesivamente *las líneas, las superficies y los volúmenes,* tratamos de los elementos más sencillos (aunque no sean los primigenios en realidad), quiere decir las «ideas»; luego de los que permiten conjugar en juicios las ideas, o sea, «los principios», y finalmente de los elementos, más complejos, ya que se dan siempre pensamiento y conocimiento simultáneo en la plenitud del «saber».

— Muy saludable la advertencia que acabamos de hacer, relativa al hecho de que este orden sistemático de la Filosofía no corresponda a su orden genético. Cronológicamente, en la vida general de la humanidad, lo poético precede a lo patético y esto a lo dialéctico, que necesita, para establecerse una situación intelectual superior, el ya estar de vuelta de muchas cosas. Por modo análogo, y en el interior mismo de la Dialéctica, el saber es anterior al juicio; el juicio, a la idea. Pero no hay inconveniente, una vez salvadas estas reservas, en tomar partido en favor de las ventajas metodológicas de empezar por los elementos más sencillos, aunque, en rigor, sean los más difíciles; con una dificultad únicamente aliviada por el derecho que nos hemos abrogado a emplear un crédito de comprobación, cuyo vencimiento se deja, gracias a la estructura circular de la Filosofía, para nuestro momento epilogal. ¿Hay algo más fácil, para una consideración no reflexiva, que el intuir, el ver? Todos los empiristas empiezan postulando la veracidad de las sensaciones. Toda la filosofía cartesiana empieza tomando como base la intuición del yo, el hecho de la propia existencia. Preguntemos, sin embargo, a un niño por su yo; preguntemos a un salvaje cómo distingue lo que ve de lo que sueña... Ver no es tan fácil negocio como la gente se imagina. *Vita visu vilior*; o dígase en romance, el vivir tiene menor precio que el ver. En la más simple y sensible de las intuiciones hay una captación indispensable de elementos individuales, de esquemas, de formas, de orden, que ya mezclan con la percepción la presencia de un arquetipo, que vale para todos los objetos de la misma especie; gracias a lo cual, precisamente, el que ve uno de ellos *lo reconoce*. Una vez más, el lenguaje nos ilustra, hablando de «reconocer», en relación con las cosas que vemos por primera vez. Se sigue de ahí que, ya en la percepción tenida por más pura, un elemento racional se entromete: un concepto, una generalidad, una delimitación, que ya es definición. Recíprocamente, en el concepto tenido por más abstracto, subsisten elementos intuitivos, está presente una especie de visión. No hay esquema tan aséptico de percepción que no contenga una especie de retrato. En el más algebraico de los algoritmos hay rastros de una percepción sensual remota. No podemos concebir ni siquiera el concepto a que corresponde el signo de sumar, si no contemplamos, por fugazmente que sea, el hecho concreto de una unidad, el individuo irreductible. Sin esto no podríamos sacar del concepto de adición la consecuencia de que no se pueden sumar entidades heterogéneas; puesto que, sin una visión de las individualidades sumadas, no hay manera de concebir intelectualmente si son homogéneas o no. Los críticos de la matemática han acabado por reconocer que hay en el comienzo de sus deducciones un elemento irreductible, incapaz de recibir análisis; esta misma noción de la unidad de cuyos ensayos de definición analítica, por los logísticos intentados, tanto se burlaba Poincaré. Si, pues, no hay percepciones en estado puro y no hay tampoco conceptos en estado puro; si resulta absurda la pretensión de una individualidad concreta que no contenga nada de generalidad, al igual que la ambición de una generalidad abstracta que no contenga nada de concreción, no existirán objetivamente ni los conceptos ni las percepciones. Existirán objetivamente, en cambio, las concreciones generales y las generalidades concretas, a las cuales hemos reservado el nombre de «ideas». Y como, de un lado, la que opera tomando las percepciones como contenido es la Empiria y la que opera tomando los conceptos como contenido es la Ciencia, se saca de ahí que ni la Empiria ni la Ciencia tienen, por sí solas, un valor objetivo, sino simplemente convencional. La que sí tiene valor objetivo, la que tiene un carácter realista de veras, es la Filosofía, que opera tomando las ideas como contenido. Con lo cual, a través del progreso de la primera parte de nuestra Dialéctica, es decir del Tratado de las Ideas, hemos transformado nuestra posición. Al principio, humildemente, mendigábamos para la Filosofía el derecho a existir, ocupando el lugar que se le quisiera conceder al lado del forzudo conocimiento común o Empiria y de la tiránica Ciencia; al cabo de unos capítulos, sin embargo, hemos ya tirado la careta de nuestra humildad, nos transformamos de postulantes en agresores, damos a la Filosofía la posesión y apenas si, en calidad de huéspedes, toleramos ya a la Empiria y a la Ciencia... No abusaremos de nuestra victoria, sin embargo. En cada uno de los dos tratados siguientes volveremos a defender el pleito de la Filosofía, como si sus rivales se mantuvieran todavía en pie. Es más: al final del pleito llegaremos a la transacción; pero esto no será sino después de haberlo ganado en todas las instancias y haciéndolo de tal manera que todavía nos lo tengan que agradecer.

— Alguna dificultad se encuentra, sin embargo, principalmente para el pervertido por aquella «sorda conspiración contra la Inteligencia», bajo cuyo influjo nos hemos educado, para abandonar, de una parte, la confianza en el «saber positivo» que se pretende hijo legítimo de lo experiencial, y, de otra parte, aquellos «datos inmediatos de la conciencia» que han disputado, más recientemente, el crédito a aquél. La «intuición» de Bergson, la «comprensión» de Dilthey, avatares del *esprit de finesse* y de la *raison du coeur* de Pascal, es lo único que, gracias a su recurso, a la «vida interior», parecía poder oponerse a la ingenuidad del *common sense* y de los laboratorios. ¿Las posibilidades de la intuición no quedan agotadas ahí? Acordémonos de lo que hemos descubierto, al fin: que, cuando decimos «ideas», decimos igualmente «palabras». Sin forma no hay idea. La forma decide. El exterior decide. La actitud decide. La eternidad de las cosas es su forma, precisamente: lo más espiritual de los seres es su contorno puro. Cuando se toma a la intuición en un sentido sentimental, como en el caso de los nombres ilustres alegados, se olvida el sentido formal, sensual, que la intuición tiene y debe mantener celosamente. Cuando nosotros hablamos de percepciones, entendemos percepción de figuras; cuando de conceptos, concebimos figuras también. Nuestra intuición es figurativa; nuestra abstracción sigue siéndolo, como lo es la de los geómetras y no como intenta serlo la de los analistas. Hegel lo decía: «La interioridad es la exterioridad»; y esto hay que sentirlo, no como una identificación, sino como una síntesis. Con justicia, a su manera, revolvíase Kierkegaard contra Hegel. Y, muy congruentemente también, un Dilthey, un Heidegger han renegado de la misma palabra «intuición». Nosotros, al contrario, tomamos el intuir y expresar como las superficies cóncava y convexa de un mismo volumen... Ya principiábamos nuestro Evangelio: «En un principio era el Orden». También podemos, esencialmente, decir: «En un principio era la Palabra». El término *Logos* lo traducimos así, todavía: «En un principio era la Figura». Las figuras son idealidades concretas, individuos que asumen un contenido específico. De tal modo la Teología nos presenta a los Ángeles.

— También esta doctrina teológica parece tener alguna dificultad.

— Es que, la verdad, si nuestras adquisiciones no suscitaran dificultades, ello significaría que nuestras adquisiciones no serían verdad. Soñar es lo más fácil; descubrir, mucho más difícil y con dificultades que se encadenan. A trueque de las que vamos encontrando, nuestra actitud ofrece la inapreciable ventaja de resolver, desde el principio, la cuestión de la inmanencia, tortura de los filósofos modernos. Toda su vida y cuatro gruesos libros ha necesitado uno de los más grandes, a quien Dios mantiene afortunadamente en vida, Maurice Blondel, en el esfuerzo de persuadir a las gentes de que la acción trasciende ya, por su propia naturaleza, del plano de la subjetividad, postulando algo extrínseco a sí misma. Hubiérase podido ahorrar tan largo camino —lo cual no quiere decir que se ahorrara el esfuerzo— si, en vez de una acción que en sí misma pudiera reducirse a un mero impulso, hubiera pensado en la *acción ordenada*; es decir, en el Orden mismo: pues no hay orden sin algo que se ordena. Cabe que la fuerza se pierda en el vacío; o bien, que la fuerza ande falta de sujeto que la perciba. Pero el *esfuerzo* necesita ya para su existencia de un sujeto y de un objeto; de un designio, aunque sea tan sólo incoado en una mente, aunque sea tan sólo rudimentario; y, además, de algo exterior y, en su esencia, enemigo, aunque indirectamente proceda de algún impulso inteligente anterior. Maurice Blondel hubiera podido, para emprender en seguida un buen atajo, tomar las cosas tal como se las había dejado, un siglo antes, su compatriota Maine de Biran; aunque a éste la preocupación psicológica impidiese el seguir puntualmente la pista a una de las realidades implicadas en el esfuerzo, a la realidad objetiva, consagrándose, en cambio, a observaciones finísimas sobre el yo. Lo que fue en Maine de Biran impaciencia por lo subjetivo, ha sido ahora en Blondel impaciencia por lo objetivo, para él vocacionalmente representado por la realidad de Dios. Para decirlo en términos algo irreverentes a la vez... Pero había que arrostrar tal riesgo: esto es lo que estamos haciendo nosotros. Antes, lo había probado ya Leibniz, con afirmar la ambivalencia de la mónada, a la vez voluntad y representación, impulso e inteligencia. Pero un elemento bastardo, una figura de individualidad, atribuida a la mónada, lo estropeó entonces todo. ¿Por qué presentar en la coyuntura como algo metafísico lo que era, simultáneamente, lógico también (o psicológico, si se quiere)? ¿Por qué un *ergon* en vez de una *energueia*? ¿Por qué detener *la vida*, aunque sea para afirmar *el plan*? De que el plan es también vida y la vida, plan, basta poner los ojos en cualquier gestación para persuadirse. El nuevo ser, a la vez que crece, se performa. Su medrar es estructura, y gracias a su estructura puede medrar. Tales son las virtudes y tales son las claridades del Orden.

— ¿Y las claridades, ya que no las virtudes, no se aumentarían, si aquí, en vez de nuestro ideal del Orden, pusiéramos el de la Razón? Aquellas «ideas claras», que (queriendo decir «conceptos abstractos») exigía Descartes, ¿no serían la recompensa de un análisis que prolongase nuestras adquisiciones hasta más lejos, sublimándolas racionalmente aún?

— Claridades que se compran a costa de virtudes se vuelven oscuridades a la postre. De la oscuridad dejada por las «ideas claras» de Descartes ha estado agonizando toda la Filosofía moderna. Porque el análisis, al prolongarse demasiado, mata. Y luego no se puede resucitar. El que se imagine que, después de haber llevado el análisis hasta el fin, puede procederse a la síntesis, ya está fresco. Las verdaderas síntesis no se logran sino, en el mejor de los casos, a medio camino del análisis y cuando el análisis todavía no ha destruido la forma; que es, ya lo sabemos, el principio vital.

— Para los poetas y por los poetas se ha dicho: «No la toques ya más, que así es la rosa».

— Y quien dice la rosa, dice la orquídea.

— Por esto, a la que ha presidido el comienzo de nuestro diálogo, nosotros nos hemos abstenido de tocarla más.

— Todo está en saber detenerse a tiempo. «*Initium sapientiae*».

— No la toques ya más, que así es la Inteligencia.

PARTE SEGUNDA

TEORÍA DE LOS PRINCIPIOS

LECCIÓN VI

INTRODUCCIÓN A LA TEORÍA DE LOS PRINCIPIOS

I. DE LOS JUICIOS

Justamente porque las *ideas* pueden copular, nacen los *juicios*. Los *conceptos*, en su racional pureza, son estériles. Con los conceptos, la mente sólo puede operar de dos maneras: o extraer del interior de uno de ellos otro concepto, que se yuxtapone al primero en una ecuación de identidad, o adicionar al uno el otro concepto, también preexistente, *dado*. La extracción se llama rectamente *análisis*, puesto que se trata de una separación; pero sólo torcidamente se aplica a la adición la acostumbrada denominación de síntesis. Porque la simple adición no es una síntesis. Para que ésta exista, es necesario que con la adición se produzca algo nuevo; es decir, que la adición resulte activa y eficaz; que acontezca un acto de *creación*. La adición no creadora sólo expresa una identidad: lo que emblemáticamente se traduce en igualdad, que en el vocabulario matemático recibe el signo =. Y una ecuación no es, en verdad, un juicio. Dígase lo que se quiera, una considerable variación de sentido distingue a lo que se expresa con el signo = a lo que expresa el verbo *ser*. Si yo digo: $2 + 2 = 4$, nada añado, una vez enunciada la fórmula, a lo que ya me venía dado por los componentes de la misma. Pero si articulo: «Todos los hombres son mortales», la noción de que me encuentro poseedor al final del enunciado, *algo añade* a las que me venían dadas por la idea de humanidad, por la idea de mortalidad. Me encuentro más sabio al fin que al comienzo. Y no se objete que esta porcioncilla nueva de saber se produce aquí porque en el $2 + 2 = 4$ he tomado para ejemplo un juicio de los que escolásticamente se llaman *analíticos*, mientras que hay otro linaje de juicios, los *sintéticos*, en el que el sujeto es enriquecido por el predicado. Porque podremos entonces replicar que, si en el segundo enunciado tomamos a los hombres abstractamente, es decir, el concepto de hombre, ya ha de estar incluido en este concepto el otro concepto de la mortalidad que ha de aplicarse a todos los hombres, porque todos los hombres son mamíferos; y todos los mamíferos, vertebrados; y todos los vertebrados, animales; y todos los animales, vivientes; o sea que, en su genericidad pura, ya el concepto de viviente incluye dentro de sí el concepto de mortal, ya que vida y muerte son únicamente dos aspectos de la misma noción. Si el enunciado vida = muerte es reemplazado, pues, por este otro: «todos los vivos son mortales», ello significa que ya nuestra mente ha *concretado*, es decir, *creado*, en vez de los *conceptos* primitivos, las *ideas* de vida y de mortalidad; producido, en otros términos, una síntesis previa que permitirá seguir empleando las cópulas, cuya revelación está en el verbo *ser*. Y ello se ve más claro aún cuando del primer enunciado «Todos los hombres son mortales» pasamos a la premisa menor del consabido silogismo: «Pedro es hombre». Se destaca entonces el hecho de que la individualidad de Pedro *no contenía* lo genérico de la humanidad. El «es», aquí, no hubiera podido sustituirse por el signo de = (Pedro = hombre). La humanidad de Pedro es una creación de la cual ningún signo matemático podría dar cuenta. Por algo el verbo se llama «cópula». Y por algo un signo abstracto no puede tener nunca la eficaz potencia de lo verbal. Y es que «Pedro» aquí es *algo menos* que un concepto, porque su representación es exclusivamente empírica. Y la «muerte de Pedro», *algo más* que un concepto, porque su generalidad ha alcanzado, al llegarse a este punto, a lo ideal. Si, pues, llamo «juicios» a lo que resulta de la copulación entre sujetos y atributos, no puedo aplicar la misma palabra a las identidades entre sujeto y predicado. Llamémosles, por el momento, *ecuaciones*, reveladoras de la formulación de una identidad.

A pesar de todo esto, la Lógica, que se nos ha enseñado en manuales de varia minerva y distinto grosor, sigue considerando a las adiciones de conceptos y a sus análisis como verdaderos juicios; y la posible reducción a la identidad, como su ley. En pocas palabras, muy claras aparentemente, puede quedar referido el sistema de aquéllos. En cuanto entran en relación los conceptos unos con otros, reciben la denominación de *términos*. El establecimiento de una relación cualquiera entre dos términos, recibe la denominación de *juicio*, sin perjuicio de llamarlo también *proposición* y hasta *oración*, si así se tercia. Todo ello con el bien entendido de que este vínculo que formalmente establecemos ha de corresponder, si su formalidad es perfecta, con su reproducción simétrica en la realidad. La oración, proposición o juicio se compone esencialmente de tres partes: dos de ellas a los cabos, que son los *términos*; otras, que enlaza el uno con el otro término, a la cual sin demasiada coherencia se bautiza de *cópula* —¡cuándo, en estas condiciones, lo que le convendría a la voz es el nombre de *matrimonio*, que, en rigor, pudiera un jurista calificar de *rato*!—. La cópula auténtica está siempre —seguimos exponiendo el sistema de la Lógica ordinaria— en el verbo *ser*. Cuando hacemos entrar en juego verbos distintos, disimulamos algún modo, tiempo y persona del verbo *ser*, que el otro implica en su seno. Decir: «Todos los hombres mueren» equivale exactamente a decir: «Todos los hombres son mortales». «Yo corro» significa «Yo estoy corriendo o yo soy corredor». En la primera forma, el verbo es el que resulta determinado, al verse en tal guisa descompuesto. En la segunda versión, lo determinado es el primero de los términos, que se llama unívocamente *sujeto*, tanto para designar el juego de conceptos como para designar su expresión verbal; mientras que se llama *atributo* al segundo término, cuando el verbo *ser* se presenta al desnudo; y *complemento*, en los otros casos, cuando el segundo término se presenta como implicado en la acción. La calidad de corredor es mi atributo, en una de las versiones del ejemplo precedente; la modalidad representada por el «corriendo» es un complemento de mi ser, en la otra versión del mismo ejemplo. En las dos formas, el tercero se llama *predicado*. Según sea este predicado, el juicio recibe la denominación de *analítico* o la de *sintético*. En los juicios analíticos, el predicado estaba ya comprendido en el sujeto: el declarar que «todos los hombres son racionales» nada añade al concepto de hombre. Si, en cambio, se dice que «todos los hombres son egoístas», se añade algo como predicado que no estaba racionalmente incluido en el sujeto, ya que el concepto de humanidad no implica necesariamente el concepto de egoísmo: se trata ahí, por consiguiente, de un juicio *sintético*.

No hay que confundir esta clasificación de los juicios con otra a cuyo tenor conviene separar los juicios *a priori* de los llamados *a posteriori* según que nos vengan dados por la razón o por la experiencia. Todos los juicios analíticos lo son *a priori*; pero no todos los juicios sintéticos *a posteriori*. Hay también juicios sintéticos *a priori*, que la razón no puede proporcionar, pero que llevan el resultado de la experiencia a algo que la experiencia no podría dar; es decir, a los dominios de lo universal y necesario. Los juicios analíticos tienen su límite racional: las *tautologías*, las que en el castellano proverbial se llaman «verdades de Pero Grullo», como cuando se dice que «Toda esfera es redonda», ya que las condiciones de la redondez coinciden exactamente con las condiciones de la esfericidad. Los juicios sintéticos alcanzan a la frontera de la hipótesis cuando se aventura un juicio cuyo apoyo, sobre encontrarse únicamente en la experiencia, lo está en una experiencia notoriamente insuficiente. Una serie de juicios componen un raciocinio. En el raciocinio, los juicios aparecen sucesivamente encadenados según ciertas leyes, tenidas por *leyes de la razón*. Allí donde los juicios analíticos dominan, el razonamiento se llama *razonamiento analítico o análisis* y su principio rector es el principio lógico llamado de *identidad* o de *contradicción*. Allí donde dominan los *juicios sintéticos* el razonamiento se llama *razonamiento sintético o síntesis*, y su ley lógica es el *principio de causalidad*... De estos principios de la Lógica ordinaria se deriva una serie de normas, principios a su vez; pero que, por su aplicación inmediatamente al orden práctico, son tomadas lo más frecuentemente como *reglas*: el raciocinio de índole analítica emplea las del método que se conoce por *deductivo*, cuyo instrumento más intachable es el *silogismo*, vehículo sin par de la *demostración*. Para las síntesis experienciales, el método será de preferencia el *inductivo*, cuyo mejor logro puede ser el *descubrimiento*. Y, como en las zonas fronterizas, dadas las vecindades que ya conocemos, el paso de la línea de demarcación se repite mucho y hasta se produce la confusión perturbadora, bien cabe que digamos —caricatural, pero característicamente sin duda— que un silogismo viene a ser una «tautología modulada», mientras que cualquier descubrimiento viene a ser «una hipótesis que se da importancia»... Nunca mejor moduladas las tautologías, hay que reconocerlo, que en la lógica aristotélico-escolástica. Nunca mejor canonizadas las hipótesis que en la crítica kantiano-positivista. La primera pretendió hacer metafísica; la segunda, negar su posibilidad. Una dialéctica penetrante, a la vez que admira las obras maestras, contenidas respectivamente en esa crítica y en aquella lógica, apreciará su común ineptitud para dar cuenta de lo real.

II. CRÍTICA DEL JUICIO

Si nos fijamos en la estructura de tales sistemas, pronto nos llamará la atención un detalle. Éste consiste en la nota común que ofrecen de mostrarse tan directamente inspirados por la fuente del lenguaje, que el tránsito entre el dominio de éste es constante y fértil en equívocos de toda índole. Ya hemos visto que lo que el tecnicismo de la razón llama *juicios* es lo mismo que el tecnicismo de la gramática designa como *oraciones*; en completa sinonimia igualmente con la voz *proposición*, poseída indistintamente por los dos vocabularios. En cambio, si la gramática habla igualmente de atributos, mezcla con éstos los complementos —unas veces leemos, en los tratados de gramática, que «la oración se compone de sujeto, verbo y atributo» y otras veces, con igual significado, que se compone de «sujeto, verbo y complemento»—; y cuando, por otra parte, esta misma gramática distingue entre «complementos directos» y «complementos indirectos» se refiere a otra cosa que, con el esquema de los procesos racionales, nada tiene que ver. Pero, lo más significativo aquí es la anfibología constante entre afirmaciones de existencia y afirmaciones de identidad, cuando se trata de la cópula —y peor aún, entre negaciones de existencia y negaciones de identidad—; como si de la ecuación $2 + 2 = 4$ pudiera deducirse la existencia de cuatro realidades, de un orden cualquiera, en el mundo; o como si, recíprocamente, no pudiera legítimamente afirmarse la existencia de nada, ni la de Dios siquiera, sin asegurar, de un mismo golpe, la identidad entre su concepto y otro concepto. Este acarreo constante y recíproco entre las regiones de la expresión y de la existencia está perfectamente justificado en nosotros que partimos de la consideración de las palabras como contenido real de la Filosofía; y del derecho —y deber— de considerar las ideas como figuras. Pero, si se opera con los conceptos, es decir, con convenciones abstractas, la promiscuidad con lo concreto, por espejismos de claridad que revista, no puede traer sino oscuridad. En la enseñanza española regía aún, cuando nuestro paso de la instrucción primaria a la secundaria, la necesidad de sufrir un examen, con un cuestionario sobre la materia denominada «*Análisis gramatical*». Era una *asignatura* muy útil: una gimnasia metafísica de la reflexión se ejercitaba en ella. Mucho nos tememos que haya desaparecido, y que su ausencia, en la época de la adolescente formación, se haya dejado sentir después en la generalización del solecismo a chorro libre entre los escritores, para no hablar del general empobrecimiento del lenguaje corriente. Pues bien, en aquella escolar disciplina hay que buscar tal vez, a cambio de sus grandes ventajas formativas, la razón de que se haya producido el error de calcar el análisis lógico sobre la base del análisis gramatical. Este inconveniente se ve más claro todavía en la lengua francesa, por ejemplo. No sé si en Francia existe el «Análisis gramatical» como *asignatura* independiente de los programas escolares. Es fácil que allí su autonomía didascálica se haya sacrificado —como aquí se ha hecho probablemente después— al prurito nacionalista de incrementar encima de todo la «Gramática francesa», la «Gramática castellana», etc., en continuo pecado de leso humanismo. Pero, en Francia se practica, en cambio, constantemente el estudio de lo que, en las escuelas, se llama «composición» —«composición francesa», «composición latina»—. Quizá a esta costumbre pedagógica, más que a Descartes, deba culparse de aquella relativa y actual ineptitud de la lengua francesa para imbuir en dinamismo el curso de una expresión filosófica; ineptitud que tanto se advierte en los modernos tipos de un Renouvier o de un Lachelier, que han pretendido dar versiones inspiradas en el romanticismo alemán; y contra la cual hubo de pelearse, con visible esfuerzo, el pensamiento de Cournot; y que no ha encontrado remedio hasta el instante en que Bergson ha podido, a su vez, reanimar tanta inercia; y ello, a trueque de que dos generaciones escolares —para no hablar de las periodísticas— le declararan incomprensible. Y de que otras entendieran su enseñanza como pura mística, que para muchos era como decir pura música.

La fecunda inspiración del lenguaje puede, sí, en cambio, recibirla una Dialéctica objetivamente idealista; la cual, de una parte, y como aquél, tenga a los conceptos por convencionales y como ilusorias las representaciones empíricas; mejor dicho, que sepa cuánto hay de concreto en la pretendida abstracción, cuánto de abstracto en la intuición tenida por más espontánea. El lenguaje no ha pretendido nunca que la función de la cópula, en un juicio sintético, fuese únicamente la de poner en relación un sujeto y un predicado, dejándoles a entrambos como están. El lenguaje sabe —y este saber es su vivir— que el pensamiento transforma, que el verbo es creador. Sabe también la enorme vía de *trascendencia* que se abre al simple hecho de que un verbo sea *transitivo*. Sabe que cuando yo digo: «La rosa *es* bella», lo que esto traduce es, no únicamente la inclusión de la genericidad de la rosa en la genericidad de la belleza, sino *una carga* figurativa donde entra el recuerdo de mil sensaciones y hasta el agradecimiento por mil placeres. Y sabe que si yo digo, a escuela de Nietzsche: «El hombre *es* algo que desea ser superado», el sujeto «el hombre» desaparece a lo largo de la enunciación, para dar lugar a la aparición ideal del superhombre. Tampoco confunde el lenguaje el «ser» con el «estar», ni siquiera en aquellos idiomas donde la distinción no es morfológica; que ya se arregla la sintaxis para suplir aquí la ineptitud del léxico. ¡Cuánto no se ríen en España del buen señor francés que, enredado al traducirse, por los vericuetos del «ser» y del «estar», se presenta diciendo: «*Yo estoy el marido de Mme. Dupont*»! Pues lo mismo se ríen en Francia del español cuando suelta un «*j'ai parti*», para indicar que se ha ido. Porque eso de la equivalencia absoluta entre el «ser» y el «haber» es otra historia de los gramáticos. Pero la lengua sin gramática, como la dialéctica sin lógica, ya están al cabo de la calle acerca de la complejidad de matices a que hay aquí lugar. Y no olvidan, cosa muy importante, que la entidad del juicio es genuinamente *anterior* a la entidad real de la idea; como, a su vez, esta última entidad es *posterior* a la realidad del saber; al modo siempre como el geómetra sabe que el concepto de una superficie ha sido engendrado por el concepto de un volumen; y el concepto de una línea por el concepto de una superficie. Por modo tal, que únicamente la conveniencia didáctica ha podido traernos a seguir, en el desenvolvimiento de la doctrina, un orden de sucesión contrario.

La primacía real del juicio sobre la idea se revela en la imposibilidad de vivir y aun de contemplar una idea aislada. El elemento conceptual, que se encuentra ya involucrado en la más sencilla de las percepciones, es un elemento discursivo; es decir, que encierra un juicio dentro de sí. Inclusive en el sencillo enunciado «Dios», correspondiente a la más sencilla de las realidades, va implícito un juicio, que puede ser, en unos casos, de unidad: «Dios es único»; en otros casos, de pluralidad: «Hay dioses». Ningún sustantivo puede quedar a solas, colgado en el aire. Llevará, por de pronto, explícito o implícito, un artículo —*el, la, lo*— que ya determina a aquél en cierta manera, aun en los casos en que el artículo pertenece a la clase de los que se llaman «indeterminados» —*uno, una*—; indeterminados si se quiere; pero indeterminantes, no. Cuando se dice «un dios» ya se presenta la pluralidad de los dioses, por lo menos concebible. Cuando se dice «el dios», ya se postula su unidad, por lo menos en lo referente a un grupo —«el Dios de Israel»... «Señor Dios de los ejércitos». En algunas hablas más o menos auténticamente primitivas, el sustantivo «Él», sin más, es justamente el que sirve para aludir a Dios. En otras expresiones más o menos dominadas por la superstición, «Él» sirve para referirse, contrariamente, al diablo. Se obra así, para no nombrar; sea que un sentimiento de reverencia impida la actitud de victoria, que el dominar supone —el Ángel, vencido, entrega a Jacob vencedor, el secreto del propio nombre, como si le entregase militarmente su espada—, sea que el temor presente como peligroso un *llamar* que pudiera tomarse por *llamada*, un nombre que pudiera sonar a invocación. Precauciones inútiles: «Él», en este caso, no sólo se sustantiva a las claras, sino que *se verbaliza*, se activa, tal vez subrepticiamente; y tiende el puente del verbo hacia complementos o atributos; los cuales por su parte, tampoco se pueden sostener solos y han de tomar en la inteligencia, como en la realidad toman, el apoyo de un sujeto cualquiera. No hay belleza sin algo bello —lo cual no quiere decir que este algo sea un individuo—; no hay razón sin algo racional; no hay muerte sin alguien que se muera —sin necesidad, aquí tampoco (a pesar del pronombre por nosotros empleado), de que este alguien sea un individuo—. Todo sustantivo acarrea un artículo; todo artículo arrastra un sustantivo. ¿Y el verbo, pues? No hay manera de pensar —de concebir, sí; pero a precio de saberse en lo convencional, como cuando se dibuja el signo +, de la suma, o el signo ×, de la multiplicación—; no hay manera de pensar, decimos, un verbo, una acción, sin cosa actuante, sin cosa actuada... Un valiente aviador, que fue de los primeros cronológicamente en convertir el uso del avión en deporte, nos decía una vez, como para curarnos resistencias ante sus reiteradas invitaciones a tal ejercicio: «Desengáñese usted. El único peligro en la aviación es la tierra». Efectivamente, sin tierra sobre la cual estrellarse, cabría, en las caídas inclusive, seguir volando indefinidamente, tan tranquilo. Pues lo mismo que la de volar sin fin pudiéramos representarnos las acciones sin substancia. Concebirlas, no pensarlas. Para nuestro pensamiento, el aire forma unidad indiscernible con la tierra, el aviador con su riesgo. Un juicio, un verdadero haz de juicios se anuda aquí, donde un momento creímos encontrar la desnuda y solitaria noción. Como no hay línea sin superficie (la anchura y la longitud del trazo), ni sin volumen (el grosor del papel en que está escrita), no existe idea sin dimensión de juicio y sin dimensión de saber. Aislará estos objetos nuestro análisis, nuestro cálculo. Supongo que también los aísla, con arbitraria convencionalidad, nuestra ciencia. En la realidad, ni hay dibujo que no tenga color ni filosofía que no tenga arquitectura.

La que ha recibido el nombre de *Ontología,* por consiguiente, la doctrina sobre la realidad del ser, no puede subsistir sin la Dialéctica, doctrina sobre la realidad y la idealidad del ser pensado. No cabe tampoco la Dialéctica sin Ontología, pensar el ser sin afirmar la existencia del ser. La que se llamó más o menos fugazmente «Filosofía del *Como Si*» (*Als Ob*) de Vaihinger y cuya posición consiste en prescindir de las afirmaciones de existencia, para darse al curso de las afirmaciones atributivas, podrá empezar, si acaso, *más abajo* en la escala analítica, abandonando, por lo que se refiere al Ser, a la vez que cualquier afirmación de existencia, cualquier afirmación atributiva. Paralelamente, en el entusiasmo de las primeras horas de la Logística, no faltó quien propusiera empezar las Matemáticas, no por axiomas, ni siquiera por definiciones —que ya tienen un axioma de existencia encerrado en el vientre—, sino por convenciones, descaradamente presentadas como tal convención: «Supongamos que hay líneas rectas»... «Convengamos en llamar punto»... ¡La de afirmaciones de existencia que andan mal escondidas ahí dentro! Que yo existo, que mi capacidad de suposición existe, que mi suposición existe; y los demás, y su capacidad de suposición, y suposición de acuerdo con la mía, y la posibilidad de que de este acuerdo de suposiciones pueda salir algo... Sin estos elementos irracionales en la base, ¿cómo la cadena deductiva empezará a funcionar? Yo no puedo, por más que haga, afirmar que todos los hombres *son racionales*, sin postular simultáneamente la existencia del hombre; yo no puedo afirmar que los etíopes *son* negros, sin postular que existe una Etiopía y existe una raza negra. Es más: según ya se ve en este último ejemplo, la afirmación de existencia puede no ajustarse aquí exactamente a la afirmación atributiva; el hecho de que exista una raza negra postula una negrura de tez más perfecta y acabada que la enunciada en mi juicio, que se contenta con una negrura sólo aproximativa, como la presentará la generalidad de los individuos considerados como etíopes. Más paladino se vuelve este sobreprecio de objetividad en lo existencial que en lo atributivo cuando se trata de juicios negativos, en los cuales se advierte el mayor alcance de aseguramiento que ofrece la objetividad de lo atributivo que la objetividad del sujeto. La sentencia «Los hombres no son de piedra» tiene dialécticamente mayor fuerza de imposición existencial en lo que se refiere a la categoría pétrea que en lo que se refiere a la categoría humana. La nota de la determinación carga más decididamente sobre la segunda que sobre la primera.

También debe reconocerse la dificultad de reducir a un esquema formal único los casos de cópula expresada como pura relación de conveniencia y los otros, en que lo expresado es una posesión. Nuestro lenguaje rinde los primeros mediante el empleo del verbo «ser»; mediante el «haber», los segundos. La diferencia puede ser poca en ciertos casos, y solamente de matiz, como cuando se encarna la afirmació «Pedro es pelirrojo» con esta otra «Pedro tiene el pelo rojo»; pero, en otras ocasiones, la diferencia resulta considerable; y no se afirma en el mismo sentido la simetría de una decoración si se dice que la decoración *es* simétrica que si se dice que *tiene* simetría, y menos aún si se cuenta que «Pedro tiene fiebre» que si se cuenta que es febril. El vínculo de conveniencia puede aludir aún a la existencia, sin exigirla; el vínculo de posesión exige una existencia y, no sólo una, sino dos. Se recordará que la expresión «mi yo» nos sirvió de punto de apoyo para advertir una dualidad en las centralidades de la Potencia, para encontrar el posesor tras de la cosa poseída. Pero, ni siquiera la cópula de la posesión, ni siquiera la de la conveniencia pueden llegar jamás a confundirse con la simple identidad. Si esta última es puramente formal, la posesión y hasta la conveniencia postulan una realidad trascendente, sin cuya presencia no podría operar el pensamiento... ¡Pensar que tan cercanamente a nosotros, y con todo su ardiente deseo de salir de inmanencia kantiana, un pensador de la talla de Maurice Blondel ha necesitado recurrir a nociones de empleo tan peligroso como la de *insatisfacción*, para presumir, presumir nada más, tras de cada uno de los movimientos de la acción humana, un centro de atracción en algo más alto, que, trasladándose de la una a la otra residencia, no se detiene hasta Dios; y que ha consumido en esa tentativa su vida entera, escribiendo mil páginas y recibiendo mil disgustos! ¡Y pensar que la anhelada trascendencia hubiera podido encontrarla desde el principio, con sólo ponerse a reflexionar sobre el «*Je pense, donc je suis*» cartesiano, hasta advertir que el juicio enunciado allí no se reduce a una ecuación meramente, no expresa una identidad tan sólo, sino que está ya preñado de una doble trascendencia: la de este «*Je*», que no puede reducirse a estático y subjetivo —tan poco puede reducirse, que el idioma castellano, que por algo le dicen ya más *sintético* que el francés, ha tomado este «yo» y lo ha metido, «enterito», dentro del verbo— y la trascendencia del «*j'existe*», de lo cual va a salir inmediatamente, bajo la acción sucesiva del pensamiento de Descartes, todo un mundo de trascendencias, las unas por el canal del espíritu, las otras por el canal de la extensión! La trascendencia en Blondel es como una bomba con espoleta retardada: estalla después y cuando quien la puso se encuentra ya lejos: tiene consecuencias, pero consecuencias que éste sólo observará a distancia y con las cuales no se solidariza. Pero, en la genuina trascendencia, lanzamiento, explosión y efectos todo es uno; y el autor anda mezclado en la partida, como éstos que en la guerra reciente se han llamado «aviadores suicidas» y que formaban cuerpo con su propio proyectil.

III. EXPRESIÓN Y FIGURA

Nuestro derecho a confundir en una exposición única los temas de la lógica aristotélico-escolástica y los de la lógica kantiano-empirista queda así justificado; no sólo por la posición que adoptamos frente a las dos conjuntamente acusándolas de una empobrecedora desnaturalización de la naturaleza del juicio, sino que la validez que a entrambas concedemos, tras de haberlas reducido a sus límites, para reinar en el campo de su ilusión y de su convención, dentro del cual, ambas a dos, han mostrado excelencias de maestría: la primera, para los procesos analítico-deductivos, como son, aproximadamente, los del conocimiento matemático; la segunda, para los procesos empírico-normativos, únicos en que, tras de la condenación de la metafísica, puede aquella actividad encontrar legitimidad. Frente a la una como a la otra Lógica, levanta la Dialéctica su enseña, norma realmente válida para filosofar, secreto esencial en el gran secreto total de la Filosofía. En esta enseña hemos inscrito: *si las ideas son las palabras, pensar es expresar*. El imperativo de la expresión, no sólo es justo como resultado de un valor espiritual atribuido a la forma y a la figura, a *lo patente*, a lo que se inscribe bajo la denominación ambivalente de «apariencia», sino como traducción de una ley íntima de la misma esencia del pensar. Pensar es reducir a un contorno y organizar en cosmos un caos amorfo de posibilidades, entre las cuales *una* es escogida, por un acto en el cual confluyen la libertad con la determinación, la espontaneidad con la ley. La quintaesencia del pensar está en el nombrar. El acto adamítico de «dar nombre a todas las cosas en el Paraíso» encierra en sí cuanto el pensamiento haya podido traer al conocimiento después. Por la denominación, el objeto es ordenado, puesto en su lugar, en su móvil lugar dentro del movimiento de la existencia. Cuando de la denominación se pasa a la definición, ya se le delimita más, ya se le fija más. La abstracción en este caso, crece; pero la concreción no se ha desvanecido por esto. Dos vías se abren a partir de aquí, en esta materia todavía plástica. La una intensifica la creación: el juicio pasa a la figura, el símbolo, a la personificación, al mito. La otra vía, en la cual la concreción se pierde de vista, conduce a la substancia, al concepto, al signo, al número, a la ley. El orden es también logrado aquí, pero a precio de la arbitrariedad. En manos de un pintor un modelo pasa a retrato. En manos de un estadístico, el modelo pasa a ser, ni siquiera un número, sino la fungible fracción de un número, cifra emblemática de un tanto por ciento. Entre la *descripción* y la *cifra* está la objetividad.

Lo que el dialéctico debe considerar es la serie expresiva, la que va alejándose del camino de lo abstracto. El paso del juicio a la figura viene caracterizado por una condensación más acentuada del poder expresivo. Es esto lo que ocurre, cuando, en un momento cualquiera de una conversación ordinaria, el interlocutor busca la *palabra justa*, no atina en ella, aunque tenga ya una «idea vaga» de lo que quiere decir. Cuando, por fin, la palabra, que se *tenía en la punta de la lengua*, comparece, viene a la luz, ella lo inunda todo de luz a su vez. En todo nombre se encuentra, en potencia, una figuración. Encontrarla es inventarla. No se adivinaría la gran virtud figurativa del lenguaje si no concurrieran a hacerla patente dos órdenes de estudios: el de la etimología y el de las lenguas antiguas llamadas «primitivas». «El lenguaje en las primitivas sociedades —decía Chaignet— era todo él imagen, fuerza que embriagaba a los hombres como un vino generoso»... Todavía en la lengua griega —y, por ende, en la Filosofía griega— nos aparece enormemente considerable este poder de figuración. Pero también en el pensamiento científico moderno —mientras merezca realmente el nombre de pensamiento y no se trate de un puro cálculo— se hace muy visible una energía plástica, que delimita, recorta, sitúa. El sentido del orden, por exclusivamente estético que parezca, tiene su papel, a veces extremadamente eficaz, en el descubrimiento científico. En él hay que buscar la explicación, auténticamente genética, de muchos entre aquellos hallazgos más gloriosos en la historia de la ciencia, cuya comprobación exige después un pesado andamiaje demostrativo. La opinión de las gentes, que ha reconocido el hecho, se confunde cuando trata de esclarecer su origen. Por lo común, se atribuye al genio, o a los momentos más felices del genio, una intuición —lo que se llama «una intuición»—, que ya se califica de genial y cuyo beneficio se traduce a una manera de «adivinación» fortuita; como la de quien ha acertado en pronosticar qué número de la lotería iba a salir premiado en el inmediato sorteo. Y no hay tal cosa... Lo que podría denominarse la paradoja de la invención, consiste en lo siguiente: de una parte, todo invento, cualquier descubrimiento, parece hijo de la casualidad. De otra parte, estas casualidades únicamente favorecen a los sabios. ¿Hay aquí una contradicción?... La invención, el descubrimiento, no son un efecto de la erudición, del estudio continuado... Pero son *su recompensa*. Inspiración, intuición genial, no son *el resultado* del empleo de la acción del pensamiento copulado con el conocimiento, pero son *sus signos*. Y lo mismo el pensamiento respecto de la memorización. Y la memorización, a su vez, sigue al esfuerzo áspero, a la disciplina, a la lectura, al darse a las cosas por las cuales se siente amor. No quiere decir esto, sin embargo, que aquellos logros se hayan conseguido poniendo en juego el aparato lógico de inducción y deducción, y llegado el momento de la ulterior comunicación didáctica, de demostración... No. Sigue por caminos a los cuales puede aplicarse a veces el título con que Darwin designaba muchas experiencias suyas, el título de «experiencias de imbécil». El primer Leibniz juzgaba, en su racionalismo, que esta preparación extralógica al feliz hallazgo es pura ilusión, pero reconocía el hecho del *salto*, que, en un determinado momento, da el sabio para alcanzar la luz de la verdad. «Es verdad, dice, que muchas veces un ejemplo, hallado casualmente, sirve de medio al hombre de entendimiento para dar con una verdad general. Pero todavía le cuesta, encima de esto, el encontrarla... Algunos han creído que Arquímedes ha encontrado la cuadratura de la parábola pesando en un trozo de madera cortada en forma parabólica, y que esta experiencia particular le hizo encontrar la verdad general. Pero quienes conocen la penetración de ese grande hombre ven claramente que no necesitaba recurrir a esto». Hay que tener en cuenta que la elevación a un principio general no ha necesitado absolutamente la vía lógica, sin que, por ello, quepa decir que el descubrimiento ha sido casual. Stuart Mill nos lo asevera, con relación a Newton: «Dicen que Newton descubrió el teorema del binomio por inducción, elevando sucesivamente un binomio a cierto número de potencias y comparando estas potencias entre sí, hasta que descubrió la relación de la forma algebraica de cada potencia con el exponente de estas potencias y los dos términos del binomio. El hecho no es improbable; pero un matemático como Newton, que parecía llegar *per saltum* a los principios y conclusiones, a los cuales los matemáticos comunes no llegan sino paso a paso, no pudo ciertamente hacer la comparación sin elevarse *a priori* al fundamento de la ley». No escasa parte de las reflexiones que los teólogos suelen hacer sobre el florecimiento de la Gracia en las buenas obras es aplicable al paso de la percepción a la nominación y de la nominación a la figura.

IV. LA HIPÓTESIS

Un caso particular de lo figurativo es el que se expresa con el vocablo «hipótesis», en la acepción que tiene y debe conservar, dentro del tecnicismo científico. Nadie ignora cómo en la hipótesis el elemento inicial, caracterizado por una calidad lógica más o menos persistente, viene a continuarse por otro elemento *de aventura*, donde la calidad lógica resulta escasa. Si yo digo, por ejemplo, con Freud, que el origen de los sueños se encuentra en antiguos deseos que la conciencia moral ha sumido en la oscuridad de la subconsciencia psicológica, lo que produzco es un proseguimiento de la inducción que, falto de comprobación experimental completa, ha de andar sin apoyo el trecho del camino que se extiende entre la afirmación correspondiente a un número limitado de casos y la generalización totalitaria con que se presenta al final, cuando ya trata de ofrecer la forma rigurosa de una ley. Pero si decimos que esta porción de camino lo sigue la hipótesis *sin apoyo*, no quiere por esto decir que lo siga *sin orientación*: sin tener, por lo menos, una barandilla en este puente, que le impide el despeñarse en los abismos de la incoherencia. Un sentido de posibilidad, puesto aquí por el pensamiento al conocimiento y que no es tan preciso como para conducir automáticamente al acierto, pero tampoco tan laxo que permita la desembocadura en el absurdo, guía aquí la formulación de la hipótesis. Una frontera separa lo probable de lo posible; otra, más abajo aún, lo inverosímil de lo absurdo. El trazado de estas fronteras es flexible, pero no desdibujado. Se trata así de algo como el contorno con que el dibujante separa un objeto de su ambiente, y, dentro del objeto, la sombra de la penumbra y la penumbra, de la luz. Se trata, después de todo, de una figura. La hipótesis *configura* una zona de posibilidad regida por el imperio de un apriorismo cualquiera. Este apriorismo ciñe, por otra parte, desde el comienzo el campo de la observación, de la experimentación. Cuando Pasteur, en los inicios de su carrera científica, descubrió en ciertas asimetrías mineralógicas una ley que había escapado a la perspicacia de todos los observadores precedentes, el despecho de los mismos engendró una larga discusión que terminó con la victoria del joven hombre de ciencia. Noblemente confesado por fin su vencimiento, Massoviltz, encarándose con Pasteur, le dijo: «Yo había observado con tanta paciencia y tanto rigor las formas derivadas del planteamiento del problema, que para dar a éste una solución imprevista, es necesario que usted haya estado guiado por una hipótesis *a priori*». Pasteur le contestó confesando: «En efecto»... También el anecdotario científico cita una palabra de Euler, cuyas investigaciones todas estaban presididas por la hipótesis de una armonía inteligente en la naturaleza. Parece que un día, como Euler estuviera cenando con su mujer, y ante una fuente de ensalada, se le ocurrió al sabio preguntarle a la señora de Euler: «¿Crees tú que, si, desde el principio del mundo, Dios hubiera recogido unos centenares de moléculas y unos millones de átomos de achicoria, de aceite, de sal, de berros y de huevos duros y los hubiera mezclado al azar, el conjunto hubiera formado también una ensalada?». «En todo caso —contestó la mujer—, no hubiera estado tan sabrosa como ésta».

Si el valor de la hipótesis es tan grande y su papel en la ciencia, tan extenso —pese a todas las arrogancias de todos los Newton, jactanciosos de no hacerlas—, el hecho se debe al acentuado carácter filosófico que la hipótesis ofrece y la dosis de pensamiento con que los conocimientos aparecen en ella sobrecargados. Aquí la cópula representa efectivamente una fecundación, mientras que, en los juicios rigurosamente analíticos o rigurosamente sintéticos, no representaría más que una resta o una suma; un resultado mecánico que nada añadiría a lo que se hubiera puesto en juego. El campo del empleo científico del juicio hipotético es infinitamente más extenso de lo que parece a primera vista, infinitamente más de lo que el dogmatismo científico pretende. La prueba más soberana la dan en sí mismos los «progresos de la ciencia»: cada progreso es una rectificación; cada rectificación denuncia que, en algo que se suponía probado, la prueba tenía únicamente al carácter de una hipótesis. Todavía hay otra confirmación *previa* de lo que decimos: está en el hecho, tan sencillo como elocuente, de que los libros de ciencia se escriban con palabras que no tienen siempre la forma del silogismo en lo deductivo, que no se reducen en lo inductivo a una serie o colección de grabados. En el interés de los autores de estos libros estuviera el aumentar el rigor probatorio de lo que avanzan, reduciéndolo a la forma por excelencia convincente, la que tiene, en un caso, un encadenamiento de juicios absoluto y sin hueco; la que, en el otro caso, *salta a los ojos*. ¿Por qué no es así? ¿Por qué, encima de estos elementos, por manera, bien complementaria, bien superflua, tantas impurezas lógicas se acumulan en forma de parasitismo verbal? Porque el material lógico riguroso se queda, por muerto, ineficaz, sin estas que pudiéramos denominar sus *vitaminas*. Porque, así como el agua demasiado pura resulta no ser nutritiva para el hombre, la ciencia que fuese en rigor demasiado lógica ni progresaría ni permitiría al hombre ninguna aplicación.

Para mostrar que este nuevo elemento de aventura, encerrado en la hipótesis, responde a algo real que determina, *pero sólo hasta cierto punto*, la realización del fenómeno, el filósofo Cournot presenta un ejemplo sacado de la historia política del mundo y cuya claridad y valor convincentes son muy grandes. Imaginemos, dice, el mapa de la distribución de las confesiones religiosas en Europa, tal y como quedó establecido por la paz de Westfalia. En este mapa, una línea sinuosa, con sus altos y sus bajos, marca la frontera entre la porción permanecida fiel al Catolicismo romano y la que adoptó alguna de las variedades de la Reforma. Cierto, el trazado de esta línea es contingente: mil factores de azar, las incidencias políticas, las pasiones de los príncipes, la suerte de las batallas, decidieron el que esta línea pasara un poco más arriba o un poco más abajo; dibujara o no tal recodo; incluyese tal ciudad, cantón o aldea, parte de aquí o parte de allá. Pero, al lado de esto, ¿no es verdad que sentimos todos que semejante contingencia está figurativamente ceñida por elementos de *necesidad*: que la distribución, por ejemplo, no hubiera podido *invertirse,* colocando el mundo católico al Norte y dejando en el sector meridional la Reforma? ¿No es verdad que, estadísticamente, tomando, no casos particulares, sino grandes números, la proporción, el *orden* de la distribución aludida, había de formularse cuantitativamente según promedios así?... Si alguien, por adelantado, hubiera emitido una hipótesis, vaticinando la figuración, que se ha convertido más tarde en histórica, como caso-límite, no tendríamos derecho a titularle adivino más que a medias.

V. EL SÍMBOLO

El de nominación puede ser todavía un acto meramente individual. Mas diremos: lo es siempre, para que un verdadero juicio se produzca. Cierto que el que aprende con demasiada pacatería pedagógica una lengua extranjera («*That is the paper*»... «*That is the pencil*»...) y también el escritor que, con demasiada pacatería de purismo, extrae del Diccionario de la Academia léxico y giros (*Medrado anduviera el doncel, de haber zaherido al propincuo*...) tiene el aire de recibir las palabras *hechas,* sin sombra de intervención creadora por su parte. Pero también es cierto que, en casos tales, la ausencia de originalidad va envuelta en la general ausencia de *acto.* Quiere decir en la falta de una verdadera nominación, en el sentido activo que nosotros hemos dado al término. Un verdadero escritor es siempre, en su escritura —aparte que lo sea o no en sus invenciones—, *original.* Todo verdadero escritor escribe en un perpetuo *neologismo.* Por su parte, cuando un niño aprende a hablar, nos muestra un trasunto muy significativo de cuál sea el auténtico proceso nominativo en la mente humana. Bien claro resulta que, para el niño, su aprendizaje de la lengua y su aprendizaje del mundo corren parejas, *son simultáneos.* Que, además, *se entrecruzan*, apoyándose continuamente los elementos de una serie en los de la otra y tejiéndose en trama indiscernible. También quien aprende una lengua extranjera por otros procedimientos que la adición memorizada de palabras, quien la aprende hablando aquélla, leyéndola, viviéndola al fin, lo hace sin separar las palabras del cuajo de una frase, ni siquiera aislando las frases la una de la otra. *Revive* el aprendiz su información creadora del mundo, como si hubiese regresado a las actitudes semánticas de su infancia. La palabra tiene, pues, en parecidas circunstancias, un valor mágico que no significa aún su separación respecto del objeto. El peso que se recibe de la sociedad, de lo colectivo es, desde luego, inferior a la carga de energía que se recibe de lo individual. Y lo mismo ocurre con la construcción figurativa. Una hipótesis, por ejemplo, puede sostenerse individualmente, sin que nadie ajeno a su autor comulgue en ella. Ocurre, inclusive, que el mismo autor la reforme, desolidarizándose de su propia creación anterior, a medida que nuevos argumentos empíricos van modificando sus iniciales puntos de vista. Construcción de quitapón, una hipótesis, una configuración en general, aunque determine el objeto no le corresponde mediante una forma única. La denominación, primer grado en esta escala de la actividad creadora del pensamiento, opera con la realidad como el vaso con el líquido; la figuración, segundo grado, como la mano que plasma respecto de la materia plástica. Vamos ahora mismo a dar cuenta del tercer grado, quiero decir, del *símbolo* en que la mente, en esta normal función, más todavía que plasmar, modela. El objeto queda conformado con cierta fijeza y ya cuesta un esfuerzo que no pueda ser exclusivamente individual ni admitir una transformación fácil.

El problema de la realización simbólica se cuenta entre los más arduos de la Dialéctica y opone las dificultades más espinosas a cualquier tentativa de caracterización; más aún, por consiguiente, a una satisfactoria definición. Parte de esas dificultades procede de las diferentes y hasta contrapuestas acepciones que el uso vulgar ha dado a la voz «símbolo», desde aquella tan consubstancial con el objeto, que ha permitido traducir así los consabidos versos del «Fausto»: *«cuanto acontece / sólo es un símbolo»* (en alemán, *Gleichnis*), como aquella otra en que «símbolo» es interpretado como sinónimo de «alegoría», es decir, algo tan extrínseco y tan arbitrario que ni siquiera postula la menor participación real de la representación en la cosa representada. Cuando Spinoza dice: «Dios *es* el hecho de que la suma de los ángulos interiores de un triángulo valga igual que dos ángulos rectos», postula evidentemente un símbolo de la Divinidad de un orden muy distinto que aquel gracias al cual la Trinidad se representa por un triángulo o el Espíritu Santo, por una paloma. También puede un dibujante representar a una nación en una matrona. Pero no será igual, en valoración simbólica, el hecho de pisar el recorte del periódico que inserta esta imagen que el hecho de pisotear la bandera nacional. En el primer caso, se trataba de una simple alegoría; de un símbolo y de un símbolo consagrado, en el segundo. Exige el símbolo, en líneas generales, de las condiciones siguientes: en primer lugar, de cierto asentimiento difuso, gracias al cual se imprime su legalidad en la imaginación colectiva; en segundo lugar, de un vínculo no arbitrario con la cosa representada: el vínculo por el cual la Justicia se representa por la espada es de orden extrínseco, pero no lo es ya aquel otro que la representa por la balanza, ya que la fidedigna imparcialidad de este instrumento le hace perfectamente adecuado a este contenido intelectual. La tercera condición exigible para que una representación merezca el nombre de símbolo es la de cierta constancia a través del tiempo; por modo que el signo por el cual el símbolo se traduce alcance algún valor por tradición. Por último, y capitalmente, el símbolo ha de presentar traducido a claridad máxima lo que sin él corría el riesgo de perderse en lo oscuro, por no decir en lo inefable. La serie de los números llamados cardinales está constituida por conceptos que traducen discontinuamente una escala de multiplicidad; pero, en la serie paralela de los números ordinales, sus cifras tienen ya el carácter de símbolos porque una valoración de orden, que escapa al carácter de lo puramente racional, viene a complicar las posiciones que las cifras enuncian. Cuando, por ejemplo, hablamos del siglo II o del sigo XIV, lo que indicamos es su posición respectiva ante un acontecimiento, cuya importancia imponemos por nuestra cuenta a la realidad: el nacimiento de Jesucristo. Bien visible es la *humanización de la cantidad*, que ello trae consigo, en el hecho de que *haya dos números ordinales iguales*, marcados con el signo de la misma relación —cosa que no pudiera jamás ocurrir en la cantidad pura—, uno, II antes de J.C., otro, el II después de J.C. El número ordinal, por esto mismo, tiene una entidad simbólica que al número ordinal no pertenece y en el cual se revela la *intromisión de la calidad*, que vimos producirse cuando, en el camino de las generalizaciones, se abandonaba el instrumento de la abstracción a la altura en que éste, alejándose en demasía de la realidad, se convertía en fría convención, para tomar el camino de las ideas; de aquellas ideas a las cuales vemos ahora copular en juicios.

Ya se habrá advertido que nuestra serie en la vía de la expresión no establece una clasificación precisamente, sino una génesis. Los actos de nominación han emulsionado esencias de juicio: les han añadido, además, una antonomasia gracias a la cual las cosas reciben un título, que no es sólo una etiqueta, sino una fuerza, *una virtud*. A su vez, la nominación entra como núcleo en la figura: la centra, la legisla, la penetra toda ella y embebe en orden. El símbolo aureola a la figura con un elemento colectivo, con el valor de la estabilidad, con la asistencia, en suma, de una cultura, que afianza categóricamente su sentido humano... Ahora, el símbolo va a apretarse, a condensarse más: la cultura adquiere ahí su función propia. En el organismo simbólico, va a aparecer la nota personal. A la manera de un poema, que, inicialmente de inspiración lírica —amor a la perdida Beatriz, por ejemplo—, se torna, en la mente del creador, de carácter épico —invención de la «Divina Comedia»—, gracias a los múltiples elementos de realidad exterior que asume, así el pensamiento, por su asunción de una cultura en torno, se convierte, personificándose en existencia objetiva, que ya *está da se*, independientemente de su progenitor. Tenemos entonces al Numen, si la existencia de tal modo incoada trae consigo una humanización íntegra, constante, sin episodio. Tenemos al Mito cuando esta invención se desarrolla en episodios diversos, llenando a cada uno con el sentido de la existencia total.

VI. LOS NÚMENES, LOS MITOS

Culmina el proceso de realización del juicio cuando ya la nota de lo objetivamente personal corona su actividad de creación; cuando ya el acto *lírico* se ha adelgazado en ésta hasta el punto en que lo *épico* domina completamente y da carácter. Ya el juicio, en sí mismo, *capta* la realidad; luego, la nominación le *plasma*; la figura la *define;* el símbolo le *encarna*. Vienen, por fin, a *personalizarla*, es decir, a asumir un gran conjunto real en un símbolo vivo, los Númenes y los Mitos... Y aquí parecerá conveniente que el escritor emplee las iniciales mayúsculas. Se trata, en efecto, de substancias, de substancias en su plenitud. ¿Por qué, en alemán, llevan mayúscula todos los sustantivos? Pues por eso, por serlo. Nosotros, al menos, encabezamos con una letra mayúscula los que llamamos «nombres propios». Pues bien: «Numen», «Mito», *son nombres propios*. Porque *lo personal* los singulariza. Porque esta singularidad *asume* una extensa representación plural. Así dicen los teólogos acerca de una clase de Númenes, los Ángeles, que cada uno de ellos, en su individualidad, representa la realidad de una especie entera. O sea que, en el Ángel, individuo y especie se superponen. Lo mismo cabe decir de todos los Númenes, de todos los Mitos. Un apellido es un Numen: *se sirve* al apellido reuniendo —y aquí está lo esencial de «la nobleza»— una cadena de antepasados con una cadena de sucesores. Una biografía es un Mito, si, sobre ser *una biografía verdadera*, es *una verdadera biografía*: más verdad, en su inmutable expresión categórica, desde luego, que la que tuvo en su expresión anecdótica el trecho de años en que, entre nacimiento y muerte, aspiró oxígeno y espiró carbono el personaje biografiado.

Por lo común, se distingue el Numen del Mito, dentro de la calidad expresiva personalista de entrambos, en que la función representativa asumida por el primero es fija y permanente, mientras que la del segundo se desarrolla sucesivamente en el tiempo. En la expresión del Numen interviene un solo personaje —o uno y medio, si se admite como otro personaje aquel mínimo de dualidad que permite ya el diálogo; «Voz», en Sócrates; Musa, en el poeta inspirado; Minerva, en el autor instruido; Ángel de la Guarda, en la soteriología del cristiano, etc.—. El Mito, en cambio, comporta un drama en que los personajes pueden ser diversos: Adonis muere cada año; pero su representación quedaría coja si no apareciese cada año una madre, Démeter, para llorar su muerte y glorificarse en su resurección. Este Mito es perennemente válido y verdadero, independientemente de su contenido conceptual religioso: se trata de la vendimia *personificada*. De igual modo el Numen de Bruto o el Numen de Espartaco vienen siendo invocados perpetuamente a favor del tiranicidio o de la rebelión de la esclavitud. Conocida es la calidad *asumidora*, el tono de personificación que Goethe atribuía a los episodios de su vida privada inclusive. «Ya sabe usted cuán simbólica es mi existencia», escribía a su amante.

La calidad de Númenes que poseen es la que permite atribuir el título de «eones», sacado del vocabulario filosófico de los alejandrinos, a aquellas grandes determinaciones permanentes que algún descubrimiento, recentísimo aún, ha permitido que el pensamiento contemporáneo postulara como existentes y agentes en la trama viva de la Historia. Muy difundida ya entre nosotros esta novedad de la Ciencia de la Cultura, tan importante para el logro de su propia constitución, resultaría aquí superfluo el insistir sobre el derecho a que se considere que en la Historia hay otra cosa que acontecimientos fugaces: hay elementos *de figura* también, a los cuales, por esta misma perennidad, ya que no eternidad, en el sentido riguroso de la palabra, damos el nombre de «constantes históricas». En la trama de los acontecimientos, que son fenómenos históricos, se insertan las «constantes» cuya naturaleza es ideal y, por consiguente, real. Alejandro es un fenómeno histórico; Carlomagno lo es igualmente; y lo mismo Napoleón. Pero el Imperio es una constante histórica, un eón cuya perennidad ha conocido vicisitudes, pero no puede morir. Cuando no aparece en el primer plano de los hechos, es como un personaje que en la escena, sin por ello haber muerto, se encuentra oculto entre bastidores. Así la Antigüedad se quedó pospuesta y oculta a lo largo de la Edad Media; hasta que, llegada la hora del Renacimiento, le tocó nuevamente salir. También llamaremos «*eón*» al que designaremos con Goethe bajo el título de «*Ewig-weibliche*» o Eterno Femenino; con existencia aparte y más real que la de una mujer cualquiera, que la de muchas mujeres, frente a lo Femenino. Y el Numen de Roma, frente al Numen de Babel. Y el de lo Clásico, frente al de lo Barroco. Su función respectiva, sus altos y bajos, sus presuntas desapariciones y resurrecciones en el tiempo, cuéntalos la Historia de la Cultura. También es una «constante» la Subhistoria, despistadamente llamada Prehistoria por quienes se figuran que su existencia ha cesado en cualquier instante del tiempo. Y bien decían los alejandrinos que el Cristo era un «eón»; pues, sin contradecir su eternidad, que tiene por su hipostasis con el Padre en la Trinidad, tuvo vicisitudes en una existencia terrenal e histórica, que es la que refieren los Evangelios. Nosotros mismos hemos insistido en tales temas muchas veces. Sin abandonar nunca una posición de *realismo* contraria a cualquier *nominalismo*; posición, digámoslo de paso, ahora que la ocasión se presenta de nuevo, salvadora de cierta angustia de que sufre la conciencia contemporánea. Cuya ruptura, cuyo mal consiste, según un escritor de nuestros días, Gabriel Marcel —que no en vano titula «*Le monde cassé*» el libro en que dramáticamente se expone el conflicto—, en que el hombre moderno se ha acostumbrado a ver, donde antes se consideraban las substancias, *nudos de relaciones*, en cuya fantasmalidad la acción no puede asirse, sintiendo por esto continuamente como si debajo de los pies se abriese un vacío. Lástima que, después de esto, el aludido escritor —evidentemente falto aquí de Numen— se haya consagrado, con inconsecuencia notoria, a exposiciones más o menos puntualizadas, más o menos traicioneras, de la actitud filosófica que ha dado en llamarse «existencialista»; donde no sólo se renuncia a llenar aquel vacío, sino que se cultiva y fomenta la angustia, dimanada de la evaporación de cualquier objetividad.

Auténticos objetos las constantes históricas, no lo son menos otros Númenes: los que, en teatro ya individual, ya colectivo, se cifran en el reconocimiento de la existencia real de una sobreconciencia, y en lo humano, a las que, religiosamente, se da título de Ángeles. Hemos subrayado, poco ha, su función a la vez personificadora y representativa; mejor dicho, por lo representativa, personificadora. En su objetividad, se remedia y cura aquel subjetivismo, que viene del sacrificio racionalista de la substantividad a la relación. Como en la pintura del Pollaiuolo «Tobías y el Ángel», que figura en los fondos de la Regia Pinacoteca de Turín, el Ángel nos aparece, en esta vindicación de lo angélico, como una realidad *maciza*, vigorosa, atlética, mucho más impuesta a nuestros ojos que la del frágil muchacho a quien acompaña, tan delicado en su esbeltez, tan pálido y poco asentado sobre sus patas de insecto. El genio del pintor no alegoriza en modo alguno aquí: retrata... También sobre ese tema, como en lo relativo al de las constantes históricas, nuestra insistencia doctrinal se ha extendido muchas veces. No todos sus desarrollos teóricos son de este lugar; y los prácticos, menos. Sólo se apuntará aquí el extremo importante de ser la existencia del Ángel, sobre *personificada, personificadora*. Con la creación y reconocimiento de esta realidad numénica, llega la obra de la Inteligencia a su plenitud. En la objetividad del Numen se alcanza aquello mismo que Kant había renunciado a encontrar y cuya ausencia había de sumirle desesperadamente —y de sumir a tantos— en la fatalidad de la inmanencia. Y todo, porque tomaron el mal camino de *buscar al Numen*, es decir, a lo personal, bajo forma de número, es decir, de algo abstracto. Pero la abstracción destruye al Numen: irremediablemente prolongada a su despecho, así como por su fuero de número, ha devorado todas las existencias particulares, es devorado a su vez por la genericidad más desnuda, más abstracta, de la noción generalísima del Ser; mientras que el Numen, enterizo en su concreción que no aniquila, antes asume, las existencias particulares, presenta una *dureza* en lo real que no permite el ejercicio sobre su entidad de la corrosión del análisis. El número es analizable; el Numen, no. Sobre lo angélico, fracasaría cualquier ensayo racionalista de aplicar los dos principios lógicos, el de razón suficiente, el de contradicción. Del Numen cabe una explicación inteligente, no una explicación racional.

Lo mismo hay que decir del Mito, donde lo verdaderamente numénico se articula. También aquí nos encontramos ante la plenitud de las creaciones del juicio... ¿Cómo? ¿El juego inocente de copular el sujeto con el atributo puede habernos conducido tan lejos, hasta el peligroso dominio de la Mitología? La sorpresa será menor para los estudiosos de la Historia de las Religiones y para los filósofos acostumbrados a considerar, con Max Müller, que «la Mitología *es una enfermedad del lenguaje*». El acierto de este punto de vista —y su importancia, y su fecundidad—, el valor de la tesis según la cual genéticamente se enlazan la fuerza creadora del verbo y su personificación en dioses, demiurgos y teogonías, vertió sobre regiones poco exploradas del conocimiento histórico raudales de luz intelectual. Lo único malo en las mismas estaba en el acento peyorativo del término «enfermedad». ¿Por qué «enfermedad» y no «pubertad», verbigracia? Pero también la nota positiva, *saludable*, y por lo mismo axilógicamente plausible, de esta alusión a la salud, resultaría aquí parásita. Alguna vez hemos denunciado cosa parecida relativamente a un eón, el eón de lo Barroco. También el Barroco pareció «*una enfermedad*» entre las estilizaciones del arte. Y nosotros replicábamos que sólo cabía decir que lo Barroco fuese «*una enfermedad*» en aquel sentido, según el cual pudo afirmar Michelet que «la mujer era una eterna enferma». Quien hablaba por boca de Max Müller al atribuir un carácter patológico a la Mitología era el empirismo cientista; a no ser que fuese, en presencia resabiada, el imperativo cristiano de aversión a las idolatrías, etc. Pero alejemos de nuestra imaginación el recuerdo de la mitología especial grecorromana y de sus historietas, tantas veces complicadas a placer con juegos de fantasía diletantesca por las invenciones de la poesía o por las torpezas de lo vernáculo. No queramos tampoco pensar en el otro extremo en el *sentido profundo* de ciertos pasos de antiguas teogonías y aun de sus exterioridades de culto o de rito. Ni en una cosa busquemos condena, ni en la otra motivo de exaltación. Fríamente y, desde luego, formalísticamente, pensemos sólo en la energía del juicio, que así madura, hasta proyectarse en sustantiva objetividad. Goethe, al alabarse de simbólico, tenía una fe profunda en su propia existencia. Que no la tuviera, y desde el punto de vista de la Doctrina de la Inteligencia, fuera el resultado el mismo. Su entidad simbólica ya estaba *da se*, ya maduraba independientemente de la propia convicción. De igual modo, poco interesa a aquélla el detalle de que el mito de Adonis, al metamorfosearse en mito de Baco, mereciera la adhe-

XIII. BARUCH SPINOZA (1632-1677)
Dibujo moderno

XIV. GOTTFRIED WILHELM LEIBNIZ (1646-1716)
Pintura de Andrés Scheits
(*Museo de Anton-Ulrich. Braunschweig*)

sión de mentes como la de Sófocles, a la vez que la condenación de mentes como la de Esquilo. Por lo mismo que no tenemos necesidad alguna de saber cuál fue la anécdota de su lanzamiento o los resultados de su aplicación cuando nos encontramos, para estudiarlos dialécticamente, con mitos como los del origen divino de las Monarquías o de la dictadura del Proletariado.

VII. DE CÓMO LOS RACIOCINIOS PARA EL FILÓSOFO NO SON MÁS QUE MÉTODOS

La sección relativa al raciocinio o a los raciocinios, en los usuales tratados de Lógica, cuéntase entre lo más importante y constituye probablemente lo más característico de la posición por cada uno de los mismos adoptada. Aquí figura, por ejemplo, la doctrina sobre el silogismo. Sobre el pro o sobre el contra de esa cuestión teórica del silogismo, la disputa ha sido casi tan dura y se ha difundido aproximadamente tanto como sobre las cuestiones políticas y religiosas del pro y el contra de la Monarquía o el pro y el contra de la Inquisición. Instrumento, a su vez, de la tiranía de la Razón, arma inquisitorial para sojuzgamiento de las mentes, el silogismo articuló la reprimenda aristotélica sobre la poesía platónica; satirizó por boca del Renacimiento la escolástica medieval y, expulsado por el experimentalismo, en los tiempos modernos, del dominio y región centrales de las ciencias, ha venido a refugiarse en ciertas heladas cumbres de las matemáticas, en ciertas oscuras cavernas de la teología. Y aún, en las primeras, no ha podido evitar que escape a su control aséptico cierta viciosa y terca floración de intuiciones, de completa extirpación imposible. Y, en la teología, se ha encontrado un rival que le trata, por lo menos, de poder a poder, en la experiencia mística, poco ganosa por su cuena de endosar el cilicio del «*autem*» y del «*ergo*» o de acostarse en el incómodo lecho de espinas del «*Barbara Celarent*»...

Del silogismo cupiera decir algo semejante de lo que un día se dijo del «Volapuk», candidato a lengua universal y a cuyo propósito se esquematiza el famoso diálogo: «—¿Qué es el Volapuk?— La lengua universal. —¿Y quién lo habla?— Nadie»... El silogismo vendría a ser una escritura necesaria de la razón, escritura en la cual no ha escrito ninguna persona razonable. Con el pretexto de que el silogismo ya andaba por dentro de los textos que más varia y menos machaconamente se redactaban como el esqueleto se encuentra dentro de la carne, ninguno de los canonizadores del silogismo ha querido emplearlo continuamente para uso propio. Ni Aristóteles, ni Santo Tomás, ni aquel Spinoza que se pretendió fuerte en demostrar la Ética *more geometrico*, han vertido enteramente sus obras a tal dialecto. Los galenos de Molière, empuñadores simultáneos de la premisa y del clíster; los opositores a canonjías, deseosos de pulverizar al adversario, han podido afectar —y era en otras horas— una pureza silogística a prueba de tentaciones y pruritos de creación. Pero el único resultado de las lucubraciones respectivas, aparte el que a los respectivos lucros se haya podido traer, estriba en el descubrimiento de que no sólo entran tres términos en el silogismo, sino otro término con el cual no se contaba, malángel de polizón en el dialéctico viaje y que se llama, para decirlo de una vez, el bostezo.

De los cubiletes de su *presticonceptualización* no saca el silogismo más que lo que en ellos ha puesto previamente. Tampoco, en el enunciado de la teoría de los juicios, el racionalismo es capaz de encontrar otros principios que aquellos que le han servido para plantearla. Después del número del prestidigitador, en el Circo, se presenta el otro, de aquel que se amarra a sí mismo con una cuerda, de la cual sólo muy trabajosamente logra desembarazarse después. La Lógica, de igual modo, se amarra con la doble cuerda de sus dos famosos principios: el de identidad o de contradicción; el de razón suficiente llamado también, en sus aplicaciones más empíricas, de causalidad. Aquí, su afectación consiste en simular que la cuerda se la ha puesto otro: una divinidad invisible llamada Razón. Pero nosotros sabemos que ahora el «acabamos por depender siempre de los fantasmas que nosotros mismos hemos fabricado», de Mefistófeles, se cumple una vez más. Y, entonces, ¿por qué no confesar esta inmanencia de la prestidigitación lógica? Kant la confesó y esta confesión fue su famosa doctrina de las antinomias. Publicó el origen del amarre como hace el hombre del circo, que se deja atar; pero él, de tanta trabadura no supo desembarazarse en seguida. Nosotros también lo confesamos; más aún: lo proclamamos; lo proclamamos como una nueva demostración de nuestra tesis de la circularidad de la Filosofía. Porque hemos hallado nuestra salvación en otra parte. Y que consiste en la conciencia de que el juego lógico no es el único que se puede jugar. De que, al lado de los principios de la Razón, hay otros, los de la

Inteligencia; donde la cuerda no sirve para trabar, sino al revés, para dotar al pensamiento de nuevos poderes y para acarrearle nuevas riquezas.

La legitimidad de su empleo, ya conquistada por nosotros en la parte primera de nuestra iniciación en el secreto de la Filosofía, al prejuzgar, como prejuzga, la inadecuación de los juicios y de los principios estrechamente racionales respecto de nuestro pensamiento —inadecuación que es el coherente, bien que no forzado corolario de la renuncia a las percepciones y a los conceptos, sustituidos conjuntamente por las ideas— nos exime de dar a esta parte segunda, que se abre con la presente lección, la importancia que los usuales tratados de Lógica dan a la teoría del raciocinio. Y hasta nos permitiría reducir aquélla a la consideración sobre raciocinio y método, que vamos a traer en seguida, si no fuese el interés que tenemos en dos cosas: una, en hacer nuestra victoria más definitiva, combatiendo al émulo en su terreno propio, es decir, demostrando que, hasta en el campo de la ciencia, no alcanzan a un valor absoluto y completo los principios de la razón; otra, tras de la crisis de tales principios, dejar, de todos modos, salvaguardada, gracias a la clave de un orden, la inteligibilidad del mundo; el cual naufragaría en el caos, haciendo así imposible a la vez el estatuto de cualquier conocimiento y la proyección de cualquier pensamiento, si *otros principios*, más amplios, más flexibles, sin duda, que los principios de la razón, no viniesen a substituirlos cumplidamente, redimiendo así, ya que no la racionalidad de lo real, por lo menos su coherencia: el *principio de figuración* en el lugar del principio de identidad; el *principio de función exigida* sustituyendo al de razón suficiente. A tal tarea se van a dedicar los cuatro capítulos que siguen. Respectivamente consagrados a la crítica del principio de identidad; a su sustitución; a la crítica del principio de razón suficiente, y a su sustitución. Uno de los secretos capitales de la Filosofía, al borde ya de su central secreto, nos será revelado así.

¿Y la cuestión aludida hace un instante, la cuestión del raciocinio y del método? Es evidente que el empleo de términos como raciocinio, razonamiento, razonar, resultaban vedados para nosotros, por el familiar entronque semántico que le vincula a otros, los de razón, racionalismo y demás derivados de la noción alusiva al ejercicio lógico riguroso. En esta situación se presentaba a nosotros el expediente de solucionar el asunto buscando una denominación que se aplicara genéricamente a todos los órdenes de la actividad por la cual el espíritu asciende a plenitud creadora, a la vez que muerde en la objetividad de lo real: a las ideas, juicios verdaderos, nombres, figuras, símbolos, Númenes y Mitos. Pero convenía sobremanera que a tan alto alcance correspondiese una modestia en la rotulación. Entonces hemos atinado en que la palabra «métodos» servía para representar el *orden del avance*, sin precisar que se determinen las reglas de su ejercicio. Hay, entre *método* y *regla*, la misma distinción gracias a la cual se diferencia una *orientación* de un *precepto*. Un capitán promulga la *orden del día*, un maestro establece el *orden de los trabajos*. Además, el imperativo del primero puede producirse extrínsecamente, a distancia. El segundo ha de colaborar en la acción que aconseja, avanzando a compás del discípulo al cual orienta. ¿No hemos traído, a propósito de nuestra dialéctica andadura, el recuerdo de las «plataformas móviles», quiero decir, de los caminos que ellos mismos andan? Pues el método constituye un camino así; y las directivas metodológicas sustituirán, para el filósofo, las reglas del raciocinar. El filósofo no es el capitán que manda con suficiencia y sin posible contradicción, con sus silogismos. Es el maestro que metódicamente conduce, llevando a la persuasión con sus hipótesis.

LECCIÓN VII

DEL PRINCIPIO DE CONTRADICCIÓN

I. EL PENSAMIENTO DEL ORDEN
Y EL CONOCIMIENTO RACIONAL

No sorprenderá a quienes han seguido las anteriores consideraciones el que digamos, al llegar a este punto, que la misma llamada Razón pura nace de una fuente impura: nace de la idea del Orden, no susceptible de que el análisis la reduzca a lo conceptual. Cuando Leibniz decía que el tiempo no es más que el orden de la sucesión de las cosas, así como el espacio no es más que el orden de su coexistencia, lo importante no estaba en el contenido propio de tales definiciones —donde quizá nuestra irrespetuosidad podría ver otras tantas tautologías—, sino en el hecho de que, en las dos, el género próximo se enunciara con un denominador común. Quiero decir que, tanto la categoría de espacio como la de tiempo, puedan genéricamente reducirse a otra más alta, la del Orden, que se constituiría así en suprema y primaria, como condición expresiva de la inteligibilidad del Ser.

Ahora bien, en toda evidencia, la categoría de Orden no tiene un carácter exclusivamente racional, sino que es, en el más sumo grado, simultáneamente estética y ética. Es imposible conocer el Orden, sin, a la vez, sentirlo como belleza. Es imposible conocer el Orden sin, a la vez, apreciarlo como un Bien. Diríamos, con más propiedad, que, en rigor, es imposible *conocer* el Orden. A este nivel, tan cercano todavía a la Potencia, nada puede ser asépticamente *conocido*. La realidad aquí no es propiamente conocida, sino *pensada*; es decir, creada. La actividad sigue siendo la garantía de la verdad. Los términos del juicio están hechos, como quien dice, de igual substancia que su cópula. Del existir —en la especie del existir humano— decía el príncipe Hamlet: «Estamos tejidos con la misma trama que nuestros sueños»: es una fórmula que, antes y después, y para preservación de ilusiones, ha sido muchas veces adoptada por la Filosofía, más particularmente por la filosofía oriental u orientalizante. A este nihilismo del hombre contemplativo, puede y debe el hombre activo, el hombre que trabaja y que juega, responder: «Son nuestros sueños los que están engendrados de la misma substancia auténtica que nosotros: o sea que, más bien que decir: "La vida es sueño", hay que decir: "El sueño es vida"». El idealismo asegura el más firme baluarte contra el subjetivismo. No hay corrosión teórica que pueda contra una mente armada por la posesión de la idea del Orden.

Pero esta posesión, a fuer de cosa de gran precio, ha de verse defendida incesantemente por nosotros. Puestos a defender, nadie lo ignora, la mejor táctica está en atacar. El Orden *ordena*. La Inteligencia coloniza al mundo, lo estructura a sus propias imagen y semejanza. Aquí los caminos se disciernen. Hijas las tres de la inteligencia, la Razón capta el mundo, la Imaginación lo transfigura, la Acción lo transforma. Hemos descendido unos peldaños en la determinación de las consideraciones del Ser. Por esto, ninguno de estos instrumentos de la Potencia puede enfrentarse directamente con el Orden. La Razón lo ha de tomar ya reducido a las dos categorías secundarias de espacio y de tiempo. Así puede analizar los elementos del Orden, reducir a concepto cada uno. Así puede reunir después estos conceptos, en lo que llama síntesis, multiplicación; que ya es algo más que una simple adición, pero que no tiene aún el poder creador de la cópula.

Mientras más se aproxime a la inerte conceptualización, más inerte se habrá tornado el pensamiento; o sea, más próximo al conocimiento, a la ciencia. Mientras más vivo sea el conocimiento, mientras más cercano a la Inteligencia, menos científico será, más filosófico, más objetivo. Por esto, dentro del cuadro vario de las disciplinas científicas, las ciencias físicas son inevitablemente más filosóficas que las matemáticas; las biológicas, más que las físicas; las morales, más que las biológicas. Por esto, dentro del cuadro vario de los métodos científicos, una hipótesis es siempre más objetiva que una demostración y una demostración más objetiva que un silogismo. Matemáticas, silogismo y, en general, cuanto aspira a especular sobre las esencias, se aparta de las existencias, tomando por recurso a las convenciones. De convención se nutren la Matemática, la Lógica. Así resultan las menos creadoras de las construcciones espirituales. Lo cual no quiere decir que no sean las más conservadoras; estamos por decir las más «sotereológicas», dando a esta palabra su fundamental sentido de «salvación». La

Razón no produce, pero salva: compárase su papel al de un ejército en un Estado, en parangón con su Industria. Lo que ya conocemos sobre la fórmula biológica de la Lógica demuestra la verdad de esta aseveración. Añadamos ahora que, si el pensamiento más pobre en conocimiento es el más a propósito para recibir la conmoción de la Belleza, el pensamiento más rico en conocimiento es el de menor aptitud para ser proyectado en Arte.

Ciertas encuestas de psicólogos, a las cuales pudimos colaborar, hará unos cuarenta años, al examinar las condiciones en el trabajo intelectual de los matemáticos y los poetas, sacaron la conclusión de que lo habitual en los primeros era un ejercicio infinitamente menos consciente, infinitamente más automático que en los segundos. Mientras uno entre aquéllos, y de los más eminentes, Henri Poincaré, confesaba que su higiene había acabado imponiéndole el no trabajar de noche —porque una vez lanzado a razonar matemáticamente, perdía la facultad de poder dar término a este razonar, el cual le arrastraba indefinidamente, quitándole el descanso; mientras que, con el trabajo diurno las mismas condiciones de la coexistencia social se encargaban de cortar oportunamente, con el aislamiento, el mecanismo—, en los otros examinados, los poetas, se reconocían en necesidad de fustigación y estímulo incesantes, para que no se perdiese o se torciese una vena, a cuyo fluir amenazaba continuamente una extinción. Sólo mediante continuadas intervenciones de lo consciente y voluntario cabe imaginar que se produzcan monumentos poéticos como «La Divina Comedia» o «El Paraíso perdido».

II. LOS PRINCIPIOS DE LA RAZÓN

Ya estamos ahora en la región del conocimiento. Vamos a ver cómo opera la Razón para el logro de lo conceptual. El orden de la coexistencia, o sea el espacio; el orden en la sucesión, o sea el tiempo, se han separado ya. A nuestra sinceridad le cumpliría el decir, llegados a este punto, que esta segunda especie del orden la opera la Razón con menos comodidad que la primera. A la exigencia de discontinuidad que, según vamos a ver, impone la Razón a los contenidos por ella trabajados, se presta mucho mejor una silla colocada al lado de otra silla que un año corriendo seguido de otro año. Y una figura pintada en un paisaje, que una frase musical inserta en una melodía. Pero, en fin, supongamos por un instante que el espacio y el tiempo son, los dos en igual grado, dos categorías de la Razón. La Lógica tradicional lo ha supuesto siempre. Sus métodos, inducción, deducción, no tratan diferentemente a los fenómenos que aquélla trata de analizar formando un concepto, que a los que ella advierte repetirse, permitiendo así la formulación de una ley. Por su parte la Filosofía llamada moderna, en su apercibimiento al filósofo para que no aspire a lo trascendente, ha visto, no menos en el tiempo que en el espacio, una condición de limitación subjetiva a nuestro contacto cognoscitivo con la realidad. Para ello son alternativamente de espacio y de tiempo los barrotes de la jaula que corta la posibilidad de un vuelo creador a nuestra mente. Estas condiciones, al formularse, se denominan, normativamente, principios. El principio por donde se revela el orden en la coexistencia, es decir la racionalidad de lo espacial, se denomina comúnmente «*principio de identidad*» y se articula diciendo: «Todo ser es idéntico a sí mismo» o, en otros términos —según los cuales se llama «principio de contradicción»—: «Es imposible que una cosa sea y no sea». El otro principio por donde se revela el orden de la sucesión, o sea la racionalidad de la sucesión en el tiempo, se llama «principio de razón suficiente» y se articula así: «Nada existe sin una razón suficiente para que exista»; o, en otros términos, según los cuales se llama «principio de causalidad»: «Todo efecto presupone una causa»... Adviértase que entre las varias interpretaciones textuales con que en la historia de la Filosofía se ha articulado estos dos principios, nosotros, para escoger los dos que aquí se reproducen para cada uno, hemos procedido con distinto rigor: conducta procedente de aquella diversidad ya aducida en el anterior párrafo. Mientras que, respecto al *principio de contradicción*, hemos querido olvidar aquel «a un mismo tiempo» (es imposible que una cosa sea y no sea); respecto del «principio de razón suficiente», hemos reforzado con el «*presupone*» aquel simple «supone» con que se contentan no pocas de las versiones didácticas. Y la razón es obvia: en este segundo principio, la determinación temporal *está en su casa*: se trata, en efecto, de una exigencia cuya fuente racional es el tiempo. En el primer principio, el de identidad, al revés, la intromisión de un elemento temporal es parásita: lo del «*mismo tiempo*» nada tendría que hacer aquí. Incluirlo en la fórmula abre una puerta de escape por donde se atenúa la gravedad legal del principio.

Y estamos, no se olvide —*estamos por el momento*—, en un dominio donde los principios rectores no pueden atenuar su valor absoluto. Si deseamos una racional asepsia —y, en lograrla, la Ciencia se ha obstinado siempre—, no podemos admitir excepciones a lo que hemos presentado como ley general. El dominio del probabilismo es muy otro. En tanto que nos movíamos a nivel del Orden podíamos satisfacernos con algún contorno indeciso. Ahora, en nuestra ambición conceptual definitoria, estamos convencionalmente obligados a la exactitud. «Ciencias exactas» se denomina a las menos fieles a la realidad, a las más ceñidoras del objeto, a las de abstracción más lejos conducida. Aquí la razón suficiente no sólo acompaña al objeto, sino que le precede, con una amplitud de generalidad que justifica, cabalmente, el que el análisis haya podido lograr el objeto. Todavía en el saber referente a lo vivo caben ciertas indecisiones de límites: nacer, por ejemplo, es una situación intermediaria entre no existir y existir. Cabe aquí cierto recurso a nociones como la de creación, no reductibles a lo conceptualmente aislado y discontinuo. Mas, para el criterio científico intelectualista, este equívoco, esta posibilidad de indecisión, ha debido de ser considerada siempre como una tacha: las ciencias naturales, la física, la química, se han esforzado siempre en aproximarse al modelo matemático. No sólo en lo moderno desde que Descartes, tras de explicar en términos cuantitativos la mecánica, llevó tan adelante la mecanización de la física entera, y desde que más tarde los biólogos, los fisiólogos, los psicólogos, los mismos teóricos de las ciencias morales, se vienen ensayando, con más o menos fruto, en eliminar los elementos cualitativos en los temas de su saber. Sino en lo antiguo, desde el primer pensador, al meditar sobre geometría, atinó en la demostración de una de sus proposiciones; una demostración ajena a cualquier concurso de la evidencia, aun a la remota, se basaba justamente en lo más contrario a la evidencia; una demostración negativa, que se justificaba asociando a su contradicción —supremo homenaje al «ser o no ser»—, la perspectiva y el fantasma del absurdo.

III. EL UNIVERSO DE LA CIENCIA

Hace veintiséis siglos que un filósofo, como largamente meditase de geometría en el aire claro de la Magna Grecia, que así se llamaba por su extensión la actual Sicilia, encontró algo destinado a cambiar de raíz las condiciones del pensamiento humano. Inventó un teorema que se demostraba por el absurdo. Este filósofo había recibido sin duda y estudiado la ciencia geométrica del Oriente, donde se procedía a la busca y demostración de principios por vía materialísima, mediante la aplicación de unos cuerpos sobre los otros, o, al menos, de una figura sobre otra. Saber sensual, pues: hijo y servidor de la experiencia exterior. Pero un teorema que se demuestra por el absurdo está ya emancipado de todo elemento exterior y únicamente a la razón rinde pleitesía. Momento histórico de fecundidad maravillosa: en este punto el intelectualismo nace; en este punto, lo que llamamos Ciencia europea adquiere los rasgos fundamentales y característicos, que ya no perderá. En vez de buscar en las cosas dadas el centro del conocimiento y su medida, empieza a buscarse esto en el hombre mismo. Como la religión, la ciencia pasa así, en virtud del que podríamos llamar «fenómeno griego», del naturalismo al antropomorfismo. Ya el hombre no intentará, para comprender, someter su entendimiento al mundo, sino el mundo a su entendimiento. Ya, desde este punto, se considerará función propia de la ciencia no estudiar los objetos, sino las relaciones entre objetos; o, más sublimadamente, las relaciones entre relaciones.

Paralelamente a este conocimiento magnífico y por obra de la misma mentalidad pitagórica, otro, de importancia no menor, se cumplía. Era ley entre filósofos dar lugar primero en su sapiencia a la cuestión sobre el origen y composición material del mundo. Quién dio preferencia y honor matriz entre estos elementos al agua; quién, al fuego; quién habló con preclara imaginación mítica de las nupcias tumultuarias entre el agua y el fuego... Los pitagóricos, al contrario, excluían de su explicación del universo cualquier consideración de substancia, cualquier consideración de historia. Su sistema no era genético: era puramente lógico. Según ellos el mundo no ha conocido principio. Según ellos las cosas no conocen un origen, sino una razón; y esta razón es numeral. Los elementos primeros del Cosmos, no son el Fuego, la Tierra o el Agua, sino las oposiciones entre lo Finito y lo Infinito, lo Par y lo Impar, lo Uno y lo Múltiple, lo Derecho y lo Izquierdo, lo Masculino y lo Femenino, lo Quieto y lo Móvil, la Línea recta y la Línea curva, la Luz y las Tinieblas, el Bien y el Mal, el Cuadrado y el Cuadrilátero regular: transformaciones todas del Uno primitivo en diversas posiciones respecto de sí mismo. El alma humana es una armonía; la naturaleza, una música. Así comparece y se instaura en la historia de la cultura esta imagen de un universo eterno y, como eterno, inmutable en su esencia: concepción típica también del intelectualismo y reveladora de la emancipación del espíritu respecto del mundo exterior, del salto del naturalismo al antropomorfismo. Como la invención del teorema demostrable por el absurdo intelectualiza la geometría, la aparición de un filósofo libertado de la preocupación genética intelectualiza la física. Desde este punto, la física empezaba su camino para dejar de ser *una cosmología* y volverse *una mecánica*.

Largo camino, sin embargo. Únicamente al llegar a Descartes, es decir, hacia el siglo XVII, empieza a entreverse su tierra de promisión. Una ciencia puramente racional, limpia de cualquier intervención de lo histórico; que desarrolla en un mecanismo perfecto los detalles y las consecuencias de una concepción estática del universo, sometida a una lógica perfecta y expresada en relaciones numerales y abstractas... El sentido —quizá más dinamista en conjunto, pero sólo tímidamente teórico— de la física newtoniana no cambia demasiado el esencial mecanismo de este ciclo mental, que vemos persistir hasta nuestros días. Siempre en él se acepta como un axioma aquel postulado cartesiano que afirma que, detrás y más allá de la multiplicidad y de la variedad de las apariencias, hay sólo materia, figura y movimiento; que la imagen varia y cambiante que los sentidos nos dan de lo real es únicamente un velo de ilusión, que oculta, únicas verdaderamente existentes, las leyes racionales e inmutables. El trabajo de la ciencia será, pues, deshacer cada día un pliegue del velo; ir descubriendo poco a poco las leyes escondidas, reducir progresivamente lo real a perfecta máquina.

Por mucho tiempo el avance de los conocimientos humanos se sujetaría a este plan y designio. A seguida de la física, la química iba reduciéndose a mecánica también; lentamente, iban incorporándose a estos nuevos mundos colonias nuevas de conocimiento: los mismos fenómenos biológicos han parecido, durante un tiempo, prestarse a una explicación mecánica rigurosa. Al coronamiento de esta labor, a la instauración triunfal y definitiva de la imagen de un universo eterno, pareció que se llegaba cuando, ya entrado el siglo XIX, el principio llamado de la *conservación de la energía* vino a sentarse, al lado de su hermano, el de la *conservación de la materia*, en el sitial más elevado del imperio científico.

IV. EL RACIONALISMO

Formulada filosóficamente por Descartes, por Leibniz, por Kant; llevada al lenguaje matemático por Huyghens; a la física, más tarde, por Colding, Joule, Mayer, Helmholtz, Tyndall; a la química, por Lavoisier; a la biología, por Goethe; popularizada, vulgarizada y un poco adulterada bajo el imperio del positivismo materialista, la idea de la inalterable conservación ha llegado a ejercer en los espíritus una influencia tiránica, como pocas se recuerdan en la historia del pensamiento. La antigua visión pitagórica y su intelectualismo puro, aun nosotros los hemos encontrado erigidos en dogma. Sin turbación, sin sospecha, estudiantes y maestros han repetido, por años y años, el credo apodíctico: «En el universo, nada se crea, nada se pierde. Todo se conserva. La cantidad de materia, como la cantidad de energía, permanecen constantes. El mundo no ha tenido *principio*, sino que tiene *principios*, es decir, razones».

De una manera muy aguda ha demostrado Ernst Mach, al historiar el desarrollo de la mecánica, el origen teológico, el persistente carácter místico de tal concepción. El razonamiento que condujo a Descartes a creer en la invariabilidad eterna de la cantidad de materia y de la cantidad de energía dadas en el origen del mundo, partía del supuesto de que sólo esta inmortalidad, sólo esta estabilidad, podían armonizarse con la inmortalidad, con la estabilidad del Dios creador. El optimismo leibniziano y su constante inclinación a encontrar en todas partes «armonía preestablecida» sacaron buen partido de una visión tan arquitecturalmente estable. Hay como una resonancia íntegra de la *religión* pitagórica, que rodando a través de los siglos llega hasta la monadología; y sigue luego la monadología hasta las apologías racionalistas de la Ciencia, producto del Ochocientos. No dejan éstas, durante un siglo y más, de lanzarse al panegírico y ditirambo sobre la «sabiduría», la «previsión», la «permanencia» de las leyes naturales; sobre su admirable «sistema de compensación»; sobre su perfecto y cerrado movimiento maquinal, imposibilitador de todo exceso, reparador de toda pérdida, saldando siempre en paz su balance definitivo. En el oficio haeckeliano en honor de ese culto, a unos «Enigmas del Universo» responden en antífona unas «Maravillas de la Vida». Lord Kelvin, mientras califica de «*great mathematical poem*» la concepción de Fourier, de una «*arbitraria* distribución inicial del calor», indica el honor de haber sostenido más de una vez el criterio matemático de una distribución *esencialmente* inicial; y en una frase, infinitamente citada y celebrada luego, excomulga de la mesa sagrada de la ciencia a cualquier hipótesis, a cualquier teoría, a cualquier explicación en general de que no pueda darse «un esquema figurativo», es decir, una interpretación de carácter perfectamente estático. La tradición del racionalismo, restaurada íntegra en la ciencia europea del siglo XVII, llega a nosotros sin haberse despojado del carácter místico, y hasta ritual, que ya poseía en su principio, cuando Zenón de Elea. El Dios de Descartes y de Newton la coloca a su servicio por un instante; pero no se enfría la teoría de su temperatura de religiosidad, cuando ya aquel dios se ha desvanecido y cuando entra a ocupar su lugar, sucesivamente disfrazada con nombres diversos, una divinidad más rígida y más impasible: la inmutable y racional «Substancia», de Spinoza.

Pero no podía faltar a este ídolo intelectual, majestuoso e inmóvil, coronado —como por una doble tiara— de los principios de conservación de la materia y de conservación de la energía, su antagonista y contradictor. Este dios tiene también su diablo. Alguna vez hemos mostrado cómo el imperio de la ciencia estaba partido, entre la exigencia de racionalidad, fuerza legisladora y conservatriz, y el instinto de curiosidad, fuerza pícara y desobediente. Cada paso adelante en el camino del conocimiento humano se señala por un conflicto entre esos poderes: por una rebelión por el segundo. La contradicción, que había de triunfar contra el racionalismo, en la ciencia moderna, no le ha venido al fin de sus enemigos exteriores, sino del seno mismo de las ciencias, de la autoridad de los hechos, con que éstas se han visto sucesivamente enriquecidas por la curiosidad, por la acción indócil de una libre actividad, a que hemos llamado *juego*, señalando su intervención en la complejidad del conocer. Sin pedir permiso a las concepciones teóricas generales vigentes, apareció un día, sutilmente, con una virulencia no sospechada en los comienzos, el que se ha llamado *segundo principio de la termodinámica*. Y, paralelamente, como un mal servidor que se instala en la casa, so capa de obediencia, y acaba apoderándose de la misma, echando fuera al primer señor e instaurando leyes nuevas, la *doctrina de la evolución* en el dominio de las ciencias biológicas pareció servir en sus comienzos al riguroso determinismo, para introducir al fin en ellas, por efecto de su propia nota esencial de historicismo, un elemento de irracionalidad, cuya tremenda eficacia teórica tal vez no se ha reconocido suficientemente aún. Aquel principio, esta doctrina, habían de traer fatalmente a la ciencia la obligación de reconocer y de tomar en cuenta el hecho de que existen en la naturaleza, así en lo inerte como en lo vital, *procesos irreversibles*; irreversibles por definición. Y jamás la *religión* que nos viene del pitagorismo había sufrido tan dura prueba como la que se deriva de este doble reconocimiento; prólogo sin duda de una gran tragedia ideológica, que hoy se realiza a nuestros ojos y que se hace dominadoramente presente a los espíritus. Cuando un hombre de ciencia emplea la expresión «trágicas peripecias, ocurridas al tratar de explicar, con los modelos clásicos, algunos fenómenos de la Física», advertidos más recientemente, este lenguaje nos puede parecer tocado por cierto improcedente patetismo. En realidad, nada hay en él de exageración. Como que en la prueba ha estado a punto de naufragar toda nuestra confianza en la inteligibilidad del mundo. Como que, si la filosofía no acude pronto a salvarla, la Ciencia se hubiera ahí arruinado definitivamente y perdido el noble patrimonio que hasta nosotros transmitiera la civilización occidental.

V. EVOLUCIONISMO Y RACIONALISMO

La crisis del racionalismo empezó en su propio seno. Accidentes así se repiten con cierta frecuencia en la historia de la cultura. Desde los comienzos del siglo XVII, una arquitectura renacentista clasicisante y hasta tal punto de parecido superficial con ella, que lo corriente hasta ahora —con error, pero con error bien concebible— era presentar a la primera como un proceso de enfermedad o descomposición de la segunda. Así también, pero más cercano a nosotros por la materia, el experimentalismo libre y el panteístico se incubaban al calor de la Escolástica más ordenancista y discriminatoria. Rogerio Bacon es el antecedente directo de Bacon de Verulamio.

Fácil, sin embargo, hubiera resultado el percatarse de la virulencia teórica de tesis como las del evolucionismo, desde el momento en que los naturalistas, sus adeptos, al plantear la afirmación de la transformación de unas especies en otras, venían con ello a corroer el fundamento mismo de la noción de «especie». La atribución de cualquier objetividad a la tal noción está, en efecto, inevitablemente ligada a la concepción de su fijeza a través del tiempo. Si una especie puede engendrar otra, bien será porque en la primera se encuentre ya potencialmente la segunda: se encuentre en germen, quiere decir con cierta participación en el ser de esta última y en su definición conceptual. No podrá, por consiguiente, trazarse, entre la especie antecedente y la especie subsiguiente, ninguna línea divisoria, ningún contorno de individualización. Decir que el simio puede irse cambiando lentamente en un ser humano equivale a imposibilitar una definición de la especie humana y de cualquier especie de simios, en términos de una constancia independiente del tránsito del tiempo; y lo mismo, en cualquiera de las mutaciones, menos graves éstas, cuyo reconocimiento haya servido como base a las tesis evolucionistas. A su tenor son, pues, las figuras de especie, propuestas por la historia natural descriptiva, meras etiquetas convencionales, con las cuales sólo subjetivamente fijamos un momento de la siempre fluente realidad. Estos «generales», las especies, caen, pues, bajo la condenación a que a todos ellos ha sometido constantemente la filosofía nominalista; es decir, la que no quiere ver en cualquier noción que sobrepase la representación de lo individual sino una ficción de la mente, un rótulo colgado por nuestro saber sobre arbitrarios conjuntos de cosas; al revés, en esto, que la Filosofía llamada «realista» por la Edad Media, «idealista» por los tiempos modernos, dentro de la cual se afirma la existencia objetiva de entidades cuya composición sobrepasa lo individual; de otra cosa, por tanto, superior a los puros fenómenos. Las ciencias biológicas, desde luego, venían aceptando, en su concepción de la especie, el punto de vista realístico. Ni el pandinamismo de Heráclito, ni las tesis *procesionales* de «ciertos alejandrinos», que pretendían ver en el universo la manifestación sucesivamente desarrollada de ciertos principios o *eones* iniciales, ni las concepciones panteísticas de los filósofos del Oriente o del Occidente en las distintas épocas, habían mordido en esta atribución de fijeza en las descripciones de las especies que presentaban los naturalistas. Ni siquiera dentro de las mitologías más fantasiosamente audaces, las fábulas de la transformación osaban modificar los contornos de lo contiguo. Un dios en celo podía convertirse en lluvia de oro, o una ninfa asediada, transformarse en laurel; pero las mismas metamorfosis de la provenzal Magalí procedían por saltos. Y ningún alquimista pensó en aplicar a lo orgánico la posibilidad de que en lo inorgánico se partía, en la ambición de transmutar los metales. Todavía el majestuoso cuadro de las clasificaciones zoológicas y botánicas de Linneo parte implícitamente del principio de que sus definiciones bimembres de especie, con la inclusión del género próximo y de la última diferencia, están forjadas de acuerdo con lo que pide la lógica analítica; es decir, que se trata de notaciones parecidas a aquellas de que se sirve la aritmética y no a aquellas otras de que se pude servir la cromática: notaciones como las que sirven para separar el 2 del 3; y no como aquellas otras que se utilizan par separar el negro del gris. Una frontera de discontinuidad separa, según las concepciones tradicionales, la una de la otra especie. Esta frontera constituye en ser a cada una. Borrada teóricamente, lo que es, lo objetivo no se cifra ya en ninguna, sino en el paso entre la una y la otra: en el *devenir*, no propiamente en el *ser*. Cualquier dinamismo quita así, de la visión de la naturaleza, en toda su generalidad, la fijeza, el reposo. La verdad no se representará ya como en un cuadro, sino que irá sucesivamente produciéndose y borrándose, como una música.

Lammark, Goethe, Darwin, los maestros del evolucionismo, al introducir así, en las ciencias naturales, un estilo de música, en otros términos, un estilo de historia, arrebatan la condición de estabilidad en nuestra visión del mundo y atacan por su base la validez del principio de contradicción. Y cuidado que esta obra ha tenido éxito, a lo largo de un siglo entero. Todo el XIX está imbuido de historicismo; la evolución no es ya para él una afirmación reciente, sino una creencia, una verdadera religión. Cómo se pudo la misma compaginar con el mecanismo, teóricamente dominante, constituye una de esas anomalías en que vemos caer a veces al espíritu colectivo. El estudioso de la historia externa de la cultura se encuentra a menudo con el hecho curioso de que los aportadores de grandes novedades, destinadas a abrir nuevos ciclos en la vida mental, se hayan mostrado hasta cierto punto inconscientes de la eficacia ideológica de sus descubrimientos y de su poder para arruinar anteriores concepciones, a las cuales de buena fe esos innovadores creían servir. Hemos de ver inmediatamente la virulencia con que opera en este dominio de la crítica de la identidad el llamado segundo principio de la termodinámica. Pues bien, cuando, en 1824, Sadi Carnot empezó a meditar sobre el funcionamiento de las máquinas de vapor, únicamente con ánimo de averiguar a qué precio se podía extraer del calor un efecto útil; ni cuando, poco más tarde, presentó la genial Memoria que le ha hecho famoso, no abrigaba la menor duda sobre la verdad de los esquemas del mecanicismo; no sospechaba estar dando con la piedra angular de una ciencia nueva; ni menos le pasaría por las mientes el que, de sus pequeños cálculos utilitarios, pudiese venir la ruina de la doctrina física tradicionalmente aceptada y una crisis gravísima en la concepción del universo, vigente en la tradición occidental desde el tiempo de Pitágoras. Por mucho tiempo, los físicos han seguido creyendo, algunos persisten en creer todavía, en la conciliación posible de la teoría general mecánica con el principio de Carnot... Darwin no fue más lúcido, en este sentido. Al publicar su «Origen de las especies», él se figuraba —y hasta cierto punto se proponía— contribuir poderosamente a desterrar de la historia natural toda concepción finalista. Así tomaba como lema de su obra la frase radicalísima de Butler: «El único sentido preciso de la palabra *natural* es la cualidad de ser *establecido, fijo y estable*» y no vacilaba en buscarse un precedente en Aristóteles, por haber éste notado, en su Física, que «si la lluvia cae, lo mismo sirve para hacer crecer el trigo, que para pudrirlo cuando el labriego hace la trilla», y aplicado después el mismo principio a los organismos. Darwin, pues, creía sin vacilar obedecer a la pura concepción mecánica, a la lógica implícita en los «Principios» de Newton. Y adviértase que esta concepción legalista de la ciencia chocaba en realidad con el temperamento de Darwin, más empujado por una curiosidad casi lúdica, de viajero o de cazador, que retenido por una dogmática racionalista severa. Al publicar el «Origen de las especies» creía Darwin servir a esta dogmática racionalista. En realidad servía al propio temperamento. Esto dio al libro su gran poder revolucionario: no ya contra el finalismo religioso, como sus contemporáneos creyeron; sino, cabalmente, contra las nuevas supersticiones que habían reemplazado a las inspiradas por este último: contra las supersticiones de la total y rígida racionalidad en la explicación mecánica del universo.

¿Ni qué hay para sorprendernos en este episodio, cuando alguien, de más envergadura filosófica, ciertamente, que Darwin, cuando el mismo Leibniz, había encontrado aquí, en su propio pensar —bien que éste, desde luego, se dio cuenta de la gravedad del asunto y con tan felices consecuencias, que una ciencia inédita salió de la *aporía* o aprieto del mal paso—, pudo encontrarse en la necesidad de justificar, a toda prisa y con resultados que pueden parecer inseguros, el racionalismo a ultranza, que anima a toda su metafísica y a su teodicea inclusive, con el descubrimiento, que él acababa de hacer, a la par que Newton, del Cálculo diferencial? La base de este último está en la continuidad. Para concebir el Cálculo diferencial como posible, es necesario que aquella frontera, que interinamente hemos dado hace un instante como válida entre el número 2 y el número 3, se borre y que, desde cierto punto de vista, la distinción entre el 2 y el 3 sea presentada como una distinción entre el negro y el gris. Por su parte, sin embargo, el rigor de la concepción racionalista exige que los objetos de la especulación racional sean constantes, que una delimitación conceptual fija les individualice dentro de un contorno. Ni el número 2 ni el número 3, tal como los toma el análisis, admitirán entre ellos muchedumbre de fraccionarios; pero —acordémonos, una vez más, de los argumentos de Zenón de Elea— entre cada uno de estos fraccionarios y el que se tome para subseguirle habrá un salto, una distancia infinita, que el análisis puro no podrá salvar. Tenemos, pues, con Leibniz todo un capítulo de la ciencia emancipado de las leyes lógicas que gobiernan toda la ciencia y —en eso encontramos lo genial— no abandonado, sin embargo, al desorden en la objetividad ni a lo irracional en la figura que del mismo podemos formarnos. El conflicto que más tarde había de producirse entre la Mecánica y la Termodinámica se prefigura aquí. Leibniz, en esto, es a la vez, un Carnot y un Clausius. Pero, ¿qué más, si una prefiguración parecida ya hubiera podido encontrarse, caso de haberse tratado de alguien más consciente y reflexivo, en el propio pensamiento de Newton, clásico de la tesis racionalista si los hay? También Newton se encontró con esta antinomia. También él tuvo que conciliar su creencia en que la caída de las manzanas obedece a *una ley* natural y su intuición, a que el descubrimiento, que también, por su cuenta, había hecho del Cálculo diferencial le forzaba, a que en ciertos dominios de la realidad, no hay tales leyes, sino *casos-límite*, leyes aproximadas, cuya verificación analítica no puede consumarse jamás, Newton, Newton en persona, necesitó también recurrir, bien que fuera secretamente, a la ironía, al pensamiento dual, a la conciliación de los contrarios, ya que no fuese en síntesis, por lo menos en aceptación marginal de la contradicción posible. Y Leibniz, con toda su gravedad dogmática, necesitó ser irónico también. Y Darwin, con toda su ingenuidad mecanicista. Y no hay que decir si Goethe; porque éste ya estaba al cabo de la calle con sólo declararse poeta o con sólo decir que

> «*Cuanto acontece*
> *No es más que símbolo*».

VI. ENTROPÍA Y RACIONALISMO

Repetidas veces hemos aludido en lo anterior al proceso por donde, en el seno mismo de la Mecánica, apareció, hace ya más de un siglo, una contradicción con las leyes fundamentales, particularmente con la de la conservación de la energía, gracias a cuyo estatuto se había constituido esta ciencia. La denominación de «segundo principio» con que, presentándolo en guisa de referencia o subordinación hacia el primero, se ha intentado paliar su virulencia revolucionaria y encuadrar su afirmación, de que *la energía se degrada*, y que, por tanto, *el universo avanza hacia su muerte*, en el principio general de la Mecánica de que *la energía se conserva con integridad* y de que, en consecuencia, *el universo es estable*, no significa más que un expediente con que el común de los físicos ha disimulado la rotura profunda que la constitución de la Termodinámica ha traído al principio de identidad, tomado por el racionalismo como rector supremo de la ciencia. La negación del supuesto de que todos los procesos naturales sean reversibles, logrado con las pruebas más rigurosamente experimentales desde Sadi Carnot y elevada después a ley, en esta especie de territorio exento de la Termodinámica, bajo la forma de la denominada «ley de Carnot-Clausius» vino a demostrar, al menos, que no todos los procesos naturales se realizan según aquel esquema. Si tomamos el ejemplo de la transformación recíproca del trabajo mecánico en energía calórica, de la energía calórica en trabajo mecánico, nos encontraremos con que el supuesto no se verifica y con que fallan las previsiones que se hubieran derivado lógicamente del principio de conservación de la energía. A cambio de 4.250 kilogramos de trabajo mecánico podremos obtener 10 grandes calorías. Pero si intentamos reproducir este proceso a la inversa, revertirlo, adquirir de nuevo energía cinética a cambio del calor que poseemos, será imposible realizar este propósito sin *una pérdida*. En nuestras máquinas de vapor, lo aprovechado en trabajo no va más allá del diez al quince por ciento del calor gastado por la caldera: el resto es inutilizado. Cierto que una parte de esta pérdida se da únicamente en la práctica y también hasta cierto punto, teóricamente evitable, como efecto que es de la imperfección relativa de nuestros dispositivos actuales. Una parte, pero no toda. La Termodinámica se fundó, como ciencia, precisamente el día en que el genio de Sadi Carnot supo ver, en esta pérdida, una condición indispensable para el funcionamiento de aquellas máquinas, es decir, para el cambio del calor en movimiento. Una mitad fatalmente de la energía dada debe desaparecer forzosamente para que aquella transformación pueda cumplirse. Lo cual equivale a decir que, entre las formas de energía que se conocen en la naturaleza, las hay que *valen* por lo menos un cincuenta por ciento más que otras formas. Que *valen* tanto más, porque tanto más *cuestan* de obtener. Esta diferencia de valor recibe el nombre de *entropía*.

Por consiguiente, el proceso natural en cuya virtud una forma superior de energía es reemplazada por una forma inferior de energía, debe concebirse y representarse esquemáticamente por una *caída*, es decir, por algo *irreversible*; como que no puede retrogradarse al estado anterior sin echar mano de una cantidad de energía, extraña al sistema inicial. Mas como, para utilizarla en este sistema, dicha cantidad de energía habrá de substraerse a un sistema vecino, la economía energética general del universo se resentirá un poco de tal cambio: cada pérdida de energía en un sistema dado, reparada a toda costa de otro sistema, representará en último término una *pérdida general* en la economía energética del universo. Cada vez, por tanto, que se verifique un cambio de energía inferior en energía superior, de calor en trabajo, por ejemplo, el cosmos *pierde, se gasta* o, lo que es lo mismo, *envejece*, adelanta un paso hacia la muerte. La caída que hemos dibujado como esquema de un proceso particular irreversible debe dibujarse en el total proceso del mundo real.

Así la imagen estable del cosmos, que secularmente, desde el tiempo del pitagorismo, ha venido transmitiéndonos la tradición científica occidental, es una imagen infiel y deformada. Así, nuestras leyes naturales, impávida expresión de relaciones constantes, pretendidas constantes, lejos de ser el *substratum* de las cosas, se tornarían también una a manera de velo sobre una realidad que sería profundamente dinámica: un velo aún más superficial por ventura —y desde luego más convencional— que el famoso «velo de las ilusiones de los sentidos». Éste sería el «velo de las ilusiones de la razón». En todo caso, y desde luego, a reserva de las soluciones que más tarde hemos de encontrar nosotros mismos, *la Física, con todas las apariencias de una ciencia matemática es, en lo más íntimo y hondo, una manera de ciencia histórica*... El filósofo Cournot, al examinar lo concerniente a la Astronomía, en su «Tratado sobre el encadenamiento de las ideas fundamentales», advierte que las leyes astronómicas podrán explicarnos, tal vez algún día completamente, el porqué los astros se mueven de tal o cual modo, la manera de medir el movimiento de los planetas; pero no, nunca, el hecho de que estos planetas sean tantos o tantos otros y de que sean, precisamente, la Tierra, Marte, Venus y no tales y tales otros, entre los infinitos planetas posibles; porque este hecho es una cuestión *de historia* y no *de mecánica*, y en historia no hay más razón que el *porque sí*. Quizá esta última parte de la afirmación de Cournot resultaría, para nosotros, discutible. Lo sería, desde luego, para el determinismo histórico —en su forma de materialismo histórico, por ejemplo—, en su pretensión de racionalizar objetivamente la historia. Lo es también, aunque entre moderaciones más templadas, para nuestra teoría de las *constantes*, que inserta, en la trama viva de lo histórico, elementos de fijeza, resistentes a la evolución, al cambio, al fluir, al paso y acción de las contingencias, a cuya indeterminación pone, por decirlo así, carriles. Es discutible el «porque sí» de Cournot, inclusive para el Cálculo de probabilidades y para cualquier forma de probabilismo, recurrentes a una última instancia de razón, tras de la pululante sinrazón de los acontecimientos. Pero el grado en que los factores de necesidad y de azar se compaginen en la historia no nos interesa exactamente aquí, al enfrentarnos con la evidencia de principios que convierten la Física en un saber teñido, por lo menos, de historia. Lo que nos interesa es ver que así como, en la época del auge del racionalismo, se intentó convertir a explicación mecánica los mismos procesos morales humanos, el de la historia en primer término, lo que hoy nos vemos forzados de advertir, al sacar las consecuencias teóricas de la admisión del llamado «segundo principio» de la Termodinámica, es que, al contrario y con una reciprocidad ejemplar, es lo mecánico lo que se convierte, a nuestros ojos, en histórico; preludio que hubiera podido sacarse en seguida en mecánica pura de aquellas tesis que, a la Física, ha acabado por imponer, postulando en los fenómenos naturales cierta indeterminación, la doctrina de los *quanta*.

Asombra, y, para decirlo todo, escandaliza no poco la facilidad y, reconozcámoslo, la ingenuidad con que los físicos, aun entre los más esclarecidos, han imaginado por mucho tiempo poder escamotear la revolución filosófica que había de producir este segundo principio de la Termodinámica. El mismo lord Kelvin, verdadero héroe en la admisión científica del hecho de la disipación de la energía; Kelvin, a quien encuentra «admirable» Helmholtz, en una conferencia, «por haber sabido leer, en las ecuaciones de Carnot y Clausius, la sentencia de muerte del universo», cuando se trató de formular, en un lenguaje popular, el resultado de sus propias investigaciones —y como si le moviese, vigilante y previsor pensamiento, el de salvar de posibles acometidas críticas su fundamental exigencia de elementos exclusivamente figurativos en las teorías científicas (*«lo que se me puede dibujar, yo lo entiendo; lo que no se me puede dibujar, no lo entiendo»*)—, restringió singularmente el alcance de sus proposiciones energéticas con sólo substituir por el término «Tierra» el término «Universo» al enunciar la tercera de sus proposiciones clásicas. La solución que parece prepararse con esto, para salvar en definitiva la concepción estática del angustioso apremio que el hecho de la disipación de la energía le presenta, consiste en tener una puerta abierta a la posibilidad de que existan, en el total universo, *fuentes de energía infinita capaces de reparar, en fin de cuenta, la energía mecánica, siempre decreciente, de la Tierra*. No hay que decir con qué entusiasmo las concepciones físicas tradicionales intentaron acogerse a esta débil tabla de salvamento. Bernard Brunhes, en un pequeño libro áureo donde precisamente la teoría mecanicista es sacudida con dureza y las consecuencias teóricas del segundo principio de la Termodinámica, examinadas con gran lucidez, no puede prescindir, a pesar de ello, de un intento de defender contra ese principio las grandes generalidades cosmológicas e insiste alguna vez en que «no es posible, sin tropezar con dificultades metafísicas, afirmar que el resultado de este principio se aplica al universo entero». Claro que las «dificultades metafísicas», previstas por Brunhes, iban a ser precisamente suscitadas por los negadores de la metafísica... Mientras tanto, y contemplando el problema, sobre todo, desde el punto de vista de la caducidad de la Tierra y de la obra humana sobre la misma, se ha intentado, con varias ingeniosas hipótesis, el buscar sistemas de compensación que trajesen alguna mayor esperanza, ya que no tranquilidad, para el porvenir. No han visto generalmente los físicos que, al hacer esto, cuanto más intentaban restringir la extensión del principio de la disipación de la energía, más aseguraban su verdad en el total universo. Porque, al fin y al cabo, para escapar al razonamiento que hemos desarrollado hace un instante, cabía imaginar —con un argumento definitivamente inútil, pero siquiera aplazador— que nuestro mundo conocido forma un sistema de energía cerrado, sin comunicación con el resto del universo; de tal manera que, aunque nuestro mundo perdiese su fuerza y pereciese, el resto del universo —un cosmos en que todos los procesos naturales fuesen reversibles— permaneciera inmutable. Pero, al hacer de lo desconocido el banquero que va compensando con empréstitos continuos las pérdidas del mundo conocido, no se logra otra cosa sino afirmar la ruina del todo: el banquero no podrá sacar ningún rédito de su cliente, más necesitado cada día; y los dos irán empobreciéndose a la vez.

Igualmente ineficaz es la tentativa, tan corriente y con la cual los lectores de los manuales de física suelen tranquilizarse acerca de la suerte de su querido principio de la conservación de la energía, de entender la relación entre el primer principio de la Termodinámica y el segundo, no como si éste fuese la restricción y complemento del primero; sino, al contrario, como si el segundo encontrara en el primero su exégesis. Insístese entonces en que se entienda, y no deje de entenderse, que la energía perdida en un proceso irreversible, en el cambio de una forma superior de energía en otra forma inferior, es la energía llamada *libre*, es decir, utilizable; pero que, con la transformación, nace una cantidad igual de energía no libre, inmovilizada; de tal manera que la cantidad total de energía permanece invariable en cierto sentido. En buena hora; y mientras momentáneamente se especula sobre un sistema aislado, cabe que nos consolemos de la pérdida diciendo que la cantidad de energía disipada se encuentra en otra parte. Pero cuando expresamos la ley en su generalidad; cuando especulamos sobre el total universo, ¿de qué nos valdrá esta cantidad de energía, que no volveremos a encontrar en ninguna parte, que no se nos ofrecerá en ninguna forma específica y que ya no podremos imaginar en otro lugar, porque habremos tomado el todo?... Un pragmatista diría seguramente que *no existe* una cosa que no se nos manifiesta con ningún resultado, una energía que es, por definición, inutilizable; y mucho me temo que, en este caso al menos, el pragmatista tuviese razón. En todo caso, el día en que la «sentencia» de que habla Helmholtz llegue a realizarse, de poco le ha de servir al pobre universo ese tesoro de energía *inmovilizada* que habrá ahorrado a través de la infinita serie de sus mutaciones reversibles: de lo mismo que serviría a los hombres si los alimentos llegasen a faltar totalmente sobre la haz de la Tierra, cuantas reservas de oro hubiese amontonado la avaricia.

VII. RELATIVIDAD Y RACIONALISMO

Suele citarse como agente de la revolución que las últimas adquisiciones de la ciencia han traído a nuestro pensar filosófico, al lado de las concepciones de la Mecánica atómica, la teoría de la Relatividad. A nuestro entender, la trascendencia de esta última es en tal orden de cosas bastante menor. Durante los primeros tiempos de su divulgación, ha podido inclusive ser atribuido a la tesis relativista el valor de una victoria del racionalismo, en méritos a su conquista del tiempo, cuando pasaba a considerarlo como una nueva dimensión espacial. Desde Zenón de Elea, el tiempo cuya esencialidad tiene, y ha de tener inevitablemente, un carácter dinámico, ha venido constituyendo para la Razón, a la vez que una de las condiciones del propio ejercicio, uno de los mayores motivos de turbación. Así como en lo espacial hallaba aquélla, ya lo hemos dicho, fácil alojamiento a la exigencia de discontinuidad presentada por sus operaciones, en lo temporal la individualización del objeto se le volvía siempre tan precaria como precario y convencional resulta el discernir entre los siglos XVII y XVIII. Ahora bien, al traer el tiempo al campo del espacio, ¿no se aumentaba con ello la dosis de sus posibilidades de racionalización? ¿No realizaba, con ello, la Física una conquista hasta cierto punto equiparable a la lograda por el arte musical, cuando por fin logró *escribir la música*; es decir, reducir a signos espaciales inequívocos realidades que se consumaban en el tiempo?... Por esto la Física de la Relatividad ha sido tomada, en muchos aspectos, como el coronamiento de la Física racionalista. El modelo mecánico permite aún conservar en ella, cualesquiera que sean los elementos *irónicos* que en ella el relativismo introduzca (y que no son tantos, desde luego, como la versión popular del relativismo, la de «*en este mundo traidor, etc.*» pretende asociarle), la versión íntegramente apodíctica, del principio de contradicción. Mientras que en Schroedinger, por ejemplo, la pretensión por él explícitamente manifestada muchas veces de continuar la obra de la Física tradicional, tiene visiblemente no poco de «*precaución oratoria*» destinada a no enajenarse la buena voluntad de muchas mentes a aquélla avezadas, en Einstein la recomendación de que no se le presentara como enfrentado antagónico con Newton ha respondido no sólo a una sinceridad, sino a una nota genuina del propio pensamiento. La realidad sigue dentro de la Física relativista teniendo figura —es decir, siendo propiamente mensurable— en toda su integridad. En Einstein, no menos que en Galileo.

Sin embargo, no se puede ignorar que ya en esta introducción del tiempo en el espacio hay un peligro para la asepsia racional de éste. Puede ocurrir aquí como en el caso de un gobierno —para tomar un símil político— que, para remedio de una crisis, introduce en su seno elementos de la oposición. Un Gabinete conservador, por ejemplo, se ha agregado dos ministros socialistas: éstos serán, sin esperar demasiado, los que alimenten en contra de aquél las más arduas huelgas. Así, entre las dimensiones espaciales, la dimensión tiempo introducirá dificultades de análisis que sólo a duras penas la razón podrá superar. Por de pronto a la noción de *objeto*, como contenido de la física, habrá reemplazado otra noción: la de *acontecimiento*. El universo no reunirá ya *objetos*, sino que tejerá *entrelazados* de lo que el físico Minkowski —a quien, en cierto sentido, debe considerarse como el padre de la teoría de la relatividad— llamaba «línea de acontecimiento». Por este resquicio vuelve a entrar en la física la historia. Aquel «residuo», que Cournot apreciaba en la astronomía, por ejemplo; aquel «hecho histórico» gracias al cual —independientemente de las leyes cosmográficas— los planetas son tales y son tantos *porque sí*, sin razón, en una zona de ausencia de explicación, donde el principio de identidad pierde su fuero, se instala así en el campo de la ciencia y ablanda su ambición de racionalidad rigurosa. Con, otra vez, una especie de probabilismo, confirmador de la actividad de ironía.

Cabe decir que, de la tesis relativista, dos derivaciones lógicas son posibles, correspondientes a otras tantas derivaciones cosmológicas: una lleva la tesis al infinitismo; otra, al finitismo. Einstein ha llegado a esta última bastante tarde; nosotros la defendíamos desde 1913, postulando, en réplica —que presumimos ser la primera válida— a los argumentos de Zenón de Elea, que, a fuer de haber logrado, sólo parcialmente, una racionalización del movimiento, la «línea de acontecimiento» de Minkowski sólo era aplicable *a un universo finito*, en el cual la «línea de acontecimiento» llegase a su fin cuando el acontecimiento a su consumación. En efecto, la discontinuidad que se obtiene al dar existencia objetiva, como tales puntos, a cada una de las incidencias de la coordenada tiempo sobre el desarrollo de lo puramente espacial *no agota*, en algún momento, sus posibilidades de continuación. De nada sirve considerar el avance de la saeta en busca de su blanco o el de Aquiles en concurso con la tortuga, como compuestos por una serie de *saltos*, es decir, con una discontinuidad interior, si uno de estos saltos no es el *salto final,* aquel en que la tortuga es alcanzada y la saeta se clava en el blanco... Y en que la línea dominada por el signo de un acontecimiento *se extingue*, para que siga, si acaso, a su muerte, *otra* línea con el signo cualitativo de *otro* acontecimiento *nuevo*. El que en el universo se inserte *la muerte* es la garantía de que en el mismo pueda realizarse *la novedad*. En cambio, si en vez de imaginar un universo compuesto por un número *limitado* de elementos le queremos imaginar como compuesto de un número *ilimitado* de los mismos, la línea de cada acontecimiento se encontrará carecer de fin. La discontinuidad interior será entonces, tan sólo, una discontinuidad interina, porque una inagotable virtud de restablecimiento final irá sucesivamente anulando las *novedades* que haya podido introducir en la «línea de acontecimiento» cada uno de sus saltos. La concepción esencial del racionalismo, la de que son puramente ilusorios el movimiento, el cambio, el fluir, quedará, con esto, automáticamente restablecida. El avanzar de la saeta pespunteará un espacio, concreto ya, pero dentro del cual *no podrá acontecer nada*. De ahí que el primer Einstein, el Einstein infinitista, no podía proporcionarnos aún la posibilidad de triunfar de los argumentos de Zenón de Elea. Había que llegar al segundo; a no ser que la adivinación nos hubiese ya instalado previamente en la situación que el segundo Einstein iba a autorizarnos ocupar: en la situación dentro de la cual, para rebaja de las pretensiones del antiguo principio de contradicción, cada cosa, en un universo cuajado de acontecimientos, cada cosa *igual a sí misma*, sigue en el movimiento y en el salto *siendo igual a sí misma*; y sin embargo, *igual a sí misma más una novedad*, que le da *participación* en una realidad diferente; a la manera como una mujer encinta de un niño que va a alumbrar es, a la vez, *hombre*; porque, de las dos potencias que contiene, una se ha actualizado en el pasado, otra se actualizará en el porvenir. Así también, dando entrada a la teoría de la actualidad, en su solución finitista, como dando entrada a la física de los *quanta*, la ciencia ha cercenado las posibilidades que, fuera de lo convencional, tuviese la vigencia del principio de identidad o de contradicción.

VIII. FÍSICA ATÓMICA Y RACIONALISMO

Los más recientes conflictos con que el racionalismo ha tropezado, dentro del terreno estrictamente científico, en su carrera, se le promueven casi a un siglo de distancia de aquellos que habían desatado en el evolucionismo la concepción de la entropía. Hemos asistido recientemente a los primeros pasos de la teoría de la relatividad. La que hoy se denomina Física atómica es todavía más joven. Pueden fijarse sus comienzos en el año 1925, en que un físico, Heisenberg, al estudiar la actividad del átomo, llega a concebirla como una energía no desarrollada a paso continuo, sino a *saltos*, decisivos para la posición y la velocidad del electrón, por cuya presencia el átomo se define. La discontinuidad que este salto representa se reduce, a su vez, a una aritmética, de alcance genérico, no conmutativa de matrices infinitas. Así concebido el átomo, su estado no depende de la situación en que se encuentren los electrones en determinado punto del espacio o instante del tiempo, sino que cada uno depende de una situación colectiva en el universo; situación de cuyo conjunto forma parte el propio contemplar del fenómeno.

Resumiremos valiéndonos de los términos con que la evidenciaba recientemente Weizsaecker, la que llamaríamos «situación lógica» producida por la teoría de los *quanta*. Sean estos términos los de un ejemplo. En la medida en que se puede considerar el electrón como un corpúsculo, tendría aplicación, dentro de los principios de la Lógica, el llamado «principio de identidad» o «principio de contradicción», y, en consecuencia, la siguiente fórmula infalible: o el tal electrón se encuentra en un lugar dado, o se encuentra ciertamente en otro lugar. Ahora bien, siguiendo la mecánica de los *quanta*, puede formularse la siguiente proposición: si un electrón está en un lugar cualquiera, no tiene compresión determinada de onda. Y el lugar en que se encuentra es absolutamente indiferente. Por lo cual fracasa igualmente aquí la conclusión de la lógica clásica, que nos diría: o el electrón está en un lugar dado, o no está allí. En el segundo caso está en otro lugar. Así, de cualquier modo, está en un lugar cualquiera, hasta cuando yo no conozco este lugar. Y, por consiguiente, es inevitable que tenga una compresión de onda determinada. Sin embargo, hoy sabemos que esta conclusión es falsa: puede, en efecto, darse el caso de no tener medida con precisión la compresión de onda. ¿Qué hay, pues, de falso en las premisas? Evidentemente, el hecho de admitir que el electrón debe encontrarse forzosamente en un lugar aunque yo no lo conozca. Si la compresión de onda es conocida, el electrón no está en parte alguna. En este caso sólo subsiste cierta probabilidad de encontrarlo en un lugar dado, cuando se efectúe una nueva medición. Pero se llegaría a esta falsa conclusión si admitiese que aquél ya hubiera estado anteriormente en el mismo lugar. Lo anterior se expresa diciendo: la lógica bivalente clásica es falsa. Falsa es la fórmula: el electrón, o está en un lugar o en otro, *tertium non datur*. Pero el *tertium* existe: consiste en no estar en parte alguna.

Ésta es una forma de expresión formalmente posible. Pero creemos que su alcance es mayor y que, en cambio, debe dejar esta comprobación a la lógica intacta. Porque, siendo la Lógica meramente formal, no tiene por qué ocuparse en el valor objetivo de los contenidos sobre los cuales opera. El verdadero conflicto que trae la Física de los *quanta* no es lógico, sino ontológico. No se refiere a la formulación del principio de identidad, sino a su validez. La segunda de aquellas alternativas, en el ejemplo presentado, sólo es posible en el caso de que la primera lleve a concluir que el electrón ocupa un lugar. Esta conclusión, sin embargo, no depende del propio electrón, sino de la manera como nosotros lo observamos. Un físico podrá libremente decidirse entre efectuar la experiencia con una cámara de condensación o con una red de difracción. Según el caso, el electrón tendrá un lugar o no tendrá ninguno. Nos encontramos así ante una situación inconciliable con la concepción racionalista de la realidad. Según la ontología propia de esta visión, no puede haber sino dos modos de expresión en física: o la expresión que se refiere a los objetos, o la expresión que se refiere a lo que yo sé. La expresión: «el electrón está en un lugar dado» es una expresión relativa a un objeto; la frase: «yo sé dónde está el electrón» es una expresión relativa a lo que yo sé. Las expresiones que se refieren a los objetos son verdaderas o falsas en sí mismas, sea que yo lo sepa o que yo lo ignore. Las expresiones relativas a lo que yo sé nada dicen acerca de los objetos y únicamente expresan mi actitud subjetiva respecto de los mismos. Al revés, en la mecánica ondulatoria, que así se llama la informada por la teoría de los *quanta*, la expresión «el electrón está en un lugar» se refiere a la vez al objeto y a lo que yo sé del objeto. La realidad envuelve a la vez a éste y a mi pensamiento relativo a él. El objeto se vuelve así inconcebible aparte del sujeto; y éste, con independencia de aquél... Es la gravedad que envuelve esta novísima posición de la ciencia; en lo referente a la vigencia del principio de contradicción, va resultando a ojos de todos incalculable. Presentadas las cosas así, nosotros podemos adelantar que nuestra Filosofía, nuestra revelación del secreto de la Filosofía, no hace otra cosa que traer al propio terreno la revolución que a la física ha traído la posición indeterminista, pero aun coherente, derivada de la teoría de los *quanta*.

En otros términos, cabría decir que hoy conocemos una solución, que liberta a lo que no es racional de la condena, antes científicamente inevitable, de caer en el absurdo. Ya hemos visto que la superación de la antinomia entre lo absurdo y lo racional recibe el nombre de ironía.

IX. INTELIGENCIA O CAOS

Así, una posición filosófica, nacida con el pitagorismo, organizada en el aristotelismo, proseguida a través de las revisiones críticas del Renacimiento y convertida ya en aliada poderosa en los combates de las mismas; canonizada por Descartes y por Newton; sistematizada por el genio de Leibniz; armada por la ciencia con los dos principios de Filosofía natural, de conservación de la materia y de conservación de la energía; convertida en dogma para el saber moderno, resultaba ya corroída en su propia base por la acción de este mismo saber moderno: primero, por obra de las teorías de la evolución; después, con la adquisición, por la Termodinámica, de la noción de entropía; a última hora, por las doctrinas de la relatividad; a ultimísima, por la física de los *quanta*. De

XV. GEORGE BERKELEY (1685-1753)
Según un grabado de la época

XVI. IMMANUEL KANT (1724-1804)
Pintura de V. C. Vernet
(*Museo Kaiser Friedrich, Berlín*)

esta corrosión, venida de su campo propio, ¿cabe decir que el racionalismo haya triunfado? No; pero sí cabe decir que se mantiene todavía, como aquellos regímenes conservados por miedo al advenimiento de algo peor. Porque la gran amenaza que se cierne sobre nuestro mundo intelectual, sobre la tradición, nervio de nuestro Occidente, que de los griegos nos ha sido legada, está en la disolución por falta de estructura; está en su retroceso a lo amorfo. El principio de identidad ha sido la base sobre la cual reposa la coherencia en nuestra visión del mundo, la salud en nuestro conocimiento normal. Quitada esta sustentación, la realidad se vuelve caótica, nuestra mente enferma. Nacido de la apetencia de un orden, con su doble juego de categorías, con el espacio y con el tiempo, el racionalismo se resiste a perderlo todo, abocado como se encuentra a la reproducción del caos inicial. Prefiere seguir agarrado a una convención, aun perdiendo de vista las orillas de la objetividad, a naufragar en el esfuerzo inútil de acercarse a éstas.

Pero, ¿el abandono del principio de contradicción, en la forma rígida con que ha llegado hasta nosotros, involucra necesariamente la renuncia a todo principio, un abandono a la racional contingencia, un perder cualquier regla, e inclusive cualquier orientación sobre la verdad? Siempre se nos representa, a título de estímulo, en casos semejantes, el ejemplo heroico de Cristóbal Colón, cuando, en su viaje de descubrimiento, al fallarle aparentemente por el paso del Ecuador el apoyo guiador de la brújula, que ya no podía señalar el polo Norte, tuvo, sin embargo, suficiente denuedo para proseguir el viaje, armado únicamente por una confianza en la regularidad de la naturaleza, que le movió a considerar la falla imprevista como algo imputable de todos modos a una razón natural. También se nos representa, una vez más —perpetuo imán de nuestras reflexiones—, la proeza científica de Kepler, cuando salvó el porvenir de la racionalidad, en la explicación de la cosmografía, substituyendo el esquema de las órbitas por el esquema de las elipses. Igualmente, cabe, en la Filosofía, encontrar principios que, si no satisfagan las exigencias convencionales de la Razón, satisfagan de todos modos a la Inteligencia lo bastante para mantenerla —y ahora con mayor cercanía— a nivel de un Orden, al cual aquélla, la Inteligencia, se retrotrae, por encima de las categorías racionales de espacio y de tiempo. Nosotros, del mismo modo, vencedores de temporales ideológicos, podemos proseguir nuestro viaje, en busca del secreto de la Filosofía; con sólo una precaución, ahora: la de no olvidarnos de que nuestro instrumento auxiliar ha cambiado de centro de atracción, y en vez de señalar, como norte, a la Lógica pura, ha empezado a señalar, a un sur igualmente ideal aunque el ideal incluya aquí a la vida y que se llama la Ironía; es decir, la orientación más adecuada para el designio que nos conviene realizar.

El principio de identidad o de razón suficiente postulaba la racionalidad rigurosa de lo real. Cuanto implicaba en sí contradicción era, según él, considerado como falso. Esta exigencia, si bien se mira, reduce el saber al análisis. Hay que poder dar *razón* de cualquier verdad que no sea inmediata o idéntica; en otros términos, que la idea del atributo debe estar siempre encerrada implícitamente en la del sujeto. Cuando yo digo que 4 es igual a 2 + 2, lo que hago es sacar fuera algo que ya venía dado en la primera noción enunciada: el hecho de la pareja de pares que la noción del número 4 contiene en sí. Y la verdad es que el objeto de este análisis podrá ser siempre —o, por lo menos, así lo pretende la lógica ordinaria— la demostración de la verdad, su verificación; pero no, propiamente, la invención o descubrimiento de la misma, objeto primordial de toda ciencia por poco que la misma se encuentre animada por un sentido vital de curiosidad. El momento en que, en la Magna Grecia, «descubrió un geómetra el teorema que se demostraba por el absurdo» fue un momento muy solemne para la historia de la ciencia. Pero no ha tenido en realidad grandeza menor el ejemplo en que, acorralados teóricamente por la silogística, los sabios del Renacimiento se descararon para pronunciar sus varios «*e pur si muove*», no precisamente o contra ninguna imposición canónica, sino en rebeldía contra el dogmatismo de lo real o aparentemente racional, en sublevación contra las demostraciones por el absurdo, con que los partidarios de la lógica a ultranza les constreñían. El llamado método experimental, desoidor de la imposición lógico-escolástica, no era tanto, en lo íntimo y en lo que había de resultar fecundado, una rebeldía contra el criterio de autoridad como contra el criterio de estricta razón. Reléase a los libertadores del pensamiento en aquella época. Reléase a nuestro Juan Vives, por ejemplo, o a Erasmo. Se verá cómo su aversión a la escolástica no se refería al abuso que de ella se hiciese para demostrar lo que, según el criterio teológico, no podía tener demostración, por tratarse de misterios, sino por la pérdida de tiempo, la verborrea, la esterilidad supina de una discusión, que, al fundarse en distingos y en sutilidades, lo que hacía es no salirse del recurso constante a las demostraciones *ad absurdum* y al principio de contradicción. El mismo Leibniz continuó con esta aversión cuando el triunfo de las ciencias de observación y experimentales ya era cosa lograda. Por esto, aun dentro de su racionalismo y de la afición de su mente enciclopédica por los antiguos textos, prefirió, puesto a invocar precedentes en la Edad Media, recurrir, mejor que a averroístas o tomistas, a la vieja y siempre turbia enseñanza de Raimundo Lulio; el cual, intelectualista también, le daba por lo menos a la razón humana dos caminos: el uno de «descenso», reductible al análisis; el otro, más o menos tocado de sentido místico, de «ascenso», es decir, de síntesis de creación, de invención y descubrimiento de algo no contenido en la proposición previamente formulada. Lo mismo iba a hacer, a su nueva y más científica manera, el nuevo teorizador, Leibniz. La esterilidad del principio de contradicción se atenuaría con proporcionarle el refuerzo de otro principio, el de razón suficiente, colocado por el filósofo al lado de aquél, en dignidad y en vigencia. El principio de razón suficiente puede siquiera albergar las verdades contingentes, hijas de la experiencia y que no tienen el carácter de necesidad que ofrecen las adquisiciones del análisis...

No hemos de tardar en ver nosotros cómo la solución de dualidad por Leibniz presentada había de resultar también insuficiente y el racionalismo implicado en la necesidad de una *causa*, a hacer compañía, en la región de lo estéril, al principio de contradicción. Antes que ello, veamos las soluciones por atenuación que se han presentado históricamente al principio y a la cual añadimos la nuestra; con la esperanza de que ello nos sirva para realizar, a la vez, la que ya hemos llamado «revolución kepleriana de la Filosofía», la catarsis esotérica de su secreto.

LECCIÓN VIII

DEL PRINCIPIO DE FIGURACIÓN

I. SALVAMENTO

Al llegar aquí, adquiere nuestra tarea una orientación de finalidad; y esta finalidad consiste en un salvamento. Un navío se le ha averiado a la humanidad en pleno viaje, cuando se hubiera dicho que el tiempo y sus meteoros mejor sonreían a su vida intelectual. Habrá que improvisar otro: es éste, que ahora estamos aviando. Habrá también que cambiar de capitán y de piloto, acaso de rumbo. Al barco nuevo se le ha dado un nombre: «Doctrina de la Inteligencia». Al capitán, que se llamaba «Principio de Contradicción» —después veremos la cuestión del piloto—, conviene reemplazarle, si se encuentra con quién. Sobre la cuestión del rumbo, ya hemos dicho algo: a la andadura del raciocinar, preferimos ahora, para el saber humano, la del descubrir; al espíritu de análisis, el de creación.

Sí, hay que buscar capitán nuevo, porque, sin capitán, huelga decirlo, el buque zozobra. Y debe buscársele dotado con unas condiciones bastante distintas a las que adornaban el anterior. Había, éste, hecho un sólido aprendizaje a escuela de las matemáticas; ello tanto le había provisto de rigor, como rebajado en flexibilidad: así se ha estrellado. Que el nuevo sea menos intransigente; que sea, en primer lugar, *suaviter in modo*: que se haya formado a escuela del lenguaje. ¿No sabemos ya que lo constitutivo de la filosofía son las palabras? ¿No hemos acudido más de una vez al *sentido* que contienen éstas, para gozarnos en la contemplación de la libertad de este sentido, respecto de la tiranía de su *conceptuación*? ¿Qué es una palabra? Algo donde el principio de contradicción no rige. Abramos un diccionario. Más o menos convencionalmente, habrá en él, adecuada a cada vocablo, una definición: ésta responde al *concepto* que se atribuye función de representar al vocablo, al vocablo considerado como *signo*. Pero, a la vez, y detrás de la definición, habrá en el diccionario una serie, a veces larguísima, de las llamadas *acepciones*.

La divergencia de estas acepciones, respecto del significado cardinal, puede ser tanta, que inclusive se alcance aquel extremo que el diccionario marca mediante la fórmula: «por antífrasis»; es decir, se alcance a otra significación absolutamente contraria. «Medrado» viene de «medrar»; «medrar» significa aprovechar, incrementarse. Sin embargo, es de gran uso de castellano la expresión: «¡Medrados estaríamos, si...!» Lo que se quiere indicar con ello es que estaríamos disminuidos, reducidos, apurados, si tal cosa ocurriese. Un cambio de acento —que unos trazos, los del símbolo de la exclamación, añaden a la escritura— basta para que un sustantivo haya trocado su potencial ideológico por otro de dirección opuesta... Pues bien, no es en el fondo muy distinto el proceso en cuyo curso la mecánica —para no citar más que un ejemplo— ha podido añadir a la formulación de su ley de conservación de la energía la ley de degradación de la energía. La ley de conservación de la energía es un *significado*; la ley de degradación de la energía es una *acepción*. Lo racional es la primera, por lo mismo que hace que lo racional para el «medrado» esté en el incremento. Pero, si esto ocurre desde el punto de vista de lo racional, lo intelectual legitima tanto la conservación de la energía como la degradación de la energía. Aceptar de un solo golpe los dos es lo inteligente, lo que permite poner la mente de acuerdo con lo real, lo que hace trascender el pensamiento. Como lo inteligente es que el Diccionario, tras de haber puesto a la cabeza del artículo «Medrado» su significación conceptual, haga un lugar también a su acepción irónica.

El navío de la inteligencia necesita de un capitán roto a conjugar significaciones con sentidos. Y no se trata de que éste sea más simpático que el otro. Se trata de que, con el otro, no podíamos salir adelante. Era, pues, de interés vital la rebusca del sustituto. Conocíamos, por otra parte, un repertorio de formas para la articulación del pensamiento; formas que, siendo formas reales —no caídas en la anarquía de lo amorfo—, no se encastillaran, sin embargo, en la rigidez de la lógica por nosotros escolarmente recibida. Habrá, en otros términos, que aplicar a la lógica un descubrimiento parecido a los que, bajo el nombre de «geometrías no-euclidianas», han permitido captar lo real, más allá de lo previsible por Euclides. Como las «geometrías no-euclidianas», las «lógicas no-aristotélicas» daban otras tantas filosofías posibles, entre las cuales la física habrá de escoger. Entre estas «lógicas no-aristotélicas» enumeraremos tres únicas soluciones antes de enunciar las bases de la *figurativa*, que es la correspondiente exactamente al pensamiento que informa nuestro sistema. Hay, en primer lugar, la manera especial de lógica que, por fin, se ha llegado a reconocer en la mentalidad primitiva: la que gobierna las creencias y el saber de los pueblos salvajes y que ha recibido el nombre de «principio de participación». Hay la que no retrocede ante la inclusión de lo dinámico, de la evolución, del cambio, del fluir: esta lógica es la que se llama «dialéctica» y rige también en la historia y toma por principio el *Werden*, el *devenir*, el *llegar a ser*. Importa igualmente dar un breve examen a una modalidad especial de superación de lo contradictorio, hasta hoy encerrada exclusivamente en ciertas modalidades de la «crítica escrituraria»; pero que, a pesar de la estrechez de su origen, sería injusto pasar por alto, ya que constituyen el antecedente más inmediato de la fórmula que, en definitiva, vamos a proponer: aludimos con lo anterior a la Escuela de «las formas históricas de vida», conciliadora de la verdad histórica de la existencia y vida de Jesús con el hecho de una elaboración literaria, casi teatral, en su referencia evangélica. Por último, hemos creído corregir el exceso del *principio de participación*, redimir de la esclavitud del tiempo al *principio de la evolución* y fecundizar uno de los gérmenes contenidos en la *Formelebensgesischticheschule*, presentando un «principio de figuración» como el más apto para efectuar el salvamento requerido. Nuestra proposición, en términos escuetos, será ésta: debe sustituirse en filosofía el *principio de contradicción por el principio de figuración*.

II. MENTALIDAD PRIMITIVA

La actitud intelectual del hombre «blanco, adulto y civilizado» respecto del desprovisto de cualquiera de esas tres notas ha acostumbrado oscilar entre estilos varios. La incomprensión caracteriza el más corriente. El blanco *no entiende* al negro; el mayor *no entiende* al niño; el perteneciente a una sociedad adelantada en la civilización *no entiende* al primitivo. Esta incomprensión ha podido llegar al extremo de que ni siquiera una imagen física haya podido formarse con fidelidad: a nadie de cuantos se han acercado al repertorio iconográfico del arte antiguo ha dejado de llamar la atención el hecho de la torpeza con que este arte ha dejado tratadas las figuras de niño, inclusive en obras afectas de visible virtuosidad, el archifamoso «Laocoonte», por ejemplo: los muchachos, en el grupo del «Laocoonte», son simplemente unos hombres pequeñitos, como si con un anteojo invertido se miraran... Otra manera de interpretación muy conocida es la que envuelve los casos de apartamiento del tipo del hombre «blanco, adulto y civilizado» en un ambiente de desconsideración; que cada uno de sus ejemplares sea considerado como un esbozo de algo no logrado, a medio obtener, simple y atrasada preparación del logro que luego, gracias a un progreso en el camino de la perfección, se conseguirá: el negro como un aborto, fracasado en el intento de obtener blancura; el niño, como un conjunto de órganos en crecimiento, que balbucen unas funciones destinadas a cuajar en lo futuro; el primitivo, como un rezagado en la marcha de la civilización. Esta misma palabra «primitivo» y su casi inexcusable empleo —nos resistimos tanto a llamar al salvaje otra cosa que «primitivo» como a decir que pensamos de otro modo que «con la cabeza»— revelan lo extenso y arraigado de la posición que tiende a ver en las expresadas formas del vivir otras tantas manifestaciones de un vivir rudimentario.

También caben, desde el punto de vista de su valoración, interpretaciones de orden distinto. La vida primitiva ha sido considerada, bien como un criterio peyorativo —con el criterio que representa aún la música, instintivamente asociada a términos como «bárbaro», «salvaje», etc.— que la avecindaba en dominios muy próximos al de la bestialidad, y aun de la ferocidad; bien, sobre todo en ciertas épocas y medios cuyo cansancio de la civilización se traducía a movimientos de renuncia y suicidio culturales, con un optimismo apologético, dentro de cuyos lugares comunes lo civil tomaba aspectos de mal, tanto como lo ingenuo y sin cultivo beneficiaba de una calificación de pureza, en contraste con la corrupción que, dentro de semejantes actitudes, había de manchar fatalmente a todo lo civilizado, a todo lo «apartado o desobediente respecto de la naturaleza», según se ha acostumbrado decir en tales épocas. Desde las remotas manifestaciones religiosas del Oriente hasta el reciente descubrimiento de la estética del *jazz*, pasando por las predilecciones de ciertos prístinos núcleos cristianos, exageradas luego por el panteísmo habitual a determinadas herejías y, luego, por el naturalismo franciscano; y, luego, por la sensibilidad barroca, y, luego, por Rousseau, y, luego, por el romanticismo del XIX, cada uno con su séquito de etnofilias zalameras, de invenciones del «buen salvaje», de sermones sobre «el buen patagón», de éxtasis sobre la precocidad china en insospechadas sabidurías e invenciones, de afición a la desnudez y de nostalgias del paraíso perdido, mil manifestaciones diversas de una misma constante se han empeñado en invertir los términos del instintivo juicio de valor, en el hombre blanco, adulto y civilizado, obligando a éste a una vergüenza, quizá desistimiento de lo que estaba avezado a considerar como el mayor bien.

Sólo tardíamente, en bastante proximidad ya respecto a nosotros, el problema de la mentalidad del que llamaremos ya ahora «el hombre distinto», el que no puede obedecer a las mismas disciplinas interiores que el «blanco, adulto y civilizado», ha empezado a recibir un tratamiento más imparcial y científico. Empezando porque la psicología de las razas ha recibido serias aportaciones, la psicología de la infancia, a su lado, no ha podido por menos que abandonar el viejo prejuicio del niño como hombre abocetado, y de advertir en la infancia una mentalidad propia, sujeta a normas regulares, bien que interinas. La psicología del primitivo ha adelantado menos rápidamente. La falta de una documentación fehaciente no ha podido menos de influir en este retraso. Por lo general, la tal documentación era proporcionada por los relatos de exploradores y de misioneros. Indotados en el capítulo de cualquier preparación antropológica y etnográfica, las observaciones de estos viajeros, inspiradas lo más corrientemente por un espíritu de curiosidad, cuando no por una tendencia a provocar maravillamientos, estaban fuertemente sometidas a caución. Y menos mal todavía, en los casos en que la preparación era nula. En los otros, en los de un advertimiento previo, tan desprovisto de crítica como dado a la suficiencia, la referencia resultaba aún más intensamente averiada por el prejuicio. Entre *tótems, tabús* y *animismos*, no son pocas las fábulas, no son pocos los líos que han venido urdiéndose últimamente; donde la observación de los hechos se deformaba, por la obligación de ajustarse a los cuadros de una teoría o de una doctrina recibidas, en ocasiones ya adúlteramente y profesada con el ardor habitual a los catecúmenos. La profesión de fe religiosa arrancada al indígena de la tribu de los pigmeos resultaba así ajustada enteramente a las tesis del profesor de la Sorbona; el proverbio traductor de la sabiduría de los ancianos, entre los antropófagos de Nueva Zelanda, proseguía simétricamente las series paremiológicas de «La rama de oro» del sabio Frazer. A través de infinitos tropezones, sin embargo, un saber más castigado ha ido abriéndose camino. Desde hace cuarenta años, una investigación coherente viene siendo continuada, según la cual han podido por fin quedar firmemente establecidas dos cosas: una, que la mentalidad del llamado primitivo no obedecía a leyes iguales a las que la lógica atribuye a la mentalidad del «blanco, adulto y civilizado», viniendo, por tanto, a ser una mentalidad pre-lógica, a-lógica o como se la quiera titular; otra, que, a pesar de ello, todo induce a creer que en esta mentalidad prelógica no es la confusión la absolutamente soberana: antes produce en la misma cierto orden, expresado en reacciones aproximadamente previsibles para el iniciado en ciertos secretos, para cuya posesión el mayor obstáculo ha sido la tendencia a ajustar arbitrariamente esta realidad de la vida primitiva a los cuadros de nuestras categorías conceptuales y a los principios a que tradicionalmente viene atribuido su régimen.

Una observación todavía acerca del empleo que venimos haciendo del término «primitivo», empleo, no por autorizado por el uso, más acorde con la verdad científica y con la propiedad técnica. Nosotros bien sabemos que el «salvaje» no es el «primitivo»; que hay mucha ganga, en este último vocablo, de los prejuicios evolucionistas, según los cuales la vida como la civilización habían debido empezar por lo elemental; que una observación más fiel sobre las sociedades no civilizadas revela en el salvajismo más bien un caso de enfermedad, decadencia o aborto que la manifestación de una infancia. Pero no podemos desconocer aquí, donde el problema no es exactamente éste, las ventajas de la terminología habitual. Un inciso nos ha permitido, hace poco, reclamar el mismo derecho a hablar de «primitivo» a propósito del lenguaje, que tiene el lenguaje usual, a hablar de «cabeza» a propósito de pensamiento.

III. DEL PRINCIPIO DE PARTICIPACIÓN

«Animismo», «tótem», «tabú»: ya han comparecido en nuestra exposición estas expresiones. Ninguna de ellas debe ser considerada como descubrimiento de un investigador, como divisa de lo sistemático en una escuela. Cada una de las series de hechos implicados tras de esas palabras ha saltado a los ojos de quienquiera, aun sin traspasar lo empírico, se haya acercado a los fenómenos de la mentalidad primitiva. ¿Quién no ha advertido que, para ella —casi sin excepciones probablemente—, una planta o un meteoro pueden, sin cambiar de apariencia, encerrar un dios o el alma de un antepasado, transubstanciarse en el uno o en la otra? ¿Quién no se ha percatado del poder de representación enorme que puede asumir un objeto material cualquiera, un nombre, una cifra? ¿Ni quién ha dejado de sentir la barrera —ambivalente, por otra parte, límite a la vez para la veneración y para la coerción— de ciertas prohibiciones de apariencia inerme, de ciertas condenas?... Cada rayo al cual se atribuye una intención punitiva es un caso de animismo. Cada bandera enarbolada en señal de majestad o desafío es un tótem. Cada orden que se considera como sagrada y se constituye, por consiguiente, a la vez, en materia de terror y en tentación a blasfemias, un tabú. Estamos tanto más dispuestos a tomar en cuenta instituciones semejantes de la mentalidad primitiva cuando que las mismas —y no hemos de tardar en recordarlo— se superponen, con cierta facilidad, a otras tendencias intelectuales existentes, instintivas en nosotros mismos y que, si acaso, únicamente una artificial formación racionalista logra a medias extirpar... A medias, decimos, ¿Qué racionalista no ha castigado a su perro? ¿Cuál no se ensombrece si al retrato suyo, que han publicado los periódicos, una mano impía, tanto como necia, le ha pintado unos bigotes? ¿Cuál obra en su intimidad sentimental como si la prohibición del incesto se motivara únicamente en argumentos higiénicos o genéticamente utilitarios?

La sorpresa legítima que, en el observador, producían estas variedades de la operación mental venía sobre todo, no del carácter supersticioso de las mismas, sino, bien mirado, de la manera coherente como, encima del hecho de su existencia, se presentaba esta superstición. Lejos de producirse en el primitivo aquella *censura* lógica que, en el civilizado, condena o pretende condenar lo supersticioso a los sótanos de la inconsciencia, en el primitivo es la superstición la que impone el régimen y expulsa del pensamiento, de ciertas regiones del pensamiento, a la representación conceptual. Nosotros podemos besar, más o menos a hurtadillas de las gentes, la fotografía de un ser querido; pero, sabiendo que allí no hay más que materiales inertes, papel, cartón, lo que sea, no esperamos como respuesta a nuestro rapto ni una contestación ni una sonrisa. El primitivo, en cambio, las esperará y, si cree obtenerlas, las interpretará y ajustará a su tenor la propia conducta. Sembrará o no sembrará, según que el viento haya hecho mover la banderola en uno o en el otro sentido. Tomará una o la otra mujer, la que haga el número siete, en el grupo de las que a su elección se presentaron. El conocimiento y la acción se organizan en torno de núcleos no centrados por una realidad única, sino por la conjunción de una realidad con otra cosa, *que también constituye una realidad*; o de dos, tres, infinitas realidades conjugadas. Ningún objeto intelectual, en este mundo de la mentalidad primitiva, posee un contorno fijo. Si relativamente fijo en ciertos trechos, en otros, al revés, se abre y deja paso a la intromisión de elementos ajenos. Éstos, por su parte, no excluyen tampoco a los primarios... Pensemos en el juego de las funciones gubernativas en un país constitucional. ¡Cuán fácil distinguir en él las actividades que pertenecen al resorte de lo judicial, de aquellas otras que son de competencia administrativa! Pensemos, al lado, en otro país en el estado que suele denominarse «estado de guerra» con su mezcolanza de antiguas costumbres y arbitrariedades personales; ¿quién trazará, dentro de él, los límites entre los varios poderes? Pues bien, la mentalidad lógica reproduce la funcional disposición de un país constitucional: las fronteras entre las diferentes fuerzas actuantes son ahí más claras —lo cual no quiere decir que no sean más convencionales igualmente—. En cambio, la mentalidad del primitivo está abierta a infinitas posibilidades, por lo mismo que está abierta a infinitos abusos. La oposición entre lo vivo y lo inerte se encuentra superada por el animismo; lo que traslada a un ser la individualidad de otro, por el totemismo; lo que transubstancia un ser, consagrándolo, por el tabú. Que, sin embargo, estas posibilidades no se pierdan en lo amorfo; que, en medio de estos abusos, pueda superarse la anarquía; que el absurdo no se enseñoree de todo el espacio ni haga retroceder a la pura animalidad, efectos son de ciertos vínculos, de ciertos principios que, de todos modos, en la vida mental primitiva se establecen y que dan cierto cauce a la vena viva de sus invenciones. Parece que hay tribus elementales que desconocen el vínculo necesario entre la cohabitación sexual y la procreación. En estos grupos, el nacimiento de un hijo sin padre puede ser juzgado natural. Pero como aparezca, por cualquier casualidad, el padre del chico, le casan con la chica, vaya si le casan.

El mérito de la obra, tan conocida, del sorboniano Levy-Brühl «Las funciones mentales en las sociedades inferiores» no está en haber contenido nuevas observaciones de importancia acerca de animismo, tótem y tabú; y mucho menos, en el reforzamiento de ciertos determinismos sociológicos, cuyo adepto fue el autor, en tiempos; sino, en haber establecido cuál era el elemento de regulación común, que tras de la pululación de estas formas animísticas, totémicas y de sacramento se escondían; en haber propuesto un principio, el titulado «principio de participación», para sustituir al de «contradicción», naufragado sin esperanza en estas formas elementales del pensamiento. La fórmula de este principio es la siguiente: «Todos los seres pueden ser, de una manera —según Levy-Brühl— incomprensible para nosotros, a la vez ellos mismos y otra cosa distinta que ellos mismos. Todos emiten, reciben, asumen, fuerzas, virtudes, cualidades, acciones —que el formulador llamaba "místicas" y que se dejan sentir lejos de ellos, sin cesar de estar donde están». Con lo cual, para la mentalidad del primitivo, la oposición entre lo uno y lo múltiple, entre lo mismo y lo diverso, etc., no impone necesidad alguna de negar uno de los términos de la contradicción para afirmar el otro, y recíprocamente. Esta oposición no tiene más que un interés secundario. A veces, la misma es advertida; a veces, no. Se desvanece, en ocasiones, ante la presencia e imperio de una comunidad misteriosa de esencia entre dos seres que, desde el punto de vista de nuestra comunidad lógica, no pudieran ser identificados sin absurdo. «Por ejemplo, los Trumai (tribu del norte del Brasil) dicen de sí propios que son animales acuáticos. Los Bororó (tribu vecina) se envanecen de ser loros de color rojo. Esto no sólo significa que, tras de su muerte, han de volverse loros ni que los loros son Bororós metamorfoseados y deben ser tratados como tales. Se trata de otra cosa... Los Bororós dan tranquilamente a entender que *son actualmente* loros; exactamente como podría una tortuga decir que *es* una mariposa. No es un nombre que se dan, es un parentesco que reclaman. Lo que quieren dar a entender es una identidad esencial: que ellos son *a la vez* seres humanos y aves de plumaje bermejo». Dentro de unas operaciones intelectuales regidas por el principio de contradicción, síntesis semejante resulta inconcebible. Resulta, al contrario, de lo más plausible cuando quien manda es el principio de participación.

IV. EL PENSAMIENTO MÍSTICO Y EL PENSAMIENTO PRÁCTICO

Ahora bien, ¿en qué acepción, al tipo de pensamiento cuya norma general es el principio de participación puede llamársele «pensamiento místico»?... Dos tachas considerables tuvo la exposición sorboniana a que acabamos de aludir. La una consistió en su preocupación sociológica, que hizo a Levy-Brühl ceñir la formulación de aquel principio al campo de las representaciones y de las operaciones mentales *colectivas*, como si la mente individual de los primitivos tuviera siempre otro juego desemejante y se ajustase a una lógica, a que no alcanza todavía lo social —de hecho este autor creía que, en la vida individual práctica, un primitivo hace sus sumas y sus restas como nosotros...—. La segunda tacha consistió en una preocupación de positivismo, que le forzaba a meter en el mismo saco, bajo la etiqueta de «mística», así al Bororó que se figura participar de la esencia de un loro encarnado como a Jacobo Boehme, que dice haberse unido en nupcias con Dios. Tal vez la simple observación de que, si aquél ocupa esta posición intelectual *en un viaje de ida*, es decir, por no haber alcanzado un nivel a propósito para las operaciones lógicas racionales, el segundo lo hace *en un viaje de vuelta*, o sea «toda ciencia trascendiendo», según los términos empleados por San Juan de la Cruz, desvanecería tal preocupación. La misma necesidad de distinguir entre dos situaciones, desde el punto de vista estético de la dignidad y desde el punto de vista biográfico de la experiencia, trae consigo, de todas maneras, la evidencia de un elemento común, negativo, por lo menos, que consiste en el apartamento de los procesos automáticos de racionalidad. Consintamos en decir, aunque sea a precio de cierta impropiedad de lenguaje, que el misticismo del salvaje y el misticismo del místico propiamente dicho coinciden en *la poesía*. Así como, en lo psicológico, la luz de la conciencia se eclipsa a la vez que en las zonas inferiores de lo subconsciente y se vuelve a eclipsar en las regiones superiores, que bien pueden llamarse *de lo sobreconsciente* —por ejemplo, y para no entrar en el asunto aventurado de las gracias o carismas, en los fenómenos de *vocación* personal, misterioso atractivo de lo futuro sobre lo presente—, por modo que la luz que, en unos casos, deja a ciegas por lo insuficiente, en otros deslumbra por lo excesiva; así, pasando de lo psicológico a lo lógico, los procedimientos de la racionalidad, sobradamente finos para la mentalidad primitiva, resultan, en cambio, demasiado groseros para el pensamiento místico *sensu stricto*. Lo cual no quiere decir que, entre la primera y el segundo, no exista un denominador común, el principio de participación, al igual que la subconsciencia y la sobreconsciencia son gobernadas conjuntamente por los principios negativos de la inconsciencia, de cuyo carácter general aquellas dos participan.

La fina flor del misticismo está siempre abonada por el principio de participación o por algo muy análogo al mismo, tan vuelto como él de espaldas a las exigencias racionales del principio de contradicción. La nota *nupcial*, por el misticismo constante cultivada, aquella pretensión, más ambiciosa que cualquiera de las que pudiese abrigar el amor mismo, aquella *unión*, aquella fusión identificadora,

> «*¡Oh, noche, que juntaste*
> *Amado con Amada,*
> *La Amada en el Amado transformada!*»...

han de reírse, por fuerza, desde las alturas de su éxtasis, del mezquino y enfadoso «toda cosa es igual a sí misma», «es imposible que una cosa sea a la vez ella misma y otra diferente», «es imposible que algo sea y no sea al mismo tiempo». Los Bororós son *actualmente* loros. El místico no espera la unión con Dios en una vida futura, sino que él hace uno, *actualmente*, con Dios. ¿Y no gusta, además, el místico de fundir los conceptos de paternidad y de conyugalidad, por modo que no halla inconveniente en sentir a la vez la presencia de Dios como la de un padre y como la de un esposo? No por esto el místico creerá teñir de confusión incestuosa sus arrobados pensamientos. Y es que, para su conciencia moral, como para su criterio racional, como, por otra parte y en los casos extremos, para la misma fidelidad de los sentidos, el principio de contradicción no rige. Dios puede ser a un tiempo Padre y Esposo, Padre y Niño. El alma puede continuar siendo ella misma, sin perjuicio de participar en la existencia y esencia divinas. El arrobado puede estar a la vez aquí y en otra parte; tener cuerpo y que este cuerpo no se halle sometido a las leyes de la gravedad; conservar unos ojos mortales y ver con ellos cosas a ojos mortales no asequibles. Y no hablamos ya de toda la carga de misterios dogmáticos entrada en el acervo, no ya del místico, sino del simple creyente. María es Virgen y Madre. Subió a los Cielos en cuerpo y alma. Jesús se encuentra en presencia real en el pan de la Eucaristía.

Adviértase que la declaración de que aquí se trata de *misterios*, a que la razón no puede alcanzar y que se cuenta de ellos un escaso número, a título de excepciones a la regla común, que es la de razón, no envuelve en la coyuntura una menor caducidad para el principio de contradicción. Porque el creyente no puede colocar la aceptación de estos misterios *entre paréntesis* de lo restante de su pensamiento y de su vida. Porque le es necesario establecer, a cada momento, vínculos de enlace entre su aceptación de que Dios, a la vez, es Uno y es Trino y sus conceptos del tres y del uno, como entre su fe en la inmortalidad del alma y su manera de establecer una jerarquía en el campo de los valores morales. ¿Por qué este pobre diablo, en su desesperación, no se suicidaría, si no tuviese, por lo menos, la aprensión de una ilógica vida futura? ¿Por miedo, solamente? ¿Por qué este físico detendría su investigación ante el problema de los orígenes, si no sintiese la necesidad de empezar su investigación en algún punto, que, si no es el de una irracional creación *ex nihilo*, se le parece como una gota de agua a otra gota de agua? Ni, ¿cómo dejar de acordarse, en medio de esto, de la iconodulia católica; de su identificar, que se dijera totémico, de la representación con la cosa representada; de su rezar ante el bulto escultórico; de su adhesión puntual a las materialidades del culto; de su atribuir poderes especiales a las localizaciones devotas, la Virgen *de* tal parte, el Patrón *de* tal santuario? La sangre de San Jenaro se liquida en Nápoles y en parte más ninguna. La curación de esta parálisis ha de producirse en Lourdes, a menos de que sea en Lisieux. Y adviértase que no nos adelantaría nada, desde el punto de vista en que nos colocamos ahora, considerar estos productos mentales como *supersticiones*. Lo que, en este momento, nos importa, no es su validez objetiva, sino la actividad ilógica que suponen y que nos obliga a aceptar, aun más allá del pensamiento místico, en cualquier pensamiento religioso, procederes radicalmente emancipados del principio de contradicción. La curación de este paralítico será un milagro o una superchería, lo mismo da; pero lo verdaderamente considerable para el teórico está ahora en el hecho de que personas que no están orates hayan podido compaginarse la esperanza de que un paralítico haya podido curarse en Lourdes precisamente, con la adhesión que seguían prestando al cálculo de que $2 + 3 = 5$ al revisar las cuentas de su hospedaje. Al igual que, en el ejemplo de Levy-Brühl, un salvaje haya podido conciliar su creencia en ser un loro encarnado con la convicción de que, si ha disparado contra dos aves y ha visto caer dos y no recoge al pronto en el suelo sino una, el cuerpo exánime de la otra debe de haberse quedado escondido entre la maleza.

Ahora, preguntémonos: en realidad, si el pensamiento por participación anda mezclado con el pensamiento por oposición en la vida del salvaje y en la del creyente, en la vida del hombre corriente y vulgar, del hombre de la calle, en cuanto se orienta a una actividad práctica, en cuanto intenta una eficacia trascendental en la misma, ¿no entrará también cierta dosis necesaria de irracionalidad inyectada en las representaciones lógicas? Lo que se llama «cordura» en la vida práctica consiste precisamente en no someterse con demasiada rigidez a las abstracciones conceptuales. El que intenta ajustar estrechamente la conducta a los llamados principios fracasará en su empeño, como este mismo principio de contradicción naufraga en su tentativa de sometimiento de la realidad. Nada más desacreditado que el apriorismo, en cuanto atañe a la conducta técnica del hombre, al igual que en lo relativo a las aplicaciones de las ciencias morales. Si lo eficaz, en este orden de técnicas, fuese la exactitud, ¿habría necesidad de que el pedagogo en formación completara lo aprendido en los libros mediante la experiencia de la escuela o el médico, mediante la de la clínica? La escuela experimental, la clínica experimental dan a éstos el *tacto* en el manejo de un margen de ironía, que debe acompañar a la aplicación de cualquier precepto. El médico prudente se dirá: «Mi texto asegura que hasta la dosis de treinta miligramos el agente tóxico que receto no puede tener consecuencias desagradables... Bueno, pues pongamos veinticinco; o alarguémonos hasta treinta y uno», si así exige lo heroico de las circunstancias. Mientras tanto, el ingeniero se dirá, al calcular la resistencia de un puente: «Tres más seis, nueve. Digamos, pues, nueve y medio». La vida se gobierna según esas aproximaciones. El cálculo de la toxicidad posible de un veneno muerde en la región de su inocuidad. La resistencia necesaria para un puente es la que ya toma un poco de lo superfluo... ¿Qué más, si en la misma ciencia pura el principio de contradicción cede paso a algo muy parecido al principio de participación? Condición misma del pensamiento científico, ¿no es el admitir a cada paso la posibilidad de la rectificación futura? Galileo desmintió a Tolomeo. A su vez, ¿no admitía Galileo, para su formación cosmográfica una eventualidad, aunque mínima, aunque se tornara como extremadamente lejana, de nueva corrección? Si no lo hacía, era porque su pensamiento, en aquel instante, ofrecía más aire dogmático que realmente científico. Lo primero de que un hombre de ciencia ha de estar persuadido es de que la ciencia puede progresar después de él. Y el primer deber de su ciencia está en ser irónica. Cuando en ella se afirme un caso, siempre ha de ser con la tolerancia implícita de la afirmación contraria y con un dejar la puerta abierta a esta última.

V. IDENTIDAD Y DIALÉCTICA

Tanto el pensamiento místico como el pensamiento práctico, por consiguiente, se organizan según una fórmula menos rigurosa que la del principio de contradicción y logran así, bien que saliendo de lo estrictamente racional, encontrar justificación ante la inteligencia. Pero la verdad es que al fuero de ésta han de acogerse mil variedades de operación mental no susceptibles de cabal explicación dentro de la estrechez de la lógica. Ni que decir tiene hasta qué punto se encuentran en tal caso los procesos intelectuales del loco. ¡Váyanle al pobre orate diciéndole que es imposible que una cosa sea a la vez ella misma y otra diferente! Y, sin embargo, no por eso el pensamiento del orate naufraga enteramente en la confusión. Hay quien opina, desde luego —y nosotros no dejaríamos de aproximarnos a esta opinión—, que en rigor, la mente no enferma; que, dada una alteración fundamental de cenestesia, de origen probablemente fisicoquímico, el sistema intelectual del alienado se organiza con cierta cabal coherencia, aparte la cuestión de su objetividad. En todo caso, se distinguen muy bien los alienados confusos, víctimas de la imposibilidad de fijar el pensamiento en un punto, de los maniáticos en quienes la vesania se organiza en torno de una concepción fundamental. El alienado puede, pues, tener su lógica, donde el principio de participación se muestra con claro relieve. ¿Y no aparece también éste poderoso en la mentalidad del niño? ¿Quién juzgará que la mentalidad del niño está regida por el principio de la contradicción? No será, en todo caso, nadie de quienes aseguran que tampoco es posible, según las normas de éste, discutir con una mujer. El loco tiene su lenguaje; el niño, el suyo; dicen ciertos filólogos modernos que también la mujer el suyo. Desde luego, la diferencia entre la lógica de las muchedumbres y la que le vale al individuo aislado ha sido constantemente advertida por quienes han prestado atención, como historiadores o como hombres políticos, a los movimientos y reacciones de aquéllas. Los antropólogos, obstinados en conceder un orden de estudio especial a las representaciones colectivas de los primitivos, no negarían ciertamente a los teóricos de la cultura el derecho a repetir la misma distinción respecto de los civilizados. Pero es que, en un caso como en el otro, el campo de la síntesis no está sometido al principio de unidad, sino al de participación o al que estamos buscando, capaz de subsanar las deficiencias de generalidad, propias del principio de participación. Porque, a la altura de esta reseña, ya puede entreverse que ocurre con el principio de contradicción algo demasiado parecido a lo de la condición de aquel ensayo de lengua internacional y respecto del cual un niño le pregunta a su padre: «—Papá, ¿qué es el *volapuk*?». «—Hijo — contestaba éste—, el *volapuk* es la lengua universal». «—¿Y quién lo habla?». «—Nadie»... Parejamente, el principio de contradicción es la norma universal de la razón. Sólo que nadie se ajusta a ella.

¿El filósofo alquitarado, el matemático puro, quizá? El más importante episodio que la historia de la filosofía haya conocido, desde que el respeto de la racionalidad amaneció en el aire claro de la Magna Grecia, consistió en que, bastante lejos de la Magna Grecia, pero no tanto como para que una tradición de intelectualismo, nota constante de la tradición europea, se hubiese vuelto fuera de lugar, cuajase en pensamiento sistemático organizado con independencia del principio de contradicción. Esta sistematización se llama «idealismo objetivo» y su estilo fue el de la dialéctica. Schelling, Hegel tomaron como ariete al servicio de este pensamiento la crítica del principio de contradicción, por ellos recogida en una de sus formas, la del principio de identidad, el famoso A=A, cifra del razonamiento deductivo. Su demostración, que nada nos impide rehacer por otro camino, viene a ser la siguiente. Supongamos una proposición en que se formula una identidad absoluta, del tipo A=A; digamos: *un árbol es un árbol*. Si apreciamos esta proposición, nos daremos cuenta en seguida de que no hay aquí todavía un pensamiento. Hay un truismo, lo que, en el lenguaje vulgar, peor aún que «una verdad de Pero Grullo», se llama una tontería. Pasemos ahora al extremo contrario. Supongamos una proposición en que se presenta una diferencia, contenida en la fórmula siguiente: A no = B; por ejemplo: *un panecillo no es un piano*... Así como aquella proposición no era un pensamiento todavía, ésta no es un pensamiento ya. Es una incoherencia, una necedad también. Mientras no exista entre los dos términos relacionados una base de identidad, a partir de la cual se establezca la diferencia, no hay tal pensamiento.

Todo pensamiento real está situado entre estos dos límites extremos. Su fórmula debe contener, a la vez, la identidad y la diferencia y supone, ya una base de diferencia sobre la cual se afirme la identidad, ya una base de identidad sobre la cual se afirme la diferencia. Puede el pensamiento graduarse entre esos dos extremos, acercándose al uno o al otro, sin caer, no obstante, en el uno ni en el otro. Ni hay siquiera proposición que no corresponda a una actividad intelectual en el sujeto o a un cambio en el dinamismo de la realidad. Si las proposiciones se acercan al primer tipo, la afirmación de la diferencia se encuentra implícita en la afirmación de la identidad; ésta es, por consiguiente, la que pasa entonces al primer plano. Al contrario, cuando la proposición se acerca más al segundo extremo, es la afirmación de la identidad la que se encuentra implícita en la afirmación de la diferencia: el primer plano es, pues, ocupado por esta última. Así, por ejemplo, cuando nosotros decimos que *un árbol es un vegetal*, juntamos a los términos, que se diferencian, por lo menos, en la extensión y en la comprensión; pero esta diferencia queda implícita y es la identidad la que pasa a ocupar todo el campo de la afirmación, acercándose así al tipo: «un árbol es un árbol», A=A. Al contrario, la proposición *un árbol no es un vegetal*, incluye, por lo menos, una identidad en el hecho de que el árbol como el vegetal sean seres vivos, en uno y en otro término; pero la diferencia advertida ocupa todo el plano de la afirmación, quedando implícita la afirmación de la identidad, con lo cual dicha proposición se acerca al tipo: «un panecillo no es un piano...». Al tipo que, por otra parte, ha dado origen al chiste famoso: «—¿En qué se diferencian un piano y un panecillo?». «—No lo sé». «—Pues no vayas nunca a comprar un panecillo, porque te encajarían un piano»... Cuando el interrogado así declaraba no conocer la diferencia, lo que en realidad quería decir es que no conocía la identidad.

Hasta aquí, hay que convenir en dar la razón a un idealismo como el hegeliano. Pero, a partir de aquí, una filosofía de la inteligencia rehusaría el acompañar a una filosofía de lo absoluto. ¿Quién autorizaría a ésta a transformar la proposición: *la identidad no puede existir sin la diferencia*, en esta otra: *la identidad y la diferencia son idénticas?... Sobre* que aquí, en vez de mantenerse la diferencia y la identidad en una relación de interdependencia recíproca, se constituye una especie de más general categoría y de superior instancia a favor de la segunda; esto se presenta en una fórmula —la fórmula *identidad = diferencia*—, donde el vocablo o signo de la «identidad» se encuentra dos veces: en uno de los términos y en la determinación de la cópula; mientras que el vocablo o signo de la diferencia sólo se halla una vez. Igualmente ilegítimo —pero no más— sería repetir el procedimiento, mas ahora a favor de la diferencia, y afirmar la diferencia entre la diferencia y la identidad; constituyendo a favor de la primera una categoría y superior instancia que Hegel otorga gratuitamente a la segunda. Esto es cabalmente lo que han hecho los filósofos llamados pluralistas, con pluralismo radical. Éstos, al dar segunda instancia a la diferencia, destruyen la inteligibilidad de lo real; mientras que, por su parte, los hegelianos, al caer en el panteísmo, destruyen, por otro lado, la posibilidad de la ciencia y del pensamiento, según ya se vio en el tipo filosófico de Spinoza. Éstos, por su radical racionalismo; los otros, por su radical empirismo, se encuentran igualmente lejos de una posición filosófica que desee tener en cuenta los resultados de la crítica que acabamos de resumir, pero no pasar más allá de los mismos.

Querido lo primero, no lo segundo, hay que limitarse a reconocer la imposible disyunción de la identidad y la diferencia. El pensamiento entendido así, la existencia entendida así, superan evidentemente el simple reconocimiento de la unidad y el simple reconocimiento de la multiplicidad; pero sin excluir la una ni la otra. Esta manera no destructiva de superación implicará constantemente el reconocimiento de una dualidad de planos en el pensamiento y en la existencia; pero no atribuirá derechos idénticos a cada uno de los mismos. El primer plano podrá ocupar casi totalmente el campo entero de la afirmación; pero el segundo ocupará, por lo menos, una situación marginal. *La part du feu*, la parte del fuego que conviene hacer, según el proverbio de los franceses, para la discreta conducta en la vida. Los «herejes», que según San Pablo *oportet esse*, conviene que existan. En lo intelectual, como en lo moral, la verdad, como el bien, no podrían existir sin un coeficiente de contradicción interna. Desde Sócrates hasta acá, el vocablo «ironía», que no debe entenderse en el sentido de un artificio literario, alude a esta indispensable contradicción interior de nuestras representaciones, de nuestras proposiciones. La filosofía rechazará así aquellas que se presenten con la ambición de apodícticas. Aceptará en cambio y hará fructificar a las asertorias. Pensamiento irónico es aquel que, emancipado del principio de contradicción, no cae, sin embargo, en el *pensamiento según la identidad* y sabe siempre pensar *según el orden*.

No ha sido distinta, por otro lado, la actitud tomada, más o menos conscientemente, por los hombres de ciencia. Ya hemos aludido a alguna de sus razones, razón de experiencia histórica, por decirlo así, y que no olvida el escarmiento de la continua rectificación que el proceso científico impone. Pero todavía imperativos interiores más esenciales imponen aquí la necesidad de dar lo suyo al margen de la contradicción. «Una ley matemática, nos atrevimos ya a escribir hace mucho tiempo, no es algo independiente del hombre que la adopta y, por consiguiente, de los cambios de mentalidad que éste pueda sufrir». Henri Poincaré, bien que un poco accidentalmente, ha demostrado cómo, en matemáticas, el tipo de razonamiento que se llama de *recurrencia*, o de *función* o de *inducción completa*, representa una falla del principio de contradicción; y lo más grave está en que, según declara Poincaré mismo, aquel razonamiento *es el tipo característico de la demostración matemática*. Pues, ¿y qué mayor tolerancia en la aceptación de lo contradictorio que la representada por el alojamiento que la mecánica ha hecho de la entropía dentro del principio general de la conservación de la energía? Y, en las ciencias biológicas, el evolucionismo con la aceptación de la mutabilidad, y la legitimación del movimiento, que, con tanta coherencia, había reducido al absurdo Zenón Eleata, ¿no significa ya una denegación de las exigencias del racionalismo, a la vez que el recurso para interpretar lo real con otra manera de lógica que la implicada en el principio de contradicción?

VI. LAS «FORMAS HISTÓRICAS DE LA VIDA»

Abandonando el Idealismo absoluto por el Idealismo irónico y la exigencia de unidad en el pensamiento por la exigencia de jerarquía, se entrevé inmediatamente una doble posibilidad. Por un lado, la de restablecer la solidaridad funcional que el descubrimiento del principio de participación había roto; quiere decir, la de los procedimientos operativos comunes al «hombre blanco, adulto y civilizado» y los propios del primitivo, del niño, de las muchedumbres, de los místicos, de los hombres de acción —o sea del noventa y cinco por ciento de la humanidad aproximadamente— y los del filósofo y el hombre de ciencia, demasiado respetuosos de la objetividad de las cosas para prentender ajustarlas al lecho de Procusto de la lógica racional. Por otro lado, se entrevé igualmente que todos estos procesos intelectuales, en su variedad infinita, lejos de naufragar en la incoherencia, pueden encontrar una cierta norma de superior coherencia, cifrada en la exigencia de un orden que, enlazando en armonía las representaciones, no signifique necesariamente para las mismas la reducción a la unidad. Esta norma respetará simultáneamente lo uno y lo múltiple. No implicará proposiciones apodícticas, sino asertorias. No manejará conceptos, ya convencionalizados por la abstracción, sino ideas, todavía en el fervor germinal de su descubrimiento. Aunque se aplique al conocimiento y a la vida toda, tendrá su campo adecuado en esta región, en que estamos obteniendo metódicamente la revelación del secreto de la filosofía.

Recuérdese, una vez más, el punto en que tantas veces hemos insistido, al estudiar la entidad filosófica de las palabras. Cada palabra contiene, además de *una significación*, correspondiente a un concepto, *un sentido* más amplio, capaz de vivir, cambiar, extenderse, restringir, proliferar y por el cual la palabra corresponde a una idea. En el enlace de las significaciones rigen los principios de la lógica racional; dentro de ella es imposible que una cosa sea y no sea al mismo tiempo y es imposible que una cosa sea otra cosa. Pero, en el enlace —o, mejor dicho, en la conjugación— de las ideas, ¿qué principio regirá? El principio de participación muchas veces: toda cosa puede ser a la vez ella misma y otra. Ya conocemos la vigencia del principio de participación y sus límites. Pero, si al principio de participación la mentalidad real obedece varias veces, *siempre* obedece a otro principio, que no es tampoco el de contradicción, sino una fórmula jerárquica en que uno y otro se concilian; y por el cual se postula que toda cosa *asume* un nimbo de sentido, dentro del cual se encuentran inclusive los gérmenes de su contradicción; por manera que el objeto representado se constituye en el núcleo de una realidad más amplia, que convierte a aquél en su *órgano expresivo*, sin quitarle por esto autenticidad. Esto quiere decir, en otros términos, que *todo pensamiento es una figura*.

En la vía del descubrimiento de este principio de la figura, la filosofía ha encontrado ya algunos precedentes. Parciales, fragmentarios todos ellos, sólo vislumbres a menudo de una ley general. Cuando un fisiólogo, por ejemplo, llegaba a advertir, como Friedrich Goltz, que «la función sobrepasa el órgano», ¿no venía a definir, de contragolpe, la vida como una idea más amplia que su material representación? Cuando un psicólogo, como ya el genial y todavía mal apreciado Pierre Janet, encuentra, en la noción del *tono psíquico*, algo que sobrepasa, no sólo el ejercicio de una facultad o disposición, sino la suma de todas las facultades y todas las disposiciones psíquicas, ¿qué hace sino apreciar *un nimbo* de psiquismo, que escapa a la fijación de un contorno? Cuando un físico, según el resumen de Weizsaeker, advierte como necesaria en el átomo la coincidencia entre el corpúsculo y la onda y, en último término, de un acto de creación por el observador, ¿no debe sacarse de ahí que aquel corpúsculo puede a la vez estar y no estar en alguna parte?... Pero quizá, desde nuestro punto de vista, tiene todavía más importancia, como revelación de sistema y adelanto de la especulación consciente en un camino, la actitud teórica adoptada por un grupo de pensadores, en un dominio científico de muy estrecha especialidad. Nos referimos a la crítica escrituraria. Y los doctos de que hablamos, aunque sin meterse en filosofía, han traído, desde el particular campo de su estudio, un refuerzo de extraordinaria calidad a la reflexión del filósofo. Inspiraba a estos doctos un criterio de religiosidad. Protestantes los iniciadores, católitos algunos de sus más recientes secuaces, renovábase para ellos la eterna dificultad de conciliación entre el valor histórico de los hechos que en los relatos evangélicos encontraban y el evidente trabajo de creación poética, revelado en formas inclusive amaneradamente preestablecidas, que en estos trabajos se apreciaba. ¿Qué hacer ante esa doble solicitación? ¿Lo que, antes que ellos, habían hecho los creyentes que, a principios de la actual centuria, se llamaron «modernistas», es decir, postular la inmanencia recíproca entre su conocimiento científico y su conocimiento religioso?... *¡No, sino exactamente lo contrario!* Advertir que la vida, la vida concreta, la vida histórica repetía y superponía las formas de la invención, por modo que a cada acto vital iba asociado un nimbo de invención poética, cuya representación aquel acto asumía. Tratar la realidad como expresión. Sus mismos cultivadores titularon a aquella actitud en la crítica escrituraria *Formlebengesischtlicheschule*, escuela de las formas vitales. Su permanente postulado está en el valor simbólico atribuido a la realidad.

Cuando el Coro de las Santas Mujeres, en el final del «Fausto», canta que «todo acontecimiento sólo es un símbolo», el adverbio alemán *nur* que matiza esta afirmación puede, confesémoslo, despistarnos acerca del pensamiento del poeta. Puede equívocamente darnos a entender, a estilo de subjetivista, que, fuera del contenido figurativo que se le atribuye, la realidad no tiene entidad alguna. Pero cuando se recuerda que el mismo autor del «Fausto» pudo escribir un día a su amada: «Ya sabe usted cuán simbólica es mi existencia», todo se vuelve claro. No es, en este último caso, que Goethe tuviera duda alguna acerca de la realidad del propio existir. Es que a este propio existir le atribuía un *sentido*, le dotaba —y esto como una garantía de mayor realidad— de un carácter simbólico. Es que entendía que, en sus movimientos, en sus actos esenciales, el individuo llamado Juan Wolfgang Goethe *asumía* la representación de toda una zona de realidad, infinitamente más vasta, en el espacio y en el tiempo, en la pluralidad multiple, en la esencia efectiva, que la anécdota en que un empirismo, demasiado miope, hubiera creído agotado tal existir. Así como, al efecto de tales y cuales disposiciones legales o administrativas, un padre de familia *asume* la representación de la familia entera, se convierte en *su figura*, al convertirse justamente en *persona* —que por algo este último vocablo tiene un sentido etimológico estrechamente ligado al arte escénico—, así el amante Goethe *figuraba* la vida —la *figuraba* y la *configuraba*— al vivir la vida. Así cuanto acontece, la historia entera, tiene un sentido, expresa algo: lo expresa como condición indispensable para su propia verdad. La verdad no está en la anécdota; la verdad está en la figura. Y, paralelamente, el sentido de la figura no está en su contorno. Está en su contorno, más su símbolo. Está allí donde «cuanto acontece» supera y olvida la exigencia racional del principio de contradicción.

VII. LA EXIGENCIA FIGURATIVA

¿Qué exige la racionalidad para dar una explicación coherente del mundo? Que, en la explicación total, los términos no se contradigan. Que cada objeto sea idéntico a sí mismo. Que ningún objeto sea, a la vez, otro objeto. Que nada pueda existir y no existir a un tiempo mismo. Y que todas las existencias puedan, pues, reducirse, por la abstracción, a la unidad.

¿Qué exige la inteligencia para dar una explicación coherente del mundo? Que, en la explicación total, los términos se ordenen. Que cada objeto asuma elementos de realidad, que no son exactamente él mismo, pero que a su sentido se subordinan. Que cada objeto tenga, en torno suyo y fuera de su contorno, un nimbo de realidad más amplia. Que la función sobrepase al órgano. Que la función sobrepasadora del órgano exista y no exista a la vez. Y que las existencias puedan, pues, reducirse, mediante la jerarquía, al orden.

De este modo comparece, en el cuadro de nuestra teoría de los principios, el *principio de figuración*, destinado a reemplazar al *principio de contradicción* caducado. Y evitar que, sin el amparo de una racionalidad ya inutilizada, nuestro conocimiento naufrage en la irracionalidad.

LECCIÓN IX

DEL PRINCIPIO DE RAZÓN SUFICIENTE

I. LA RAZÓN SUFICIENTE Y LA CAÍDA DE LAS MANZANAS

Si bien se mira, el segundo principio que regula la segunda etapa de la cohabitación del pensamiento con el conocimiento, es decir, los juicios, se encuentra ya implícitamente contenido en el primero: la exigencia de identidad en estos juicios involucra la de una razón suficiente que vincule sus términos. En efecto, si yo, al poner los mismos en relación, afirmo que en uno de ellos se encuentra una explicación racional del otro, con rigor tal, que ningún elemento de la existencia del segundo escape a una justificación potencial que se halla en la significación del primero, afirmo, en el mismo acto, la equivalencia entre la realidad del primero más su potencialidad y el segundo. Me ocurrirá el inferir, por ejemplo, la caída de una manzana por la ley de gravedad. Pero la ley de la gravedad ya comprende, en su propio enunciado, entendido con toda la amplitud que hace de ella una ley general de la mecánica, el caso particular representado por la caída de esta manzana, como la de todas las manzanas posibles.

Claro que la ley de la gravedad no comprende *otra* de las causas por cuya fuerza y acción la manzana cae: que es una causa de *hecho*, el hecho de que la manzana en cuestión está madura y ha llegado hasta aquel punto de madurez en que ya no puede su rama sostenerla. Pero semejante falla, a su vez, es una cuestión de *hecho*. Su advertencia no va contra la aplicación del principio de razón suficiente a un caso único y singular: va, si bien se mira, contra la validez genérica del principio de razón suficiente; volviéndole inverificable fuera del ámbito que ya la razón ha estatuido convencionalmente para el mismo y fuera del cual pueden quedar otras intervenciones causales que la razón no ha tomado en cuenta. Para nosotros, esta impotencia de verificación no constituye ninguna sorpresa; porque ya sabemos, desde los capítulos anteriores, que por el solo hecho de estar operando con conceptos, es decir, con representaciones convencionales, ya hemos tenido que despedirnos de la ambición de alcanzarle demasiado cerca a la objetividad de las cosas. La explicación de la caída de las manzanas por la ley de la gravedad *se parece* a la realidad de la caída de las manzanas, *como se parece* el concepto mismo de manzana, tal como nos lo proporciona la botánica —disciplina científica, al igual que lo es la mecánica, donde hemos buscado la razón suficiente al fenómeno observado—, a la realidad de esta manzana que me estoy comiendo ahora; e inclusive a la realidad de la idea concreta de manzana, que, a menos de ser un nominalista puro, debo aceptar como existente.

Mi conocimiento se contenta, a cada instante, con este repertorio de signos, de que le van dotando la mecánica y la botánica; pero mi pensamiento trasciende de sus respectivas convenciones. Mi pensamiento, aun suponiéndolo colocado en el instante histórico en que la mecánica de Newton daba la razón suficiente de la caída de las manzanas, contenía ya en germen, estaba —por decirlo así— preñado de las rectificaciones que a la mecánica de Newton podían traer la mecánica de Einstein y todas las mecánicas futuras y posibles. Las implicaba, bien que no pudiese formularlas todavía. Las implicaba *in nuce*, como otras tantas posibilidades en gestación por la cultura. Y esto ya podía conocerse cuando mi pensamiento aceptaba la formulación de las razones suficientes propias de la mecánica de Newton: podía conocerse en el tono de mi repetición; en el margen de ironía que reservaba, ante la fuerza apodíctica de la explicación aceptada, incluso —¿por qué no?— dócil y lealmente aceptada, sin hacerle ascos siquiera al elemento de un prestigio de autoridad, de que beneficiaba la explicación, sobre todo en los casos de comprensión insuficiente por quien la recibía y la repetía... Pero no anticipemos consideraciones críticas que han de encontrar su lugar aquí un poco después. Recojamos únicamente el aviso de que, en su entraña lógica, el principio de razón suficiente podría reducirse al mismo principio de contradicción de que, cualquiera que hayan sido las esperanzas con que fue acompañada su formulación por los filósofos, cae bajo la misma acusación de esterilidad que comprometió la suerte de aquél y, encima de esto, bajo el peso de los mismos ataques que han reducido a aquél a ceder el paso a un principio nuevo.

En todo caso, la razón suficiente por el principio reclamada, ninguna ciencia será capaz de servírsela en bandeja al investigador; porque la naturaleza de cualquiera de las razones que le podrán dar está en no ser únicas y en ser, por tanto, si la expresión nos es permitida, unas razones suficientes insuficientes. Por dicha, la exigencia intelectual del orden —del cual, no lo olvidemos nunca, para la *inteligencia* deriva todo— interviene también aquí. Interviene, para hacer preferir, entre las varias explicaciones causales posibles, aquella que presenta en más alto grado y en proporción más perceptible ciertas condiciones lógicas, estéticas y hasta éticas, extrañas en sí mismas a la racionalidad; pero que a la racionalidad sirven, permitiéndole acercarse más a lo objetivo. Es indudable, para volver a nuestro humilde ejemplo, que una explicación de la caída de las manzanas según la ley de la gravedad se inserta más legalmente en una explicación general mecánica de los fenómenos del mundo que una explicación que hubiese escogido, para formularse en ley, el grado de madurez de las manzanas; con lo cual la lógica de nuestra interpretación de la realidad sale ganando y se permite el lujo de conservarse más pura. También la primera explicación tiene un valor estético, que falta a la segunda: nuestra sensibilidad se complace, indudablemente, al ver armonizados dentro de una ley común el movimiento de los astros en el cielo y la caída de las manzanas en el vergel. Si, encima de esto, se añade que, en la generalidad de la primera explicación, hay un ahorro de esfuerzo interpretativo, se encontrará que ésta satisface más cumplidamente a un criterio de *economía* en la construcción de la ciencia; criterio que no han faltado pensadores, como Ernst Mach, en considerar, inclusive, como la regla capital en la construcción de la ciencia. Encadenando un repertorio de razones suficientes *preferidas* es como esta arquitectura intelectual se logra. Sin que nadie impida entonces dotar a la estructura de revestimientos muy plausibles de arquitectura racional: con cuyo ligero engaño transigiremos fácilmente, a cambio de que las mismas razones que antes nos han decidido a cada parcial preferencia sigan operando ahora a beneficio del aprecio del conjunto.

II. AÚN NO ASAMOS Y YA PRINGAMOS

A pesar de esta implicación del principio de razón suficiente en el principio de identidad, Leibniz se creyó en el caso de distinguirlos expresamente; y su distinción tiene curso desde entonces en las explanaciones sistemáticas de la Filosofía. Seguramente contribuyó, en no poca parte, a presentar como deseable a las fuentes lo que Leibniz estatuyó, el hecho de que, desde el Renacimiento, viniesen conturbando a la lógica antigua las grandes invenciones de las ciencias de la observación, hijas más bien de una curiosidad, golosa de naturaleza, que de una legalidad, canonizadora de la identidad por medio de los ritos del silogismo. Toda aquella prole bastarda reclamaba su derecho a la existencia. Leibniz, con ser en el fondo un racionalista acérrimo, consideró justo legitimar aquella situación. Reformista kepleriano de la Filosofía ya, optó por transigir, y el estatuto a cuya merced la tal legitimación se produce se llama «principio de razón suficiente». Así, a los fines de un doble método de certeza y de invención, al principio de contradicción, principalmente demostrativo, se une el principio de razón suficiente, que permite la invención y la hipótesis. Por el primero es declarado falso todo juicio que implica una contradicción en los términos. Por el segundo, se convierte en actual, dentro del atributo, la potencia implícita en el sujeto. El primero se aplica a lo necesario; el segundo, a lo contingente. El primero preside a la legalidad de los juicios analíticos; el segundo, a la de los juicios sintéticos. El primero asiste, íntegramente, al pensamiento matemático; por el segundo son llevadas hasta la posibilidad del pensamiento matemático, o hasta su cercanía, las adquisiciones proporcionadas por la observación empírica y por la experiencia del mismo orden. La unidad del saber, que Leibniz perseguía con tanto ardor como la había perseguido Raimundo Lulio, queda muy bien servida con eso.

Según Leibniz, el principio de razón suficiente y el método de invención del derivado se apoyan en la psicología racional, en la teoría de la verdad y en la naturaleza de las ideas. Los preceptos de este método, con todo, son por Leibniz continuamente mezclados con los derivados de la exigencia de identidad. Dos fuentes, según él, tienen nuestros conocimientos: una experiencia exacta y una demostración sólida; dos suertes hay de verdad: la una, contingente o de hecho; la otra, inmediata y necesaria. Entre las dos clases de proposiciones, que a estos dos órdenes de verdad se refieren, se da la misma diferencia que entre los números inconmensurables y los números conmensurables. «La última razón de las verdades contingentes está —decía Leibniz— en la naturaleza divina. La razón humana domina en toda clase de conocimientos, como reina sobre todas las cosas. Todo razonamiento falso es un error de cálculo, un solecismo del lenguaje racional. Conviene que,

XVII. JOHANN GOTTLIEB FICHTE (1762-1814)
Dibujo de F. Bury
(*Propiedad familiar. Hildeshernn*)

XVIII. GEORG WILHELM FRIEDRICH HEGEL (1770-1831)
Pintura de Jakob Schlesinger
(*Galería Nacional. Berlín*)

con auxilio de un lenguaje bien hecho, todo razonamiento pueda ser llevado a verificación como un cálculo». «En toda controversia, por consiguiente, bastará el decir: *calculemos*». El análisis es el instrumento de la investigación de la verdad. El análisis es el telescopio y el microscopio de la inteligencia. El análisis perfecto representa la reducción de las nociones a sus elementos más simples, a los primeros posibles. Cuanto es posible tiende necesariamente a la existencia. Una idea es verdadera, por consiguiente, cuando es posible; falsa cuando implica contradicción... Toda la fiesta, a pesar de sus aspectos, se hace aquí a beneficio del silogismo, cuyo poder absoluto se había pretendido templar. Las esencias asumen así a las existencias. «*Cuando Dios calcula*, sentencia Leibniz, *hace el mundo*».

Las matemáticas habían dado en esto el modelo; y, sin embargo, desde las matemáticas vino la primera objeción. Vino del mismo Leibniz, que, en 1694 y en su trabajo *De la enmendación de la Filosofía primera*, se limita a corregir tímidamente el mecanismo cartesiano mediante la adición del principio de razón suficiente al principio de identidad; pero que, ya en 1695, en un artículo inserto en el *Journal des Savants*, bajo el título de «Nuevo sistema de la naturaleza y de la comunicación de las substancias», rompe con aquél, diciendo que una meditación más profundizada le había hecho entender que para lograr una comunicación científica entre las matemáticas y la física era necesario emplear el recurso a la idea de *fuerza*. Porque la materia no es una colección de partes infinitamente divisibles, según el análisis que a la extensión habían aplicado las aporías de Zenón de Elea, sino que había que reconocer cómo, a la divisibilidad infinita, se opone la existencia de verdaderas «unidades»: de lo que Platón llamaba *ideas*; Aristóteles, *entelequias*; los escolásticos, *formas substanciales*, irreductibles al análisis, *puntos metafísicos*, dotados de vitalidad; *exactos* como el punto matemático y *reales*, a la vez, como el punto físico. Para estas individualidades, Leibniz, alegando la teoría de las *transformaciones* de Swammerdam, y Malpighi, además de otros, admite que la generación de un animal no es más que un desenvolvimiento. Que la muerte no es más que una apariencia; que no hay nacimiento nuevo, ni muerte definitiva, sino, en todas partes, metamorfosis. Inclusive de las tesis de constancia relativa, aplicadas modernísimamente a lo biológico, por Weismann, y a lo histórico, por nosotros mismos, cabría buscar un precedente en esta parte de la obra de Leibniz en que habla de la permanencia de «la semilla de Adán». Todo esto, sin embargo, exige la admisión de la existencia de fuentes de energía autónoma, de auténticas *creaciones*; es decir, para expresarlo sin paliativos, la existencia difusa del *milagro*, irreductible al principio de razón suficiente. Para que la pluralidad de las existencias sea algo objetivo; para que existan en el universo verdaderas unidades, forzoso es reconocer, en cada una de ellas, una vida. Pero esta vida, a su vez, trae implícito el hecho de una posibilidad de originalidad, de novedad en la total energética, de creación. Esta creación, por su parte, no se explica sin una ruptura —reparable o no; pero esto, que no importaba a la crítica del principio de contradicción, no importa a la crítica presente—, del equilibrio *dado* en el mundo; es decir, de lo que la mecánica pura no puede explicar... El ataque de Leibniz al cartesianismo abre así la serie a los que, llegando casi hasta nosotros, la misma ciencia ha proseguido contra una fe demasiado rigurosa en la literalidad de la exigencia causal. Serie que, de una parte, culmina en la que pudiéramos llamar mecánica de la radioactividad, formulada por primera vez claramente en el prólogo de la edición hecha por Mme. Curie a las *Obras* de su marido y, por otra parte, en el singular acontecimiento de la doble publicación —doble, en el tiempo; pues aparecida por primera vez, casi clandestinamente, en una revista alemana de hace casi un siglo, no ha sido divulgada hasta hace unos años, en una edición bilingüe, impresa en París—, de un Memoria no menos singular del Conde Gobineau, donde, so color de justificar el reconocimiento de «Algunas formas de la existencia individual», de lo que el autor llama curiosamente *esporas, vida esporádica*, se deja definitivamente fuera de combate al mecanicismo cartesiano y, de rebote, a todo el ciclo de la Filosofía salido de Descartes, con una virulencia de la que probablemente no se ha dado cuenta cabal todavía el comentario ambiente; pero que nosotros no hemos vacilado en proclamar.

Entre estos dos momentos: el de la autocorrección por Leibniz y el de la eficacia lograda por Gobineau, a través de los comentarios más recientes, se desarrolla la historia entera de la corrosión obrada, con origen en la ciencia misma, sobre el principio de razón suficiente. Los episodios sucesivos de esta crisis se manifiestan, un día, en la mecánica pura, hasta llegar a la noción de caso-límite; otro día, en la que pudiéramos llamar mecánica hereditaria, en que, más o menos hipotéticamente, se concibe a la inercia como actuando sin teórica contradicción. En la mecánica hereditaria viene a haber como un paso entre lo físico y lo biológico: la biología acentuará las dudas sobre la cabal validez del principio, desde el momento que, en manos de los evolucionistas, la existencia de la finalidad vuelve a entrar en juego, rompiéndose así la exigencia lógica de una prelación de la causa sobre el efecto; liberación, ésta, que ha acabado por llevar al biólogo Hans Driesch a la restauración de la noción aristotélica de «entelequia», palanca —según acabamos de ver hace un instante— de la rectificación antimecanicista de Leibniz. También tiene algo que ver con la mecánica hereditaria el nuevo estado a que han traído la cuestión los descubrimientos físicos sobre la radiactividad, con los cuales ha venido a cancelarse la exigencia, que el principio de razón suficiente traía consigo, de suficiencia cuantitativa de la causa para el efecto... Tan debilitado nos llegaba ya el principio en cuestión, tras de tales ataques y choques, que no ha sido excesiva proeza el obligarle a abdicar y a dejar consentidamente el cetro al otro principio más liberal, cuya formulación hemos propuesto nosotros.

III. DIÁLOGO CON LA MECÁNICA

Bien que sea apartándonos un poco de la línea general de conducta que nos hemos trazado en las presentes investigaciones del secreto de la Filosofía, nos hemos consentido en el párrafo anterior algún empréstito a la historia de la misma. Vamos ahora a pedir licencia para permanecer un minuto más en este desviado camino. La desviación, por ventura, nos traerá ventajas de atajo. A veces, en cualquier investigación, la línea curva es la más corta entre dos puntos.

Históricamente, la formulación que ha sido considerada como la más precisa y clara del principio de razón suficiente es la del mismo Leibniz, a quien hay siempre que volver cuando se trata del problema. Esta formulación se encuentra en el capítulo XXXII de la *Monadología*. Allí se lee: «Ningún hecho puede resultar verdadero o existente, ningún enunciado verdadero, si no hay razón suficiente para que sea así, y no de otro modo, aunque acontezca a menudo que esta razón permanezca por nosotros ignorada». Así formulado, implica el principio tres postulados, no explícitamente expresados en él. De una parte, que la explicación del hecho o del enunciado ha de ser concebible por la razón humana y, por tanto, potencialmente congnoscible, aunque actualmente no sea conocida. De otra parte, que en lo cuantitativo dicha explicación ha de recurrir a otros hechos o enunciados, de no inferior fuerza o alcance que los representados en el hecho o el enunciado cuya razón se investiga. En tercer lugar se postula además, según viene a revelarlo la expresión «hay» —es decir, *existe*, es decir, *preexiste*—, que encontramos en la fórmula la prelación temporal del hecho o enunciado que se busca sobre lo que pasa a ser considerado como efecto suyo: no se olvide nunca que el principio de razón suficiente lo presenta la lógica como la ley abstracta de aquel mismo cuya ley concreta es el principio de causalidad. Por último, en la mente de Leibniz, por lo menos, su enunciado postula la bondad del mundo, suponiendo que para cada juego de acontecimientos su juego de causas reales es el *mejor* entre todos los otros juegos de causas posibles.

Observemos, para empezar, que esta definición tiene ya la particularidad de involucrar en un solo sujeto el orden metafísico —representado por la palabra «hecho»— y el orden lógico —representado por «enunciado»—. Y no solamente ésta, sino la de conceder al primero, al «hecho», dos calificativos simultáneos: el de «existente» y el de «verdadero», como si presupusiera su sinonimia dentro de lo real. Ahora bien, esta presunción sería perfectamente legítima, desde el punto de vista formal, en cualquier afirmación, dado que su formulante se hubiese colocado en la actitud de pensamiento trascendente en que, por otra parte, nos colocamos nosotros mismos. En cualquier otra afirmación, decimos, sería legítima; pero no lo es cabalmente en ésta. En ésta, cuya conclusión se quiere establezca la identidad de lo que es metafísico y de lo que es lógico, de la realidad y de la racionalidad. En el caso presente, partir de la unificación de los dos órdenes para concluir el derecho a esta misma unificación representa el incurrir en una petición de principio.

Esta crítica que puede hacerse respecto de la interpretación juzgada preferiblemente del principio de razón suficiente constituye ya para nosotros un fuerte indicio que nos pone en guardia contra la pretensión de que se le conceda un valor absoluto. Veamos, encima de ello, cómo falla en mecánica así que se intenta llevar el esquema analítico por dicho principio representado a la realidad de los fenómenos físicos. Supongamos un sistema de fuerzas actuando sobre un punto O de la composición siguiente:

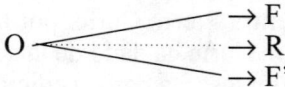

en la cual la resultante será O.R. Tendremos un esquema formado por dos factores y la resultante, que nos explicará la posición que ésta ocupa en el ángulo formado por las otras dos. Según el principio de razón suficiente, nos veremos conducidos a afirmar que esta posición será siempre la misma, en la hipótesis de que demos a aquel sistema de fuerzas una rotación que les coloque en cualquiera de las posiciones posibles, incluso en la misma que representa la inversión de los dos puntos de origen en esta forma:

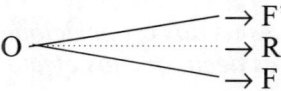

Y esto se verificará, en efecto. Se verificará, *excepto en un caso*, el caso en que las fuerzas actuantes F.F' sean fuerzas eléctricas o magnéticas dotadas de signo contrario. En este caso, un elemento no cuantitativo, la *posición* de las fuerzas, influirá en la valoración cuantitativa de la resultante. Nos encontraremos, pues, en presencia de un hecho que no tendrá razón suficiente en la suma de las causas. Un factor irracional, un factor estimativo habrá actuado: la calidad. Y gracias a él se encontrará que en el segundo de los tres postulados, que antes hemos presumido indispensables para la aceptación rigurosa del principio, no se cumple.

Entre los hombres de ciencia que más vivamente hayan experimentado las dificultades del principio de razón suficiente se encuentran aquellos que se han dedicado a la física de los cristales. En el caso particular en que la estructura del cristal está influida por el factor cualitativo, es decir, cuando éste es magnético, que nosotros acabamos de encontrar como caso típico de la dificultad y de la excepción al principio, esos hombres de ciencia han hecho esfuerzos para salvar la inteligibilidad de sus construcciones científicas conciliándolas con la fidelidad hacia la objetividad de los hechos. El expediente consiste en conservar el principio lógico; atenuando empero alguna de las exigencias, implicadas en la fórmula de Leibniz. Entre los que han intentado composiciones de esta índole se encuentra Pierre Curie; por lo menos, según la versión que Mme. Pierre Curie ha dado de la actitud teórica de su marido, en la introducción escrita para la edición de las *Obras* de éste.

Aquí, la reforma era, para él, indispensable, en presencia de los entonces recientes descubrimientos sobre fenómenos de radiactividad, en los cuales el valor cuantitativo del efecto no se encontraba suficientemente en la causa. Y he aquí la fórmula de Pierre Curie en su presentación trimembre:

Cuando ciertas causas producen ciertos efectos, los elementos simétricos de las causas han de encontrarse en los efectos producidos.

Cuando ciertos efectos revelan una cierta disimetría, esta disimetría ha de encontrarse en las causas que la han hecho nacer.

La recíproca de estas dos proposiciones no es cierta, a lo menos prácticamente, es decir, que los efectos pueden ser más simétricos que las causas.

Según se ve, el secreto para la ampliación de la fórmula consiste en dejar aparte la suficiencia cuantitativa, implicada en el principio de razón suficiente. De los tres postulados supuestos por la fórmula de Leibniz, se suprime el segundo, logrando así la posibilidad de incluir en la categoría de inteligible los elementos variables, introducidos por el factor cualitativo de la posición. ¿Este alivio del rigor del principio lo vuelve aceptable? En el cuerpo de los estudios de Pierre Curie sobre la física cristalina, la fórmula dada por él mismo recibe, según los casos, dos interpretaciones distintas. Una, en el caso en que se supone conocido el juego entero de las causas que intervienen en el fenómeno: Curie afirma entonces el pleno valor objetivo de la fórmula. Otra interpretación, para el caso en que dicho juego de causas no es conocido por entero. Se atribuye entonces al principio de razón suficiente el valor de constituir una a manera de guía para la investigación de las causas interesantes que intervienen en el fenómeno; es decir, que se atribuye a la fórmula un valor metodológico e instrumental. Semejante distinción tiene la más alta importancia.

Ahora bien, en relación con la misma, nosotros no podemos menos que recordar el hecho de que el conocimiento pleno y entero de todas las causas de un fenómeno *no puede realizarse nunca*. La distinción escolástica entre «causas» y «circunstancias» es, en efecto, ilusoria. Que un hecho o un enunciado modifique la realidad de otro hecho o de otro enunciado con una intensidad suficiente para incluir al primero en la calificación de «causa», o le influyan con la levedad contingente que supone la denominación de «circunstancia», es sólo el resultado de una apreciación, en la cual entra tal cúmulo de elementos subjetivos, convencionales y abstractos, que tal distinción no puede siquiera considerarse como pensable en toda su generalidad. El fenómeno meteorológico de la sequía, que, en el momento en que estas líneas se escriben, lamenta nuestra agricultura, ¿es el efecto de alguna causa incluible entre los fenómenos del astro solar? ¿O bien éstos no son más que una circunstancia entre las varias de que aparece rodeado el fenómeno, y en cuyo juego no ha dejado más de uno de incluir, más o menos supersticiosamente, las presuntas agitaciones atmosféricas relacionadas con la violencia de los medios artilleros empleados en la guerra? El vínculo de la causalidad física pasa aquí a ofrecer la misma nota de indeterminación que encontramos en el vínculo de la presunta causalidad histórica. No liga a los fenómenos requeridos una ley de necesidad, sino una sintaxis de función. Ésta justamente va a ser la base de nuestra substitución, según doctrina de la Inteligencia, en la cual el principio de razón suficiente se ve reemplazado por el principio de función exigida, cuya manifestación expresiva son las *correlaciones funcionales*.

Por el pronto, ya encontramos en la primera de las hipótesis de Pierre Curie un recurso a la noción de «caso-límite» con que se ha esquivado la impropiedad de la noción de «ley», en su aplicación a la naturaleza. En cuanto a la segunda hipótesis, debemos advertir que ya en la misma parece concederse demasiado; esta conservación de lo que fue o quiso ser, norma soberana de la razón, desde su trono de imperio absoluto sobre la mente, se ve convertido ahora en simple agente de valor metodológico e instrumental, para la rebusca de «causas notables», sin pretensión ninguna a lo exhaustivo... Ni tanto ni tan poco. Nosotros intentaremos en seguida salvar mejor la dignidad del principio, haciéndolo transigir sin hacerle abdicar.

IV. DIÁLOGO CON LA ESTEREOQUÍMICA Y CON OTROS INTERLOCUTORES

Llevemos ahora nuestras comprobaciones a otro campo: el de la química ya y, concretamente, al de la estereoquímica. Nos toca el tomar en cuenta, para verificar su trascendencia a la crítica del principio de razón suficiente, una perspectiva suscitada por los descubrimientos de Van-t'hoff.

Reducida la cuestión a sus términos más simples, supongamos la molécula de un cuerpo tetravalente dependiente de la disposición de cuatro átomos. Inútil precisar que, dentro de la referencia histórica en que nos movemos, nuestra explicación retrotrae las cosas a los términos en que podían presentarse antes del descubrimiento del lenguaje de la estereoquímica y, desde luego, del de los *quanta* y, en general, de la física atómica modernísima: a lo que podía entenderse en tiempos de Van-t'hoff... La mencionada composición cabe expresarla para fijar las ideas en la siguiente figura:

$$\begin{matrix} 1 & & 2 \\ & \diagdown \diagup & \\ & a & \\ & \diagup \diagdown & \\ 3 & & 4 \end{matrix}$$

Entre las disposiciones de esta arquitectura atómica, se cuentan, sin duda, las siguientes:

$$\begin{matrix} 1 & & 2 \\ & \diagdown \diagup & \\ & a & \\ & \diagup \diagdown & \\ 3 & & 4 \end{matrix} \qquad \begin{matrix} 1 & & 4 \\ & \diagdown \diagup & \\ & a & \\ & \diagup \diagdown & \\ 3 & & 2 \end{matrix} \qquad \begin{matrix} 3 & & 4 \\ & \diagdown \diagup & \\ & a & \\ & \diagup \diagdown & \\ 2 & & 1 \end{matrix}$$

Esto dado, la verificación del principio de razón suficiente exigiría que las consecuencias de esas tres disposiciones se produjeran en tres órdenes o grados diferentes de propiedades, dando origen a tres cuerpos. Si la propiedad en cuestión se refiere, por ejemplo, a la desviación del plano de polarización de la luz, según acontece en las substancias isómeras, tendremos que la luz debería ser desviada diferentemente en el sentido en cada uno de los cuerpos originados por aquellas tres disposiciones de los elementos. Pero lo que acontece en la realidad es que estos cuerpos no son tres, sino dos: el uno dextrogiro; el otro levogiro. Podríamos imaginar, dentro del mismo tipo de explicación en el plano y en hipótesis, un tercer cuerpo, cuya propiedad fuese la de no hacer girar el plano de la luz. Pero aun aparte de que parece que este hecho resultaría experimentalmente singular, siempre nos encontraríamos con la dificultad de explicar por qué con dos de aquellos cuerpos se habría formado una clase, la de dos cuerpos que tienen eficacia giratoria; mientras que, opuestamente, el tercer cuerpo no la tendría. Diferencia que, en verdad, no podría encontrar razón suficiente en la distinta disposición de aquellos elementos.

Si, pues, los cuerpos no son más que dos y la ficción de un tercer cuerpo no trae tampoco ventaja alguna, debemos concluir que el principio de razón suficiente, el cual exigiría la diferencia de dichos tres cuerpos, no encuentra, en este caso, y según la explicación adoptada, comprobación en la realidad. Ahora bien, la mencionada exigencia de tres cuerpos, consecuencia de la posibilidad de las tres disposiciones cuyos esquemas hemos presentado, acontece que persista nada más cuando continuamos imaginando dichos esquemas como colocados en un solo plano, según ha sido hasta hace poco tiempo considerado como tradición constante en la química; es decir, cuando la arquitectura atómica de cada cuerpo dado era convencionalmente situada sobre una superficie. Pero transportemos la cuestión al lenguaje de la estereoquímica. Entonces la arquitectura atómica de los cuerpos no se presentará delineada en una superficie plana, sino corporeizada como un volumen en el espacio. Ocurre, entonces, que aquellas tres disposiciones posibles en un plano se reducen a dos, en cuanto imaginamos sus permutaciones como realizándose en el espacio. Y dos son, según hemos dicho, el número de cuerpos que se encuentran en la práctica experimental. De lo cual se deduce que, en este caso, el principio de razón suficiente se encontraría comprobado; pero tan sólo dentro de la estereoquímica y no dentro de la química que le precedió. Nos encontramos, pues, en presencia de un caso en que el principio de razón suficiente aparece condicionado por el hecho de la adopción por parte nuestra de un determinado sistema de representación. El valor de tal principio, por tanto, se hallará circunscrito a los límites del tal sistema; por lo cual cabe decir que el principio de razón suficiente obedece a las necesidades representativas del conocimiento humano. Y si es cierto que constituye una condición para la posibilidad de la representación, no es menos cierto que, en desquite, la representación —y la representación en una forma determinada— constituye recíprocamente una condición necesaria para la verificación de aquél. Dicho principio, por tanto, depende de nuestra representación: no de la exterioridad objetiva. Logrará comprobación, más o menos aproximada, en la Ciencia; pero la Filosofía no lo podrá aceptar.

Algo parecido ha venido a acontecer cuando la Mecánica ha entrado en un dominio de investigaciones más recientes, incluibles bajo la designación de Mecánica de los Electrones. Estas investigaciones han conducido a los hombres de ciencia a la necesidad de dar carácter menos riguroso al tradicional enunciado del postulado de inercia. Aun sin necesidad, confesémoslo, de ciertos descubrimientos de los físicos hubiera sido previsible para quienquiera que hubiese examinado con espíritu crítico la cuestión de si el postulado de inercia tiene el carácter de ley necesaria, o bien si constituye solamente un *caso-límite* a las posibilidades del movimiento de los graves. Según Mach, por otra parte, según nos dice en la «Historia de la Mecánica», Galileo, al enunciar el postulado de inercia, no entendería referirse a una verdadera ley, sino a un «caso-límite» de la caída de los graves. Han sido los físicos posteriores quienes, sugestionados por la comodidad de la explicación, han ido convirtiendo poco a poco el enunciado en una pretendida ley necesaria.

Examinemos la cuestión de esta necesidad. Supongamos un cuerpo C sobre el cual actúa constantemente una fuerza que le obliga a moverse según una curva CM. Si, en un momento dado, que acabamos de representar por M, esta fuerza deja de intervenir, el postulado de la inercia trae consigo dos consecuencias respecto de lo que puede acontecer en el movimiento ulterior del cuerpo C. Una, relativa a la dirección del movimiento; otra, relativa a la velocidad. La primera nos hace prever que la dirección de C será una recta tangente con la curva dada por la primera parte del trayecto. La segunda consecuencia nos hace prever que —si prescindimos del frote y de otras causas extrañas— el movimiento, abandonado a la inercia, conservará la velocidad adquirida al llegar a M. Gráficamente, el siguiente cuadro representa este acontecer:

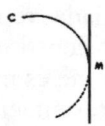

¿Ocurre esto en la práctica? Efectivamente. Pero, ¿ocurre necesariamente? Nada podría legitimar en esto nuestra afirmativa. En efecto, si las cosas ocurrieran de otro modo que siguiendo el tal esquema de previsión, no nos encontraríamos nada embarazados para darle una explicación. Si la dirección no era la prevista, ello nos induciría simplemente a creer que un factor —con el cual no habíamos contado, por no considerarlo influyente—, la primera parte de la trayectoria, influye en la segunda parte. En otros términos, que ésta *hereda* determinaciones de aquélla. Esta idea de una influencia de la primera parte en la trayectoria de la segunda y en el destino de la misma en nada repugna a nuestra razón. Al contrario, parece que hay que hacer cierto esfuerzo mental para eliminar semejante sospecha.

En cuanto a la cuestión de la velocidad, para encontrar la explicación de la modificación representada por el hecho de que, verbigracia, este movimiento se vuelva más lento, tendremos que modificar nuestro concepto de fuerza que lo liga, precisamente, al aumento de la velocidad. Podríamos suponer que un movimiento abandonado a sí mismo tiene tendencia a volverse más lento, lo cual tampoco repugna en nada a nuestra razón; al contrario, la satisface en el sentido de una concordancia con los hechos observados, aunque los mismos se deban a causas accidentales (frote, etc.). Tenemos, pues, aquí, como antes, la validez del principio de razón suficiente ligado a un sistema determinado de representación. Cambiadas éstas, cambia el recurso de aquél.

Esta previsión de la crítica ha sido confirmada por la dinámica de los electrones, consecuencia de la teoría de Lorentz. Ha sido necesario que esta rama de la Física abandonara el enunciado tradicional del postulado de inercia, igualmente que de otros principios de la Mecánica. A partir de este punto, el postulado de inercia ha vuelto a tener el carácter, que según Mach, tenía en la mente de Galileo: el carácter de «caso-límite» que se realiza con una verificación infinitamente aproximada, pero sin que pueda hablarse de una verdadera necesidad. En el esquema de que nos hemos valido, la recta tangente que arranca de M es sólo una representación convencional de las infinitas aproximaciones en que —aun prescindiendo, repitámoslo, del frote, etc.— la trayectoria del movimiento puede desarrollarse:

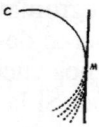

El principio de inercia se ofreció a Galileo como un caso-límite a la caída de los graves en un plano inclinado y se presenta igualmente como una extrapolación de experiencia. Pero no hay que admirarse si en la construcción racionalista de la Mecánica que ha seguido a Galileo la inercia ha podido presentarse como el resultado de una propiedad aislada. El sentimiento de necesidad que se liga a él generalmente, sólo significa que esta propiedad está contenida en la representación conceptual y que se admite que la continuación del movimiento no está determinada por el movimiento precedente inmediato. Y también por los datos de una experiencia estática posible relativa al mismo instante precedente. Negar la inercia o algún otro principio fundamental de la mecánica como hemos estado conducidos a hacer en la reciente dinámica de los electrones, conduce a rechazar aquella representación conceptual y, en particular, la hipótesis precedentemente anunciada de la no-herencia. De hecho, la imposibilidad de conservar la representación sobredicha resulta de lo siguiente: trayectos físicamente distintos, en los cuales se tienen diferentes centros tangentes entre sí, en la extremidad M serían concebidos como parecidos, haciendo abstracción de una diferencia que, en la hipótesis en que nos colocamos, resulta, al contrario, esencial para la previsión.

V. DIÁLOGO CON LA BIOLOGÍA

Recojamos ahora, entre lo anteriormente expresado, las observaciones concernientes a la posibilidad de una Mecánica hereditaria. Dentro de la misma, el postulado de la inercia, ya de sí adolecido de una inferioridad respecto de sus ambiciones de ley y sólo verificable con la validez aproximativa de un caso-límite, se complica y debilita aún más por la intervención de factores cuya eficiencia sobrepasa los límites de la existencia, es decir, que producen efecto después de haber dejado de actuar. En Mecánica general, ello era solamente una hipótesis fictiva, una hipótesis de trabajo. Pero ocurre que, al intentar el acomodamiento de los esquemas mecánicos ordinarios al dominio de las ciencias biológicas, tal resistencia se encuentra convertida en condición general. *Lo hereditario interviene, con toda generalidad, en lo biológico.* Un ser vivo nace de un ser vivo. Aplicando a la gestación del primero por el segundo, el esquema antes aducido de la trayectoria del cuerpo C movido por una fuerza que, en un momento dado M, deja de actuar, deberíamos concluir, según el postulado de inercia, que en el mismo instante en que cesa, por el alumbramiento, la intervención gestora, el ser vivo gestor pierde cualquier posibilidad de eficiencia ulterior en la trayectoria del gestado. Ello, sin embargo, no ocurre así. El nuevo ser hereda, y en un grado por el momento incalculable y en una extensión que tampoco, dentro del cuadro del caso particular, puede calcularse —cálculos como los de Mendel necesitan del recurso a los grandes números— determinaciones relativas procedentes del otro. Y no sólo del inmediato, en los organismos en que el trabajo sexual está dividido, sino del procreador, que ha cesado de operar más lejanamente en el tiempo. Y no sólo del procreador como individuo, sino de la especie entera a que el procreador pertenece. El nuevo individuo, por ejemplo, llegará un día a tener, íntegramente, un tipo adulto de dentadura. Estos dientes no le han sido transmitidos como una fuerza actuante en el instante del nacimiento, ni siquiera en el instante de la concepción, ni siquiera por eficiencia del individuo materno o del individuo paterno; sino como herencia colectiva de la especie, que ya por anticipación prepara la perfección del tipo al que el recién nacido debe, un día, llegar.

Lo más grave es aquí, desde el punto de vista de la validez científica del principio de razón suficiente, que la relativa predeterminación hereditaria, —que siempre la opinión, inclusive en las formas más populares y rutinariamente proverbiales había atribuido a las estirpes—, la Biología del evolucionismo la aplica también a las especies. Desde el momento en que una especie, más bien que como coetánea de otra, es presentada como sucesora suya, ya parece cosa juzgada la transmisión hereditaria, por una parte, de los *caracteres adquiridos*; de otra parte, de ciertas vocaciones de adaptación que tienden a aproximar el destino individual al cumplimiento de un *tipo, verdadero* «caso-límite» también, aunque sea sin tener la exigencia de necesidad, representada por la noción de una ley efectiva. Si se afirma —y escogemos precisamente este ejemplo, porque lo caricatural tiene siempre ventajas de experimentación— que la especie humana desciende de una cualquier especie de simios, el tránsito de una a la otra especie ha de contener dos maneras de relativa determinación. En primer lugar, una transmisión de caracteres adquiridos habrá ido aproximando sucesivamente los ejemplares logrados a los ejemplares que más tarde se han de obtener: el animal que silba o lanza grititos, al animal que habla. En segundo lugar, una atracción ejercida por algo que todavía no existe sobre algo que existe ya. Lo primero, al desconocer el imperativo de equivalencia entre la causa y el efecto, presenta en la vida algo con caracteres de continuada creación. Lo segundo, al romper con el imperativo de la prelación temporal de la causa relativamente al efecto viene a admitir la eficacia activa de una finalidad, cuyo papel no se explica, según hemos visto antes, dentro de la fórmula racionalista del principio de razón suficiente. *Herencia y finalidad* operan sobre todo lo vivo. Esto basta para que, aun dentro de lo estrictamente científico, dentro del manejo de los conceptos abstractos, la Biología no se pueda ajustar enteramente a los cánones de la Lógica.

Nosotros hemos propuesto dar el nombre de *Mneme,* tomado del mismo léxico mecanicista de Meinong, a la entidad mecánica que impide, precisamente, el ajuste de la vida a la inercia, operante desde un pasado —trátese de recuerdo, de reminiscencia, de tendencias o de otros elementos hereditarios— y el nombre de *Arjé* a la entidad mecánica que impide la caída de la vida en la muerte, operando performadoramente desde el porvenir—; bien sea un porvenir individual, en cuyo caso puede recibir el nombre de destino; bien de un porvenir genérico o específico, en cuyo caso el Arjé se identifica con la Entelequia o con la Especie. La presencia de la Mneme presenta a la evolución como creadora. La presencia del Arjé limita las posibilidades de esta creación. En la ortodoxia de la Biología transformista estas dos presencias se han traducido históricamente a la formulación de dos famosos principios: el de la herencia o transmisión de caracteres adquiridos y el de la lucha por la vida y preparación de la victoria del más apto. Porque no nos engañemos: ni uno ni otro principio, ni en las explicaciones teóricas de Lammark ni en las explicaciones teóricas de Darwin, corresponden a un vínculo racional y predeterminable por el conocimiento de la relación entre *lo existente y lo que se acaba de producir*. Todo esto se resistiría al cálculo; todo esto no se presta a la justificación analítica. Si el cálculo interviene en el conocimiento biológico, ha de ser como cálculo de probabilidades, en la forma de los grandes números. Si el análisis opera, no puede ser nunca un análisis exhaustivo, ni tan sólo propulsor del hallazgo de «causas notables», como se dice en la fórmula de Curie; sino que ha de dejar sitio a la intromisión de incógnitas, cuya definición no podemos, al explicar los fenómenos, precisar, puesto que no existen aún. Iluminada por la conciencia de los resultados de esta crítica, toda la ciencia biológica ha acabado por rechazar el canon racionalista: en lo fisiológico, un Claude Bernard, rechazando, según restauración de un vitalismo, la posibilidad de una eliminación mecanicista de lo vivo; o bien un Jodl declarando —y éste parece ser el concepto fundamental de la fisiología moderna— que «la función sobrepasa el órgano». En la Biología general, un Schrödinger cifrando en la dosis de indeterminación la nota distintiva de la materia viva sobre la materia inerte o un Driesch restableciendo el concepto de la entelequia aristotélica, como capaz de racionalizar el concepto de causa y de substituir al concepto de especie en la explicación sistemática de los seres vivos y de cualquier proceso vital en el ser vivo.

VI. LA MNEME Y EL ARJÉ

Si ahora penetramos en la región donde ya la Mneme se convierte en memoria y el Arjé se ilumina en designio, quiere decir en la región de los fenómenos de origen humano, sea éste individual, sea colectivo, veremos sin ninguna sorpresa multiplicarse los elementos de indeterminación. Tales elementos se insertan totalmente, a partir de ese instante, en el tiempo. Una temporalidad inevitable aplica la unidad de la memoria a través de la variedad de lo sucesivo, dibujándose así la conciencia en lo individual, la cultura en lo colectivo, como entidades hereditarias por excelencia. Otra temporalidad enlaza el designio con el acto, emancipando a aquél de su vínculo respecto de lo anterior y, en cambio, convirtiéndolo en causa inmediata de éste, por modo que el designio toma los caracteres imprevisibles de una creación original. Podrá hablarse todavía, al llegar aquí, de los *motivos* del acto, como si se tratase de verdaderas causas; podrán emplearse igualmente expresiones como «*causas históricas*», para aludir a tales o cuales fenómenos que han entrado previamente en juego; como «*efectos del acto*», para designar, en aislamientos más o menos convencionales, sus consecuencias. Si bien se mira, semejantes expresiones tienen un sentido translaticio nada más. Objetivamente, los *motivos*, sean psicológicos o sociales, no son con exactitud *causas*. Todos los juristas, teóricos o prácticos, toman aquí en cuenta la distinción. Ni son tampoco *efectos* las consecuencias del acto en cuestión: todos los historiadores lo saben; y con ellos todos los moralistas, todos los educadores. Como aquí se trata, en rigor, de funciones sin órgano propio, no es de extrañar que, más evidentemente aquí que en la fisiología, el órgano no se presente con suficiencia respecto de la función. El propio lenguaje viene ya a revelarnos el carácter, a la vez hereditario y original, creador porque tradicional, de esta región en que nos hemos introducido. El propio lenguaje, que empieza a llamar *actos* a lo que hasta ahora ha denominado *fenómenos*.

Adviértase que, en lo que acabamos de exponer, nada se prejuzga, ni sobre la racionalidad de los actos humanos ni sobre el llamado «libre albedrío», que los puede proyectar y realizar. No estamos todavía en región tan alta —o, si se quiere que digamos enteramente nuestro pensar: no estamos todavía en región tan pobre—. La razón significa un enflaquecimiento de la plenitud espiritual, logrado a fuerza de las ascesis de la abstracción; y el «libre albedrío» no envuelve, en la hipótesis de su existencia, otra cosa que una esterilización parcial de la potencia creadora que hay en nuestros actos, a trueque de un mito de individualización ilusoria en la atribución de un origen a los mismos. Nosotros, que ya hemos comparado las palabras con los conceptos, estamos preparados perfectamente para percibir el porqué el nivel de indeterminación de las primeras sobrepasa el de los segundos, que empiezan a estar sometidos a otra determinación que la de la naturaleza, a encontrarse esclavizados por las determinaciones de una lógica, más dócil a la exigencias del principio de razón suficiente. Y el hecho de que el poder humano de creación rompa el cuadro de una conciencia, también más o menos ilusoria, de libertad, ya lo han enseñado todos los filósofos de la Acción, a estilo de Blondel, o del Hombre que trabaja y juega, a nuestro propio estilo. En realidad, somos mucho más libres de lo que creemos. Como que, se-

XIX. JOHANN WOLFGANG VON GOETHE (1749-1832)
Dibujo en color de Stieler

XX. FR. WILHELM JOS. SCHELLING (1775-1854)
Busto de von Halbig
(*Galería Nacional. Berlín*)

gún ya también hemos visto, el vivir humano, en la lucha entre la Potencia y la Resistencia, la libertad no es ni siquiera posible mencionarla como adjetivo, sino como substantivo fundamental. Y no debiera decirse nunca, para hablar con exactitud dialéctica, «libre albedrío» o «pensamiento libre», sino libertad en su querer, libertad en su pensar.

Hemos traído ya a colación «las palabras» como algo legítimamente revelador de este orden de intervenciones de la Mneme y del Arjé, quiere decir, de la Mecánica hereditaria y de la Mecánica de la finalidad, productoras de la indeterminación, en esta región de la actividad humana en que nos encontramos. Muy caracerísticos de ella son los actos —«actos» que no «fenómenos»— del lenguaje. El lenguaje no es un producto de la razón humana: decir inversamente que la razón es un producto del lenguaje se acercaría más a la verdad. Ya sabemos cómo cada palabra contiene, además de un *significado,* un *sentido*: es éste, a despecho de aquél, el que hace proliferar la palabra en *acepciones*; el que la carga de elementos hereditarios, haciéndole vivir varios contenidos conceptuales a través del tiempo; el que, en desquite, convierte en neologismo la expresión más manida, cuando baja a los puntos de la pluma de un escritor de genio; el que dota de posibilidades infinitas a cada palabra de enlace o de nupcias con los demás; el que abriga, bajo la nieve del léxico, semillas potentísimas de sintaxis; el que permite la poesía y hace llegar hasta las prisiones del concepto los vuelos de la música. En el sentido de las palabras está el espíritu todo: en el significado no está más que la razón. ¿Cómo va a ser más rico, más fecundo, éste que aquél? Media entre el lenguaje y la razón la misma distancia que aleja, en otro orden muy distinto de cosas, los manjares de las vitaminas.

Pues bien, en la filosofía del lenguaje se ha encontrado, muy recientemente dentro de la historia de la Filosofía, el resorte de un arma de combate contra el racionalismo, preparada casi clandestinamente y dotada de una eficacia que ahora tan sólo se empieza a entrever. Así como, un día, la intromisión de las matemáticas pudo forjar el racionalismo filosófico, con Descartes y Leibniz, así, hoy, el recurso a la filosofía del lenguaje señala el término del dominio de aquél. Varias veces hemos aludido ya a la importancia de la Memoria escrita por el Conde de Gobineau hace años, pero no publicada sino recientemente. Una primera versión alemana, sin embargo, había aparecido en 1868 en cierta «Revista de Filosofía y

Crítica filosófica», fundada anteriormente por Fichte y provista en aquel tiempo de otros dos directores, de cuyo nombre no queremos nosotros acordarnos, en castigo a las insolentes pedanterías que uno de ellos hizo padecer a Gobineau. El ejemplo del mismo ha sido imitado, casi setenta años más tarde, por el prologuista de una edición bilingüe, publicada en París, con el título de «Memoria sobre diversas manifestaciones de la vida individual», huyendo de la expresión «vida esporádica» que el texto alemán ostenta: el prólogo de esta edición es repugnante y el hado de la misma ha sido casi tan triste como el de la primera y periodística. Pero quizá estaba también en su horóscopo el que un día alguien —nosotros— contrariase el curso de esta maldición. En ello venimos empleándonos desde hace algún tiempo, por juzgar que, con todos sus defectos, con su forma algo sibilina y, confesémoslo, huérfano del serio tecnicismo, habitual en la producción filosófica, la Memoria de Gobineau cerraba en el pensamiento moderno el ciclo abierto por la filosofía de Descartes.

¿Qué afirmaba éste en punto a la relación entre los conceptos de forma y materia? Reduzcamos la tesis a sus líneas esenciales. Afirmaba que, para que la primera exista, es necesario que exista la segunda: que *no hay forma sin materia* ¿Qué dice Gobineau, al contrario, en las tesis de su Memoria? Que *puede existir una forma sin necesidad de una materia donde asentarse.* Y para llegar a este resultado recurre sencillamente a una observación de sentido común, a la observación del lenguaje humano, donde se dan manifestaciones formales a las cuales ninguna materia sirve de base de substentación. Porque nuestro lenguaje es otra cosa que los sonidos que lo producen oralmente, que el papel o los caracteres en que se presenta escrito. Porque un verbo, para no ir más lejos, o un substantivo en los idiomas donde los substantivos se declinan, pasa por formas diversas, quiere decir, se metamorfosea, con modificaciones, cuya entidad nada tiene que ver con la voz que las pronuncia o con los materiales físicos en que aparece escrito o impreso. Puede, inclusive, ocurrir que un verbo tenga dos fonemas iguales y que se escriban igual, correspondientes, a pesar de todo, a dos *formas* distintas del mismo verbo... El llamar la atención sobre ello representa ya una iluminación genial, tanto como obvia. Se trataba de algo así como el popularísimo huevo de Colón.

De ahí ya se pasa sin esfuerzo a la comprobación de que las funciones sobre las que especulan los matemáticos son independientes de cualquier cantidad concreta, de cualquier enumeración, de cualquier dibujo trazado, constituyendo, como constituyen, a su vez otras figuras que en sí mismas no pueden trazarse con tiza o con lápiz. Y a otras comprobaciones. Y a concebir el espíritu como una forma que puede subsistir con independencia del cuerpo. Y también la existencia de espíritus puros, que no tienen ni han tenido corporeidad. Pero no por ello pueden llamarse amorfos, ni ser considerados como reductibles a un espíritu general más amplio; antes conserva cada uno aquella autonomía existencial propia, que es la base de una verdadera —no convencional ni arbitraria— individualidad. La cual, por asumir en sí misma una generalidad, auténtica igualmente, puede merecer de nosotros el nombre de *personalidad*. De la amplitud del panorama, con ello abierto, podemos, por el instante, desinteresarnos. En otras ocasiones hemos sacado nosotros mismos consecuencias relativas, incluso a la crítica de arte y a la calidad figurativa del pensamiento, basadas en la tesis de Gobineau. Ahora nos importa el ver en la misma el aspecto negativo, la oposición radical en que esa tesis se coloca respecto de una concepción del mundo de carácter mecanicista y racionalista, que atribuya una eficacia rigurosa al principio de razón suficiente. Apresurémonos a advertir, de paso, que dicha oposición no es ni más ni menos grave que la que puede traer al manoseado principio cualquiera de las observaciones de cualquiera de los fisiólogos modernos que estudian en el funcionamiento orgánico del hombre correlaciones y suplencias, para explicación de las cuales hay que recurrir al principio de Jodl, que nos enseña cómo «la función sobrepasa el órgano». Esta función, más amplia que el órgano, tiene una estructura, que no es ya estructura material.

La *sporadische Leben*, la vida esporádica, de que habla Gobineau, instaura en el individuo una fuente de energía que no cabe ya considerar como transformación de ninguna energía preexistente. Por el lado de la originalidad como por el lado del designio, el principio de razón suficiente carece de aplicación aquí. La originalidad rompe con la inercia. El designio anticipa el efecto a la causa. La forma individual se ha emancipado de la energética general del universo. El papel de la determinación puede ser aquí mínimo, aun sin contar con la razón, aun sin contar con la libertad de albedrío; repitámoslo, por el hecho solo de la individualidad objetiva, lo humano está lejos de poder reducirse a una máquina. Si la existencia de una «línea de acontecimientos» rompía con el ajuste del mundo físico a la pretensión racionalista de imponerlo, el principio de identidad, la existencia de una que podríamos llamar, a la vez, «línea de memoria» y «línea de designio», impide paralelamente que el principio de razón suficiente dé cuenta de las realidades del mundo moral.

Otro de los hechos que, además de los del lenguaje, significa una seria dificultad de acomodación a este principio es el de la personalidad humana. Ya se entiende la diferencia que ha de separar aquí los términos «individuo humano», «persona humana». El primero, aunque irreductible al análisis, es, en sí mismo, analítico. Figurativo, el segundo indica la asunción, por parte de lo que es presentado como individuo, de otras realidades que, sin él, se presentarían como pasividades automáticas tal vez y que entran, asumidas así, en función activa y creadora. La etimología nos ilumina aquí, al recordarnos el entronque del término «persona», con la «máscara» del Teatro antiguo. Una «persona» es lo que modernamente se llama, en Francia, «*un rôle*», y, en España, «un papel». A lo que la individualidad del actor es fenoménicamente, se añade figurativamente el «personaje», cuyo papel o *rôle* aquél representa. Una realidad más amplia, que su propio y singular contorno físico se le incorpora así. Su existencia alcanza ahora a más lejos. En la medida en que es personal, es simbólica. «Ya sabe usted cuán *simbólica* es mi existencia», escribía Goethe a su amada. Y, en nuestra lección anterior, hemos sacado de ahí consecuencias útiles al establecimiento del principio de figuración. Y símbolo no significa aquí ficción; al contrario, implica la alusión a un existir menos abstracto, más concreto, que el de la recortada individualidad, ceñida a sus límites aparentes. Por ser padre no se es menos hombre (al revés: el instinto popular bien lo presume). Por ser figura representativa no se es menos fuente de energía original. Lo que sí debe afirmarse es que, en esta región de la personalidad, queda característicamente cancelada la vigencia del principio de razón suficiente. El juego de la causalidad queda enredado por tantas fluencias de acción, que se vuelve imposible reducirle a la rigidez de un esquema.

La complejidad y la consiguiente rebeldía se manifiestan más caracterizadamente aún, cuando, ya superada la psicología, se entra en lo colectivo y en la consideración especial de lo representado por la realidad de la Cultura. Esta consideración hubiera significado para nosotros, unos años atrás, el salirse ya del terreno de lo científico, puesto que la Cultura era considerada entonces como simple Historia, es decir, como imprevisible contingencia. Nuestra crítica del principio de razón suficiente desde el punto de vista científico hubiera debido detenerse un poco más atrás. Hoy, sin embargo, ya se alcanzó la posibilidad de hacer a la Cultura objeto de una verdadera ciencia, la Ciencia de la Cultura, capaz de percibir y tomar en cuenta los elementos permanentes que se insertan en el fluir histórico y a los que llamamos «*eones*» o «constantes». Su evidencia viene a evidenciar a su vez la nota de imprevisibilidad en los otros y la posibilidad, sin embargo, de establecer entre ellos, entre los acontecimientos históricos, vínculos de correlación. El carácter funcional de estos vínculos excluye de ellos el automatismo de las máquinas, pero les deja todavía unas posibilidades de normalidad, cierta nota de ajuste relativo a unos «casos-límites», bien que se trate de «casos-límites» infinitamente más alejados de la real verificación que puedan estarlo los descubiertos por Galileo o por Newton. Si el universo ya no es una máquina, sino una sintaxis, el devenir humano será otra sintaxis, con un hipérbaton desmesuradamente más libertino. Ultrahereditaria, la mecánica de la Historia no se sujetará a ninguna ley de inercia. Finalista a cada momento, exigirá menos que ninguna la precedencia de la causa sobre el efecto. Si aquí no naufragamos en la contingencia, si no perdemos la última posibilidad de salvamento en lo contingente, será a cambio de que echemos lastre: de que nos resignemos a substituir el principio de razón suficiente por otro más flexible, más acogedor, con menos exigencias de satisfacción para la racionalidad, aunque tal vez más adecuado a la inteligencia, que venga a satisfacer, para todos los casos de irracionalidad observados, la necesidad de explicación, indipensable compañía de la dignidad humana.

VII. DIÁLOGO BREVE CON LA FÍSICA ATÓMICA

Mas, antes de ensayarnos en la rebusca de cuál pueda ser este principio, cerremos la crítica a que, dentro de la ciencia, hemos sujetado el principio de razón suficiente con la alusión a la última cronológicamente de las dificultades con que ha tropezado su admisión, ya, otra vez, dentro del terreno de las ciencias físicas, como si retrocediéramos de los campos, cercanos ya a la Filosofía, en que nos acabamos de colocar en los parágrafos precedentes. Con lo dicho repetidamente, en el curso de nuestra captación de secreto, el lector tiene lo bastante para adivinar en seguida que nos acordamos ahora de las orientaciones de la Física atómica, traídas por la teoría de los *quanta*.

También entenderá que cada una de las consecuencias sacadas de la misma para infirmar el valor absoluto, antes atribuido al principio de contradicción, se vuelve aquí buena arma para el ataque a la otra fortaleza del racionalismo, el principio de razón suficiente. Desde el momento en que se admite que un elemento conceptual cualquiera es susceptible de existir y de no existir simultáneamente, según el acontecimiento en que se encuentra involucrado; y desde el momento en que, a su vez, se involucra en este acontecimiento la presencia o la ausencia del observador que a él experimentalmente se aplica, ya se entiende que dicho elemento conceptual está emancipado de la obediencia mecánica a las condiciones previas, dentro de cuyo cuadro no entra, objetivamente, el hecho de la presencia del observador. No es nuestra, es de Giambattista Vico una curiosa advertencia, de gran alcance, fundada en el estudio, siempre lleno de revelaciones, de las realidades lingüísticas y que descubre, en el hablar común, la paradoja de que la palabra que se emplea para indicar, en una cosa cualquiera, el máximo de objetividad, el colmo de lejanía a la acción humana, es decir, la palabra *hecho* («un hecho», «de hecho», etc.), sea la que corresponde al participio pasado del verbo *hacer*, o sea, de aquel verbo con el cual se designa, por excelencia, la acción humana en aquello que tiene de más independiente y original. ¿Un sordo instinto no habrá aquí prevenido a la morfología léxica, de lo mismo que la Filosofía y la Ciencia han tardado tanto tiempo en descubrir: de que la verdad es, siquiera parcialmente, hecha, fabricada por el hombre; de que la realidad aunque se imponga patéticamente a la mente pasiva, acepta la colaboración poética de esta misma mente, en actitud de poesía, de invención, de creación? La Física atómica especula sobre los «hechos». Tanto vale decir que los produce; que, además de conocerlos, los piensa. La trascendencia con que aquí aparece el pensar, su trayecto de ida y vuelta del yo al no yo y del no yo al yo, trascendido a su vez de la realidad, bajo forma de conocimiento, logra así superar la inmanencia, tortura por largo tiempo de los filósofos. Ni hay necesidad así del postulado de un ajuste, como el que el optimismo leibniziano dio en suponer entre los dos términos de la ecuación ni de aquel otro utilizado por el panlogismo de Hegel, encerrado en su fórmula famosa: «Todo lo real es racional; todo lo racional es real»... Sin la ambición de que un término acapare las posibilidades de otro, en la simple observación de la conducta de un átomo intervienen lo objetivo y lo subjetivo. A la manera como, según parece, en muchos seres vivos, entre ellos los de la especie humana, coexisten, dentro de un mismo germen, las posibilidades de la sexualidad masculina y femenina, cada una de las cuales se desarrollará después por su lado, o tal vez abortará, en lo concreto de la individualización. Todo ser humano, se nos asegura, ha sido en un momento dado simultáneamente varón y mujer: el éxito de uno de estos factores respecto del otro precisará toda la caracterización futura. Todo juicio, repetimos en símil nosotros, es, como tal juicio, objetivo y subjetivo a la vez: es, pues, al constituirse en teoría o doctrina, cuando se determinará en una solución o en la otra. Sólo a la altura del saber —filosofía, ciencia, poesía, empiria— la índole del pensamiento-conocimiento alcanza la posibilidad de una especializada calificación.

La concepción del átomo fue encontrada un día como solución a los conflictos entre la esencia y la apariencia, para los cuales no se imaginaba antes otro camino que el de la entera negación de la una o de la otra, bien sacrificando la apariencia a la esencia, como en Pitágoras (y en los cartesianos), bien la esencia a la apariencia, como en Zenón de Elea (que no es cierto negara la existencia del movimiento, sino que lo demostraba absurdo, es decir, negaba su racionalidad). He aquí una marmita con agua, decían los atomistas antiguos. Hacemos hervir esta agua. Hela aquí convertida en vapor. Las apariencias del nuevo objeto nada tienen que ver con las del que teníamos antes. ¿Su substancia ha cambiado, por consiguiente? ¿Tenemos nosotros el poder de destruir una substancia para crear otra? La dificultad se resuelve imaginando que la esencia del agua no consiste en su unidad de agua, sino en que ésta sea un agregado de invisibles elementos, que, abrigados por su invisibilidad, pasan íntegramente del agua al vapor, procurando así una identidad de substancia a entrambos objetos, a desgrado de la variación de sus respectivas apariencias. Este recurso era genial. A vuelta de siglos y siglos, en que las soluciones —las matemáticas sobre todo— derivadas del pitagorismo han parecido triunfar definitivamente, la Física contemporánea vuelve a aquél acorralada por las dificultades que representa la necesidad de admitir, a la vez, las leyes de la mecánica newtoniana, a la cual suele decorarse con el nombre de «clásica», y la teoría del campo electrodinámico, que, por su parte, al llegar, con el tiempo transcurrido, a lo añejo, se ha convertido en clásica también. La noción de corpúsculo se ha revelado aquí de una fecundidad científica admirable. Gracias a la noción de corpúsculo, la Térmica ha podido considerar el calor como un movimiento desordenado de los átomos; gracias a la misma y a su congruente concepción de los campos de fuerza, se permite la Óptica considerar a la luz como una ondulación en un campo electromagnético. Reúne aquella noción, además, la Física y la Química, que ya tenía a la del átomo como noción fundamental. También explica la estructura de los cristales, proporcionando así un núcleo de abstracción a la mineralogía. Con su vindicación de las apariencias nos enseña a tomar en cuenta los aspectos de los elementos, permitiéndonos así averiguar la composición química de los astros, en una averiguación declarada un día imposible por el apriorismo de Auguste Comte. En el laboratorio, logra transformar los elementos químicos y nos lleva a comprender cómo, por tales transmutaciones, el calor se produce en el interior del Sol. Por la vía de la Química orgánica penetra en el dominio de la Biología. «Tal vez —dice Weizsaecker, a quien debemos las enumeraciones de la anterior jaculatoria— la Biología atómica venga a ser la gran realización científica de la segunda mitad del siglo XX, como la Física atómica ha sido la de su primera mitad...» Por de pronto, en punto a realización científica, ya sus efectos han podido producirse, al acercarse el promedio de la centuria, en un dominio muy diferente. El terror de los hombres sabe hoy de instrumentos de guerra que, técnicamente, han traducido las más abstractas meditaciones sobre el átomo.

Pero los efectos del redescubrimiento del átomo en la teoría general de la ciencia son los que nos interesan aquí. Las hipótesis según las cuales el átomo se compone y no se compone a la vez de onda y de corpúsculo, no son tan intuitivas como las del mecanicismo, aunque, históricamente, puedan de las mismas derivar. Aquéllas no describen nunca sino experiencias aisladas y, en consecuencia, no proporcionan sino fragmentos de representación intuitiva, aspectos singulares, que no se pueden reunir para constituir, por ejemplo, un modelo de electrón. Y lo mismo acontece en lo relativo a la causalidad. La teoría de los *quanta* no permite sino previsiones de probabilidad sobre el resultado de ciertas experiencias.

Como dentro de ellas, y según el llamado «principio de indeterminación» de Heisenberg, toda medición ha de ser necesariamente fragmentaria, resulta completamente imposible definir de tal manera un estado que pueda ser considerado como completamente determinado, en el sentido de las exigencias del principio de causalidad. Por esto, siendo imposible formular cualquier previsión completa, si no se parte de un estado que sea, a su vez, completamente definido, la imposibilidad de establecer un modelo perfecto de lo que ocurre en el átomo prejuzga la indeterminación de cuantas expectativas partan de la noción de él. Sólo allí donde la ley de causalidad fuese aplicable cabría responder de su certeza. Es decir, que hay en esta ley una especie de petición de principio, denunciadora ya por sí misma de su irremediable relatividad. Formalmente puede representarse el contenido de la teoría de los *quanta* por una lógica trivalente. La complejidad intrínseca en este dominio se disimula únicamente por la abstracción. Se toma el lenguaje de las ciencias matemáticas, donde simplicidad y abstracción van a la par. Mas esto no se puede hacer sino convencionalmente. Los fenómenos naturales, que no son abstractos, no son tampoco reductibles a los esquemas simples de las matemáticas. La simplificación indispensable para dar cuenta de ellos en el lenguaje matemático, predilecto por tanto tiempo de la ciencia, únicamente puede conseguirse por instrumento de una convención.

La lógica racionalista, al situar, por ejemplo, a un electrón, sólo conoce la alternativa, ya lo vimos, de que el electrón se encuentre aquí o en otra parte. El supuesto de que se parte es el de que un electrón se encuentra en un lugar cualquiera. Su inclusión en alguno de ellos no depende sin embargo, según la teoría de los *quanta*, del propio electrón, sino de la manera cómo nosotros lo observamos. Un físico puede a su gusto efectuar su experiencia con una cámara de condensación o con una red de difracción, y, según el procedimiento que escoja, el electrón estará en su lugar o no estará en lugar alguno. Así, en mecánica ondulatoria la frase «el electrón está en un lugar», tanto puede ser una fórmula relativa a mi conocimiento del objeto como de mi pensamiento acerca de él; lo mismo se referirá a la pasividad con que yo lo observo que a la actividad con que yo lo creo. En realidad, aquella frase encierra una doble verdad, simultáneamente. De mi saber depende que la afirmación sea verídica; pero no será verídica si no se refiere también al objeto. Una consideración basta para que comprendamos esta situación lógica: de conformidad con la teoría de los *quanta,* la observación externa, la de los fenómenos físicos, por ejemplo, se equipara con la observación interna, con la introspección, donde resulta ser uno solo el agente y el paciente de la misma.

Con la referencia a estas novedades de la Física reciente, podemos ya cerrar el ciclo de nuestra comprobación crítica sobre la validez del principio de razón suficiente y de su otra forma, el principio de causalidad. Si bien se mira, hemos advertido, a través del curso de nuestra investigación, un decrecimiento progresivo de los elementos de necesidad en la ciencia y un aumento correspondiente de la contingencia en las distintas ramas de un conocimiento, más consubstancial con el pensamiento cada día. Más adelante, cuando el cuerpo de esta obra alcance el desarrollo de la teoría del saber, hemos de mostrar cómo el examen dialéctico de la actividad y de la pasividad en los juicios da origen a dos estudios dialécticos separables, la Patética o doctrina sobre la pasividad, y la Poética o doctrina de la actividad creadora. Las breves referencias que, en el capítulo que aquí viene a cerrarse, hemos seriado muestran que si, por un lado, la Física, la Mecánica, la Estereoquímica, la Biología van acentuando su carácter *poético,* a medida que las ciencias avanzan, elementos de patetismo, ayer insospechados, entran hoy en la explicación de la Cultura y de la Historia. El resultado de esta doble labor puede cifrarse en una posibilidad nueva de inteligibilidad del tiempo con la cual éste se redime de la calidad pánica que le endemoniaba, por decirlo así. Éste es uno de los secretos de la Filosofía. Cuya manera de exorcismo intentaremos detallar en la lección siguiente.

LECCIÓN X

DEL PRINCIPIO DE FUNCIÓN EXIGIDA

I. LA AMENAZA

Enunciemos, una vez más, los términos del conflicto que se le presenta al filósofo contemporáneo como consecuencia de la crítica en que se han visto sojuzgados el principio de contradicción y el principio de razón suficiente. Una explicación enteramente racional del mundo se le ha vuelto ya a aquél imposible. Si cabe que asevere todavía que todo lo racional es real, ya se encuentra privado de hacer lo mismo recíprocamente, afirmando que todo lo real sea racional. Ni la razón es apta para representar la totalidad del universo ni los moldes de aquélla se superponen con exactitud a las condiciones de éste. La explicación racional del mundo *no abarca* lo suficiente; tampoco *se ajusta* lo suficiente. Una parte de la realidad ha de quedarse desprovista de explicación; otra parte no corresponde a la explicación sin violencia. *Pero una explicación del mundo no puede ser exclusivamente racional si no es enteramente racional.*

Ya sabemos que estas dificultades se han presentado siempre. Lo nuevo era el abandono de cualquier tentativa para el legal escamoteo del conflicto. Cuando Zenón de Elea demuestra, mediante las aporías famosas, los absurdos a que debe conducir la interpretación analíticamente espacial del movimiento, la lógica se sale del mal paso con una grosera invocación al sentido común y demuestra el movimiento andando: recurso en cuyo empleo se ha persistido, a lo largo de veinticinco centurias, fuera el recurrente Aristóteles, fuera Stuart Mill. Cuando en el Renacimiento la observación, enfervorizada por la curiosidad, hizo patente la desobediencia de lo cosmográfico respeto de los cosmológico, dando estado a la existencia de movimientos estelares que no se sujetaban al esquema de las órbitas, comparecieron oportunamente los esquemas según elipse, que permitieron, por algún tiempo todavía, hablar, bien que ya impropiamente, de una máquina dentro de la relojería universal. Cuando, en la ciencia moderna, la termodinámica se ha visto reducida a construir una mecánica suya, especial, pues las grandes leyes de la conservación de la materia y de la conservación de la energía resultaban ineptas para dar razón suficiente del más sencillo avance de una locomotora, la ciencia se arregló para tranquilizar a los temerosos de que por ahí sobreviniera, demasiado temprano para nuestro gusto, la total ruina del Universo, hablándoles de las grandes reservas de energía que, en alguna parte del mismo, debían de existir para ir compensando las pérdidas que, a cada transformación útil de las variedades de energía, no podrían menos de sobrevenir. También, la de acotarle al misterio para su uso un campo cerrado, llámesele religión, llámesele metafísica, pudo parecer medida salvadora, para que el resto pudiera permanecer indemne al contagio de tantos impulsos de indeterminación.

Ahora que aquí, a la verdad, el aislamiento era inverosímil. No se habrá dado un solo caso, un caso auténtico, de inmanencia efectiva; un solo caso de metafísica o de religión indiferentes a los resultados de la ciencia. Jamás, recíprocamente, la razón y la ciencia han contrarrestado enteramente el plano inclinado que les llevaba a precipitarse hacia los fondos de la religión o de la metafísica. La termodinámica, del mismo modo, ha acabado por envenenar a la física de irracionalidad. Las elipses de Kepler no han mejorado en demasía los círculos de Tolomeo. Los argumentos de Zenón de Elea han valido hasta que el concepto de una *línea de acontecimiento* ha permitido incluir la presencia del tiempo en la idea del fenómeno. Siempre se ha reproducido esta experiencia: que el veneno del absurdo, introducido en un pequeño sector de la gran máquina lógica, viciaba de enfermedad al conjunto de la misma. Si este organismo no se acomodaba a la intoxicación, iba a perecer en la misma.

Ciencia y filosofía han de arruinarse, pues, simultáneamente si el abandono de la explicación racional del Universo representa el abandono de cualquier explicación. Pero, ¿cabe otra que la explicación racional? Si de cuanto en el Universo acontece no es posible dar una razón rigurosa; si las representaciones que del mismo nos formamos no entran —o, por lo menos, son susceptibles de entrar— en el plan común de una lógica determinante, ¿cómo las podremos salvar de la incoherencia? ¿Cómo nos resignaríamos tampoco a jugar el monótono y aburrido juego de una lógica que no tenga correspondencia alguna con el acontecer real?... Si bien se mira, éste es en su esencia el problema mismo de la libertad. Bien iba cuando conservábamos la fe en la razón como un instrumento de objetividad perfecto. Entonces, con sólo decir que todo acontecer, el de los actos morales inclusive, obedece a un gran número de causas, cuya multiplicidad precisamente y cuya complejidad justifican a su vez nuestro desconocimiento de las mismas —y máxime si, juzgando con optimismo scientista, se añade la esperanza de que, progresivamente y gracias a los adelantos del saber, este desconocimiento ha de ir reduciéndose cada día—, se está al cabo de la calle. O bien, con atribuir al mundo moral el carácter de un compartimiento estanco, dentro del cual y con un acabado aislamiento, cabe la emancipación de la disciplina de las determinaciones, al modo como en una ciudad puede suspenderse en el paréntesis de tres días de carnestolendas la imposición de las ordenanzas municipales. Pero, ¿y si resulta que, también en el orden de la Naturaleza, *todo el año es carnaval*? Convertida la excepción en regla, ya no será en este caso posible la conservación del respeto a la regla general misma.

Y ya, por lo menos en lo teórico, la anarquía reinará. Así un cosmos, por instrumento de una elaboración secular obtenido, se habrá convertido otra vez en un caos. La amenaza del caos está suspendida sobre la cabeza del saber, desde el momento en que se ha advertido la primera desobediencia no sancionada por donde se emancipa lo real de lo racional. Aquella inteligibilidad que, desde los griegos y con esfuerzo de tantas mentes, había sido conseguida por la cultura, se rompe y cae hecha pedazos. Aquí estaba la tragedia a que la Filosofía se ha encontrado abocada desde que la crítica de las ciencias, tras de haber conseguido, en tal o cual capítulo de las mismas, convertir en problema las seguridades de antaño, no supo encontrar como escape a sus turbaciones más que una canonización metafísica de la angustia o, en ciertas posiciones extremas, como las que informaciones recientes atribuyen al pensamiento teórico que, poco a poco, ha ido formándose en lugares donde la reflexión filosófica se ha prestado a ayudar a determinados movimientos políticos y sociales: la ya divinizada locura. El vocablo «locura», con todas sus letras, se ha visto últimamente proclamado en alguna de las más coherentes manifestaciones de un milenarismo, acaso de fuente oriental, producidas en el ámbito de lo que todavía, para no romper con las clasificaciones geográficas heredadas, continuamos llamando Europa.

II. REMEDIOS, EXPEDIENTES

En medio de todos sus errores, a despecho de inferioridades fácilmente demostradas, no puede negarse que, a principios de nuestra centuria, se denominaba pragmatismo el mérito de haber constituido un primer ensayo para salir del atolladero. La inspiración era aquí remotamente kantiana. No había sino conceder una superior instancia a la razón práctica para cortar los nudos gordianos de la razón pura; y ya se saldría adelante con encontrar una componenda, un comodín de fortuna que nos permitiera, por lo menos, *ir tirando*, vivir. La vida se presentaba así como el árbitro de la verdad. La eficacia, como la garantía de la objetividad del conocimiento. ¿Qué era la ciencia, considerada por sus definidores desde esta posición? Un conjunto económico de reglas que permitía los descubrimientos y los establecimientos eficaces. Buena era la teoría de la electricidad si a su merced los filamentos de las bombillas daban luz y si con ella hervían los guisos y se calentaban las habitaciones. Buena era la teoría de la moral si con su intervención los hombres no se entredevoraban y se emparejaban hombres y mujeres en connubios que no se deshacían a compás de los instintos elementales o terminaban como el rosario de la aurora. Verdadera, la religión —cualquier religión— que evitase los suicidios en masa y diera el valor suficiente para no perder los estribos ante la presencia del mal o temblar bajo la amenaza de la muerte.

No me cansaré de repetir, a riesgo de que se tome a mala parte y a motivaciones frívolas la que pudo parecer preferencia personal o racial en este punto, que, en un momento histórico dado, la primera fuerza que acudió a salvar el pensamiento humano de la bajeza inherente a una actitud de tal guisa y a la extensión de su contagio, fue una fuerza estética, la consideración del retroceso en dignidad que la aceptación colectiva del pragmatismo representaba entre los hombres. El pragmatista no tardó en saberse *menos noble* que el continuador de ciertas tradiciones, occidentales especialmente, obstinadas en mantener la pureza de un pensamiento no acuciado continuamente por los bajos imperativos de la necesidad. Inclusive en negocios personales, tan graves como el llamado de «salvación del alma», no pudo evitarse que una cierta calificación de irredimible infamia acompañase a aquel que regula su obrar a tenor de las esperanzas de premio o de las perspectivas de castigo, en substitución a móviles más altos, reguladores de la conducta se-

XXI. SØREN AABBYE KIERKEGAARD (1813-1855)
Dibujo original de W. Marstand

XXII. AUGUSTE COMTE (1798-1857)
Según un grabado de la época

gún ley de amor o de exaltadora fe. El castellano «No me mueve, Señor, para quererte»... continuó valiendo como proclama en infinidad de espíritus. Asimismo, la terca adhesión a una jerarquía superior de ciertos valores, como los del honor, los de la inteligencia y los del arte. Aun sin necesidad de las definiciones formuladas, la aproximación a lo angélico pudo seducir con más fuerza que la inscripción en lo bestial. No vacilo en reproducir a este propósito la afirmación de que, para muchas entre las mejores conciencias amanecidas con el siglo actual, han sido precisamente los valores estéticos los que han salvado la continuación en vigencia de los valores intelectuales y morales. La belleza ha venido oportunamente en socorro, dentro de un magno fatal episodio, de la cultura, y en salvamento de la verdad y del bien. Ante la moral tambaleante, ante la razón conturbada, ha podido valer todavía poderosamente el apetito de la distinción.

El segundo ensayo de compaginamiento entre los resultados críticos y la necesidad de una explicación coherente del mundo lo ha esbozado en el siglo presente la «Axiología» con su Filosofía de los valores. Con vuelo más alto que el del Pragmatismo, aquí también la vida era invocada como garantía de la verdad. La prueba de lo estético, sin embargo, había de parecer inoperante contra esta segunda posición: evidente resultaba que, dentro de la misma, los valores eran tomados jerárquicamente, con lo cual el criterio vitalista se emancipaba ya del utilitario. La vida pudo parecer imperativo de mayor riqueza que el de la conveniencia o el de la necesidad. Esto, digo, en la primera apariencia. Considerándolo, empero, más despacio, se ve cómo la parte concedida a lo lúdico, es decir, al elemento de juego, dentro de la filosofía de los valores, resulta de todos modos demasiado exigua para que en tales términos se pueda explicar la realidad del conocer. Cierto es que la vida, que es quehacer, que es trabajo, comporta igualmente la exigencia de un factor de juego, sin el cual se vuelve imposible, no ya sentir su plenitud, sino inclusive darse cuenta de la misma. Sólo que, ya justificados, con la versión del hombre a lo vital, su diversión, su recreo, queda aún por incluir otro factor, que no es ya útil, que no es ni vital necesariamente tan siquiera, y es el factor de la *superfluidad*, del puro lujo, que puede no ser tan vital como eso; que puede ser inclusive, respecto de la vida, nocivo por lo vicioso; y es aquel correspondiente a la que, en términos psicológicos, llamamos la *curiosidad*, y al otro, que pudiera llamarse de *legalidad* en el conocimiento. En otros términos, que no sólo a la actividad práctica del hombre, sino a su mismo interés vital, puede resultar ajeno —y así acontece en cada momento de la historia del saber— el hecho de que llegue a especularse geométricamente sobre la base de un espacio de más de tres dimensiones o el alcance de la ley general que se dé a las razones por las cuales se explique la caída de la manzana de Newton. No obstante, sin la inquietud traída por aquella superflua curiosidad, sin lo genérico exigido por nuestro *lujoso* apetito de generalización, no habría ciencia, no habría conocimiento. La vida, pues, aunque traiga al problema un contenido más rico que el de la *praxis*, es insuficiente todavía para proporcionar a nuestro conocimiento la necesaria selección gracias a la cual puede estructurarse una imagen coherente de la realidad. Y la Filosofía de los valores, así la anterior cronológicamente al Pragmatismo, cuando no había todavía tomado oficialmente tal etiqueta —y en ese tiempo fue cuando se la puede calificar de más valiosa—, como la posterior al Pragmatismo y, por consiguiente, a los conflictos suscitados por las nuevas ideas de la Ciencia y sobre la Ciencia, acabó advirtiendo su incapacidad para resolverlos. La inminencia de una inmersión en el caos sólo encontraba aquí alivio, no medicina.

La instancia estética, que hemos advertido tan salvadoramente activa en su condena contra la mediocridad del Pragmatismo, en su descontento frente a la Axiología, conoció también un breve episodio, dentro del cual pareció obrar por su cuenta, con la tentativa de constituir, sin el apoyo de lo real, una interpretación puramente fictiva del Universo. Las tentativas —que, al principio de nuestro siglo, se encontraban tan en auge como hoy olvidadas— de la que se tituló «Filosofía del *como si*», por donde se aceptaba la interpretación enteramente racional del mundo, a condición de no otorgarle el menor crédito de trascendente objetividad y con el aire que toma aquel que se deja entretener por la narración de un hermoso cuento, no merecerían ser sacadas aquí de dicho olvido si, en cierto modo, la Fenomenología no las hubiera incorporado al repertorio de su panoplia. En diversos lugares de nuestra explanación quedan indicadas las razones del fracaso esencial de la Fenomenología. Su adhesión demasiado radical a lo concreto equivale, según en estos lugares se demuestra, a una incapacitación inevitable para lo científico. El empirismo era aquí demasiadamente radical: un mínimo de abstracción se evidencia como indispensable, no ya para estructurar algo que merezca el nombre de ciencia, sino inclusive para la más elemental percepción. Nada llevaba tan lejos la ruptura entre lo racional y lo real como esta filosofía del *als ob*. Estábamos en presencia de una revolución y esta revolución no era dable sortearla. No había más remedio que compaginar con ella o sucumbir. Y esta compaginación no cabía hacerla sobre la base de una exclusión o de un alejamiento recíprocos. No había más remedio, puesto que la bancarrota del racionalismo se había producido, que entenderse con los acreedores.

III. DE LA PROBABILIDAD

En el orden de lo concerniente a los principios, la bancarrota llevaba consigo la imposibilidad de encontrar reservas en cualquier aplicación rigurosa del principio de razón suficiente y, por tanto, de su aplicación a las explicaciones científicas basadas en la causalidad. Los fenómenos, cualquiera que fuese la pureza con que se prestaban a la percepción, no era ya dable enlazarlos entre sí mediante un vínculo mecánico donde la cantidad y la precedencia de la causa diera explicación de la entidad y del valor cuantitativo del efecto. ¿Había, pues, que dejar a cada fenómeno y a cada percepción solos, sin pretender ligarlos mediante una coherencia?

Aquí surgía la vislumbre de que cupiese dar a la coherencia otro recurso que el de la determinación. Este enlace, ¿había necesidad de que fuera siempre y unívocamente previsible? Y se presentaba de nuevo la noción de la libertad. De todo un orden de fenómenos cuya realidad no era excusable, se conocía la resistencia a dejarse regular según el juego de una previsibilidad mecánica. Los hechos de la vida moral, el contenido de las ciencias morales, habían encontrado una forma, tal vez interina, tal vez circunstancial, de rendirse al conocimiento, incomparable con el del funcionamiento de una máquina. Esto, sin embargo, no les volvía ineptos a alguna previsión. El hecho de que Juan, el enfermo sin esperanza, o de que Pedro, el miserable que no encuentra ocupación de que mantenerse, hayan de suicidarse o de que sus hijos deban morir víctimas de la difteria, no pertenece al orden de lo fatal. Sin embargo, las estadísticas pueden cifrar el número de suicidios anuales que deben producirse en un determinado núcleo de población o el porcentaje de las víctimas que produce aquella enfermedad. Aquí interviene el azar; aquí opera la acción humana. Juan, cuando ya iba a cumplir su negro designio, puede encontrar un bienhechor consuelo; a Pedro, en parecida coyuntura, le tocará acaso la lotería; de sus hijos, uno morirá, otro habrá caído enfermo en el instante en que un sabio, regresado quizá de la India en un aventurado correo, descubre la salvadora vacuna. ¡Qué diferencia de suerte entre el primero y el segundo de esos muchachos! Nada de ello tocará a lo que puede llamarse una ley, o aproximadamente una ley; porque la estadística tiene también sus leyes; leyes no inflexibles, como las que presiden a la determinación mecánica; leyes flexibles, circunstanciales, acogedoras en su seno de aquel imprevisible elemento que respeta o tuerce la particular verificación.

Cournot, al tratar de las ideas fundamentales en la historia, presenta de ello un ejemplo, que ya en estas lecciones hemos encontrado. Contemplemos, nos dice, el mapa donde se distribuyen las confesiones religiosas en Europa, tal como quedó fijado —aproximadamente fijado— por el tratado de Westfalia. Este mapa dibuja una línea fronteriza que separa el grupo de los pueblos permanecidos fieles a la unidad de Roma y aquel otro grupo en que se reúnen los entrados en las formas de piedad diversas nacidas de la Reforma protestante. El trazado de esta línea tendrá sus altos y sus bajos; sus salientes y sus recodos; sus enclaves tal vez; un dentellado en el conjunto, de aire más o menos caprichoso. En la muchedumbre de las motivaciones a que obedece esta irregularidad habrán entrado en juego mil elementos de decisión del aire más particularmente licencioso: los accidentes del azar, las pasiones de los príncipes, los pleitos entre poderes, la suerte de las batallas. ¿Cabe afirmar, con todo, que esta distribución escape a una determinación cualquiera? ¿No es cierto —prosigue Cournot— que todos concebimos, sentimos más o menos, que la disposición topográfica no hubiera podido, por ejemplo, *invertirse*? ¿Quién imaginara que los pueblos protestantes hubieran podido ser los del Sur; los católicos, los del Norte? ¿La creencia religiosa, en su variedad, obedece, pues, a una determinación, que ligue el catolicismo al clima templado, el protestantismo a las bajas temperaturas?... Nadie lo pensará así, a menos de caer en supersticiones materiales estúpidas. Bélgica es católica en virtud de algo que nada tiene que ver con lo que haya hecho adoptar el luteranismo o el calvinismo en la religión oficial de Holanda. Necesidad y contingencia confluyen aquí y mezclan en alternancias o en matizaciones indiscernibles la trama de sus respectivas acciones, de sus varias influencias. En los efectos de las causas históricas y morales se han entrecruzado y hasta confundido la necesidad y la libertad. Una probabilidad, sólo, puede servir en este punto de criterio a las previsiones. En la lotería de la historia hay siempre quien hace una trampa. Quién la hará y cuál será el éxito de esa trampa nadie lo podría cumplidamente adivinar.

Pronto se concibe que el orden de la vida se asemeja bastante al orden de la historia. Una gran parte del contenido de las ciencias biológicas sólo puede aspirar a verificaciones parecidas a aquellas que se han encontrado en el curso de la historia. El factor sorpresa halla un campo aquí apenas menos vasto y menos potente y feraz que el dominante en el campo del acontecer humano histórico. El ganadero o el floricultor que tratan de obtener bellos ejemplares de caballos o de orquídeas se guían, al igual que el político o el pedagogo, por criterios de probabilidad. Estos criterios llevan consigo una tendencia al cumplimiento de lo esperado; esa tendencia no puede considerarse de todos modos como una garantía. La especulación se produce sobre probabilidades. Hay que aceptar un margen de fracaso posible. Hay que alojar, dentro de la previsión inteligente, el riesgo de una contradicción. En la vida orgánica, como en la vida consciente, la previsión debe encerrar en sí misma la novedad. Su fórmula no puede ser apodíctica, sino asertoria. La garantía únicamente la da, como en cuanto es susceptible de estadística, la consideración de los grandes números. A escala de éstos se produce la necesidad; a escala de la particularidad y también, aunque sea en proporciones distintas, la de los pequeños números, lo que se produce es la contingencia. Hay, pues, que «cubrirse», como se dice en el lenguaje de los negocios. Aquel enfermo, a quien, en su lecho de una clínica, encontró el médico una mañana tan regocijado, porque ya se había muerto el décimo adolecido de una enfermedad, en que sucumbía el diez por ciento de los afectados, era alguien cuya esperanza no se había puesto suficientemente a cubierto de la contingencia efectiva: cometía el error de aplicar al caso particular lo que sólo se verificaba cuando los grandes números. Quizá esta esperanza podía ayudar al enfermo a curarse: mal hubiera hecho el médico en arrancársela de raíz. Pero bien, en prevenirle contra las imprudencias que la misma pudiera llevar consigo en su ilusión. Y peor en ajustar a tal esperanza su propia conducta facultativa. Un pragmatista o un filósofo demasiado literal de la teoría de los valores y de sus vitalistas consecuencias podría dar por buena, y hasta por decisiva, la parte de verdad que una semejante tonificación traiga consigo: para el inteligente, que aspira, no sólo a curar, sino a entender —que implica en cada uno de sus actos el alcance genérico de la decisión—, se quedará muy lejos, en cualquier hipótesis, de ajustarse a la norma del filósofo de los valores o del pragmatista.

Ya hemos dado cuenta, en la lección anterior, del magno acontecimiento, decisivo para el pensamiento humano, en cuya virtud el dominio de las ciencias físicas y hasta del saber mecánico ha venido a incorporarse a la posición ocupada por el indeterminismo de las ciencias morales y de los saberes relativos a la biología. Cualquiera que sean los paliativos que la agudeza de los sabios pueda traer a esta merma evidente del carácter absoluto atribuido a la determinación racional; cualesquiera que sean los peligros que una exagerada novelería en este capítulo traiga a los mismos que se pudieron figurar ayer que los descubrimientos de Newton estaban radicalmente caducados por el hecho de haber sobrevenido la relatividad de Einstein; cualquiera que sean las reincidencias que el espíritu de reacción pueda emplear, en prohibición de ciertas escapadas hacia horizontes que, por lo inéditos, han de antojarse fantasmagóricos, lo que no cabe desconocer es la mortal herida que la Física nuclear ha producido en los órganos que pudieron considerarse centrales de la Lógica antigua. La Mecánica convalecerá, sin duda, de esta crisis: generalmente sentida como indispensable, ligada tan perentoriamente a la conveniencia de que anden las locomotoras, de que los automóviles cubran kilómetros y de que las grúas descarguen y los telares tejan y las cocinas cuezan los alimentos; la Mecánica sobremontará pronto, de una o de otra manera, la presente crisis. Pero la necesidad de la Lógica apodíctica no aparece con tanta evidencia a los ojos de todo el mundo. Si sus instrumentos consuetudinarios ya no sirven, la tentación puede venir a la ceguera de los hombres de que es posible prescindir de un instrumento cualquiera. Nuestra razón se debe considerar en el caso, por consiguiente, de aplicar aquí el gran principio de la caridad bien ordenada. Debe empezar por socorrerse a sí misma. En un tiempo en que circulan teorías filosóficas, más o menos orientalizantes, que preconizan la angustia y hasta la misma locura, en todo el rigor de la palabra, como solución para el pensamiento, parecerá indispensable que la razón haga siquiera, en los campos de donde fue expulsada su soberanía, algún simbólico acto de dominio.

La posibilidad de una transformación de la materia en energía, operada hasta hace poco con cantidades tan exiguas que sólo unos aparatos de sensibilidad extrema permitían su observación, ha sido llevada industrialmente al servicio escandaloso de la guerra, con consecuencias demasiado terribles, para que los últimos resultados de lo que empezó como simple devaneo hipotético en la ciencia no hayan llegado ya a conocimiento de todo el mundo. Pero si aquellas sutiles investigaciones se han traducido para el uso guerrero en bomba atómica, otra bomba, probablemente de más alcance, hacía paralelamente sentir sus efectos en lo que atañe a la subsistencia y vigencia del principio de contradicción. Lo de que un cuerpo cualquiera ha de estar en un lugar o en otro lugar, ya no puede predicarse con exactitud, a tenor de lo que hoy nos dicen los mismos físicos, del electrón. El electrón que no está en un lugar, puede no estar en lugar alguno. Esto no merma su existencia. El que tal electrón esté en tal lugar no depende de una necesidad objetiva, sino de la manera como el físico quiere observarlo. Puede el físico decidir que efectuará su experiencia bien con una cámara de condensación, bien con una red de difracción. Según él haga, el electrón tendrá un lugar o no tendrá lugar ninguno. Cosa inconciliable con el principio de contradicción, a cuyo tenor no podía haber más que dos modos de expresión para la física: o la expresión que se refiere a lo que son los objetos o la que se refiere a lo que es el observador. Las expresiones relativas a los objetos eran verdaderas o falsas en sí mismas, estuviese donde estuviera el observador. Las expresiones relativas al sujeto, lo eran por su parte prescindiendo de una referencia al objeto. Ahora, para el físico moderno, los dos órdenes de conocimiento se entrecruzan; mejor dicho, se reúnen indiscerniblemente. Un solo ejemplo había en el saber de antes, que justificase ya esto que el pensamiento filosófico pudo presentir; pero que la lógica de la ciencia no aceptaba nunca. Y es el de la introinspección psicológica, donde el objeto es lo mismo que el sujeto. Pero este caso solía ser recusado por la ortodoxia científica como propicio radicalmente a la ilusión y al error. Hoy, al contrario, lo que se tiende a considerar como ilusorio y erróneo es la pretendida consideración de lo objetivo, con independencia del sujeto. *Los llamados hoy «existencialistas» gustan de partir del hecho de que el conocimiento que el hombre tiene de su cuerpo es el modelo total a que se ajusta, en el mejor de los casos, un conocimiento cualquiera.*

IV. LA NECESIDAD Y EL ORDEN

La afirmación de que existen en lo real vínculos, señalados no sólo por un carácter unívoco, es decir, incapaz de recibir dos versiones diferentes, sino puntualmente previsibles, con previsión que se aplica a todos los detalles de un acontecer particular, impone la nota de necesidad, exigida por una interpretación racionalista de lo real. Esta nota, a su vez, implica dos exigencias: De una parte, la causa ha de preexistir al efecto. De otra parte, ha de existir entre la causa y el efecto una equivalencia cuantitativa. *Causa aequat effectum.* Nadie como Leibniz ha precisado el alcance de esta doble obligación. Su tesis de la «armonía preestablecida» presentó como sojuzgados por el determinismo, no sólo a los fenómenos pasivos de la Naturaleza, que cabe considerar como inexorablemente determinados por una causa extraña al ser que los recibe, sino también al encadenamiento de todos los fenómenos realizados por un ser, en virtud de una energía propia. Paradoja digna de notarse: el filósofo que más ha subrayado, con su doctrina de las mónadas, la existencia de una autonomía plural y real en el dominio de lo objetivo, es a la vez el que ha creído ver, en las relaciones recíprocas entre los seres, mayor dosis de necesidad, menos posibilidad de contingencia. Todo, según Leibniz, en el funcionamiento de la naturaleza viene a ser automático. El hombre mismo no constituye más que una máquina animada, cuyos actos reciben una determinación previa. La famosa «armonía preestablecida» de este filósofo significa exactamente la posibilidad, en una mente no limitada por las flaquezas del conocimiento, de una *previsión total* de cualquier acontecer, de todo el acontecer en el futuro. Este futuro mismo, en una mente así, ha de presentarse sinópticamente reglado y, además, perfectamente compensado cuantitativamente. El principio de conservación de la materia, el principio de conservación de la energía, son los corolarios indispensables de la admisión de esta necesidad. Ni cabe separar la admisión del principio de causalidad de la admisión del principio de necesidad, o sea, del determinismo. Las tentativas hechas por los físicos, desde el descubrimiento de la radiactividad, para prescindir de la exigencia de una equivalencia cuantitativa (Curie, etc.), conservando la necesidad de una prelación de la causa sobre el efecto, es decir, excluyendo la finalidad, no han servido ni siquiera para mantener la vigencia de la causalidad en un solo dominio de su saber, en aquel donde se producen específicamente los fenómenos de radiactividad. Las otras tentativas, más recientes, de mantener el determinismo, con exclusión de la predeterminación (Weizsaecker, Fantappié, etc.), se reducen, si bien se mira, a una cuestión de nombre, y todo su alcance queda limitado a la aparente facilidad que otorgan —tal vez para consuelo de profesionales, habituados a escuelas que hablaban lenguaje harto distinto que el nuestro— de continuar llamando «causa» a lo que ya ha dejado de ser *razón suficiente*.

Pero si el principio de causalidad no equivale, en lo real, a lo que el principio de razón suficiente significa, en lo lógico, no significa nada. Su valor está esencialmente ligado a la posibilidad que otorga de prever; y no sólo de prever, sino de *prever exactamente*; y no sólo de prever exactamente un grupo de fenómenos —en alguna de estas acomodaticias exposiciones hemos encontrado la expresión «prever *casi* todos los fenómenos de la Naturaleza»—, sino de preverlos *todos*. Un mínimo de indeterminación que se deslice en la formulación de una ley física; un mínimo de duda que se recate sobre si la misma tiene o deja de tener tal carácter de ley, y ya será imposible mantener el valor absoluto de principio que a tal formulación se pretende atribuir. Y lo mismo si se trata de formulaciones físicas que de formulaciones químicas; igual si se refieren al macrocosmos que al microcosmos, a la escala humana que al orden de lo infinitamente grande o de lo infinitamente pequeño; a los fenómenos de la inercia o a los fenómenos de la vida; al movimiento de los astros que a las decisiones de la voluntad del hombre o a los sucesos de su historia. O Leibniz o la lotería. Por esto, la tradición científica del racionalismo no se ha obstinado menos en negar la existencia del milagro, que en negar la existencia de la libertad.

Ahora, advirtamos hasta qué punto el principio de razón suficiente está implicado en el principio de unidad y debe correr con el mismo una suerte común. La equivalencia cuantitativa entre la causa y la suma de los efectos, que podría cifrarse mediante el signo =, es sólo un nuevo aspecto de la tautología analítica, que el principio de identidad representa. Revelación entrambos de una realidad *sin sentido*, en que las cosas *son*, pero no *tienden*; en que la constitución de las *figuras* es lograda a precio de la abolición de los impulsos. Al contrario, en el principio de figuración, adoptado por nosotros como fórmula sustitutiva del principio de identidad, es la *misma articulación de los impulsos el que delínea* —bien que sea con cierta indeterminación— la figura. La exigencia de exactitud no puede producirse aquí; antes puede postularse que la suma de los efectos ha de ser superior al valor de la causa, porque ésta opera gracias a un proceso de potenciación, equiparable a los que reciben la denominación de creadores. Y en cuanto a la posibilidad de una antelación del efecto respecto de la causa, las consecuencias del principio de figuración, no sólo las permiten, sino que las necesitan. La finalidad, la adecuación de una existencia acontecida a una forma de existencia por acontecer, reunidas las dos en una misma existencia, entra fundamentalmente en la fórmula del principio de figuración, según el cual cada representación figurativa va acompañada de un campo de posibilidad; cada entidad, de un sentido que asume; o, si se quiere, cada *significado* de un núcleo de *acepciones*; o, cada corpúsculo, de su onda. Cada figura, en una explicación de lo real ajustada a ese tipo, queda *abierta* a su superación, a su contradicción, a su negación. Ha nacido y morirá inmolada por sus propias hijas. La causa está ganosa del efecto, como el germen está ganoso de la vida.

Y si la relación entre ambos no puede traducirse a una igualdad o identidad, sí puede reducirse a una filación. Esta génesis, en manera alguna involucra la anulación de los elementos en juego. Lo múltiple no queda absorbido en lo uno, como en los procesos de abstracción. Es asumido, y esta pluralidad conjugada; esta gravitación de las realidades hacia una posibilidad de captación inteligente es lo que constituye el orden; mejor dicho, lo que revela la existencia anterior de un orden; categoría suprema, en el cual se reúnen, sin que ninguna de estas categorías excluya a la otra, la cantidad y la calidad, el espacio y el tiempo. Obligación estética de los fenómenos, belleza de los fenómenos, el orden tiene sus principios, ajenos a los principios de la necesidad; tiene sus razones, que la razón no conoce. Nadie dice, con eso, que pueda identificarse la adhesión a este orden con aquella sentimentalidad, que Pascal llamó *coeur*, y que sólo encierra un hervor de impulsos, sin figuración alguna posible. El orden está situado todavía en la región de lo intelectual. En lo mejor de la región de lo intelectual, allí donde la necesidad se ha hecho gracia. Por la equidad, la justicia se identifica con la gracia. Por el orden, la unidad se vuelve también graciosa. Por esto, si al órgano adecuado para la captación de la necesidad le llamamos «razón», al órgano adecuado para la captación del orden le llamamos «inteligencia».

La inteligencia no logra un grado exhaustivo en la determinación, pero orienta dentro del campo de la posibilidad. No conduce a la formulación de leyes, pero sí a la comprobación de casos-límite. No relaciona rígidamente uno con otro los elementos de la realidad objetiva, pero los conjuga, dándoles una interdependencia recíproca, que excluye la existencia de verdaderos casos aislados. La relación de la inteligencia con la razón puede compararse a la que guardan entre sí la pintura, por obra de la cual un objeto es fijado en su luz, en su atmósfera, en las influencias cromáticas que da y recibe de los demás, con el dibujo lineal, sin sombra, que traza secamente el contorno de los objetos, aislando a cada uno en la individuación de su propia figura. La razón toma al Universo como una máquina. Es la inteligencia quien ha descubierto que no se trata de una máquina, sino de una sintaxis.

Pero un término de comparación todavía más adecuado, ¿no nos lo proporcionaría la música, sujeta también a reglas que imponen una obligación, pero una obligación de sentido?... Imaginemos a un compositor en su trabajo. O bien a un amador de la música, que se prepara a oír y juzgar una obra nueva. Al empezar su tarea, el compositor era perfectamente libre. Un campo infinito de posibilidades se abre para él. Pero hele que ha escrito ya los primeros compases. Estos primeros compases acotan ya el terreno de estas posibilidades, hasta el presente momento infinitas. Ya *no puede ser* que la continuación tome tal giro. Ya *no puede ser* que la extensión de la obra exceda de tales límites... Ahora ha escrito aquél algo más. Progresivamente las posibilidades de variación fundamental se van reduciendo. Ciertos motivos rigen el desarrollo de un tema. No cabe ahora transgredir las leyes que la marcha de la creación musical se ha impuesto a sí misma... Ya el fin se acerca. En este momento, el repertorio de las posibilidades se ha estrechado, termina acaso en una sola. El genio la encuentra; es decir, el genio la inventa. Un minuto antes, no hubiera cabido predecir esta solución encontrada. Pero está ahí: el gusto la reconoce inmediatamente. Un movimiento de aprobación instintivo nos ha movido a decir: «Ésta es». El genio no sabe quién se la ha dictado.

Hija de su razón no es, sino de algo que, superado el principio de contradicción, a la vez *es él* y *no es él*. Y tal paradoja del autor de la composición se reproduce en el que la oye. Cada uno de estos desenlaces es imprevisible. Y justamente en la mezcla indiscernible de estos dos elementos, la *sorpresa* con la *previsión*, la previsión relativa con la sorpresa relativa, está cifrado todo el placer que la música procura. Está cifrado, en términos generales, todo el placer estético. También todo el placer intelectual. Y también todo el saber, en los términos que veremos más adelante; es decir, en aquellos en que el *saber* se identifica con el *sabor*.

Esta teoría del orden, en sustitución a la necesidad, debería desarrollarse. El dominio de la composición musical nos prestaría un ejemplo concreto donde encontrar, de seguro, iluminadoras referencias. Es lástima que, personalmente, no podamos emprender aquí esta parte de la tarea, por falta de conocimientos técnicos requeridos. Nuestro voto sería el de que alguien, provisto de ellos, la emprendiese, en la seguridad de que hay aquí la veta denunciadora de una verdadera mina de revelaciones. Pocos temas habrá probablemente con mayor seguridad de rendimiento, entre los encontrados en nuestra persecución del secreto de la filosofía.

V. LA METAFÍSICA DEL SER Y LA METAFÍSICA DEL GERMEN

No ha mucho que, en una de las sesiones de trabajo de la Real Academia Española, se hubo de revisar la definición del vocablo «metafísica», inserto en la edición anterior. La ocasión la daba la necesidad que se abvirtió de suplir, en la explicación histórica del término, aquella frase: «nombre que dio Aristóteles a los libros que estaban colocados después de su texto de Física»; atribución errónea, como es sabido. Se vio de paso el poco acierto de la definición que el Diccionario contenía y fue propuesto el reemplazarla por la siguiente: «Ciencia que trata del Ser y de sus principios y causas más generales»; propuesta que ningún filósofo pudiera aprobar, pues ya su primera palabra ha de parecer impropia a quienquiera se ha esforzado en demostrar las diferencias entre el conocimiento científico y el conocimiento filosófico. La mezcla, en seguida, de los «principios», que correspoden al orden lógico, y de las «causas», que corresponden al orden real, presentaba igualmente sus dificultades. Pero sobre todo —y bien que ese tipo de crítica no se haya formulado nunca hasta ahora—, lo que allí no podía justificarse es que la metafísica se ocupase en el ser.

¿Cómo? —se preguntará al llegar aquí—. El común consenso, ¿no ha encontrado siempre en esta abstracción: «el ser», el común denominador, la categoría más amplia que puede predicarse de cuanto en el cielo y en la tierra, y entre tierra y cielo, debe ser tomado por realidad? Si se trata de una abstracción, ya por esto sólo se sigue que no puede tomarse por realidad. «Ser» es un verbo sustantivado. Es el infinitivo del verbo «ser» que se emplea para aludir a las relaciones de adecuación y que, en último término, podría ser siempre reemplazado por el = (signo de la igualdad). Decimos: «El hombre *es* un animal racional»... «Pedro *es* hombre»... Muy bien: hasta aquí el verbo conserva su calidad de tal, sigue aludiendo a una actividad, a una función. Tiene, en verdad, la función creadora de la cópula, y la racionalidad copula gracias a él con el hombre y la hombredad copula gracias a él con Pedro, como el alimento con él, cuando se dice que Pedro come, o la vida con él, cuando se dice que Pedro vive. Pero figurémonos que con el infinitivo del verbo «comer» hacemos un sustantivo, así en el caso de decir: «el comer y el rascar todo es empezar»; o que, con el infinitivo del verbo «vivir» hacemos un sustantivo, tal en la expresión «el vivir sólo es soñar», donde el «vivir» equivale a «la vida». Entonces, nos encontramos con que el verbo ha perdido cualquier determinación funcional. Se ha vaciado de sentido, ha dimitido de su actividad creadora. Y lo más grave es que con esta abstracción ha perdido, a la vez que la existencia en lo real, la posibilidad de relaciones en lo lógico. *Nada puede, en rigor, predicarse del ser*; porque, si se le toma como sujeto de un juicio analítico, la convencional simplicidad a que le hemos reducido, impedirá que saquemos nada de él. Y, si se le toma como sujeto de un juicio sintético, no le permitirá su soledad irremediable entrar en relación de verdadero pensamiento con entidad alguna. Puede hacerse con el Ser un Dios —y ello efectivamente es lo que se intenta, cuando se dice, por ejemplo, que «Dios es el ser por excelencia»—. Puede hacerse con el Ser un Dios; pero será un Dios sin posibilidad de relación alguna... De hecho, cuando el metafísico ha alcanzado a constituir, mediante sucesivas y monstruosas extirpaciones de lo concreto, ese concepto generalísimo de la aseidad, se encuentra reducido a no poder en modo alguno especular sobre la misma; porque una especulación cualquiera necesitaría previamente una definición. Y el Ser no puede definirse, porque no puede comprenderse. Cualquier intento de verdadera definición implicaría el recurso a alguna noción más amplia, y de esto no se dispone ya, cuando se ha llegado, con el ser, a la cumbre de la generalización.

El filólogo Max Müller, al estudiar la formación de muchos mitos, especialmente en pueblos de mentalidad rudimentaria, los encontró tan ligados en su origen a imposiciones que, de la expresión, cargan sobre la concepción, que no vaciló en enunciar el siguiente principio: «La Mitología es una enfermedad del lenguaje». El primitivo ve que llueve; empieza por abstraer la entidad «lluvia» de los aspectos circunstanciales que *hic et nunc* la acompañan. Le queda lo permanente y eterno de la lluvia. De esto, a la concepción de la lluvia como un dios, o como una diosa, no hay más que un paso. El verbo se ha convertido en sustantivo. El nombre común se ha convertido en un nombre propio. «Osiris», que al principio aludía al acto de morir, y luego, genéricamente, al «muerto», ha acabado por ser el nombre de un dios y hasta por posponer a los demás dioses, al convertirse en la suprema divinidad de la mitología egipcia... Pues bien: no otro es el proceso en cuya virtud los metafísicos han extraído el concepto de ser de cualquier actividad y, luego, han hecho del ser un concepto aparte; y, por fin, un concepto supremo. La especulación sobre el Ser, al verse tomado como objeto de la Metafísica, había de arruinar forzosamente a la Metafísica. Por fuerza había de introducir en ella un radical falseamiento, cuya condenación consistía en pretender extraer algo de un concepto al cual previamente se ha vaciado de todo. Como la fantasía del *perpetuum mobile* en Mecánica, la del Ser en Metafísica, había de sucumbir bajo el peso del absurdo.

La única ocasión, dentro de la historia universal del pensamiento, en que la metafísica ha estado a punto de verse emancipada de la convención del ser ha sido en el hallazgo de la «mónada» por Leibniz, como último elemento en el análisis de la composición de la realidad. La mónada no es un elemento representativo tan sólo, sino activo. Está dotado de figura, y, además, de impulso —como primer atisbo de esa dualidad que la Física de hoy ha acabado por descubrir en el átomo, que le constituye a la vez en corpúsculo y en onda—. En la mónada el proceso de abstracción no ha destruido todavía la imagen, bien que sea esquemática, de la realidad. Cabe, pues, que las especulaciones sobre la misma tengan un alcance de trascendencia. Sin embargo, en la Monadología leibniziana, la entidad representativa de la figura y del impulso activo y su movimiento aparecen todavía como cualidades relativamente separadas en la forma de un impulso que hace a la mónada *salir de sí*, entrar en relación dinámica con otros elementos. Lo que, en vez de eso, se debe encontrar, para logro del instrumento que permita crear con el pensamiento y, por consiguiente, dar trascendencia objetiva al pensamiento, es una tal noción, que en ella la figura y el impulso se identifiquen, formen una sola cosa, se hallen indiscerniblemente fusionadas. De este servicio creemos encontrar la posibilidad en la noción de «germen». El germen no sólo posee, en cada uno de los momentos de su existir, una figura que le aísla como entidad concebible separadamente, sino que añade a esta figura actual una potencia de proliferación en figuras posibles, que van a determinar su aparición en el desarrollo futuro. *Un germen es una realidad, en cuya substancia entra una vocación.* En la semilla se encuentra ya la figura del árbol. En el embrión está el retrato en abreviatura del organismo. Y este impulso que de lo embrionario hereda lo específico, no cesa, a través de las sucesivas performaciones. No se termina y logra así una manera de eternidad que no excluye la vicisitud, un absoluto que no excluye, antes incluye, la historia; un orden que pone límites a la indeterminación, sin entrar por ello en las cárceles de la necesidad. Si los conceptos imponen la artificial rigidez del ser, las ideas viven en la normal duplicidad de los gérmenes. El átomo, para el físico nuevo, no es un concepto, es idea. El vocablo, para el lingüista moderno, no tiene sólo una significación, antes lleva en sí un verdadero germinal de acepciones. A la convencionalidad de la *Metafísica del Ser,* la Inteligencia opone la plenitud funcional de la *Metafísica del germen.*

Si a este nuevo linaje, y más verdadero, de Metafísica cuadra mejor el nombre de «Dialéctica», ilustrado por la tradición hegeliana —que no puede, sin embargo, ser considerado como precedente suyo, porque, en esta última, la figura, por su inestabilidad, aparece como constantemente sacrificada al impulso, como ya había aparecido con el Heráclito de la antigüedad—, es cuestión en la cual podemos prescindir aquí de hacer hincapié. Lo esencial para nosotros es afirmar que si la especulación sobre los gérmenes no es metafísica, *no hay otra metafísica,* que no sea puramente convencional y mítica, en el mismo sentido que denunció la filología de Max Müller. Palabras vanas todas aquellas que no se contentan con la verdad de las palabras.

VI. TEORÍA DEL NIMBO

Alguna vez hemos llamado «Filosofía del Nimbo» a esa misma en que vemos ahora, gracias al recurso a la metafísica de los gérmenes, coincidir la figura con la vocación. Con el término «nimbo» aludíamos a la representación del halo de luz que, en torno de la cabeza o del cuerpo de sus representaciones de Santos, colocan los pintores piadosos. Este nimbo *forma y no forma parte*, a un tiempo mismo, del cuerpo o de la cabeza en cuestión. Forma y no forma parte, a un tiempo mismo, de la atmósfera circundante. Este nimbo, ¿*es él* todavía —el Santo de que se trate—, no *es él* ya?... Pero, ¿qué significa *ser* en expresiones como ésta? No significa nada. El nimbo se ríe del principio de contradicción. Se ríe también del principio de razón suficiente. ¿Cómo equiparar, si este nimbo no ocupa espacio, la cantidad de un efecto con la que se atribuye a una causa? ¿Cómo seriar, si este nimbo no acontece en el tiempo, las consecuencias de este nimbo, según una relación de *antes* y *después*? ¿Qué es antes, el *plan* del árbol o los órganos de la semilla? ¿Qué es antes, en la palabra «aurora», su alusión al principio de la jornada o su alusión a la rojez? ¿Qué es antes, el corpúsculo o la onda? ¿Qué es, en la personalidad de Santiago, lo primero, la «dieguez» o la santidad? El nimbo que da símbolo a esta última da también símbolo a la primera. Un apellido se manifiesta igualmente en un nimbo. Juan García encierra en este apellido la representación de todos los García y hasta la del Oso, al cual deben totémicamente su nombre.

Pero los teorizantes de la Óptica vienen, a última hora, a decirnos: No es la percepción del *color* de las cosas, ni la percepción de la *forma* de las cosas lo que nos informa enteramente sobre las mismas, sino la percepción de *su luz*; o, si se quiere, en términos más materialistas, las del *nimbo* en que las cosas están colocadas y que, a la vez, *son ellas* y *no son ellas*. No es imposible, inclusive, que nuestro aparato visual esté provisto de una organización especial para la percepción, añadida, pero en manera alguna separable, de la luz. Se ha llegado, por otra parte, a

XXIII. ARTHUR SCHOPENHAUER (1788-1860)
Pintura de Julius Lunteschuetz
(*Galería Municipal de Núremberg*)

XXIV. A. A. COURNOT (1801-1877)
Fotografía

afirmar, gracias a estas nuevas adquisiciones de la Óptica, que ya no tiene posible justificación en la verdad una Óptica puramente mecánica; que ya le es al tratadista de Óptica imposible hacer una Óptica que no sea *fisiológica*, ajena a células y tejidos y obstinada en mantenerse en el campo de la materia inerte; una Óptica que aspire a otra objetividad que la que pueden proporcionar los números estadísticos. Porque tampoco células y tejidos están sujetos a una clara determinación, al juego mecánico de la causa y del efecto. Todo esto se dinamiza en síntesis de correlación; cada elemento, causa y efecto a la vez, correspondiéndose, pero no derivándose, emulsionando finalidades en génesis; viviendo, en suma, una unidad en la cual sólo convencionalmente el análisis podría suponer adición; con una plenitud a cuyo lado el léxico asociacionista pierde cualquier sentido. No nos cansamos de repetir que el Universo *no es ninguna máquina*; que es, sí, una coordinación, *una sintaxis...* Sintaxis igualmente, el ser vivo, cada ser vivo; de cuyo verbo creador el Diccionario sólo puede recoger sombras de idea o garabatos convencionales de guarismo.

Mientras del campo de la Óptica venía la imposición de esta necesidad de un recurso al nimbo, del campo de la Fisiología resultaba necesario acudir —en el terreno de la dinámica cerebral, por ejemplo— a explicaciones funcionales cuyo resorte no podían ser únicamente las explicaciones de estructura. Al lado, valga el caso, de un dinamismo referible a localizaciones anatómicas, otros hay que no corresponden a estructura especificada alguna. Independiente de ellas hasta el punto de que una lesión de órgano, y hasta su misma destrucción, pueden verse compensadas, más o menos parcialmente, por intervenciones, venidas no de órgano alguno, sino de lo que llamaríamos nimbo orgánico; es decir, por una energía difusa, capaz de socorrer la carencia con soluciones de reemplazo. Lo que antes buscaban los fisiólogos en una función orgánica, hoy lo buscan en una correlación funcional. En tipo de rebusca análogo a aquel que, en días remotos de la humanidad, debió de inducir a ésta a descubrir la razón de las mareas, no en fuerza o agente alguno contenido en el mismo mar, sino, más lejos, en el cielo, en los cambios de la luna.

Así entendidos los procesos funcionales en cuestión, su descubrimiento puede parangonarse con el que, años ha, procuró al psiquiatra Pierre Janet la concepción del «tono psíquico». El «tono», factor inclasificable dentro del habitual cuadro de las actividades sensitivas, cognoscitivas y volitivas del espíritu, da razón —por su presencia, por su ausencia, por su grado— de fenómenos tan importantes como los de normalidad o de los trastornos de la conciencia humana en la percepción de la propia personalidad. Aquellas substituciones de energía acuden a elevar el nivel fisiológico allí donde conviene: en función no especificada, pero tampoco genérica, en función correlativa —y relativamente supletoria en muchos casos de la pérdida experimentada—. Vemos una vez, en fisiología como en psicología, realizarse aquella magna afirmación lanzada un día por el genio del fisiólogo Goltz: «La función sobrepasa la estructura». Pero, ¿qué pensar entonces del principio mismo de causalidad, traducción del principio de razón suficiente al dominio de la Naturaleza?...

Muy cercano al dominio de la psicología está el de la lingüística. Al psicologismo asociacionista, con la superstición de que el vivir espiritual puede reducirse a una suma de actividades particulares, especificada cada una según su objeto, corresponde exactamente la otra superstición de que, en el lenguaje, el léxico lo es todo; por manera que hablar consiste en añadir sucesivamente palabras; y raciocinar, dar cima a una totalización, más o menos extensa, de sus respectivos significados. Es éste un prejuicio que informa todavía los ámbitos de algunas Academias, atentas en primer lugar a servir a un ídolo que se llama el Diccionario; prejuicio del cual empiezan a curar a todos las nuevas concepciones de orientación —también aquí— funcional e idealística que a la filología va trayendo la reflexión filosófica. Gracias a la misma, hemos acabado por saber que, en cada palabra, hay algo más que el elemento material con que se presenta en lo oral y en lo escrito; algo más también que el elemento conceptual, que la convierte en signo. Aislemos una de estas palabras. Tendrá la misma su forma concreta, de tales letras, de tal raíz, de tal desinencia, susceptible de tales rimas o de tales otras. Tendrá igualmente un significado, que el Diccionario definirá. Pero, insistamos, encima de ello, hay en aquélla un germen, unas posibilidades, un movimiento. Hay un impulso del pensar, una potencia activa de enlace, fuente de metáforas y de figuras. Hay igualmente una herencia, una impregnación en relentes acumulados desde cada vez que la palabra ha servido; sobre todo, si ha servido a la poesía y al genio. Hay, por fin, una fuerza de proliferación y de superación, ora poética, ora heroica —de cada palabra cabría decir lo que Nietzsche del hombre: «que es algo que *desea* ser superado»—, fuerza que nuestra mente puede captar. Toda palabra tiene, pues, de una parte, *una forma*; de otra parte, *un significado*; de otra parte, y en lo más entrañable de ella, *un sentido*. La más profunda, la más valedera de las comprensiones de un vocablo será aquella que penetre el secreto de su sentido. Aquella donde se recoja el nudo de las correlaciones funcionales que en la palabra hay. Así como el «tono» de Janet baña con su energía las facultades de la mente, hasta el punto de obtener de las mismas lo que ni cada una de por sí ni la asociación de su conjunto podría dar; así como las «compensaciones» acuden a rendir servicios a aquellos cuyos órganos sensoriales específicos han quedado sin el apoyo somático suficiente, el «sentido» de la palabra vitaliza el discurso entero y hace expresar a cada una lo que, según su propio y estricto contenido conceptual, no podría decir. Cada *cosa* se nutre de la sustancia de su *nimbo*.

VII. FÓRMULA DEL PRINCIPIO DE FUNCIÓN EXIGIDA

Tal vez no parezca ocioso el recordar aquí cómo se ha podido —y por nosotros mismos, en otro lugar— aplicar igualmente la anterior revisión sobre el contenido de las palabras al de las obras de arte, en doble reacción contra lo que se ha llamado, a un extremo, «crítica de las formas», análisis de los elementos materiales en la obra artística, y, en el otro extremo, «crítica de los asuntos», atenta a la explicación, generalmente baldía, de la anécdota particular en cada uno representada. Con esto preconizábamos una «crítica del sentido», que toma en cada uno de los objetos, sea el conjunto de una escuela, de un siglo, de la obra total de un artista; sea, en lo más alto, alguna de las constantes de la historia artística *como una figura*. Quiere decir que el crítico ve y juzga simbólicamente en cada objeto una categoría, a cuya generalidad eleva la anécdota de este mismo objeto, sacándola de la situación fragmentaria, que, sin eso, tendría. Así, una explicación de Goya, pongamos por caso, contendrá la explicación de otras obras que no son de Goya y aun la de otras creaciones espirituales que no pertenecen a la pintura. Una vez más *la estructura se encontrará*, en esta crítica, *sobrepasada por la función*. Ésta entrará así, necesariamente, en el amplio y nuevo campo de la ciencia de la cultura. No habrá —aparte, naturalmente, de lo convencional y metodológico— una verdadera *autonomía* para la crítica de arte; como no hay una verdadera autonomía para el léxico en el interior de la realidad del lenguaje; como no hay una verdadera autonomía para el sistema nervioso dentro de la economía vital; como no la hay para el cerebro dentro de aquel sistema; como no la hay para ninguna zona focal de la corteza cerebral dentro del cerebro. Ni la hay en la historia política para ninguno de sus seudoconceptos orgánicos; ni para la nación, cuya aparente independencia, cuando no resulta fingida, es correlativa nada más; ni para la clase social, ni para la raza, ni para la época o la generación. El proletariado sólo es proletariado porque existe el capitalismo. Un ario es un ario, en *función* de que existen semitas y semitismo. España no sería tal España sino porque existe América; afirmación que, si bien se mira, es válida inclusive para el tiempo en que ésta se encontraba por descubrir. Ni América, por su parte, tendría sentido si el Atlántico no existiera ni tuviera la anchura que tiene. En todas partes, en cada capítulo, el ser únicamente se constituye como tal ser cuando se afirma de él una síntesis, teóricamente desmenuzable en correlación. Toda unidad implica una variedad. Todo concepto implica un juicio. Lo estático, lo que aparentemente no se lanza a actividad de cópula, es porque ya tiene una cópula en su interior.

Una observación debe añadirse, antes de abandonar por hoy temas tan fecundos. Esta observación se refiere al peligro teórico encerrado en la tentación de emplear, para expresión del vínculo correlativo, el término equívoco de *influencia*. Cuando nosotros decimos que la relación encerrada en cada uno de los casos aludidos, desde los de origen más experimental hasta los de mayor alcance metafísico, no es exactamente una relación causal, no por esto abandonamos la coherencia de las realidades que así entran en juego al reino vago y fofo de lo que se llaman «influencias». No se adelanta nada, en el intento de explicaciones racionales, cuando, en vez de decir que el cerebro es la causa de la percepción sensorial —o el clima de Grecia, la razón suficiente del arte griego—, se dice que el cerebro *influye* o que dicho clima *influye*. Ello es como renunciar a los privilegios de la razón, entregando blandamente al azar y a la contingencia las adquisiciones intelectuales más preciosas. La «influencia» denuncia tan sólo una relación extrínseca, posible entre objetos cuya entidad substancialmente no se conjuga. La «correlación», en cambio, da expresión a una solidaridad sustantiva, en la cual se inserta hasta cierto punto el vigor de la necesidad, aunque esta necesidad no llegue al extremo de permitir la previsión cuantitativa. Los objetos referibles entre sí a tenor de lo que se llama «cálculo de probabilidades» admiten la vigencia de una determinación sólo verificable *a posteriori* y dentro de la elasticidad estadística. Pero lo elástico no es lo amorfo. La gran ventaja del nuevo aspecto que la ruina del principio de razón suficiente toma hoy, gracias a la predilección científica por las correlaciones funcionales, estriba en que, colocadas las cosas en ese terreno, el mundo, bien que pierda su regularidad mecánica, no renuncia a su coherencia inteligible. No una máquina, una sintaxis, lo repetimos. El cosmos se vuelve más flexible; sin necesidad, por ello, de naufragar en el caos...

El finalismo de las teorías de la evolución no traía esta ventaja. No la traían tampoco las irregularidades cuantitativas propuestas por los estudios sobre la radiactividad. La crisis más reciente, consecuencia de la mecánica de la relatividad y de la física de los *quanta*, ha parecido ya orientarse hacia ahí, pero todavía confusamente. La nitidez de una formulación, gracias a la cual, en el desprestigio de las explicaciones estáticas y mecánicas, se salvase la inteligibilidad del mundo, no la había logrado hasta hoy la Ciencia, sino la Filosofía. La Filosofía, que, hace treinta años, atreviéndose simultáneamente por primera vez a invalidar el *principio de razón suficiente* y a sustituirlo, pudo emancipar la Inteligencia de la Razón y proponer el reemplazo de aquel clásico: «*Nada ocurre sin razón suficiente para que ocurra*», o «*Todo efecto presupone una causa*», por aquellas salvadoras fórmulas del que ya se llamó entonces *principio de función exigida: «Cualquier fenómeno está en función de otro fenómeno anterior, concomitante o subsiguiente».* Y con más laconismo: «*Todo fenómeno es un epifenómeno»...* Que quiere decir que, en la realidad, tanto en la de la naturaleza como en la del espíritu, *no hay cabos sueltos.*

DIÁLOGO SEGUNDO
DE INTERLUDIO
PRESIDIDO POR LA MÚSICA

— Nunca he pretendido ocultar que yo, a tiempo de ir enseñando, estudiaba y que mi función de guía corría pareja con mi aventura de impaciente descubridor. En estas condiciones, ¿qué mucho que en el trayecto de este libro se deje algún reducto por explorar? Si al más seguro de los muleteros alpestres le ocurre el dar algún traspié, que espanta a la cabalgadura del turista al mismo ribero del abismo; si el indígena más experimentado en curiosidades se ve en el caso de confesar al espeleólogo a quien acompaña: «Por este agujero no me he metido nunca; no sé a dónde va», ¿cómo, metido a cicerone, el forastero evitaría algún *in-pace*, algún callejón sin salida, en el itinerario que pretendió conducir —y lo hará, Dios mediante, si se le concede algún crédito—, a la visión y posesión del secreto que se guarda tras de siete puertas en la encantada ciudad de la Filosofía?... Se salió de más de un laberinto. En éste en que acabamos de entrar, quizá haya que dar voces para procurarse la salida.

— ¿Se perdió la brújula, tal vez? ¿O bien ocurre aquí como en el viaje de Colón, cuando, traspuesta la línea ecuatorial, cambió para el navegante el celeste panorama de las constelaciones y ya no presidió a sus singladuras aviso de ciencia, sino desnudo empuje de fe?

— Tengo mi norte en la mano y avanzamos según estrellas que no danzan. Sé que la verdad está ahí, a nuestra derecha, y que a ella, cualesquiera que sean los obstáculos del camino, vamos a llegar. Pero mi impaciencia se irrita al topar ahora con este muro sin puerta. Podría tal vez escalarlo y hasta saltar por la otra vertiente, si fuera seguido en el esfuerzo; mejor dicho, ayudado.

— ¿Desde dentro o desde fuera?

— Claro que desde dentro resultara mejor. Algo desde dentro hay de todas maneras que hacer. También el guiado guía a su modo. Pero la pauta que desde fuera se proporciona no se puede excusar. Ya, ¡cuántas otras colaboraciones nos han hecho encontrar resquicio, al tratarse de problemas, bastante lejanos a veces a nuestra preparación, la Mecánica, la Estereoquímica, la Genética, qué sé yo!... En realidad, sí, lo sé. Lo sé ahora. Al hacerme con ellos, no lo sabía. La ajena advertencia me procuró un resquicio, un peldaño de conocimiento. Mi pensamiento se asió aquí, se deslizó por ahí... ¡Verme ahora, en cambio, detenido por esta pared, tras de cuya cerrazón adivino que está, tan pródiga en revelaciones como en síntesis, toda la teoría de la Música!

— He aquí cómo lo más grato puede ser lo más duro. ¿No habrá manera de sortear el obstáculo, posponiéndolo? Mientras se sepa que existe, ¿no bastará ahora con pasar de largo?

— Hemos exigido, para cualquier sistema estructurado de explicación de la Filosofía, el cumplimiento de dos condiciones. Lo hemos exigido, desde nuestros primeros pasos de rebusca. Una condición era la totalidad; por modo que, del círculo del sistema, ningún conocimiento resultara excluido. Exigíamos igualmente la continuidad: cada eslabón de la cadena debía enlazarse con el precedente. ¿Se nos perdonaría el dejar atrás un sector cuyo ámbito no exploramos? ¿Se aceptaría que unos nudos de soga supliesen los enlaces que la forja no aseguró?

— Sí, todo esto se absolverá. Y yo lo absolveré, a condición de que, ya que no el detalle, se me dé el esbozo de lo que pudiera ser este campo común, donde cohabita con la nueva Lógica la Música eterna. Donde acaso vienen las dos a ser la misma cosa, para un pen-

samiento libertado de los rigores del principio de contradicción y del principio de razón suficiente.
— Para un pensamiento irónico. Para un saber de esencia dual, coloquial.
— Cuya solución suprema no sea la anulación de lo vario en la identidad, sino su conciliación en la armonía...
— En ocasión del centenario del cardenal Newman, que en Inglaterra se está celebrando mientras nosotros dialogamos aquí, he leído una frase, que da bastante que pensar, contenida, según parece, en una carta de Newman. En ella se dice: «Quizá el pensamiento sea música».
— Desgraciadamente el alcance de esta expresión está cancelado en el contexto de la carta, por lo mediocre de las frases que le preceden... A su autor le han regalado un violín y, al agradecer el envío, declara cuánto le place y cuán bien le sienta su ejercicio para la personal higiene. «Después de la música, duermo siempre mejor. Debe de haber una corriente eléctrica que, por medio de los dedos, pasa a las cuerdas del cerebro y recorre la médula espinal»...
— Muy del gusto de la época, esta frase.
— La época de Newman era la de nuestro Pompeyo Gener, el de las «Cerebraciones conscientes». Y la del otro cardenal, la del cardenal Mercier, el de la Escuela de Lovaina. Pero también, no lo olvidemos nunca, era la época de Dilthey y la de Boutroux...
— El pensamiento de Newman no fue irónico; su ambición fue tal vez, meramente, ecléctica. Irónico lo había sido, en cambio, Sócrates. Nada, en lo que sabemos de él, sin embargo, trasciende a la existencia de un «corpus» doctrinal, aunque fuera implícito, donde la ironía encontrara metafísica legitimación.

— Sócrates, que era escultor, no poseía probablemente una vocación matemático-musical parecida a la de Pitágoras.

— Y, todavía, la presencia del elemento musical en la mente de Pitágoras, ¿es bien segura? En los fragmentos pitagóricos que nos son conocidos, y, sobre todo, en la explanación de los comentaristas, términos como «armonía», «ritmo», «música» comparecen a cada instante. Pero los conceptos a ellos relativos se presentan en tal grado de abstracción que de ellos no podemos inducir la nutrición de experiencias musicales concretas en la mentalidad pitagórica. Lo mismo ocurre con las aproximaciones y las promiscuidades didácticas de Música y de Lógica, en la organización del «Trivio y Cuadrivio» medievales. Después... Después, la Lógica o la Filosofía se han quedado solas, en las Facultades de Letras de las Universidades o contiguas a la información científica de los filósofos más sabios o más curiosos: en las dos hipótesis, sin contacto alguno con los temas de arte. Cuando Descartes recibe el encargo de componer un «ballet» para la Reina de Suecia, escribirá el texto, no compondrá la música. Si la estética alude alguna vez a las manifestaciones vivas del asunto que pretende estudiar, será del brazo humilde de un caricaturista, el suizo Toepffer. Para ser entendido por los músicos, Schopenhauer necesitará de Wagner, como autor extranjero que hay que traducir. Goethe no tiene sobre la música ideas, sino gustos y, probablemente, gustos dudosos. Pues, ¿y los de Nietzsche, con su camelo de la mediterranización de la música y su ideal encontrado en Bizet y hasta, según ciertas anécdotas nos refieren, en Federico Chueca? Pero, he aquí comparecer, en la historia universal de la Filosofía, un tipo nuevo, el de las doctrinas de Bergson. Éste coloca la verdad en el tiempo puro, como los músicos la belleza. ¿Se explicará entre uno y otros una solidarizadora conjunción? No parece que así haya sido. En el París de entre-dos-guerras, ha ocurrido alguna vez que un pintor o un arquitecto se declarasen bergsonianos; pero un compositor de música, no; tal vez porque a los compositores de música el pensamiento bergsoniano ya no les tomaba de sorpresa. Ha sido necesario que, más recientemente y por el opuesto camino, un poeta como Paul Valéry se acercara con mente de filósofo a la arquitectura, a la pintura, a la danza. Pero, a Valéry como probablemente a Pitágoras, la concreta exposición de lo específicamente musical parece más bien haberles faltado.

— Y a mí, aunque más de una vez haya podido suplir su falta con artificios de adivinación.

— Tal vez yo, aunque esté dentro, pueda ayudar a que encontremos la salida del laberinto, con algún hilo conductor, arrojado desde fuera... Vamos a ver: cierta casual lectura acaba de proporcionarme una connotación que tal vez resulte para nosotros importante. ¿Conocíamos hasta ahora el hecho? Parece que, en las interpretaciones de sonatas y cuartetos, se adquirió la costumbre, desde la época del romanticismo, de que los ejecutantes suprimieran las repeticiones en lo posible, sobre todo en la parte expositiva de los primeros tiempos; con lo cual se rompe el equilibrio que producía en el oyente la sensación de retorno a los elementos iniciales y que tanto agradaba a los reducidos públicos cortesanos con que la música contaba en el siglo XVIII (y que, añado yo, agrada al pueblo en sus canciones) y que el sentimentalismo romántico a chorro libre llegó a no poder excusar sin fastidio... Aquellas repeticiones, aquellos regresos, constituían un cíclico *volver a dejar las cosas como estaban,* la garantía del mínimo de racionalidad, con la música todavía compatible; y respondían genéricamente a la condición para su clasicismo. Así quedaba impuesta en el tiempo la *simetría,* que, con mayor excelencia que las demás artes, la arquitectura impone en el espacio. Exorcismo contra la sucesión es el Ritmo; *catharsis,* el Ritmo, de la tragedia de la Sucesión. ¿Y si, en el recurso a la noción de Ritmo, se encontrase la salida con que pasar ahora desde el recorrido de los descubrimientos, con que nos hemos tonificado en nuestra Teoría de los Principios, hasta el nuevo quehacer, que se nos abre ahora, cuando llegamos a la Teoría del Saber?

— Uno de los nuestros tuvo un día, en función de una Dirección administrativa de Bellas Artes, que reorganizar los Conservatorios y quiso renovar en los mismos los planes de enseñanza. Para ordenación de tales planes llamó en consulta a alguno de sus profesores, entre los cuales se contaban eminencias, para que iluminasen su ignorancia explicándole las razones por las cuales la «asignatura», como ellos decían, de Contrapunto, estaba separada de la otra llamada «Armonía»: si por lógica precedencia de la una respecto de la otra; si por pedagógica precaución de pasar de lo menos difícil a lo más difícil; si por la especialización significada por uno entre los temas respectivos y que, al aislarse, permitiese un detenimiento en los detalles, inasequible al estudio de la generalidad... La verdad es que de aquellas entrevistas no sacó nada en limpio. Quiero creer que en alguna parte intervinieran en la confusión ciertos intereses anecdóticos, que presumieran beneficio en su despiste: ello, sin embargo, no bastaba para explicación de turbiedad tanta. De un gran coeficiente en la misma debía de tener la culpa la nota de irracionalidad a la música inherente y cuyo origen es, sin duda, el mismo que el de aquella otra cuya presencia en el hecho del movimiento denunció —dando un tremendo quehacer a los siglos— el Zenón Eleata de las aporías.

— Con todo, ya nos ha ocurrido el reflexionar, dentro del curso de nuestra investigación, sobre el hecho singular de que la música pueda escribirse; quiere decir, verterse al espacio, mediante un repertorio de grafías. Aquí no hay reciprocidad, pues a nadie le ocurre la sospecha, ni siquiera a los más enconados dinamistas, de que alguien pueda cantar la arquitectura... ¿Habrá, pues, entre las dos categorías, el Espacio y el Tiempo, en las cuales veíamos nosotros descompuesta la categoría del Orden, una de superior instancia, el Espacio, que permite dar cuenta del Tiempo sin equiparable correspondencia por parte de éste? ¿Las figuraciones espaciales tendrán sobre las temporales la ventaja de una mayor dosis de objetividad o, al revés, la de una mayor convencionalidad, que las vuelva de adopción más cómoda?

— O bien ocurrirá que lo espacial cuente ya, en lo temporal, con algo que pudiéramos llamar complicidades interiores, elementos de realidad que, *como si se acordasen de la solidaridad mantenida* cuando Espacio y Tiempo estaban reunidos en la categoría de Orden, le sirven de cómplices, al servicio de su dominación. La noción del *ritmo* —diríamos en este sentido— representa una especie de «quinta columna» dentro de la fortaleza del Tiempo... Consiste el Ritmo (intentemos del mismo una definición que sea a la vez amplia y concreta) en *la inserción* de elementos fijos en el desarrollo de una serie variable sucesiva... Esta definición excluye los casos en que los elementos fijos se insertan en otros elementos igualmente fijos, como ocurre en una máquina, cuando a esta máquina no se aplica de un modo continuado la intervención humana (en el funcionamiento de una locomotora, por ejemplo); y también, naturalmente, a aquellos otros casos de conexión entre fenómenos, en que la indeterminación es absoluta, o sólo se produce la determinación estadísticamente (como en el caso de la suerte en los juegos de azar). El ritmo, por consiguiente, señala la presencia de una ley, la imposición de ciertos elementos dados sobre los no dados.

— ¿Pero no se dirá esto en el mismo sentido que hacía decir al poeta Schiller que «*la belleza es una imposición de los fenómenos*»?

— Hemos hablado, antes, de la rareza de que un filósofo se acercara competentemente al mundo del arte. Schiller es un ejemplo de la posibilidad de que el hombre de arte se acerque al mundo de la Filosofía. Ninguna de las definiciones de la belleza que se han dado tiene la enjundia de esta que acabamos de citar. Y su identificación con la índole tempo-espacial del ritmo, ha de parecernos aquí luminosamente reveladora. El género de *obligación* que puede exigir en los fenómenos una inteligencia libertada de las estrecheces de la Razón se deja adivinar aquí. Es una *obligación* donde se mezclan la necesidad y la libertad en las mismas proporciones en que se mezclan en el imperativo de *belleza* de la obra de arte... El ritmo puede realizarse en el espacio y en el tiempo; por consiguiente, bien con elementos estáticos, bien con elementos dinámicos. Se hablará del ritmo de una obra arquitectónica o de una composición musical; de los que presenta la composición anatómica del cuerpo humano o de los ritmos de sus funciones... Quizá en el caso de ritmos como los de la danza puede presentarse el problema de si está su campo en el espacio o en el tiempo. Pero aun entonces cabe sostener que se trata de una superposición entre los dos órdenes, sin que se realice la fusión de entrambos.

— Otra cuestión sobrevenida es la de saber si en la obligación de fenómenos sucesivos que se realizan en ritmos puede considerarse, en rigor, la presencia de una verdadera *ley*: entiéndase, si se trata de una imposición necesaria, y en qué grado. Porque también puede ocurrir que la tal necesidad sea mínima; como ocurre en aquellas cuya comprobación sólo puede realizarse estadísticamente, y a favor de los grandes números... Cuando, según hemos visto en nuestras investigaciones precedentes, la moderna crítica de las ciencias nos ha llevado a considerar las antes tenidas por leyes físicas, y aun por leyes mecánicas, como simples «casos-límite», cuya noción no excluye un margen de indeterminación, sería fuerte cosa que nos saliéramos otorgando a las leyes de la belleza un carácter apodíctico que a las primeras rehusamos.

— Por esto, los *preceptos* artísticos tienen más bien un carácter de *consejos,* a los cuales no sólo es posible desobedecer, sino hacerlo impunemente y hasta alabándose de la desobediencia. Sí: nuestra preceptiva artística y, al igual, nuestra preceptiva lógica, tiene mucho más carácter *moral* de lo que parece; por la misma razón que hace que, en la naturaleza, ande circulando mayor número de *motivos* que de *causas* propiamente dichas. Nuestro bueno de Balmes hubo de obrar discretamente, cuando, con aquel libro, entre nosotros famoso, «*El Criterio*», dio, más bien que una lógica, una ética y hasta, si se quiere, una higiene del razonar; como había hecho perfectamente Juan Luis Vives, al ponerse como objetivo de su meditaciones sobre psicología «el beneficio que se sacaba, del conocimiento de sí propio, para el gobierno de la conducta». Lo normativo de las reglas estéticas es, como según aquel un día célebre Guyau, el de las reglas morales, «*una moral sin obligación* (en el sentido coactivo de la palabra) *ni sanción*». La prueba es que el gusto ha podido en sus evoluciones olvidar muchos de estos preceptos y hacerse un ideal nuevo de tal olvido. Los compositores de música salen, a lo mejor, cultivando la «*disonancia*». Al día siguiente, se entregan con fervor a la «*atonalidad*». Y, si nos fijamos, el mismo tono de vanagloria, de *bravata,* si se quiere, con que lo hacen, ¿no lo volvemos a encontrar en el lenguaje científico de muchos modernos, que, implícitamente, befan a Euclides con la geometría no euclidiana; el espacio-extensión cartesiano, con la teoría de la Relatividad, o el «*hypotheses non fingo*» newtoniano, con la mecánica de los *quanta* dentro de la cual el empleo de la hipótesis es indispensable?

— Todo ello indica que es necesaria la existencia de una especie de Lógica superior, donde se conjugue la casi necesidad del «caso-límite» o, para no hilar demasiado delgado, de la ley de la razón, con la *casi* contingencia de la hipótesis verosímil, dentro de un concepto más amplio de la *obligación* intelectual; así como hay para la Música una Armonía superior, capaz de preceptuar cánones de composición donde la disonancia no está excluida del canon de la belleza; el cual, no obstante, sigue siendo todavía tal canon, o sea, conserva un valor normativo.

— Pero aquí también nosotros forjamos la nuestra, nuestra hipótesis. Y ésta consiste en la sospecha de que esa Lógica superior y esa armonía superior *constituyan,* en suma, *una misma cosa*; operen sobre el mismo orden de relaciones. Al igual que los filósofos que tanto especularon, hace algún tiempo, sobre la llamada Logística, aspiraban a una identificación completa entre las dos formas de análisis, llamadas, la una, Lógica, la otra, Matemática, así, y quizá en el extremo opuesto, lo que nosotros creemos adivinar es una identificación posible, hasta el punto de llegarse a constituir una disciplina única, entre lo normativo del pensamiento y lo normativo de la composición musical; por modo que, síntesis de síntesis, diera lo mismo hablar de Lógica que de Armonía, si es así como debe llamarse a la «asignatura» teórica para ello dispuesta en los Conservatorios.

— Y esta síntesis, ¿no coincide con lo que nosotros, aquí, hemos siempre designado bajo el nombre de «Dialéctica»? ¿No estaremos, precisamente, constituyendo aquello que decimos objeto de nuestra ambición?

— Constituyendo unilateralmente, por desventura. En terrenos diversos nos hemos sucesivamente asentado. En este ángulo, con todo, no hemos podido cimentar. Por ahí anda la doctrina esencial de la música, doctrina para nosotros ignota. Nuestra ignorancia es la pared con que tropezamos para salir del laberinto. Ahora vemos que el liviano hilo conductor que, por un momento, pudimos creer enviado para nuestro socorro, no nos basta. Era demasiado delgado, se rompió en seguida. Ni de la noción de Ritmo, ni de la noción de Ciclo, con ella ligada, se les ha podido beneficiar con suficiente desarrollo para que nos salvaran. Abandonemos este aspecto de la cuestión. «*Forse altro canterà con meglior plectro*». Tal vez alguien se anime a componer este inédito capítulo de la Doctrina de la Inteligencia. La gloria le espera. La gloria de haber completado el *Novísimo Órgano,* que ya se siente a punto de lograr Filosofía, pronta a disfrutarlo, tras de haber disfrutado, primero, del Órgano aristotélico; después, en otra etapa, del Órgano baconiano. Nosotros, aquí, razonamos y pasamos. No sin hacer lo que, en el símil ya suscitado del espeleólogo y su guía, haría éste. Lanzar una piedra exploradora por el negro agujero, que confiesa no haber explorado jamás... La piedra produce rumor de lejana caída en el agua. «Me da en el corazón que aquí hay un lago... Ya vendrá el día en que alguien lo explore». Se toma de ello nota; se publica de ello aviso. Ahora vamos a probar de colocarnos, otra vez, a la entrada del laberinto. Por visto lo daremos. Nos falta nada más que la única parte del itinerario previsto, para acercarnos al lugar donde está guardado el secreto; y sería lástima dejar la prueba aquí. Claro que había de resultar más satisfactorio para nuestro ideológico interés y, entre las gentes, más glorioso, el llegar ahí sin haber dejado atrás ningún cabo suelto. Pero el deber de cerrar el círculo es más imperioso todavía que el de ligar su trabazón sin dejar nada flojo.

— Por ahí no se escurrirá la media. Aun con su trechillo de lo que llaman las señoras «una carrera», se sostendrá. Si otro viene a reforzar nuestra tupida trama, tanto mejor; si no, atengámonos a las garantías que poseemos ya. Por otra parte, vamos sintiéndonos más seguros cuanto más avanzamos: en la medida en que nos acercamos al fin. Así, viajero de tren en túnel, cuando ya se filtran las claridades indicadoras de que el túnel se va a acabar... Ya no nos puede ocurrir, como quien dice, nada malo.

— Multiplicamos, además, nuestros engarces, no sólo por la visión más clara de lo propuesto, sino por la consolidación insistente de lo iniciado. ¡Cuántas repeticiones, cuántos retornos a nuestros sempiternos puntos de vista, a nuestros prospectos temáticos, a lo largo de nuestro dialogar! Un romántico los hubiera suprimido con impaciencia, como se hizo en la ejecución de las sonatas y los cuartetos, así que ganó la batalla el sentimentalismo en el gusto ambiente de los conciertos.

— También nuestra exposición ha tenido sus Ritmos, ha tenido sus Ciclos...

— El segundo se cierra aquí. Se cierra, para cambiar el Tratado de los Principios por el Tratado del Saber. Una breve ojeada, en el tránsito, a lo que los dos anteriores tratados nos han permitido adquirir. En primer término, que la ineluctabilidad de la Filosofía no sólo nos autorizaba a su cultivo, sino que nos aconsejaba el lograrlo con la posible perfección. «En el supuesto de tocar las castañuelas, vale más tocarlas bien que mal»; y aquí no había otro remedio que tocar las castañuelas más metafísicas. Este deber de perfección se traducía inmediatamente en un imperativo de sistema. Sin ambición de totalidad, no hay verdadera filosofía: lo que, a título de tal, estatuyéramos, había de crear un ámbito de cuyo interior no se encontrara ausente ningún elemento de la realidad, ningún aspecto de la posibilidad conceptual. El círculo, con cuyo esquema se figuraba este ámbito, había de ser, además, continuo; en el sentido de que cada uno de sus puntos enunciados se apoyara en el precedente y justificara, a su vez, el posterior; a menos que (según después hemos venido en considerar también legítimo), fuera éste el que justificara a aquél. Tal exigencia no tiene más que una excepción en derecho (para nosotros, ha tenido también, de hecho, una; pero ¡tan ligera y tan reparable!). Esta excepción de hecho se refiere al momento inicial: momento inicial que puede ser, arbitrariamente, cualquiera, evitándose así la preocupación de elegir entre la costumbre del antiguo filosofar, habitual en los enunciados de existencia, y la preocupación del moderno filosofar, vicioso de crítica, deteniéndose en los enunciados sobre los instrumentos de conocimiento. Nosotros, al hacer constar la experiencia de un antagonismo entre una Potencia, que está en mí y, una Resistencia, que está fuera de mí, encontrábamos el arranque. Pero esta Potencia no la encontrábamos en el «yo», sino más allá del «yo», en la misma realidad de la creación pura. Y tampoco aquella Resistencia estaba, para nosotros, en el mundo, sino más allá del mundo, en la experiencia del Mal, fuente de la pasividad y de la muerte. Veíamos, en seguida, a la Potencia verterse sobre la Resistencia, en la forma de pensamiento; mientras la Resistencia, a su vez, se iba trabando a la Potencia, en la forma de conocimiento. Esta cópula, colaboración del pensamiento y del conocimiento, trasciende en el saber, a cada uno de cuyos grados de trascendencia puede llamarse la verdad. Verdad, en las representaciones, según se justifica en la Teoría de las Ideas; verdad en los juicios, según se justifica en la Teoría de los Principios; verdad en la filosofía, según se justificará en la Teoría del Saber. Al examen cabal de estas cuestiones, por manera que salga del mismo la relación del secreto de la Filosofía, es a lo que denominamos Dialéctica; previendo, para su ulterior desarrollo, dos tratados filosóficos: uno, en que se da cuenta de la realidad desde el punto de vista del pensamiento, de la creación, y es el que llamamos *Poética*; otro, en que se vuelve a hacer el viaje, con recorrido inverso, en el proceso del conocimiento, o sea de la racional determinación inerte, y es el que llamamos *Patética*. Sentado lo cual, cobrábamos aliento (y esto era en Diálogo, porque el Diálogo, si explícito, tanto mejor, constituye el secreto esencial del pensamiento), para emprender, único objetivo en la ocasión presente, el estudio o exploración de la Dialéctica...

— Y lo hacíamos, empezando por los elementos más simples, las representaciones, para concluir con los más complejos, los del total saber; a imitación de lo que hace un geómetra, cuando sucesivamente examina, en un tratado didáctico, las cuestiones referentes a las líneas, las superficies y los volúmenes.

— Esto es. Y con la misma salvedad interior con que procede el geómetra. El cual no ignora que, entre estos tres objetos de su pensar, el que, naturalmente, la realidad proporciona es el más complejo, es decir, los volúmenes: sobre los cuales ha de operar la abstracción para reducir su estudio al de las superficies; y luego, después, al de las líneas. De igual modo, quien enseña una lengua extranjera, debería en rigor empezar enseñando frases; a cuya enseñanza seguiría la de los regímenes sintácticos que regulan las asociaciones de las palabras en la frase; para acabar, encarándose con el léxico, donde se aísla a cada palabra. De igual modo debiéramos nosotros, para seguir el orden real, haber empezado por la Teoría del Saber, continuar por la de los Principios y terminar la Dialéctica por las cuestiones relativas a la representación. Hay aquí, sin embargo, una discrepancia entre el orden real y el que pedagógicamente puede aconsejarse. Y el caso es que ni el geómetra podría hablar de cuerpos o volúmenes sin definirlos por sus líneas, ni el profesor de lenguas pronunciar una frase cuyo léxico no fuera comprendido (que quiere decir: aislado en sus elementos conceptuales), ni el filósofo referirse a ningún saber sin alusión a sus elementos representativos, percepciones, conceptos, ideas. La tesis de la circularidad de la Filosofía viene aquí a salvarnos por segunda vez, por lo menos a nosotros. Ya estamos al cabo de la calle, sobre que no es posible empezar nuestras revelaciones por parte alguna, donde no haya que dar por buenos a crédito, por decirlo así, postulados que sólo más tarde han de encontrar, en nuestro discurso, su justificación. En lo cual obedecemos a muy alta inspiración, además de seguir los modestos consejos pedagógicos. Aquella inspiración, a la cual se debe la fórmula: «En un principio, era el Logos»; es decir, la palabra. O, en un tercer símbolo, la Creación —sí, la Creación, antes que Dios: puesto que Dios mismo es Creación, acto puro.

— Así, veíamos, lo primero, las Ideas, es decir, las palabras. Y, como continuábamos en función de diálogo; como nuestro pensamiento debía confrontarse, sin interrupción, con el ajeno, nos encontrábamos, en este primer tratado de la Dialéctica, con un pensamiento, históricamente acontecido en la Filosofía (y, hasta cierto punto, correspondiente a una constante de la misma, a algo inevitable, por consiguiente) y que consiste en el llamado «empirismo», según el cual los elementos únicos del pensar, que, según él, se identifica (peor: debe identificarse) con el conocimiento, son las percepciones, más o menos elaboradas ulteriormente. Nos encontrábamos también, en el otro cabo, con otra actitud de la Filosofía, al igual persistente, mejor calificada quizá: la que se contiene en el titulado «racionalismo»; según el cual, los únicos elementos válidos son los conceptos, correspondientes a las esencias de las cosas, esencias que la abstracción obtiene y, fuera de las cuales, todo es apariencia y, por consiguiente, ilusión. El empirismo quiere que sean ilusión convencional todos los conceptos. El racionalismo, que sean ilusión apariencial todos los fenómenos. Pero, en contienda contra los dos, nosotros hemos logrado hallar que, ni la percepción era posible si a ella no se asociaba cierta colaboración de lo conceptual, ni el concepto podía darse puro sin una inmixtión de elementos de percepción, por lo menos. No hay, pues, en lo auténticamente objetivo, ni unos simples fenómenos ni unos númenos asépticos. Llamamos representaciones a las figuras de la cópula pensamiento-conocimiento en que la abstracción entra por lo mínimo y, por consiguiente, corresponden a lo concreto y singular. Llamamos conceptos a las figuras de la cópula pensamiento-conocimiento en que la abstracción entra por lo máximo y, por consiguiente, corresponden a lo abstracto y general. Un *retrato* de una silla es su representación; una *definición* de la silla es su concepto. Pero si en todo retrato hay mucho de ilusión, en toda definición hay una convencionalidad muy acusada. La realidad no está en las representaciones ni en los conceptos, sino en las ideas, que logran la generalidad de éstos, a la vez que la concreción de aquéllas. Toda representación es una idea larvada. Todo concepto es una idea evaporada. Y, porque las ideas son lo real, esta solución, opuesta a la vez al empirismo y al racionalismo, es la que merece llamarse «idealismo» y, a la vez, «realismo». De hecho, históricamente, a lo que la Edad Media llamaba «realismo», en oposición al «nominalismo», es a lo que, en la Filosofía moderna, se ha llamado «idealismo», aunque no siempre se le haya separado bien del «racionalismo», tan distinto a la verdad.

— Más distinto, mucho más, en nosotros que en Hegel, cuya dialéctica representaba un pan-logismo, mientras que nosotros, con nuestra invención de la «figura» y del «pensamiento figurativo», tanto podríamos llamarnos «pan-logistas» como «pan-opticistas» o «pan-intuitivistas» y, desde luego, lo primero, con más gusto por nuestra parte que lo segundo. En la figura, coinciden la definición y la visión. También esta actitud, que lo es de verdadera síntesis, mejor dicho, de verdadera cópula (sin el recurso al tiempo involucrado en la «síntesis» hegeliana, necesitada de una sucesión, que ha atravesado ya la «tesis» y la «antítesis»); en esta síntesis, que no reduce las realidades a la identidad, sino a la armonía; que no determina por razón suficiente, sino que conjuga por correlación funcional, se encuentra el secreto de todo lo que hemos podido adquirir en nuestro segundo tratado; donde el diálogo no ha sido ya con la Empiria y con la Razón, sino con las varias ciencias, hijas de la una y de la otra. Valientemente nos las hemos habido con la Mecánica, con las Matemáticas mismas, desde el día en que un geómetra sacrificó un buey a los dioses, hasta este otro, recentísimo, en que la Física parece abandonar el análisis por el cálculo de probabilidades en la explicación genuina de los fenómenos; con la Biología, tanto advirtiendo cómo en ella el evolucionismo introdujo una calidad histórica y, por tanto, contingente, como refiriendo, en desquite, los elementos de fijeza y de limitación al fluir, que en aquélla introduce las correcciones del evolucionismo: la tesis weismaniana, por ejemplo, sobre la dualidad de los plasmas, o la mendeliana, sobre el proporcional retorno de los caracteres heredados. De toda esta revisión salimos. Y su consecuencia ha sido, con la ruina de la interpretación racionalista de lo real, vuelta imposible por la falla de los dos principios de contradicción y de razón suficiente, la salvación, empero, de la inteligibilidad de lo real, gracias a los dos principios con que un Novísimo Órgano sustituye a aquellos dos, es decir, gracias al principio de figuración, que reemplaza al de identidad; gracias al principio de función exigida, que reemplaza al de razón suficiente.

— De lo cual resulta que entramos en la Teoría del Saber con la convicción ganada de que el *Universo no es una máquina, sino una sintaxis*. Y con la sospecha de que la Lógica puede identificarse con la Teoría de la Música.

— Así, tras de la dura prueba, donde no han faltado instantes de desaliento, como este mismo al que debemos el presente diálogo, salimos, restaurados, serenados, a la luz.

— Como el Dante, al salir del Infierno, «aquí salimos a volver a ver las estrellas».

— Pero a nosotros nos sirven igualmente de luminares, estrellas sacadas del mismo Infierno que acabamos de recorrer.

PARTE TERCERA
TEORÍA DEL SABER

LECCIÓN XI

INTRODUCCIÓN A LA TEORÍA DEL SABER

I. SABERES Y SABORES

Llegamos a la etapa final de nuestro itinerario. Va a exponerse en los capítulos postreros la «Teoría del Saber». ¿A *exponerse*, por parte del autor; del lector, a ser contemplada como *cosa expuesta*? Esperamos mayor compenetración entre las dos partes. Y, de las dos, más actividad. Esperamos que aquí —así en el caso del «guía», al dar voces a los alpinistas que le siguen— el caminante se haya vuelto, a su vez, camino; y también —así en las llamadas «plataformas móviles»—, el camino, caminante. Ya, en el sentido íntimo del término «teoría», se presenta esa nota según la cual lo *teórico* es *activo*. «Teoría» quiere decir «procesión». No espectáculo exactamente, pues, sino espectáculo en marcha. No aséptico —y esterilizado— *conocimiento*, sino *conocimiento* en comunión y cópula con el *pensar*.

Esta dualidad contenida en el primero de los términos del enunciado correspondiente a esta sección se repite en el otro término. No se acostumbra parar mientes en ello. Pero, ¿cabe creer que tenga un carácter enteramente fortuito ese parentesco etimológico establecido entre el logro de las actividades intelectuales en un concepto, el *saber*, y el logro de las actividades sensuales en una percepción, la del *sabor*?... «*Saber*», «*sabor*»: «*sapientia*», en un caso como en el otro. La *sabiduría es sabrosa*. Lo *no-sabio* es *insípido*. Lo de menos aquí es el elemento subjetivo, concerniente al hecho de que el saber me importe o no me importe, de que el sabor me plazca o no. Más grave resulta la afirmación de la objetividad contenida en dicho parentesco. Vano, el apologizar sobre la sabiduría considerándola como valor moral. Torpe, el confundir lo *sabroso* con lo *dulce*. Lo dulce puede coincidir con lo insípido: nada mejor expresa esta paradoja gustativa que el epíteto castellano: «*dulzón*». Por su lado, puede la sabiduría florecer en los jardines del mal: el Ángel Malo no deja de participar, por serlo, en el saber, don característico y patrimonio común de los Ángeles. Si atribuimos al saber una entidad extraintelectual, no es porque nos instruya, sino porque nos apetece. Si atribuimos al sabor una entidad extrasensual, no es porque nos regale, sino porque también lo sabroso nos informa... El saber poco *me sabe* a poco. El no saber no *me sabe* a nada. El saber bien *me sabe* bien.

En la historia de la cultura ha habido horas críticas de pesimismo, en que un vicioso apetito de humillación ha musitado: «Quien añade saber, añade dolor». En términos generales, toda actitud romántica, desde la del místico arrobado hasta la del revolucionario diletantesco, ha fulminado su condenación contra la soberanía de lo intelectual. Desde la «*sancta simplicitas*» franciscana hasta el «*bon sauvage*» rusoniano; desde el sarcástico: «Yo, con erudición, cuánto sabría», de Espronceda, hasta el arrogante: «¡Mecánica, que la sepa el chófer!», de Unamuno, toda arma le parece buena al romanticismo para glorificar el estado *in albis* y su ingenua ignorancia. Pero también se han presentado épocas fuertemente caracterizadas por el signo opuesto. El apetito del saber, su gula, su gusto, la *libido sciendi*, han estallado entonces en floraciones, fructificaciones y cosechas opulentísimas. Que a sus placeres se haya mezclado en ocasiones un elemento enturbiador tendencioso, de irreverencia, de ultranza crítica, de empuje hacia la demolición —como ha acontecido en alguno de los varios «períodos de la ilustración», «enciclopedismos», «*Aufklaerungen*» o «*Kulturkaemfe*», que en la Historia han sido—, nada esencial nos dice acerca del valor teórico de aquéllos. En nada aumentan estas especies fuertes la calidad nutritiva que en sí tenga el manjar; ni, desde luego, su regalo. El Renacimiento italiano dio ocasión o pretexto para que se dijera un día: «En Italia la planta-hombre crece con más vigor que en otra parte, y esto se conoce por sus crímenes»... Puede ser que por los crímenes se conociera este vigor; pero lo cierto es que también se dejaba el tal conocer por las navegaciones, sus contemporáneas, y por las Capillas Sixtinas. De igual modo ha podido la pasión por las luces no ser menor en un piadoso Tomás Moro que en un Erasmo burlón; no ser menor en un misionero a estilo de Raimundo Lulio, con su creencia de que los infieles lo seguían siendo por falta de instrucción adecuada, que en un laico a estilo de Goethe, con su confesión de aprender más en los periódicos de París que en los mamotretos de las bibliotecas patrias... Lo fundamental aquí es la fusión dentro de una nota única entre el saber y el sabor: la versión pía o impía que pueda esta unidad recibir se queda en lo secundario. Lo esencial es la nota que conviene llamar de *humanismo*, desamortizando últimamente la palabra de aquel acaparamiento en que se la pudo atribuir en la región de los estudios gramaticales, filológicos y, a lo sumo, literarios. Esta acepción estrecha, por otra parte, siempre ha repugnado a la tendencia humanística, aun dentro de la especialización de las llamadas —por antonomasia— «humanidades»... No recordamos qué institución docente inglesa recibió un día las lecciones del americano William James, llamado para disertar allí sobre las «variedades del sentimiento religioso». Admisibles como eran las dos versiones, parece que la mañana misma de la llegada del profesor, los organizadores del curso le condujeron al local en que éste debía desarrollarse. Frente por frente, separadas por un corredor, dos aulas se abrían, presentadas a la elección del mismo. Leíase a la puerta de la una: «*Divinity Class Room*» y a la de la otra: «*Humanity Class Room*»... William James, sonriendo, escogió la primera. Sin hacer profesión escolástica de «humanismo» —como su casi correligionario J. C. Schiller, muy comentado a la sazón entre los pragmatistas y que había bautizado con aquel término su propia doctrina filosófica, renuevo sistematizado del principio de Protágoras «el hombre es la medida de las cosas»—, estaba William James lo suficientemente emancipado del dogmatismo —del dogmatismo empirista inclusive, tan habitual en su raza y que ha olvidado que la palabra «hecho» es el participio pasado del verbo «hacer»— para no imaginarse que su saber representaba una religión, o sustituía a la religión, a estilo respectivamente de Augusto Comte o de Schelling y Croce. Allá la Divinidad se quedaba en paz, con sus dogmas, si había lugar a ello. Parte de acá estaba el saber del hombre, que no es tal vez «la medida de las cosas», pero que ha colaborado en traerlas a la existencia, y desde luego, nombrándolas, ha transformado este lenguaje en saber. Nombrándolas, de preferencia, en latín; puesto que, en este caso, la universalidad del signo corresponde, hasta donde ha sido posible, a la universalidad de lo designado.

Al tratar de pintores, no llamaremos humanista a un primitivo desconocedor u olvidadizo de la anatomía humana; ni a un paisajista del Ochocientos tampoco, que hace a éste perderse en un ambiente cósmico, donde se halla anegado lo distintivo y propio de ella; sino a un ferviente de la figura humana, tan buen analista de ella como su adorador en jerarquía. El humanismo impone a la realidad una jerarquía, centrada en la primacía de lo humano. Quizá cabría aún adoptar, en sus términos literales, el principio de Protágoras; a condición de entenderlo rectamente y no con una interpretación pragmatista, a etilo de J. C. Schiller. «El hombre es la medida de las cosas», puede ser cierto: pero la *medida* nada más. No su esencia ni el teatro de su existir. Su medida, sí: su número. Ellas, fuera están de su número. La nota del humanismo en el saber, aquella por la cual los saberes son sabores, implica una calificación teológica: no afirmamos con ello que, fuera del hombre —y menos aún que fuera del *yo*—, no haya nada. Sino nuestra actividad para que cuanto haya fuera del hombre sea —o se vuelva— humano.

Las certidumbres que al animal procura su instinto no constituyen, por consiguiente, un *saber*: su dosis excesiva de actividad los ciega: por algo se habla del «*ciego instinto*». En el otro extremo no constituyen saber tampoco, por culpa de su demasiada pasividad, los datos que la automática erudición memoriza o compila. Suficientemente activo para traducirse a sabor, el saber humanístico es también lo suficientemente adicto a la luz para no hacer ascos ni a cierta erudición, la que todavía piensa, ni a cierta Mecánica, la que sobrepasa el instinto. Esta nota de humanismo se introduce aquí, en el tránsito de la teoría de los principios a la teoría del saber, como indicio de que éste hace algo más que adicionar los juicios que los principios estructuran: los metamorfosea, logrando un todo que sobrepasa al resultado de la adición de las partes. Así un fruto maduro significa algo más que un fruto verde desarrollado. Significa un fruto verde desarrollado, + la capacidad generatriz, + el dulzor.

II. TOTALIDAD

No sólo debe ahora introducirse, al considerar la idea del saber, esa nota nueva del humanismo. También otra nota, la de la totalidad. El geómetra que, de su doctrina sobre las líneas y de su doctrina sobre las superficies, pasa a la concerniente a los volúmenes, advierte que sus reflexiones, ahora, van a morder ya directamente en una realidad objetiva, a la cual hasta ese momento no podía hacerse otra cosa que aludir. De igual manera el filósofo, cuando empieza a ocuparse en la doctrina del saber, tras de haberse ocupado en la de las ideas y en la de los principios. La trascendencia de lo que va a decir ni siquiera puede ser discutida. Diríase que la Filosofía pasa, al llegar a esta parte tercera, a ese acto tercero de su drama, de un cortejo de la verdad, a las completas nupcias con ella. La verdad ya no le puede negar ni regatear sus favores. Y ha principiado, a la vez que la plenitud y por ella, la legalidad: a la vez que ésta, y por ella, la responsabilidad.

El verdadero saber no puede ser un saber que diríamos *rato*, como se dice jurídicamente de ciertos matrimonios. No puede ser ni, interiormente, disperso ni, exteriormente, parcial o fragmentario. Desde el momento en que su entidad asume la representación del hombre todo —hasta el punto en que, según hemos de recordar en seguida, la denominación de «*Homo sapiens*» ha servido para designar, inclusive desde el punto de vista zoológico, al ser humano—, ya debe el saber de éste constituirse en centro. Y por manera tal, que ningún problema deje de encontrar en el mismo la posibilidad de una instancia suprema para su resolución. «*Humanum nihil a me alienum puto*» puede y debe decir el saber, con más derecho, con más obligación que nadie. Pero, a la vez, el círculo presidido por este centro debe comprender todo lo real, todo lo ideal, sin que nada quede fuera del mismo. La exigencia de que la Filosofía sea sistemática, por nosotros enunciada desde el principio, responde a las necesidades de una integridad totalitaria en el saber. Es forzoso que un vínculo de coherencia reúna a todo lo sabido, para que el saber exista. Todo lo *sabido* ha de ser *consabido*. Si el perímetro se rompe; si la centralidad no llega a determinarse, cualquier conato de saber queda al albur de la oscuridad, como las certidumbres del instinto o de la pasividad automática, como las insignificancias de la memorización noticiera. La frívola novelería de la intelectualidad a la moda nos da un ejemplo de lo primero; la indigesta pedantería de las compilaciones a base de fichas de archivo ejemplariza la miseria de lo segundo. Ni en lo que se llaman «ensayos» ni en los que merecen la denominación de «centones» podremos jamás encontrarnos con el auténtico saber.

Una advertencia urge aquí, sin embargo. De la necesidad de que el saber sea *coherente* —quiero decir, total y centrado—, no se saca que el tal centro deba ser *único* ni que el desarrollo de su perímetro obedezca rigurosamente a la fatalidad de una determinación. Son estos deberes los que hemos nosotros mismos impuesto al sistema de la Filosofía; pero la Filosofía no es la totalidad del saber. Una vez más, nos toca el traer a colación el recuerdo de la Música. ¿Contradice, en la Música, la presencia de una melodía a la posibilidad de un acompañamiento? ¿Puede preverse —según debería ocurrir si se tratase de unas determinaciones estrictas— el desenvolvimiento ulterior de un tema, según los desenvolvimientos que anteceden?... También importa que tengamos presente aquí la ejemplaridad, varias veces por nosotros encomiada, de la hazaña intelectual de Kepler, descubriendo, en el movimiento de los astros, el ajuste al esquema de la elipse. Como el círculo, la elipse es una curva cerrada. Es también una curva regular, con leyes que la inteligencia puede captar adecuadamente. No naufraga en la incoherencia, no, el esquema de la elipse. Pero esta curva cerrada tiene *dos* centros, en vez del *centro único* que el círculo tiene. Semejante dualidad le permite adaptarse a lo real; por modo que, si la Cosmografía inmediatamente anterior a Kepler se veía en el caso de dejar sin explicación racional a ciertos fenómenos, con grave riesgo de una desintegración del saber, la Cosmografía de Kepler salva el peligro permitiendo la inclusión de estos fenómenos en el sistema de la inteligibilidad, a condición de adoptar un esquema más flexible y comprensivo. El curso en este astronómico movimiento es elipsoidal; pero no deja de poder dibujarse en esquema por ello. Y, del mismo modo, el esquema del saber, ya en su diseño, a medias previsible, admite dos centros, conjugados por la ironía: el centro del conocer, el centro del pensar; el centro de una lógica —patética de pura determinación—, el de una inteligencia —poética de pura libertad—. Gracias a lo cual puede el saber comprender y explicar realidades de la vida que la unidad del centro lógico no pudiera. Al estatuto de un saber así, hemos denominado nosotros «Doctrina de la Inteligencia» en la acepción por donde la Inteligencia supera la estrechez de la Razón. Y a la reforma de los estudios que esto permite, «reforma kepleriana de la Filosofía». ¿No había llamado Kant a la suya «reforma copernicana», por la condena del antropomorfismo, implicada en ella, al dejar reducido al mundo de lo subjetivo nociones que antes se juzgaran metafísicas? Pues de igual estilo, si bien en dirección contraria, podemos nosotros aludir a la humanización del saber —que significa el reconocimiento de una trascendencia, bien que irónica, en nuestro conocimiento— cuando hablamos de una «reforma kepleriana».

La dualidad central del saber da la clave de un orden, haciendo en el mismo compatible la unidad y la multiplicidad. Nuestra estimación jerárquica concederá siempre a los valores de unidad el principado; que no en vano, y según un dicho de San Agustín, «la razón humana es una fuerza que tiende a la unidad». Pero no consentiría aquélla, como consiente la abstracción, en que esta unidad se consiguiera con la destrucción de la variedad y a su precio. Consecuencia del racionalismo, la abstracción, por el camino del análisis, al reducir lo individual a lo genérico, va estrechando sucesivamente la comprensión de las nociones, a medida que se ensancha su extensión y acaba por encontrarse a la postre con una noción única, con la del Ser, que ya ha sustituido a todas las demás. A fin de evitar el alejamiento de lo real que ello representa —por lo menos, de paliarlo— una «arte combinatoria» —en Raimundo Lulio, por ejemplo, o en Leibniz—, enlaza, a veces a costa de complicados artificios, a las nociones, que consienten, en vez de eliminar sus particularidades, en combinarlas con las demás, por medio de cambios sucesivos de posición. Menos artificial, el proceso trinitario de Hegel, su compatibilidad sucesiva —y en la sucesión está el pecado—, entre la tesis, la antítesis y la síntesis, permite ya mantener la variedad sin detrimento de la unidad. Pero el recurso a la Ironía, postulando la compatibilidad, no ya sucesiva, sino simultánea, de la tesis con la antítesis —sin necesidad alguna de hacer intervenir al tiempo—, es infinitamente más poderoso. Gracias a esta solución, el «pensar según la identidad», propia de todas las soluciones anteriores, se sustituye ventajosamente con un «pensar según la armonía», o si se quiere, «según la jerarquía». El orden es lo que primero exige, en lo real como en lo ideal, un pensamiento así. El orden, garantía a la vez de su humanismo y de lo generoso de su totalidad.

    A esta síntesis entre la unidad y la multiplicidad es cabalmente a lo que la palabra «totalidad» alude. Esa totalidad del saber debe ser doble. De una parte se afirma que nada coherente cabe decir que no caiga bajo la centralidad donde se reúnen la unidad y la diferencia; de otra parte establecemos con esta expresión la trascendencia del saber, afirmando la unidad *sin perjuicio de la diferencia* entre el sistema de nuestras ideas y el sistema de la realidad existente. Proclo nos cuenta del geómetra que, al descubrir el teorema que se demostraba por el absurdo y, por tanto, ausente de cualquier empiria, corrió, en su entusiasmo, a sacrificar un buey a los dioses inmortales. Pero el deliquio de Schelling, al encontrar —adquisición inversa, hasta cierto punto— que no se puede construir racionalmente, sin una asistencia, paladina o secreta, de lo real, no fue menor. El lenguaje del filósofo se vuelve aquí inflamado. «¡Cuánto nos eleva este pensamiento —dice por boca de su "Bruno"—, y a qué distancia se quedan los que se llaman filósofos, que oponen, primero, la unidad; después, la multiplicidad y, por último, las dos mutuamente! ¡No abandonemos, pues, esta sublime idea y, sin descender de la altura en que nos ha aparecido, establezcamos entre el pensamiento y la percepción tal unidad que lo expresado por el uno lo sea también por la otra; que las cualidades del uno sean las de la otra también, y que los dos no solamente se reúnan en una tercera, sino que sean una sola y misma cosa, en sí y con anterioridad a toda separación!» Con estas exclamaciones cierra Bruno el famoso diálogo «sobre el principio divino y natural de las cosas». Pero nosotros seguiremos adelante.

III. UN VERBO EN INFINITIVO

Y atinamos en otra observación. Al hablar del «saber» empleamos un verbo en infinitivo, a los fines de unos servicios de sustantivación. Esta operación, de emplear un verbo como sustantivo, y la recíproca, de sacar de un sustantivo un verbo, son operaciones bastante delicadas, inclusive en el caso más corriente, aquel en que se ha realizado en la inconsciencia y colectivamente, por obra habitual del *genio del lenguaje*. No se dejan verbalizar por igual todos los sustantivos —y ya esta misma de «verbalizar» resulta forma violenta y rara—. No de todos los verbos se elabora, sin desvío en la acepción, un sustantivo. ¿No tendrá alguna significación el hecho de que ni «el sentir» ni «el sentimiento» correspondan exacta y unívocamente al verbo «sentir»? Éste alude en todos sus modos a una experiencia; a una experiencia tan directa y personal, que inclusive, en ciertas hablas, aquéllos se usan en reflexivo («*me tengo oído*», «*míratelo...*»); en tanto que «el sentir», «el sentimiento», aluden a cierta derivación ya subjetivada y especializada de la experiencia («sentir dolor» no vale lo mismo que «un dolorido sentir», ni lo mismo que un «sentimiento», etc.). Por otro lado, hay sustantivos que reciben muy difícilmente y hasta rechazan de plano la activación verbal. ¿Se concibe el sacar un verbo de la palabra «ciencia»? El filósofo filosofa; pero el hombre de ciencia (llámesele en italiano «*scienciato*», pero el francés recurre a decir «*savant*»), no *ciencea*, sino a través de mil expedientes lingüísticos, de ajuste sólo aproximado, tales como el de «investigar», el de «especular» o cosas parecidas.

El sabio, en cambio, sabe. Su «saber», en infinitivo sustantivado, alude a lo mismo que su «saber» como sustantivo de posesión atribuida. El contenido se identifica en este caso con la actividad. Ocurre aquí igual que con la «caza», donde lingüísticamente la acción del cazador se hace una con su resultado, con la caza cobrada. ¿No se deberá esta sinonimia expresiva a un equívoco real? Bien parece que, entre los juegos de vocablos que acabamos de suscitar, cabría establecer una gradación; entre nuestras actividades cognoscitivas, el sentir tendría una índole exclusiva y parcial, donde se marcase la resistencia del ardiente verbo en alcanzar la frialdad sustantiva; donde la «*energía*» rehusara hasta cierto punto el «*ergon*»; donde los sabores no se complicasen con saberes. Con otro exclusivismo y otra parcialidad distinta, la ciencia —o, por lo menos, los *desiderata* de la ciencia—, se opondrían a la agitación verbal, a su libre creación, pesando sobre la «energía», con una fuerte carga de «*ergon*»; excluyendo el sabor del orden especial de su propio saber; no dejándose calentar por el interés ni por los intereses. Pero el saber total y humanista, tal como lo postulamos en el trayecto presente de nuestro itinerario, fundiría «*ergon*» y «*energía*», saber y sabor, y reuniría verbo y sustantivo en una unidad indiscernible.

Queda el atender a la cuestión de si suscitamos las mismas representaciones cuando empleamos esta fórmula, «el saber», y cuando recurrimos a esta otra, «la sabiduría». Lo que por regla general parece implicado en esta última expresión es algo más ampliamente relativo al orden moral, práctico, directamente aplicable a la conducta, próximo a las virtudes de la prudencia y de la cordura y ejemplarmente socializado, que el juego de valores intelectuales, cuya cifra se encuentra en el término «saber». En otras lenguas que el castellano, esta distinción se encuentra todavía más subrayada. *Nathan der Weise*, el título del drama de Lessing, con todo y no tener nada que ver con la *Wissenschaft*, no ha habido más remedio, al ponerlo en nuestra lengua, que traducirlo así: *Nathan el Sabio*. En francés el *savant* es el hombre de ciencia, mientras que *sage*, hasta a los niños se les encarga que lo sean. De cualquier manera no han faltado tampoco entre los franceses quienes preconizaran, para los filósofos, una inspiración en la *sagésse*, para vivificación de lo que podría dejar muerto el solo *savoir*. En una discusión sobre el humanismo habida una tarde en la capital de Francia entre el entonces ya tomista, Jacques Maritain, que lo quería simplemente cristiano, y un contradictor, que lo preconizaba concretamente católico, el primero felicitó, sin embargo, al segundo «por haber sabido llevar la Filosofía a la *sagesse*»... Entre los querenciosos de una filosofía, en el ambiente catalán del tránsito entre el siglo XIX y el actual, se generalizó muy predilectamente cierta expresión, captada en el más castizo vernáculo: la contenida en la palabra *seny*. *Seny*, que viniendo etimológicamente de *signum*, tiene una gama de acepciones muy extensa. Por un lado, puede ser entendido simplemente como «señal» indicadora: *el seny de les hores de la Catedral* es el reloj de su campanario; el *seny* de un reloj de sol es el bastoncillo o *gnomon*, cuya sombra recorre el cuadrante. En el otro extremo puede la palabra alcanzar el nivel de una virtud cardinal: *seny* se ha podido llamar allí también a la que recibe en nuestros catecismos el nombre de «templanza». De *seny* fue alabada la filosofía del *common sense*, en los trasplantes de la escuela escocesa a la enseñanza local. De *seny*, calificados los ensayos primeros de publicidad aplicada a la filosofía del hombre que trabaja y que juega. Aceptada esta calificación, la Doctrina de la Inteligencia, con su terminal teoría del saber, se identificaría con la filosofía del *seny*. Sólo que entonces lo examinado en esta postrera sección no sería literalmente «el saber», sino con más exactitud, la *sabiduría*.

Pues bien, ocurre que ese matiz de distinción, que opone el uso habitual entre los dos términos, lejos de turbar las perspectivas que se nos abren, al considerar en el saber la existencia necesaria de un principio activo, que da carta blanca para la substantivación de su verbo y para el hallazgo de valores en su contenido, afianza en lo certero la ojeada que dirigimos a las mismas. Sin duda corrientemente el término «saber» se queda más en lo teórico, mientras que se finca mejor en lo práctico el término «sabiduría». Pero nuestro interés dilucidador —y, para la verdadera Filosofía, la verdad, la verdad *in fieri*, está estrechamente unida al interés, al interés vital (fórmula biológica de la lógica)— se halla en que el saber no sólo acepte, pero además ostente, ciertas dotes que se reconocen en la sabiduría. Ésta es, jerárquicamente, intelectual, desde Sócrates. Al saber le queremos total: a un tiempo cordial y hasta sensual. En el

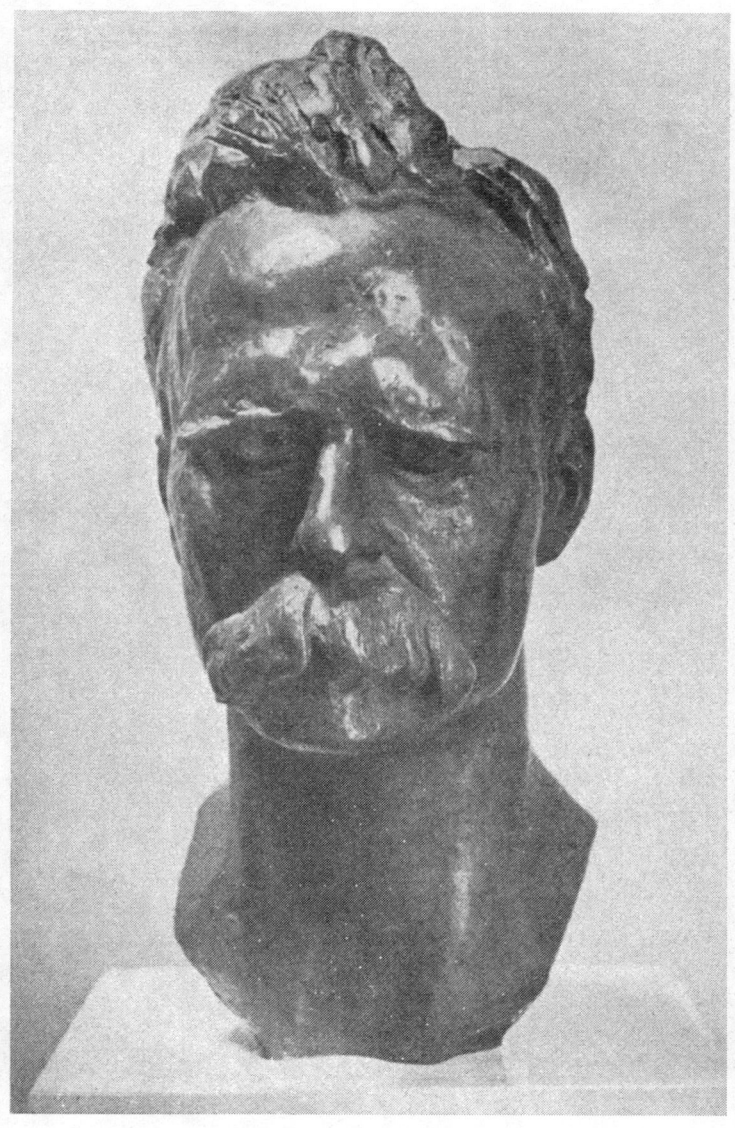

XXV. FRIEDRICH NIETZSCHE (1844-1900)
Bronce de Max Klinger
(*Colección particular. Leipzig*)

XXVI. WILLIAM JAMES (1842-1910)
Fotografía

saber, interpretado así, caben valores, caben figuras. Ya hemos averiguado en nuestra primera parte que el saber, inclusive en la forma estrecha del saber racional, es algo útil, algo *bueno* para la vida. No ignoramos tampoco, desde nuestra segunda parte, cómo entran en el mismo las figuras y hasta las palabras, si se trata de saber filosófico, en el cual nos es lícito adivinar ya el saber por excelencia. La norma de totalidad obliga a incluir en el *saber*, al formular su teoría, de una parte, la Empiria, de otra parte la Filosofía y la Ciencia. También, por otra parte, nos obliga a incluir el Saber, que puede ser individual, en una realidad sobreindividual, colectiva y tradicional, la Cultura. La Filosofía es al Saber como el Saber es a la Cultura.

IV. COMPARECE DE NUEVO LA CULTURA

Recuérdese que a los plazos primeros de nuestro itinerario, cada nueva aparición nos traía algún enojo: si un día divisábamos la imagen de un bibliotecario perplejo, sin saber a qué santo encomendarse para clasificar los libros de Filosofía, al día siguiente se nos aparecía Hamlet el melancólico, con un libro en la mano, sentenciando con voz sepulcral la vanidad de lo que iba leyendo. Las cosas han cambiado ya. Adelantado el camino, los encuentros se vuelven más agradables. Los últimos van teniendo ya, decididamente, un aire más bien propiciatorio y protector. La imagen de la Cultura ya se presentó a nosotros una vez para ayudarnos a restablecer en los juicios un poder de trascendencia, libertándolos de la cárcel de lo subjetivo, donde una crítica aviesa los había encerrado. Ahora comparece para salvarnos de otro riesgo, el de que el saber se quedara sin comunicación con la realidad social.

Como a través de Sócrates y de los estoicos, la noción del *bien* fue intelectualizada hasta el punto de poder constituirse acerca de ella una disciplina teórica especial, la Ética —el bien era generalmente apetecido como un valor, pero no era pensado sistemáticamente como una ciencia—, así, en nuestros días, asistimos al proceso gracias al cual se va logrando una teoría de la Cultura, articulable en definiciones claras. Este orden del saber no se moldea ya —según había querido hacer, entre fracasos, el otro intento de Filosofía de la Historia que le precedió y que fue conocido bajo el título de «Sociología»— según el tipo de las ciencias naturales, sino como disciplina de carácter filosófico. Las «ideas» que constituyen el patrimonio de la Ciencia de la Cultura han recibido recientemente el nombre de «eones» o «constantes historias»: no alcanzan la plenitud ideal de las categorías, pero se aproximan a ella. Su persistencia no es propiamente una eternidad; estos «eones» han conocido un nacimiento, aunque la historia no sepa fijarlo; pueden eventualmente conocer un fin, aunque, al igual que el fin de la existencia de la humanidad, este fin no entre dentro de nuestras previsiones racionales. Su fijeza no excluye la vicisitud. Por esto, cabalmente, la designación de «eones» les resulta apropiada. «Eon» es un término sacado del vocabulario filosófico de la Escuela de Alejandría. Sirve para designar a los agentes reales cuya eternidad no excluye la vicisitud, cuya entidad metafísica no excluye una realidad histórica. Así los alejandrinos cristianos decían que el Cristo es un eon: la eternidad de que participa por su identidad con el Padre, no significa que no tenga una biografía, según la encontramos narrada en los Evangelios.

V. «*HOMO SAPIENS*», «*HOMO LUDENS*», «*HOMO FABER*»

Una de las primeras adquisiciones de la Ciencia de la Cultura, a ella traída por el estudio de las «constantes históricas», le ha proporcionado igualmente el derecho a considerar como tales constantes ciertas manifestaciones formales de la actividad humana, traducidas a repertorios de dominantes. Y una de las adquisiciones inmediatas a esta primera, lo que llamaríamos una rectificación de la tendencia aisladora que de esta especificación pudiera resultar. El hombre en su esfuerzo, en su trascendencia sobre lo real, conoce lo real, ordena lo real, lo modifica: ésta es una concepción inicial. Infinidad de procesos de reflexión tienden en seguida a liberar los miembros de esta clasificación de los compartimientos estancos en los cuales vino la tentación de encerrarlos. Y nos enseña que el hombre que conoce es el mismo que juega con lo real o que sobre él trabaja. Y no sólo esto: sino que no hay posibilidad de conocimiento sin juego y sin trabajo; ni de juego sin conocimiento y trabajo; ni de éste sin la asistencia profunda, íntima —muchas veces secreta— de éste y de aquél. Que en todos los órdenes de su actividad, en suma, el espíritu, como el individual, el colectivo, opera con plenitud.

La noción de un «*Homo sapiens*», según la cual el hombre es presentado como agente de conocimiento, resulta tradicionalmente manida; como que ha servido de base por lo general a la definición ontológica y hasta a la definición zoológica del ser humano. «El hombre es un animal racional»; así empezó, tomándose este postulado a título de premisa mayor, infinito número de silogismos en las Escuelas, cuyo Ángel fue Santo Tomás de Aquino. Por su parte, las dicotomías del *Systema Naturae* de Linneo inscriben al ser humano en la más alta casilla entre los vivientes, con la siguiente etiqueta: «*Homo sapiens*». Otras definiciones famosas, así el «*zoon politicon*» de Aristóteles, quieren, en otros términos, significar lo mismo: aquí el «*politicon*» debe traducirse, no por «político» en el sentido moderno de la palabra, sino por «civilizado», y «civilizado» clásicamente, por «pulido»; pulido por la instrucción. Inclusive de las características anatómicas del ser humano, halla explicación finalista en esta sublimidad del conocer con la poesía, la Filosofía. La posición erecta, la consiguiente situación del rostro en este animal, son referidas al designio de que pueda

«*...ad sidera tollere vultus*»,

o sea, dedicarse al ejercicio de contemplar algo, las estrellas, que no puede apetecer y que no puede manejar. Muy conocida es la confusión según la cual el objetivo propio de la Pedagogía consiste en instruir y por la cual vienen a identificarse *cultura* e *instrucción*. De los equívocos que han rodeado la noción misma de Cultura, éste es el más tenaz; ya únicamente en zonas populares de baja vulgaridad se llama «culto» al que se suene las narices con un pañuelo. Pero en las alturas mismas del Estado no es infrecuente el que se designe con el nombre de «institución de cultura» aquella que enseña a sus doctrinos en forma de «asignaturas» los conocimientos, elementales o superiores, de las ciencias y de las artes.

Vamos ahora a considerar al segundo arquetipo, al *Homo ludens*. Lo de tomar como una constante de la actividad humana la actitud no ya en el *saber*, sino en el *valorar*, ordenando lo real según este criterio, adquisición reflexiva, ha sido más reciente y a la cual apenas si hoy en día empezamos a extraer el jugo filosófico con el jugo práctico. No parece haber tenido muchos precedentes en la Estética la posición del poeta Schiller, con la insistencia, en sus estudios doctrinales, de subrayar en el Arte la presencia del elemento «Juego». Ni escapó aquélla al desprecio que se otorga merecidamente al diletantismo, cuando por obra de Hegel en lo teórico y de la sociedad romántica en las costumbres, la materia del arte fue, por decirlo así, divinizada y convertido estimativamente el artista en una especie de sacerdote. Más recientemente un fenómeno en gran escala se ha producido, aquel cuyas consecuencias nos moverían acaso a calificar de «era del deporte» la que vive la humanidad desde hace más de medio siglo. Que se nos permita el recordar cómo no esperó siquiera nuestro pensamiento a que estas consecuencias se generalizaran para redactar, en título simbólico de todo un sistema de filosofía, esta rotulación: «Filosofía del hombre que Trabaja y Juega». Muy parcialmente, los trabajos de Groos y de su escuela sobre el juego de los niños, el juego de los animales, los juegos del trabajo, habían venido a desbrozar el camino en lo fisiológico, en lo psicológico tal vez. Pero, con posterioridad, quien ha venido a concretar más claramente el papel del elemento lúdico en la cultura humana es el pensador holandés Huizinga. A él se debe la reveladora denominación *Homo ludens*, puesta a la cabeza de su estudio sobre el Juego como elemento de la Historia.

Desde la hora de la aparición de nuestra «Filosofía del Hombre que Trabaja y Juega» y, muy principalmente desde nuestros primeros ensayos de sistematización de la Ciencia de la Cultura, nosotros teníamos propuesta, al lado de la noción del «*Homo sapiens*», caracterizado en la actitud del conocer, otra gemela, la del «*Homo aulicus*», caracterizado en la actitud de valorar. Cada uno de estos tipos, con sus respectivas «humanidades»: humanidades del conocer, en una «*Kennenkultur*»; del valorar, en una «*Wertenkultur*»; y luego, otras del hacer, de la técnica, en una «*Machenkultur*». La denominación *áulico* indicaba hasta qué punto en esta región interviene el factor del «aprecio», del «gusto», generalmente promulgado en las cortes e inspirador, históricamente, de las «modas», que sólo muy indirecta y lentamente suelen penetrar en las regiones de la sabiduría y de la artesanía. Inspiraciones como la que, en el Renacimiento, provocan la aparición de una serie de manuales a la vez literarios y preceptivos, en la guisa de *Il Cortegiano*, de Castiglione, muestran bien a las claras cómo este elemento lúdico, «el gusto», se inserta en la trama de la historia, informando un grupo considerable de manifestaciones de la Cultura. El «*Homo aulicus*» es el «*Homo ludens*»; pero esta última denominación, por referirse a lo más esencial del hecho —aunque menos a su amplitud—, resulta preferible. Nosotros la empleamos ahora con predilección. Lo importante está en no excluir del campo de la noción de «*Homo ludens*» los factores estético-morales, tales como los valores respectivos de la distinción y la elegancia, la nobleza y la fama, la virtud y el honor, o —como dice a cada paso «El Alcalde de Zalamea»— la «opinión» —y adviértase de paso el sentido sublimatorio que el vocablo tiene aquí en lo ético, en contraste con el casi peyorativo, que, en el léxico de Platón, por ejemplo, tenía en lo intelectual—. Nunca tanto como en el caso del honor, con su repertorio de secuencias, la Caballería, la Galantería, el valor canónico atribuido al «*gentleman*», al «*hidalgo*», al «*honnête homme*» —el manual preceptivo de Faret, imitación francesa del Castiglione, se intitula *L'honnête homme a la Cour*—, al *virtuoso*, en el sentido renacentista de la palabra —conservado en ponderaciones del orden musical, especialmente—, se ve clara la identidad genérica entre la actitud áulica y la actitud lúdica del hombre; entre su deporte y su cortesía; que lo diga, si no, el Teatro español clásico, con su facilidad del transporte de lo ético a estético, de la fama u honor personales a efectos de escena... Huizinga encierra también en el dominio del «*Homo ludens*» grandes constantes como el Litigio, fuente del Derecho y de la Guerra, que constituye ya, por sí misma, una buena mitad de la Historia. A nuestro juicio, tiene para ello razón. Pero hay entonces que tener del Juego un concepto más amplio, que no exija en él la voluntariedad, la libertad del que juega, sino que incluya en elemento de coerción, una ley interior, bien que consentida. «La belleza es una obligación de los fenómenos», escribe Schiller, a quien pudiéramos llamar, por su mérito del precursor en el tema, «Colón de las Américas del Juego». Descubridor parcial, ya lo hemos dicho; pero tampoco descubrió Colón las Américas, sino la Isla del Salvador, y poca cosa más.

Al lado de las nociones del «*Homo sapiens*» y del «*Homo ludens*» se presenta la del «*Homo faber*», cuyo símbolo es la mano, como la cabeza lo es del «*Homo sapiens*», y el paladar —donde reside «el gusto»— el del «*Homo ludens*» o «*aulicus*». Aquí la actividad humana trasciende a lo real; es actividad propiamente dicha, no pasividad —como hasta cierto punto puede ser juzgado el conocimiento— ni ordenación jerárquica sin producto —como lo es el valor—; los números ordinales no se suman ni se multiplican. Aquí el hombre modifica las cosas, las deja cambiadas de como estaban antes. El resultado de esta acción es el producto. Al «*Homo faber*» se le llama por antonomasia «productor», trabajador. El hombre que produce es el que trabaja. También puede llamársele creador, autor; de donde, *autoridad*. Ninguna autoridad más legítima —del orden, exactamente, a la del padre sobre el hijo—, ninguna mejor que la que tiene sobre la cosa el que la ha hecho. Todo lo que se llama «cuestión social» está ahí.

Pero, ahora, no queremos pasar del estudio de unas bases teóricas. ¿Es posible la constitución de una técnica general del trabajo humano? Nosotros creemos que sí, a condición de que esta disciplina corone con principios de Ciencia de la Cultura los datos que saque de la fisiología, de la economía, de la moral. Alguna vez, a esta disciplina general, la hemos llamado *Espudástica*. Cualquier trabajo humano tiene un común denominador en la noción de *esfuerzo*, sustantivamente distinta de las de fuerza y de energía, que en la física se emplean. Añádase la presencia de un propósito de utilidad, explícito o implícito; pero de una utilidad *inmediata*, en lo cual se diferencia el *trabajo* del *juego*, por una parte, y, por otra, del *negocio*; utilidad, no, como en el juego, indirecta —no consistente, por ejemplo, en las ventajas higiénicas que pueda reportar el corporal ejercicio—; ni en las puramente individuales de la actividad negociante que se traduce únicamente en el *lucro*, sin que su *resultado* sea la producción de un *objeto*. Dentro de estos límites, lo propio de la actividad laboral, de la producción del «*Homo faber*», está en que este resultado pueda fallar; por lo cual, si lo genérico en el trabajo humano es el esfuerzo, lo específico de él está en poder reducirse al esquema del acto de *apuntar* —como, téngase por tipo, en el tiro al blanco—. Un funcionamiento de resultado seguro, como el de las máquinas, no es trabajo humano. Tampoco lo sería otro cuyo resultado se regulara puramente por el azar. Lo que encontramos en la esencia del acto de apuntar es la alternativa posible entre el éxito y el fracaso; el esfuerzo se dirige a aproximarse a las condiciones del primero, sin alcanzar nunca una seguridad absoluta en la previsión de él. Si el hombre fabril, el hombre que trabaja, representa una constante en la Cultura, ello es a precio de una sumisión a la condición general de lo humano: lo humano en el conocer es la posibilidad de equivocarse; lo humano en el trabajar es la posibilidad de la ruina.

VI. INTERFERENCIAS

Cada una de estas constantes, por nosotros metodológicamente aisladas, ¿se presenta con pureza tal en la realidad de las cosas?... Subrayemos que lo que vamos a tratar aquí no es ninguna recomendación normativa o suasoria. Evitemos, inclusive, en lo que va a seguir, expresiones como la de «el hombre integral» o «el hombre completo» susceptibles de ser interpretadas como una especie de intelectual soborno por aquel cuya reflexión sobre esos temas se trata de suscitar, inclinándole desde el principio a considerar como excelencia lo que por el momento sólo presentamos como objetividad ineluctable. No se trata de exaltar *lo que debería ser,* sino de analizar *lo que es.* Y obtener la verdad de que en el conocimiento hay inevitables presencias del juego y del trabajo; como en éste entran inevitablemente luces de pensamiento, juicios de valor; y en el juego, con lo propiamente lúdico, no poca dosis de teoría, infinitos y muy valiosos elementos de trabajo. En otros términos, que en cada una de las tres variedades, la *Kennenkultur,* la *Wertenkultur* y la *Machenkultur,* hay integrados elementos de las otras dos. Quien danza, trabaja; quien labra la tierra, filosofa. Y, hasta para percibir la verdad de que $2 + 2 = 4$, es indispensable *producir* algo y *poner en orden* algo. Y preferir subterráneamente, clandestinamente, el 4 al $2 + 2$, a la vez que *echar cuentas,* bien que sea ligeramente, extrayendo la utilidad contenida en la popular ecuación.

Empecemos observando la asociación racional que va siempre unida a la concepción teórica del «*Homo sapiens*». No por una pacata gazmoñería, incompatible con la gravedad de aquellas graves y desnudas referencias a aquellas primeras horas del linaje humano, se da bíblicamente al Árbol de la Ciencia el nombre de Árbol del Bien y del Mal. Desde los primeros pasos de nuestra reflexión filosófica, se nos apareció como demostrable la presencia necesaria de un elemento estético en la intimidad del acto de conocer, aunque no fuese más que por el carácter de generalización que el deseo de ciencia añade a los datos obtenidos por la experiencia empírica. Aquí interviene un *lujo,* una superfluidad, un deseo de armonía, de simetría inclusive, que articulan lo por la curiosidad conquistado en ordenaciones de sistema y, a la vez, de belleza. Hasta en el pensamiento matemático, con más lejanía que ninguno, en apariencia, de la zona sentimental, se produce esta calidad estética que no será sentimental si no se quiere, pero que será entonces sensual. Y en la misma curiosidad del conocer, que reúne los elementos aún dispersos; que obtiene el botín, sobre el cual la legalización sistemática opera, ¿una inquietud estética, un elemento de juego, no entra en escena ya? Huizinga no se contenta con retroceder, en el oteo de la presencia de este factor, a la erística de los sofistas, a la dialéctica de los eleatas, a aquella especie de «Juegos Florales» de retórica presentes en toda la Filosofía antigua. Va más lejos y toma en cuenta en los primeros pasos del saber la continuada presencia de las «adivinanzas», de las «aporías», de los «secretos» esotéricos y mágicos en las tradiciones helénicas y en las védicas. El descubridor de una verdad ha sido siempre, en los orígenes, un agonal luchador en pugna, bien con las fuerzas místicas que oponen resistencia a revelar sus secretos, bien con émulos concursantes entre los cuales se ha de alcanzar, con el descubrimiento de la verdad, el lauro del tenzón. Pero también encontraremos aquí la nota de la constancia. ¿Quién que hoy mismo siga un poco al detalle la marcha de las discusiones científicas, las reclamaciones sobre originalidad o prelación en el saber, las interioridades de academias y cátedras, olvidará la presencia de unos simulacros parecidos a los deportes en las investigaciones más serenamente conducidas de los días presentes? Ni sería en España, donde las tres cuartas partes del saber científico discurren entre exámenes y «oposiciones», donde aquel olvido pudiera acontecer con facilidad.

Esto, por lo que se refiere a la intervención más o menos confesable, del «*Homo ludens*» en el conocer del «*Homo sapiens*». La otra intervención, la del «*Homo faber*», se ha visto exaltada hasta el abuso por todo el aun moderno si ya cancelado Pragmatismo. Bergson vio en el «*Homo faber*» y en su busca de la utilidad la génesis misma de la razón con sus exigencias de moldes espaciales. ¿Qué ha decidido la orientación conceptualista espacial del saber matemático; qué es, por ejemplo, lo que ha performado la Geometría?, se preguntaban hace medio siglo los pragmatistas invocando a cada paso la no regateada autoridad de Henri Poincaré. Y se contestaban: la necesidad práctica de manejar objetos sólidos para los fines del trabajo humano; el ejercicio de la agrimensura, para la defensa de la propiedad. En un mundo de pastores desdeñosos de la parcelación de la tierra, la Geometría hubiera podido ser otra. En un mundo donde el hombre hubiese podido arreglarse entre formas manejadas sin esfuerzo táctil, no hubiese llegado a formularse el postulado según el cual dos rectas paralelas, por más que se prolonguen, no llegan a encontrarse nunca. Nuestra Geometría habitual, lejos entonces de ser la euclidiana, hubiera sido la noeuclidiana y la mente hubiera estado inclinada a considerar un espacio de más de tres dimensiones. Las filosofías de la acción a la manera de Maurice Blondel designarán fácilmente con el vocablo «opción» aquel movimiento de vida, ganoso de utilidad, que sólo al añadirse a los factores lógicos de la demostración es capaz de producir con intervención de fuerzas voluntarias el «acto de fe» indispensable para la *creencia* en que se vivifica cualquier *ciencia*. «La mente agita a la mole». Pero, a su vez, la mano agita a la mente.

Evidentemente, el pragmatismo se equivocó. Pero su equivocación, y la cancelación subsiguiente de su escuela filosófica, no han venido de que su observación sobre las esencias manuales, involucradas —mejor dicho, *emulsionadas*— en el saber, dejase de ser certera. El pecado estuvo en el exclusivismo, que hizo necesaria la rectificación a que hemos aludido antes, aquella por cuyo instrumento se mostraba lo indispensable de una matización lúdica, estética, en la más episódica formulación del saber: de aquella por lo cual la Agrimensura encontraba colaboración en la adivinanza y el término «problema» podía tanto aludir a un deporte como a una angustia... Otro pecado del Pragmatismo, y éste mortal, está en que el Pragmatismo, valorador a su vez, puesto que legitimaba como juicios de existencia los de valor, no se privó de invertir los términos clásicos de la jerarquía, según la cual la dignidad del «*Homo sapiens*», que cultiva aquello por lo cual el hombre forma causa común con el Ángel, resulta superior a la del «*Homo faber*», aquel que cultiva lo que tiene de común con las abejas. Justo es no desconocer el valor de este sagaz denunciar su asistencia en las instituciones intelectuales que se hubieran dicho más alejadas de su normal operación. Pero, ¿da esto derecho a emplear armas en una complicidad con aquella «sorda conspiración universal contra la Inteligencia» que caracterizó a los últimos años del siglo XIX, a los primeros del nuestro? No era precisamente a escuela del «*Homo faber*» tal proceder. También nuestro estudio de hoy se propone una vindicación de la cultura de la mano, mostrando su presencia en la otra. Pero esta vindicación no aspira a una inversión de valores. Ni el apretón de manos que el parlamentario efectista da, al término de su viajar, al conductor de la locomotora que le ha trasladado, implica que el personaje abdique en él, ni el hecho de que en el producto intelectual más etéreo se reconozca el rastro de un esfuerzo corporal, sin cuya intervención no hubiera aquél nacido, implica el que desconozcamos la arquetípica supremacía de la inteligencia.

Nos hemos referido al origen de las Matemáticas. ¿Qué subsiste hoy mismo como elemento extrarracional en la constitución de las mismas? Subsiste entre otras cosas la noción de unidad. Pero, ¿la unidad es una noción? ¿No es un sentimiento? En los números ordinales, sin duda. Los números ordinales no serían el *uno,* el *dos,* el *tres,* sino el *segundo,* el *tercero.* He aquí revelada una determinación del preferir, del gusto, del valor. Pero aun hay más. ¿Cómo *individualiza* la mente humana, cómo capta, en el objeto singular, lo *uno*? Individualiza, *abarcando.* Con la mano capta el entero volumen del objeto. Con el ojo *le da la vuelta,* le circunscribe, separa en un contorno —aunque sea sólo en parte abarcado por la vista, en parte *conjeturado*— la superficie que le separa de *lo que no es él.* Así se constituye mentalmente *el uno.* Así ordenación lúdica y mano operaria han intervenido en la génesis de esta noción... Noción que jamás han podido lavar de este doble pecado original de intuición ni las tentativas analíticas más audaces; aquellas —supremo intento de racionalismo— ensayadas por la escuela filosófica y matemática de la llamada *Logística.* ¿Quién no ha leído la burla de Henri Poincaré contra la probatura de una definición logística de la unidad? En su ridiculez, se dejaba adivinar que ya en ella la acción del «*Homo faber*» quedaba ya demasiado lejos... Anteo se había descuidado aquí de renovar su contacto con la tierra.

VII. LENGUAJE MANUAL, LENGUAJE ORAL, CIENCIA

Pero la Cultura en general, aun sin esta renovación de contacto, lleva siempre la tierra pegada a sí, la lleva en sus alas mismas. No se ha insistido todavía lo suficiente en la cantidad de elementos telúricos, materiales, corporales, manuales, groseros, que se contienen —«pegados», acabamos ahora mismo de decir, pero es poco; mejor dijéramos: «emulsionados»— en las manifestaciones más intelectuales de la Cultura. ¿Se quiere algo más espiritual en apariencia, más alígero, más difícilmente aprehensible que el lenguaje humano? La voz es al hombre lo que a la naturaleza la luz. Todo se intelectualiza con la voz, que le da nombre, como todo se aclara con la luz, que le precisa. Para completar la exactitud del símil, recordemos que, así como en el exceso de luz se produce el deslumbramiento, donde la claridad cesa, en la embriaguez de la palabra, cesa el poder de la inteligencia y una ruptura patética de lo lógico se produce al producirse la interjección.

Pues bien, como supervivencia quizá de una situación antropológica primitiva, el lenguaje oral encierra en sus entrañas una riqueza incalculable de elementos manuales: ademán, gesticulación, actitud corporal, mímica individual y colectiva, ritmos rituales. Parecía el habla el patrimonio propio del «*Homo sapiens*», y ahora *lo encontramos* como continua aportación del «*Homo faber*». Porque la mano que nos sirve para trabajar nos sirve también para expresar, acabará también mostrándose en eficacia decisiva dentro de la génesis de nuestro idear. ¿No vemos en todas partes, especialmente entre pueblos de ideación muy activa —a veces, indudablemente, demasiado activa, como ocurre en los pueblos meridionales, y más aún entre los de civilización más elemental— que la palabra florezca siempre en compañía de un repertorio de gesticulación copioso, muchas veces expresivamente violento? Verdad es que el refinamiento social ha ido atenuando la intervención de este acompañamiento expresivo. El hombre áulico de nuestros días ha acabado por eliminar casi de la elegante convivencia la mímica, como ha eliminado el grito. No discutamos ahora —ésta fuera una cuestión estimativa, de lúdica, dentro de la *Wertenkultur*— si dicha eliminación resulta o no loable. Lo que, en todo caso, importa consignar es que este factor expresivo, vuelto secundario, no es un parásito; a menos de ser como el hijo pedante y desnaturalizado que porque estudia para doctor se avergüenza de la madre operaria que —«a costa de grandes sacrificios», como suele decirse en tales casos— le paga la carrera.

En la evolución del tipo humano, el perfeccionamiento de ciertas facultades ha debido probablemente de acompañar la disminución o la atrofia de otras. Es muy probable que antes de las invenciones de armas de caza estuviese el olfato humano en posesión de unos alcance y acuidad análogos al de ciertos animales que perciben y siguen las pistas. El primer objeto arrojadizo de que se echó mano, permitiendo ya cobrar la pieza a distancia y, luego, progresivamente la invención de la honda, la del arco, la de la saeta, la de todas las armas de disparo, marcaron la apertura de un camino en que ya podía substituirse ventajosamente, pronto definitivamente, la proximidad del cazador. Faltas de empleo, aquellas virtudes del olfato habían de acabar por desaparecer. Lo mismo hemos observado, en alguna ocasión, relativamente a la que denominábamos «espontaneidad noticiosa de la humanidad», que con la difusión por fogatas o toques de tambor entre los primitivos —para no hablar del chisme y del comadreo, entre los que ya no lo son tanto— consigue a veces resultados tan sorprendentes; pero que va anulándose con la presencia del ejercicio especificado del periodismo, no siempre reemplazante de aquella espontaneidad con ventaja. Pues algo parecido cabe decir de la substitución del lenguaje manual por el lenguaje oral.

El poder expresivo del primero se ha ido atenuando con el cultivo y el imperio del segundo. Se ha estereotipado aquél, además, perdiendo buena parte de lo continuo de su poesía, de su virtud de libre creación. El dar la mano, confesémoslo, está entre nosotros a punto de perder cualquier posibilidad de matiz en la alusión a la amistad, y aun al saludo. Parece que un día este ademán fue defensivo, como para prevenir la eventual agresión de un desconocido que podía ser un adversario con malas intenciones. Después valió como el símbolo mismo de la paz, de la alianza, del convenio, hasta de la conformidad ideológica («—¡*Muy bien hablado!* —¡*Chóquela usted!*»). Ha acabado, por fin, no significando nada, por caer en un completo automatismo. Entonces son las palabras las que deben suplir. Dar la mano en silencio se encuentra muy distante, por su significado, de dar la mano entre palabras alborozadas —aun dejando aparte, naturalmente, la cuestión de la sinceridad—. Así, en todas partes, al *drama* representado substituye, en la mayor parte de los casos, la *historia* referida. Pero esto no quiere decir que el instintivo sistema de expresión no haya sido infinitamente importante. Quizá la prueba de más inmediata eficacia entre las que se dan para demostrar la comunidad de origen en nuestra especie, consiste en la uniformidad instintiva, en manera alguna convencional, de ciertas mímicas fundamentales: en todos los pueblos conocidos, el mover la cabeza de arriba abajo significa que *sí,* mientras el moverla de lado a lado, que *no.*

Muy importante es igualmente el descubrimiento de las llamadas *raíces* en el repertorio de nuestro lenguaje oral; son, por esencia, *transposiciones* de la mímica de un lenguaje manual primitivo. Se ha advertido, por ejemplo, para tomar uno muy conocido, que el verbo griego EIMI (yo voy) se forma por el conglomerado de dos gestos, el primero activo, el EI, que indica el «ir» (*eo,* en latín); el segundo, psicológicamente reflexivo, MI, como nuestro *me* («me voy», «voyme»), que alude a la presencia de la primera persona. En ciertos mimogramas de los jeroglíficos egipcios el «ir» («irse») se encuentra igualmente expresado en *dos* viñetas sucesivas. Todavía de mayor trascendencia ha sido, para la investigación, en este camino, la adquisición del concepto del que se llama «gesto proposicional», por el cual el símbolo *visible* de dos sustantivos se pone en relación de cópula. La proposición, por ejemplo, de que *el ave se come al pez* comprendía un drama en tres actos, donde en el primero puede verse al sujeto volar, en el segundo comer y en el tercero, a otro personaje, nadar. Este conjunto se sincopa en una sola unidad fonética. Y así se asciende a la poesía, donde el ritmo, la medida del verso y, sobre todo, el ciclo periódico de la estrofa apenas si disimulan, alcanzada por fin la expresión oral —y la escrita que la traduce— la génesis plenamente corporal de que son hijos. Un poema es siempre como una danza embalsamada. Y no en vano se llamó «pies» a la medida de los versos, a la rítmica obligación con que, gracias a ellos, se produce el encantamiento de la belleza.

El lingüista Marcel Jousse, que ha abierto muchos senderos en este campo, se atrevió inclusive a entrever la posibilidad de una exégesis bíblica, haciendo retroceder los versículos del Antiguo y del Nuevo Testamento a ciertos esquemas mímicos, por cuya versión se supone haber aquéllos pasado y que revela todavía su hereditaria presencia en el paralelismo rítmico de la nueva versión. El «estilo oral» teje todavía implícitos mimogramas allí donde el texto pareció presentarnos únicamente fonogramas o sus guarismos. Claro que el sistema tenía, aparte de otros, que no caen bajo nuestra crítica jurisdicción, el peligro de toda explicación sistemática uniforme —igual al que ha hecho fracasar el freudismo en su tentativa de dar, para toda la vida psíquica, una razón en lo libidinoso—. Pero no hay que cargar la cuenta de una teoría con los prejuicios a que pueda inclinar su adopción. La presencia íntima, incorporada, emulsionada, del hombre que trabaja con las manos —o con los pies, da lo mismo— en el hombre que peregrina con éstos o que cruza aquéllas en la plegaria, es lo que nos importa salvar. En el juego del hombre, inclusive en su juego sacro, hay rasgos evidentes de la asistencia del hombre que trabaja. El *«Homo ludens»* conserva no poco del estilo del *«Homo faber»*. En el *«Homo sapiens»* también más aún. ¿No se tendrá siempre a los libros por instrumentos de sabiduría? Pues bien, he aquí un libro. Lo tenemos en la mano. Es el *Origen de las especies*, de Darwin. Un libro de ciencia. Pero la ciencia de este libro, ¿tendrá algo que ver con la moda en el gusto, con el esfuerzo material del trabajo, con lo lúdico y con lo manual? ¿Y quién lo duda? No es indiferente para la doctrina del darwinismo, con su hipótesis conducente a descubrir un factor de *Historia sucesiva* en la *Historia natural*, el que esta doctrina haya florecido en el siglo historicista por excelencia, que es también el siglo musical por excelencia, aquel donde todo ha sido considerado como inscrito y justiciable en el curso del tiempo. Ni ha sido vano tampoco el hecho de que el darwinismo se propagase en *volúmenes*, que ya no eran, por fortuna suya, *volúmenes* propiamente dichos, sino *tomos*, de tal forma, en tales materias, de tal coste, en tales o cuales condiciones materiales de edición... ¿Pues qué? ¿El Renacimiento se *compone* tan sólo de *humanismo* intelectual? ¿Entran en él tan sólo cúpulas a la romana, sonetos al modo toscano? ¡No, no! También se decide la entera significación cultural del Renacimiento por el hecho de que, al amanecer el Renacimiento, la pluma del copista se cambiara por la prensa del impresor.

Y adviértase, al llegar aquí, la relación íntima —genética se diría— que puede unir dentro de nuestra reflexión la ciencia con el lenguaje. «La ciencia no es más que una lengua bien hecha», dicen que decía Condorcet. El movimiento ha sido impulso; la música ha sido movimiento; la elocuencia ha sido mímica; la ciencia ha sido elocución; la filosofía ha sido ciencia.

VIII. SABER Y MILICIA

Una última nota de caracterización. Sabemos ya del saber que es, por esencia, actividad y plenitud. Conocemos los elementos de trabajo, de cultura manual, de *«Homo faber»*, alojados definitivamente en él, así como otros de lujo y juego, correspondientes a la cultura del *«Homo ludens»*. Así como, concretamente, hay que admitir para algunos de estos factores lúdicos el carácter de arte, debe también caracterizarse un sector de sus factores laboriosos por la

XXVII. WILHELM DILTHEY (1833-1911)
Pintura de Reinhold Lepsius
(*Propiedad familiar, Berlín*)

XXVIII. HENRI BERGSON (1859-1941)
Dibujo original de Simont

presencia de una nota bélica, de *milicia*. No hay saber sino en una actitud militante. Y la superior actitud en que coinciden la superación intelectual del dogmatismo, gracias al cultivo de lo irónico y la superación práctica del egoísmo, gracias al sentido militar del saber, constituye uno de los más singulares dones de que disfruta el objeto ideal que consideramos en la parte tercera de nuestra investigación... Y conste que tampoco ahora entramos en el terreno de la moral. El valor de bien o de utilidad, la calidad ética o útil que se deba atribuir al hecho de que no haya saber si no es en cierto grado militante, no nos importan en el instante actual. Lo que nos importa es el hecho mismo; es la necesidad de que saber, en su propia constitución, encierre elementos de combate. De combate que sobrepasa, inclusive, las condiciones de lo lúdico, aspirando como aspira, no ya al dominio sobre el adversario, sino a su desaparición. El saber *se resigna* a ser irónico, y hasta se resigna de buen talante: su filosofía le sirve en esto, para hacer, según se dice vulgarmente, «de tripas, corazón». Mas, por gusto, por sincero gusto íntimo no se contentaría con menos que con el aplastamiento del enemigo. Pensemos que la lucha del saber es a vida o muerte y tiene un carácter defensivo. La composición irónica acompaña a la tesis y a la antítesis desde su nacimiento; pero los agentes, en la mayoría de las ocasiones, la ignoran. No hace el actor de la Sabiduría como el comerciante que al proponer un precio tiene ya la eventual rebaja en el bolsillo. Él ha dado su «último» precio de una vez. Y apasionadamente busca que el comprador pase por el aro.

Esta calidad combatiente del saber puede darse a diferentes grados en el mismo. En ocasiones se exageraba tanto, que se ha llegado a interpretar la Dialéctica como algo estratégico, a estilo de un arte de discutir o de un arte de convencer. ¡Cuántas veces la exigencia de una «demostración» no se inserta como elemento parásito en la busca de la verdad! De una verdad que ya se encuentra o se podría encontrar en lo que se posee. La llamada «Escolástica», en sus dos versiones, aristotélico-pedagógica en el siglo XIII y sus cercanías, aristotélico-apologética en el XVII y XVIII, ha dado un ejemplo casi escandaloso de ultranza en la nota combativa: la discusión fue su elemento; el rigor, su virtud. No trata tanto de obtenerse la adhesión vital del que ha asumido el papel de adversario de los principios que se trata de inculcar, como de obtener la vergonzosa reducción de éste por la derrota sufrida ante los argumentos del adversario vencedor. Puesto entre la espada y la pared el primero ha tenido que ir a donde no quisiera: *ob torto collo* se le ha forzado. En el extremo opuesto al del escolástico, está el sofista. También para éste la dialéctica es erística, arte de triunfar en la discusión. Pero lo que el uno quiere lograr por la violencia quiérelo el otro por el engaño. También ahora el vencido va a donde no querría ir: va reducido, captado y turbado por los argumentos falaces. En los cuales tan poco se ha comprometido la vida, que el argumentador, según se decía, igual que ha sostenido una tesis, hubiera podido sostener y hacer triunfar la tesis contraria. Entre la Escolástica y la Sofística, la Dialéctica de recta versión se siente sí, combativa, pero sabe que este combate no se ha planteado a beneficio del orgullo, sino de la luz. El botín en la batalla por comprender consiste, si se ha ganado, en comprender más.

La inserción de una inevitable actitud de milicia en el saber da a todas sus fórmulas un carácter, no apodíctico, sino asertorio. Cada fórmula no excluye la posibilidad de su contraria: la subordina, y así *la excepción confirma la regla*; y así *conviene que haya herejes*; y así hay que hacer en todo negocio humano *la parte del fuego*. La demostración se encuentra prácticamente sustituida por la persuasión. La hipótesis ha tomado en la constitución de la ciencia iguales derechos que el axioma, el postulado, el teorema, el corolario. El sueño dorado del saber pudo cifrarse en tiempo de Spinoza en una *Ethica more geometrico demostrata*. En nuestro tiempo, en una *Mecanica more hypothetico demostrata*: la Física de los *quanta* no es otra cosa. *Hypotheses non fingo*, proclamaba arrogantemente Newton; la biología de la evolución, la física de la indeterminación tienen enteramente su fundamento en hipótesis. Pero, sin estas hipótesis, faltaría la mitad del saber moderno.

Tiene el saber una misión y, quieras no quieras, la cumple. El que al considerarle aquí lo hagamos con exclusión de toda finalidad extrínseca no significa que le neguemos finalidad. Tiene por lo menos una finalidad en sí mismo. Sin lucha por la luz, sin presencia de una heliomaquía, no hay método, conquista dinámica del saber. No digamos «debe ser». Digamos «es». El sabio *es* valiente, por lo menos en su sabiduría.

LECCIÓN XII

SE CIERRA EL CÍRCULO

I. CONOCIMIENTO, CIENCIA, SABER

Ya hemos contado cómo a una de nuestras doctas corporaciones, en trance de preparación de una Enciclopedia, se presentó el otro día la perentoriedad de lograr una definición de la metafísica. No se exigía, por el momento, una definición filosóficamente apurada: la necesidad a que urgía servir era de orden práctico, cifrada en fijar abstractamente el objeto, para en seguida, como quien dice, *romper a hablar* sobre él. Las opiniones diversas, su discreta selección, eventualmente su discusión, podrían venir una vez traspuesta esta dificultad preparatoria. Así el pintor coloca y sienta su modelo, antes de dar la primera pincelada del retrato. Así aquellos académicos varones buscan el lugar y la silla conceptuales donde conviniere asentar a la Dama Metafísica para luego dar, sobre los rasgos de la misma, fiel si obligadamente abreviado trasunto.

De las dos partes, que, según los tratadistas de lógica, una definición debe expresar, el «género próximo», la «última diferencia», aquí no era lo más arduo hacerlo con ésta, sino con aquél. Sobre lo específico en la actividad metafísica, pudo salirse pronto del paso, con repetir alguna generalidad aristotélica, cuya formulación le fue a Aristóteles en su día tanto más fácil cuanto que, según lo sabido, Aristóteles a su metafísica no la llamaba así. Para entenderse pronto y no meterse demasiado en honduras —ya conocemos aquellas que reemplazan la «metafísica del *ser*» por la «del *germen*»— bien estaba lo de atribuirle el ocuparse *en el ser y en sus primeros principios,* cediendo barato el derecho a averiguar si los términos «metafísica» y «ontología» son sinónimos —y aun a riesgo de que, históricamente considerada la cosa, nos encontráramos con que la mitad de los metafísicos no se hubiesen consagrado a dicha tarea y las otras dos terceras partes lo hubiesen hecho con la misma y con muchas más—. Pero lo grave estaba en aludir al orden genérico donde semejante ocupación sobre el ser y sus primeros principios debía situarse. La ficha léxica cuyo examen habría provocado la deliberación se abría llamando a la metafísica: ciencia. «Ciencia que trata de»... Y, con sólo esta palabra, ya se les venía encima a los redactores la balumba de los graves y más enredados problemas teóricos. «Si le quitamos a la metafísica la consideración de ciencia, temían los adictos a ciertas rutinas escolásticas, aunque en la coyuntura, a estilo del molieresco Monsieur Jourdain, *platonizaran sin saberlo*, rebajamos a la metafísica de categoría, dándole en pasto, no la verdad, sino unas más o menos artísticas ficciones, cuyas fórmulas quedan cuando más contenidas en el campo resbaladizo de lo probable; dejando, en cambio, que las disciplinas particulares se gocen y se pavoneen con una presunción de certeza, otorgadora de superioridad... «Mientras tanto, los noveleros —aun los que son de novelerías cuya fecha cupiere datar en el siglo VI antes de Jesucristo—, se resignaban difícilmente a dar por vanos y por no habidos tantos análisis, tantas controversias, tantos hallazgos y tal derroche de genio como los que han venido secularmente aplicándose a la cuestión de las relaciones entre la ciencia y la metafísica, entre el conocimiento empírico y el científico, entre la filosofía y la sabiduría, entre la doctrina de las substancias y la de las funciones, etc. Con llamarle a la filosofía «ciencia», todo queda cancelado, al quedar todo conciliado. Y cada cual en la guisa en que consideraba optimísticamente a los jugadores cierto señor barcelonés de buen talante, que entraba cada tarde en su Círculo, diciéndoles a los enfrascados en las partidas: «¿Qué tal?... Todos ganando, ¿verdad?, todos ganando».

No, el término «ciencia» no era aquí el deseable. Suscitaba demasiado directamente una arbitraria solución en el problema de los papeles respectivos de la ciencia y la filosofía. Otra dificultad, en algo que no conviene tampoco dar de barato. Si a «la acción» se le opone la «ciencia», ¿es bien seguro que, en la metafísica, todo sea asépticamente teórico, que no entra para nada en ello el resultado de una actividad? De «actividad metafísica» hemos calificado a su profesión hace un instante. Y en la aludida corporación sabia, uno de los opinantes no dejó de insistir en que, en vez del término genérico «ciencia», se adoptara otro, de índole muy caracterizadamente activo, el término «investigación»... Ni hay que decir, según todo lo que el lector ha podido encontrar en el presente libro, con qué simpatía de principio veíamos nosotros semejante proposición: simpatía sólo cortada por la aprensión de que ese «investigar», a su vez, se interpretara como exclusivo del resultado, cual si la investigación hubiera de ser perpetua e infinita; algo así como cuando se entiende que el vocablo «caza» se aplica tan sólo al ejercicio y no —según el lenguaje acostumbra— a la pieza cobrada también. En la caza de la verdad, también a la verdad conviene dar el nombre de «caza». En la filosófica investigación asimismo puede calificarse de «investigación» el descubrimiento. Esto aceptado, no habría inconveniente alguno en llamar «investigación» a la metafísica. Ocurre de todas maneras que esto no quisiera aceptarse sino tras de alguna persuasión; en todo caso, no suele darse por entendido. Por lo cual se reparará, por lo menos, de precipitado el intento de incluir a la metafísica en el orden genérico de la investigación. Si, antes, al llamarle ciencia, se pecaba por ignorar los elementos activos que entran en su construcción, ahora, al llamarle «investigación», parecería que se omite la sospecha siquiera de que la metafísica pueda alcanzar resultados estables.

 Conturbaba a los ánimos, en lo relativo a la primera cuestión, quiere decir, la de las relaciones entre el conocimiento científico y el filosófico, el cambio ocurrido con el transcurso del tiempo entre las posiciones que respectivamente han ocupado la ciencia y la filosofía. En realidad, para Platón, por ejemplo —para Platón por excelencia—, *no sólo era ciencia la metafísica*, sino, apurando la exactitud, *la única ciencia*. Puesto que se atribuía a la ciencia el conocimiento de lo absoluto, excluyendo todo lo subordinado a las relatividades del espacio y del tiempo, todo lo susceptible de modificación por el cambio y de captación por la observación empírica, cualquier proposición relativa a los fenómenos, ya en el orden de la naturaleza, ya en el de la historia, quedaba fuera de lo científico y relegado a lo que, en consideración al valor de la certeza que nos procura, debe ser sólo denominado «opinión». La física propiamente dicha se construye con «opiniones». La historia natural, lo mismo. La física, pues, no sería ciencia; la historia natural, menos... Ahora bien, este punto de vista platónico, desde el Renacimiento acá muy especialmente, lo vamos poco a poco hallando en transformación, en inversión finalmente. No es ya que la física y la historia natural ganen la denominación de ciencias; sino que, pronto, las únicas ciencias pasan a ser la física, la historia natural. Se tiende a considerar exclusivamente como ciencia al lugar poblado por la observación y por la experimentación, por la empiria. Las mismas matemáticas tendrán que reivindicar un día trabajosamente su derecho a sentarse a manteles con lo científico. El desdén por las llamadas peyorativamente «abstracciones» —que, para más de un sector, querrá decir simplemente «ficciones»— amenazará a aquéllas sin cesar: para dar valor a la afirmación de que tres remesas de cien naranjas hacen trescientas naranjas, se deberá recurrir al aval de alguien que, en tiempos más o menos remotos, haya recibido en efecto tres envíos de cien naranjas cada uno y los haya contado. Mejor aún que sean varios quienes los han contado, en prevención del margen de posibles errores. A este recuento de naranjas se le llamará «realidad objetiva»... Inútil decir cuán difícilmente se acomodaría a tal legislación sobre la ciencia un conocimiento de carácter filosófico. No ya la metafísica de Platón, sino la misma de Augusto Comte —que también la tuvo y, negaciones dejadas aparte, no demasiado desguarnecida—, serán severamente juzgadas por el positivista sin merced. Gracias que a la metafísica y a las mismas matemáticas se las deja vivir, como a gitano o nómada en extramuros, en descampados donde, si no alcanza la obligación de prestaciones civiles, no amparan tampoco la garantía en los derechos privados. En tiempos de una epidemia, al jefe de no sé qué estación de ciertos pagos se le ocurrió que se debía «fumigar» a los viajeros procedentes de una región infestada, haciéndoles pasar, con detención de un par de minutos, por una especie de túnel ambientado en no sé qué gases. Ocurrió un día que, entre aquellos viajeros, se encontraba un gitano. «¡A este, cinco minutos!», dictaminó, nutrido de no se sabe qué principios etnográficos, el jefe de estación. Al infeliz le sacaron de allí asfixiado. Según el mismo sistema y con el parecido éxito, quisiera el positivista que pasasen, por la fumigación criteriológica de la ciencia, la filosofía y las matemáticas.

    Todos los cambios y todas estas dificultades aconsejan, cuando se quiere dar estado formal a la teoría del conocimiento en su plenitud real, que no atienda ya al análisis de sus elementos, de complejidad menor o mayor, sino a la integridad de su esencia —que pase, según nuestra insistente comparación, de *líneas* y *superficies* a *volúmenes*—, arbitrar convencionalmente denominaciones y definiciones, dotadas juntamente, gracias a la constancia de su interpretación, del remedio a las inseguridades de su empleo. Nosotros hemos creído preferible tomar el término «Saber», para designar ampliamente, así el conocimiento empírico como el racional; e inclusive otros saberes posibles, como el instintivo, procedente, bien de la determinación natural del que instintivamente conoce, bien de los caracteres adquiridos que en el curso del tiempo hayan ido enriqueciendo esta misma naturaleza; o como el saber *místico*, procedente de una revelación, ya positiva y humanamente general, ya lograda individualmente, por carisma o ascesis iluminativa del privilegiado logrador. Aparte dejadas la cuestión del valor y la de la legitimidad respectiva, de estas maneras del saber, desde el punto de vista formal en que nos colocamos ahora, parece indudable que su existencia no puede ser omitida por quien intente una teoría general del conocimiento. Cualquier exclusivismo en el reconocimiento del saber empírico, en nombre del saber racional, o viceversa; de la ciencia en nombre de la filosofía o de la filosofía en nombre de la ciencia; del conocimiento concreto o del conocimiento abstracto; del que da el nacimiento o del que dé la cultura; del instintivo, o del místico, y hasta, si se quiere, del gnóstico o del onírico, vendrán más tarde, cuando nuestro objeto se encuentre delimitado ya. Por el momento, debemos darle lugar en los anchos dominios del saber. Ni un zoólogo empezará negando el existir de la sirena antes del momento en que puede puntualmente averiguar que se trata, en rigor, de una vaca marina: ni se atendrá ante la evidencia del murciélago al distinguir, entre los vertebrados, los mamíferos de las aves.

También es harto ventajosa la ambivalencia de la voz «saber», doblemente aplicable a la teoría y a la acción. Muy precioso resulta, en este aspecto, el que trate de un verbo substantivado o de un substantivo verbal, como se quiera; es decir, lo mismo para existir que para copular. «El saber», formulamos; pero igualmente «quiero saber», «voy a saber», «intento saber» tal o cual cosa. Con lo primero, aludimos a la manera de saberes; con lo segundo, a su multiplicación, a su avanzar. Pero la homonimia favorecerá el que tengamos siempre muy presente que, tanto como resulta impensable un saber desprovisto de actividad creadora, lo resultaría una actividad cognoscitiva que operase en el vacío. En todos los grados de la escala del saber sigue vigente aquella necesidad, que ya descubríamos al estudiar sus elementos más simples y que hacía, de las *ideas*, *expresiones*, es decir, a la vez, corrientes y figuras.

II. SABER CONCRETO Y SABER ABSTRACTO

Ahora bien, la misma dualidad en lo uno que da a las ideas carácter de percepción de lo concreto y de abstracción de lo general, y que luego se repite en la región de los juicios imponiendo una distinción irónica en el seno de cada unidad y una inteligente contingencia en lo racional de cada necesaria determinación, rige igualmente en la ya total esfera del saber, donde, además, impone una clasificación por razón de grado, ya que sea imposible dar lugar a una separación de naturaleza. En los extremos de la serie se situarán aquellos tipos de saber en que dominan la actividad y la pasividad más respectivamente; sin que ninguno, ni el que alcanza al máximo de pasividad, o sea el tipo de saber que llamamos «conocimiento», ni el que representa el máximo de actividad, que es el tipo de saber que llamamos «pensamiento», pueda excluir enteramente la presencia del otro. Entre los dos cabos convendrá señalar como otros tantos jalones aquellos puntos fijos constituidos por los órdenes del saber que históricamente se han constituido, en formas dotadas de una relativa fijeza.

El quehacer de esta diferenciación se parecerá hasta cierto punto a lo que en los tratados recibe el nombre de «clasificación de las ciencias». Diferirá, con todo, muy significativamente de lo que —hasta ahora por lo menos— se ha entendido por tal. Diferirá en primer lugar, en lo que toca a lo extenso de la serie; lo cual, según ya se ha indicado, no corresponde tan sólo a nuestra teoría del saber, a los saberes propiamente científicos, sino a otros que no tienen adquirida consideración de tales, o la tienen dudosa. Pero diferirá igualmente en la obediencia que a nuestro esquema se le exige —y no a los esquemas usuales— de una ley de continuidad que matiza sus distintos términos sin salto en la escala: en lo nuestro la biología no será una rama allí donde la química es tomada por otra, sino que química y biología se distinguirán según la dosis respectiva de conocimiento y de pensamiento que entren en cada una de estas disciplinas tradicionales.

Una de las posibilidades que, merced a la consideración leal de este relativismo en la atribución de posiciones a las distintas ciencias, se abren al estudioso de la caracterización de las mismas, es la de tomar en cuenta sin derogación de principio el hecho de las emancipaciones con que algunas entre las mismas se han separado de otras, con que antaño se confundieran y también de las fusiones, con que, al revés, tal o cual ha venido a perder su autonomía. La Cristalografía, por ejemplo, pudo considerarse, gracias a la obra de Swedenborg, tener sustantividad desde el siglo XVIII. Antes, la Geología se había constituido con Bernard Palissy. Hoy, en desquite, vemos cómo, bajo la acción de las teorías nucleares, la

Física y la Química parecen tender a la unificación de los campos a ellas correspondientes. Se habló, primero, de una Fisicoquímica a estilo de tercera entidad; hoy apenas si en el terreno especulativo aquéllas se distinguen. Los estudios sobre las realidades de la Cultura tuvieron hasta ayer un carácter exclusivamente histórico; hoy van adquiriendo progresivamente un carácter científico: se habla de una «Ciencia de la Cultura» ni siquiera sospechada antes. Y los folkloristas —no se olvide que, en la integridad de nuestra concepción del Saber, los saberes menores tienen tanto derecho a mención como las prestigiosas ciencias— tienden a confundirse más y más con los etnógrafos. Y éstos con los antropólogos. Y éstos, a su vez, con los cultivadores de la ciencia de la Cultura; los cuales, por otra parte, han acabado por volver inútil a la llamada «Sociología» que, con el patrocinio del «saber positivo», tanto juego dio ayer.

Y, a propósito, ya que se nos viene a los puntos de la pluma la expresión —esta rara expresión— de «saber positivo», ¿cómo no recoger de paso la paradoja de que lo designado por estos términos, en no lejanos días, por los defensores de la escuela positivista era, precisamente —si tal saber era—, *un saber negativo*, caracterizado por la especialidad de su exclusión rigurosa de todo conocimiento, de todo pensamiento, cuyo modo de adquisición no fuera empírico, es decir, procurado por la experiencia o por la observación? Lo propio de esa actitud se cifraba en separar como objeto exclusivo del conocimiento *lo seguro*, es decir, lo que la observación directa o la experimentación confirmaban, mediante verificaciones coincidentes. Era, si bien se mira, la actitud diametralmente opuesta a la de Platón, al excluir del conocimiento científico todos los productos de la empiria, desdeñosamente calificados como «opinión», mientras se reservaba la consideración de ciencia únicamente a lo deductivo, es decir, al saber constituido sobre objetos estables, cuya fijeza les emancipaba de cualquier consideración de relatividad: llevada por consiguiente a la alta categoría de «lo absoluto». Todo lo procedente de la percepción por los sentidos corporales quedaba ya por consiguiente muy lejos de esta exigencia. El saber positivo estribaba, pues, para Platón —y, hasta cierto punto para Aristóteles, a pesar de su pretendido empirismo—, en la negativa o por lo menos en el condicionamiento riguroso de la noticia de observación o experimental.

En esta oposición entre un punto de vista antiguo y otro que —quizá con menos exactitud—, se ha llamado moderno y cuyos orígenes se querían encontrar en el pensamiento renacentista, lo que siempre corría peor suerte es la justificación de las matemáticas. Al versar las matemáticas por un lado sobre la pluralidad —base objetiva de la teoría del número—, y, por otro lado, sobre la figura —instrumento metódico indispensable para el discernimiento mensurativo en lo espacial—, sólo muy imperfectamente corresponde al ideal platónico de la ciencia. Por otro lado, el pensamiento matemático maneja conceptos que nada tienen de la informativa noticia y cuya fuente no consiste ni en la observación ni en la experimentación. Ni pueden existir *laboratorios* de matemáticas ni a nadie se le podrá llamar «erudito matemático», a no ser que con la primera parte de la expresión se aluda a una función *aparte*, que haya ejercido el así calificado, no a título de matemático, sino a título de historiador de las matemáticas; ligando, por confluencia, pero en modo alguno por fusión, el saber más antihistórico que existe con el saber de la historia. Para un positivista que se quisiera fiel a sí mismo, la matemática no podrá, pues, formar parte de la *ciencia positiva*, y estará por consiguiente incursa en consideración de ilegitimidad.

Y sin embargo, poseídos por algo que sería rutinaria superstición —si no fuera, al contrario, certero instinto—, idealistas y positivistas han rivalizado siempre en el respeto y hasta en la adoración atribuidos a las matemáticas y en el deseo de igualar con sus respectivos saberes, los unos, la exactitud de la matemática; los otros, su objetividad. Los primeros han perdonado a las matemáticas los relentes de intuición que todavía conservan, a cambio de la pureza racional que presentan, a partir de cierto punto, como la gente en sociedad perdona a los raptos seguidos de matrimonio el paso inicial de inmoralidad; los segundos, los positivistas, han cerrado los ojos al hecho de que el matemático no los necesitara. Como dos países limítrofes y enemigos que guerrean invocando el principio de nacionalidades, pero a la vez, agenciándose con la guerra la posesión de una zona con pozos de petróleo, la ciencia platónica y la ciencia positiva encuentran siempre en lo codiciado una fraternidad nacional muy acusada, que les hace participar de las propias notas características y diferenciales.

El que nosotros, invocando la plenitud con que cada uno de estos elementos se encuentra en la noción global del «Saber», prefiramos incluir en la misma a la ciencia únicamente en guisa de caso particular y postulemos la legitimidad del todo, no debe atribuirse a una cómoda posición de eclecticismo, con lo cual se soslaye lo que pueda haber de absurdo y, desde luego, de poco edificante, en esa actitud de las parcialidades epistemológicas relativas al saber matemático. La prueba está en que, al lado de la aceptación generosa que nuestra actitud nos impone, no vacilamos en proceder en méritos de la misma a las asepsias de la más dura exclusión. El ideal de la Sabiduría podrá ser más amplio que el ideal de la Ciencia: no por esto caben en el primero todas las manifestaciones en que el conocimiento humano finge tomar una posición de pensamiento o, al revés, en que el pensamiento pretende operar sin materia de conocimiento. Conocimiento sin pensamiento será la acumulación pasiva de conocimientos representada por lo que se llama *erudición*; pensamiento en el vacío de cualquier conocimiento, lo que decimos *logomaquia*, disputa de palabras sin contenido. Ni la logomaquia ni la erudición entran realmente en la verdadera sabiduría. Tampoco, por otra parte, cabe atribuir existencia ni a un orden de saber puramente abstracto, como el que dijeron estar a punto de alcanzar, hace algunos años, los oficiantes de aquellas indagaciones que se etiquetaron de *Logística*; ni a un ordenado saber puramente concreto, como el que, so color de *Fenomenología*, supusieron que practicaban, pocos años después, los adeptos de ciertas reputadas escuelas filosóficas. El fenomenólogo no es un sabio; el logístico no es un sabio. No lo es el logomaco, con su «palabra de la abracadabra»; no lo es el erudito, con su máquina de fichas y de repertorios. En lo abstracto-concreto nada más, en lo creativo-documentado tan sólo, vive y resplandece la Sabiduría.

III. LA LOGÍSTICA

Cabe examinar a la Logística desde un punto de vista doble: primero, en su organismo científico constituido; después, en su teórica ambición. Para enjuiciar a aquélla en el primer sentido, preferiremos la denominación de «Lógica matemática». Como disciplina especial, cabe decir que la Lógica matemática empezó en el siglo XVII. Pronto se manifestó su riqueza, particularmente en el estudio de algunas propiedades combinatorias u operatorias y en el desarrollo de una simbología, que establece las reglas del cálculo sobre la base de las clases o de las proposiciones, análoga en ciertos puntos, pero en otros distinta, al álgebra de los números. El nombre de «Logística» lo reservaremos con ventaja a la tendencia filosófica a que ciertos progresos recientes de la Lógica matemática han conducido: en virtud de ellos ha podido abrigarse la pretensión de constituir un orden del saber, tan lejano al empírico, que su fuente consistiera por modo exclusivo en la deducción: un saber analítico y formalístico, al cual permaneciese ajena cualquier consideración de objetividad. La intuición iba a quedar expulsada así, no sólo del pensamiento matemático, sino, bien miradas las cosas, de cualquier saber que se preciara de científico.

El programa ideal de los filósofos logísticos, según se estableció hacia el fin del siglo XIX, comportaba la extracción, entre el grupo de los objetos y de las operaciones, de cierto sistema de ideas primitivas, mejor diremos nosotros, de conceptos primitivos, cuyo nombre o signo puramente se enuncia, excluyendo toda necesidad o tentativa de cualquier definición y, sobre todo, de la intuición. Adquiridas estas primitivas nociones, pueden introducirse en el desarrollo de la teoría otras nociones, constituidas mediante aquéllas, cuyo significado o cuya intuición consiste exclusivamente en su vínculo con tales ideas primitivas. Igualmente, de un conjunto de proposiciones primitivas —axiomas o postulados—, permite paralelamente la Logística la introducción de nuevas proposiciones, a las cuales cabe aplicar las reglas de la lógica. Así es posible una geometría, dentro de la cual sea idea primitiva el punto, o bien la recta, o bien la esfera; para fundar la aritmética de los números enteros, no podemos menos de considerar el número entero —o algo muy próximo al mismo— como idea primitiva. La Logística trata así de llegar a la consideración de un ordenamiento típico ideal, conducente a constituir una ciencia deductiva dispuesta en grupos ordenados de manera tal, que todas las proposiciones de cada grupo sean consecuencia lógica de las de los grupos precedentes y de una cualquiera de las proposiciones de este grupo, mientras que fuesen todas indemostrables mediante únicamente las de los grupos precedentes. Hay que decir que este ordenamiento ideal no ha sido conseguido por ningún sistema deductivo y acaso no es para ninguno exigible; al menos para los sistemas que ofrece espontáneamente la ciencia en su historia. Por modo, que esta ambición de la Logística corresponde a un devaneo conceptual, que ni siquiera puede envanecerse de los resultados, que, principalmente en lo que afecta a las bases de la geometría, ha conseguido, en el tiempo que lleva de existencia, la Lógica matemática. Para nosotros, que ya en nuestra primera parte hemos demostrado la imposibilidad de los puros conceptos desprovistos de cualquier rastro de representación, la negación de un saber logístico, que desvaneciera los rastros de la intuición, aunque sólo fuera en el fundamento mismo de las matemáticas, constituye un deber de coherencia, que nada pudiera inducirnos a quebrantar. En la logística vemos ejemplarmente el resultado de una exacerbación de la misma actitud crítica, que empezó ya con Descartes y con su tentativa de absorber en el conocimiento matemático el saber todo. Este paso de lo cualitativo a una pura cuestión de cantidad no podía hacerse sino sacrificando, en la realidad exterior, cuanto es propio del individuo; aquello que le constituye precisamente en entidad. Sacrificado lo inconcreto individual a la formación de una concreción específica, ésta, a su vez, para llegar a lo genérico deberá prescindir de buena parte de las notaciones que la constituyen en entidad, y lo mismo deberá ocurrir en el intento de sacrificar la ya relativa concreción genética a la notación categórica. Avanzando por este camino, únicamente en la unidad encontraremos esencia; y, por consiguiente, únicamente en la unidad encontraremos el ser. La pluralidad no existiría.

Ahora bien, la pluralidad de los seres nos es impuesta desde el punto en que empezamos a hablar de objetividad; ya que la misma noción de objetividad postula, por lo menos, una dualidad, la del sujeto con el objeto. Si hablamos del mundo exterior, de un mundo situado fuera de nosotros, es porque al menos postulamos la existencia de dos seres: nosotros y el mundo. La noción de objetividad, por tanto, excluye la unidad del todo. Y como lo de un mundo compuesto de esencias, es decir, de un mundo correspondiente a la pureza de los conceptos, lleva fatalmente, según acabamos de ver, a la unidad del todo, se saca de ahí que la noción misma de objetividad inutiliza la tentativa de la concepción de una realidad exclusivamente formada por esencias, es decir, de una realidad en correspondencia con la pureza de nuestros conceptos. Habrá, pues, que considerar lo real como esencia-apariencia; es decir, como idea. Y el saber legítimo sobre lo real, como un saber inevitablemente abstracto-concreto; o sea —en diferentes grados de respectiva dosificación—, substancialmente filosófico. La Filosofía, no la Logística, será la que pueda darnos cuenta de la realidad. Y la Logística debe prescindir de sus ambiciones teóricas generales, para contentarse con los resultados, que, en tal o cual dominio de las ciencias matemáticas, ha venido adquiriendo desde el siglo XVII. Y es probable que, en el siglo XVII, con más intensidad, dígase lo que se diga, que en el siglo último. Con más luz traída por Leibniz que por los Boole, los Frege, los Russell o los Peano.

A esta demostración *a priori* de imposibilidad acompañará la demostración *a posteriori* de inutilidad, brillantemente sostenida desde algunos sectores de la matemática por autores como Henri Poincaré contra las pretensiones de los logísticos. Cuéntase, entre los más edificantes episodios de la batalla, el relativo a la definición matemática de la unidad. Poincaré demostró, por modo fehaciente, que la noción de unidad la recibía la matemática como algo intuitivo, incapaz de verse connotado por una suficiente demostración. Porfiaron los secuaces logísticos por obtener la definición analítica de la unidad; lo cual, por fuerza, había de suponer conocimientos anteriores a la posesión conceptual de la misma; conocimientos de cuyo contenido se extrajeran los términos de la ecuación en que la definición pudiera formularse. Obtuvieron una fórmula de ecuación, en efecto. Aquella fórmula de que Poincaré se burlaba diciendo, en broma, que era la más susceptible para dar a conocer la unidad a quien no tuviera de la misma ni la más ligera idea. Pero, en serio, lo que ocurría es que los términos de dicha fórmula envolvían una verdadera petición de principio; pues cada uno de ellos, en última instancia, no podía definirse analíticamente sin recurrir a la misma noción de unidad. Ésta, que suponíamos desconocida en el tercer piso de la construcción matemática, resultaba ya estar conocida en el entresuelo; sin lo cual los términos de que su definición analítica necesitaba, ni siquiera hubieran podido ascender.

Y no vale el decir que los tales términos podían no definirse y tratarse con ellos de meras convenciones. No vale el decir que, en vez de la definición del punto, de la recta o de la esfera, o del género, o de la clase, lo que haremos será aceptar: «Supongamos que hay puntos... Convengamos en que hay rectas... Hablemos de ciertos conjuntos, que llamaremos clases»... Porque lo que se habrá hecho con esto es reemplazar un concepto sacado racionalmente, aunque tenga su carga inevitable de empiria, por la alusión a un hecho psicológico, subjetivo, nuestro; es decir, a lo que a la Logística le repugna más. A un estado de espíritu, de observación más contingente y aleatoria que todo lo que puedan suponer todas las definiciones del mundo.

IV. LA FENOMENOLOGÍA

En el extremo opuesto al ocupado por la tentativa logística, se ha encontrado en la filosofía contemporánea la doctrina fenomenológica. El término «fenomenología» ha adquirido en los últimos tiempos un sentido diferente a aquel que tenía aún cuando Kant y Hegel. Kant entiende por fenomenología aquel capítulo de la metafísica de la naturaleza que concibe el reposo o el movimiento meramente en relación con el modo de la representación; o sea a la modalidad y, por consiguiente, como fenómeno de los sentidos externos. Hegel titula «Fenomenología del espíritu» a su evolución, desarrollada en fases sucesivas, a cuyo través pasa de la inmediata sensación a la conquista de lo Absoluto. Desde Husserl, sin embargo, una acepción nueva se ha abierto camino y generalizado rápidamente. Las primeras obras de Husserl cuentan apenas treinta años. Su novedad no ha estorbado, antes ha favorecido, a una extensa difusión y, en el lapso de tiempo indicado, la doctrina ha tenido ya el de conocer un auge, una boga, un cierto descrédito y una epilogal cancelación. Tanto peor para quienes se dejaron ilusionar por los primeros soplos del viento favorable.

La ambición de Husserl era triple. Por una parte, la de encontrar fenómenos de conciencia, cuya pureza de índole les emancipase de cualquier asistencia de una categoría conceptual; captándolos, por consiguiente, en su inmediatez; pero no, como en los esfuerzos de Bergson, en su fluida continuidad, en la cual los unos se funden con los otros, incorporados todos a la misma corriente vital creatriz. Por otra parte, un nuevo deseo consistía en obnubilar en los dichos fenómenos cualquier función representativa, por manera que no se contuviese en los mismos alusión alguna a una cualquiera objetividad, no asociándoles aquí ninguna conexión, explícita o implícita, de existencia y dejándoles en situación parecida —no es comparación que se encuentre en ninguna parte, pero nosotros nos atrevemos a aventurarla— a la de los elementos sensoriales que forman la trama de una audición musical; y, en tercer lugar, la posibilidad de formar con dichos fenómenos una sistematización de conocimiento capaz de significar, con su desarrollo, una verdadera doctrina filosófica.

De estas tres ambiciones, propias de la Fenomenología, no parece imposible que la primera pueda lograrse, en una cierta medida y tal vez mediante el recurso a determinados procedimientos de ascesis. En los estados místicos parece la inmediatez de una superior presencia ser captada con una absoluta desnudez de concepto, *toda ciencia trascendiendo*, como decía San Juan de la Cruz; en otros términos, que el conocimiento místico puede producirse, sin asistencia alguna de cualquier teología y en un puro derretimiento de amor en que el principio de contradicción se muestra superado, llegándose a una identificación estática y extática entre el sujeto y el objeto de este sublimado conocer, a cuya obtención se accede o *sube* cuando el primero ha sido castigado muy duramente por la vía purgativa. Aun así, ¿quién ha dejado de advertir cómo, en este linaje de logros, la orfandad de una intelectual simultaneidad es conseguida, gracias a la intervención de otros elementos determinantes, conceptuales también por metafóricos que sean, aquellos en cuya virtud los factores lógicos de individualidad, género y categoría, son reemplazados por otros factores de carácter erótico, gracias a los cuales la medianería de lo racional se substituye por la medianería de la intelección conyugal; los mismos que mueven a llamar «Amado» u «Esposo» a quien, en otros casos, hubiera recibido el nombre de «Absoluto» o de «Ser Supremo»? Lo que se pierde en determinaciones de razón, aquí se gana en determinaciones de homonimia pasional. Un repertorio léxico sacado del análisis, ya abstracto, de la dialéctica del amor se pone en el lugar de lo que daría otro análisis de la dialéctica cognoscitiva; y he aquí todo.

También, si nos es lícito el parangón formal entre lo sublime y lo que ya linda con lo patológico, una situación de parecido desasimiento es solicitada por los métodos del llamado Psicoanálisis: el sujeto de la observación es solicitado a colocarse en actitud de indiferencia absoluta respecto de cualquier prejuicio o conato de interpretación, la puramente narrativa inclusive, que pudiera enturbiar la virgen fluencia de lo subconsciente que va a hablar por su boca y hasta, en la medida de lo posible, de indemnidad a cualquier falseamiento que derive del hecho mismo del lenguaje. Lo inefable se expresará ahora en el suyo, sin que se rehúyan, antes al contrario se deseen, las revelaciones espontáneas que pueda traer la incoherencia. Los contenidos psíquicos se vierten así en la original y prístina expresión del acto mismo en que se producen. Ni que decir tiene que semejante asepsia de lo conceptual, sólo imperfecta y excepcionalmente se logra. En la mayor parte de los casos hay que contentarse con aproximaciones, resignándose a la inevitable ganga de factores extraños que una irreductible promiscuidad trae consigo. Dentro de estos límites, la experiencia psicoanalítica, como la experiencia mística, puede proporcionar datos preciosos, cuya importancia sólo una obstinación racionalista osara desconocer. Más o menos arbitrariamente, el observador puede seleccionar tales datos, valerse de los mismos para una concepción religiosa o para un diagnóstico médico. «Siento esto» o «veo tal cosa» puede precisar el neurótico, tendido en su canapé y sumido en la oscuridad, dentro del gabinete del médico o bien el arrobado desde el fondo y alejamiento de su deliquio. Estos datos, por el instante, deben ser respetados así, cada uno en el aislamiento de su inconexión. Queda a cargo de quien los refiere, trátese de la misma o de otra persona, el sacar partido de tales datos, aunque sólo sea para los efectos de su narración.

Ahora bien, este partido puede ser llevado más o menos lejos. Recordamos de un crítico literario, que en su dictamen sobre la obra de un poeta, presuntamente ofrecida a sus lectores en semejante estado de virginidad conceptual —que muchos, a última hora, han dado en considerar como la extrema perfección de la poesía—, decía, refiriéndose al autor de las incoherentes divagaciones que se le ofrecían al examen: «A Fulano de Tal le ocurrió en sus comienzos una gran tragedia: *que nació*»... A muchos estudios, por no decir todos, de los que presentan los fenomenólogos como ejemplares, cabe atribuir parecida desgracia. Su inconveniente capital es que se escribieron. Es indudable que, si puramente balbucidos, hubieran escapado más radicalmente a la contaminación de elementos conceptuales, que traen consigo el léxico, la sintaxis y hasta, si se mira bien, la prosodia y la ortografía; para no hablar de los dimanados de la intervención inevitable de la tinta, el papel, la división de páginas y la agrupación de las páginas en revista o libro.

Cuenta habida de la necesidad de estas cosas, los adeptos de la fenomenología, que no son lerdos, han imaginado el conceder a los puros contenidos de la conciencia una entidad substancial, que, sin los inconvenientes de la impureza en lo racional, presenten, no obstante, sus ventajas. Y aquí viene el que se formule aquella segunda pretensión de la Fenomenología. El resorte de su proyección estriba en el descubrimiento de una posibilidad ontológica en cada uno de tales contenidos, por donde se autorice a considerarlos aisladamente, como ajenos a cualquier vínculo que los refiera a una realidad exterior. Si yo digo: «Veo a una bruja montada en una escoba y volando por los aires», puede ser indiferente para el interpretador de tal estado el que se encuentre ante mí una bruja de veras, en la indicada posición y en la inverosimilitud de tal acto, o que lo que se encuentre sea un grabado de Goya, o que no se encuentre nada. Mi visión puede ser examinada aparte; aparte, y por sí sola, se constituirá con la misma un objeto, que también resulta independiente de mi subjetividad. El subjetivismo ha sido mirado con tanta hostilidad por los fenomenólogos, como el empirismo ingenuo afirmador de la necesidad de una correspondencia entre cualquier visión y la realidad de la cosa vista. Se tratará, en cualquiera de las hipótesis, de un fenómeno, que, por lo mismo que emancipado de las circunstancias de lugar y de tiempo y de cualquier modalidad empírica de la existencia, participará así del carácter hasta ahora atribuido a las esencias, a los númenos propiamente dichos. El problema de la realidad de una correspondencia entre el fenómeno y el número, el de la validez de nuestras sensaciones o el de la validez de nuestras abstracciones, resultará cancelado así. Las sensaciones son válidas, son verdad, por el hecho mismo de su existencia. Las abstracciones son válidas, son también verdad, si yo las convierto en auténticos contenidos de conciencia míos; es decir, si yo actualizo en mi pensamiento la posibilidad de existencia que —por encima de cualquier oposición entre nominalismo y realismo— se halla en dichas abstracciones.

Aquí nuestro deber de contradicción ante la Fenomenología pudiera ceder, a condición de que ésta reconociese, de conformidad con nuestra teoría de las ideas, que, aparte las representaciones y las abstracciones, hay entidades conjuntas —impuras por lo mismo que son conjuntas— donde la representación ha tomado el camino de la abstracción, bien que sea sin consumar la suerte, contentándose con acercarse a esta última por la obtención de una generalidad sin desposeerse de la concreción propia de la primera. Mejor dicho, que representación y abstracción no pueden darse en estado puro, como no pueden darse en estado puro la superficie cóncava y la superficie convexa de un mismo volumen. El error fundamental de la Fenomenología consiste en que haya imaginado para el puro fenómeno un valor de entidad, cuando únicamente cabe que se le atribuya, rectamente pensando, el de una convención; con error parecido al de quien toma un papel-moneda como un valor real, independientemente de la cobertura de una reserva de metales preciosos que lo garantice. Nuestras matemáticas, de suponerlas compuestas únicamente por elementos analíticos, por conceptos puros, no tendrían más que un valor de cambio, convenciones cruzadas entre los hombres para la aplicación de un número y una medida a aquello que, fuera de los hombres, no tiene medida ni número, aunque se preste a la numeración y a la mensurabilidad: paralelamente y en el extremo opuesto, los contenidos de nuestra conciencia se asemejarían a metales preciosos, pero que, desprovistos de una admisibilidad en el cambio, no permitiesen adquirir, con su aducción a las transacciones del mercado, ni un triste pedazo de pan. Los fenomenólogos repiten un poco el mitológico caso del Rey Midas: como todo se vuelve en sus manos y a su contacto oro de existencia, este oro, ayuno del poder que le confieren las esencias, no les permite en modo alguno alimentar su saber. Se morirán de hambre entre los esplendores de su riqueza inútil. Una leve asistencia de crédito fertilizaría su estéril metal, como una reserva de metal garantizaría las agilidades del crédito.

La imposibilidad de un saber fenomenológico sube de punto cuando se manifiesta la tercera ambición de la Fenomenología, la de constituir con estos elementos sin recurso a la objetividad una verdadera doctrina, un orden específico, o tal vez único del saber. El saber se forma con contenidos, pero también se forma con relaciones. Si yo prescindo de atribuir a mi visión de una bruja una correspondencia cualquiera con la existencia exterior de una bruja, me encuentro igualmente imposibilitado de conceder a mi visión de una bruja relación alguna con mi visión de una vieja. Cada uno de los contenidos, o, si se quiere, de los objetos, tomado en su pura entidad fenomenal, carece de cualquier susceptibilidad de asociación con otro contenido, por próximo o parecido que se le encuentre. El saber se compone de juicios, y resulta imposible formular juicio alguno sin el intermedio de una alegación de la realidad. Inclusive la misma relación estrictamente poética que se establece en la que llamamos «metáfora», aquella por medio de la cual los labios de una mujer pueden ser llamados corales, sus ojos, abismos, sería inexpresable, si no se admitiese, a favor de la exaltación manifestada en la poesía, la existencia, por precaria e interina que la supongamos, de una naturaleza mágica, donde un coral pueda injertarse en los tejidos de un organismo vivo o unos ojos abrirse hacia dentro en la expresividad de una pupila. El hecho del malestar y de la imperfección poética que se produce cuando el cantor pasa demasiado rápidamente de una metáfora a otra, cuyos términos se contradicen, es suficientemente probatorio a este respecto, «*Je fais des metaphores qui se suivent*», decía Víctor Hugo, en elogio de su propia habilidad. Si ello es cierto para lo que no pasa de imaginativo, ¡cuánto más no ha de serlo en lo que se refiere a lo cognoscitivo!

De hecho, y aparte las proclamas previas con que los fenomenólogos pretenden justificar su posición teórica cuando llega la hora de la verdad, cuando se trata de producir un estudio fenomenológico, aplicado a un tema concreto, sus esfuerzos se estrellan ante la inevitabilidad de un fragmentarismo que les deja limitados al género vicioso de los que modernamente se llaman «ensayos», es decir, al género literario en que arbitrariamente el autor fija los límites donde han de encerrarse su propia disertación y el análisis que en la misma se contenga. El pensamiento sistemático es inasequible a la Fenomenología. O, lo que es lo mismo, resulta inasequible a la Fenomenología la construcción, aunque sea parcial, de un discursivo saber. Con la dosis inevitable de cierto espíritu de caricatura se ha podido afirmar que la Fenomenología es el arte gracias al cual ciertos filósofos escriben sin amenidad y sin precisión sobre aquellas cosas de que los poetas escriben sin precisión, pero con amenidad; y los hombres de ciencia con precisión, aunque sea sin amenidad... En esta posición continuaba, hasta que, más recientemente, le ha usurpado este papel el existencialismo.

V. PANORAMA DEL SABER

Queda subrayada, en guisa de moraleja, que se saca del doble ejemplo de la inutilidad de la Logística para constituir un saber puramente abstracto y de la Fenomenología para constituir un saber puramente concreto, la necesidad de que todo saber participe, bien que sea en diverso grado, de la abstracción y de la concreción. Esta doble participación se hallará teóricamente matizada según el repertorio de elementos que emplee cada orden del saber, y aún cabe decir que cada capítulo de este orden del saber y hasta cada obra particular que lo traduzca. Es inútil que califiquemos a una serie de libros con la etiqueta general de «Física» o de «Filosofía» o de «Historia». Una clasificación así resultará suficiente, por ejemplo, para el bibliotecario de nuestros capítulos primeros, para el profesional cuyo objeto está simplemente en que los libros no se extravíen y en que se puedan servir a los pocos minutos de ser solicitados. De hecho, ¿quién identificará, desde el punto de vista de los elementos de abstracción o de concreción que contengan, una obra como la «Historia natural», de Buffon, con otra como el «Sistema de la Naturaleza», de Linneo, y, menos aún, con alguna que se asemeje al «Origen de las especies», de Darwin? Lo que en la primera es descripción pura, reaparece en la segunda distribuido según un orden sistemático y pasa en la tercera a seriarse en disposición probatoria de una particular verificación del principio de causalidad. En la primera, la excelencia aumentará con la extensión: mientras más sea el número de los conocimientos reunidos. En la segunda, ya se estimará la economía de la sistematización, como lo prueba el hecho de que la perfección sea encontrada en Linneo en la simétrica regularidad de sus dicotomías en género y especie. En cuanto a obras como la de Darwin, lo importante estará en la selección de las observaciones, cada una de las cuales ha pasado a asumir, a título de *ejemplo*, la representación de infinitas observaciones posibles, pero que, en la cadena del razonamiento, no se ven aducidas; y esto por modo tal, que todavía la crítica de las ciencias no ha podido averiguar de fijo si Darwin postulaba la evolución como una ley general de la naturaleza o como una ley aplicable solamente a los organismos vivos o parcialmente aplicable a los ejemplos que explícitamente anunciaba y tal vez a algunos más.

La misma consideración pudiera repetirse, aplicándola a otros órdenes del saber. ¿Por qué llamamos libros de filosofía, a la vez, a textos como el «Así hablaba Zaratustra» y a los «Diálogos» de Platón y a la «Fenomenología del Espíritu» de Hegel, y a la «Crítica de la Razón pura» y hasta a un tratado escolástico, encadenado en disposición silogística? ¿Cómo colocamos en igual sección un fragmento puramente aforístico de algún pre-socrático y la «Ética» de Spinoza, que ya se alaba a sí misma de ser demostrada *more geometrico*, es decir, siguiendo el estilo habitual a las matemáticas? Por otra parte, ¿no atribuimos simultáneamente la consideración de Historia al «Renacimiento» de Burkhardt y a la monografía de algún erudito, detallada puntualmente hasta el extremo de que se puedan confundir sus referencias a copias, obtenidas acaso por la fotografía, de un centón de documentos de archivo?... Una estimación valorativa del mérito o de la utilidad podrá por ventura cotizar diferentemente cada uno de estos casos. Pero cuando, como nosotros, se tiene a la vista el problema general de la realidad del saber, ha cesado el derecho a excluir cualquiera de estas manifestaciones del campo del mismo. Debemos tomarlas todas y cada una tal como ellas se presentan y son. Y no repetir por nuestra cuenta el error de los positivistas, al hacer ascos a cualquier investigación no experimental o, en el extremo opuesto, rechazar a cuanto, por el subrayamiento de un carácter empírico, no ofrece a nuestros ojos la contextura de un racional organismo.

Estamos, pues, en presencia de una complejidad, donde podemos examinar sucesivas secciones sin perder nunca el sentido generoso de la síntesis. En este sentido, vamos a detallar sucesivamente las notas, que en grado, no por matizado menos diverso, se ofrecen a nuestra consideración. Para proceder a tal examen, vamos a emprenderlo por los dos cabos; mostrando primero la serie de los contenidos que pasan de la extrema abstracción —siempre impura, según lo dicho antes— a una concreción progresivamente acentuada. Inmediatamente, y colocándonos de un salto en el cabo opuesto, veremos pasar los elementos de concreción manifiesta —también impuros dentro de su clase— por los caminos que llevan a una abstracción creciente y que se van acercando, por lo mismo, al punto en que la primera serie ha sido por nosotros detenida. Inútil parece añadir, a estas alturas, que el saber filosófico ha de encontrarse allí donde la confluencia de entrambas series ha producido el máximo acercamiento de los elementos contenidos en las mismas. Aléjese inmediatamente la sospecha de una maniobra conducida a procurarle al saber filosófico, gracias a esta centralidad que le atribuimos, una mayor dignidad. Se tratara con ello de discernir al saber filosófico una calidad de monstruo y habríamos de proceder de igual suerte. No prejuzga la atribución de un mayor valor a la Edad Media el que la sepamos colocada entre la Edad Antigua y la Moderna. Si insistimos en que la Filosofía logra en su quehacer mayor trascendencia de objetividad, mejor correspondencia con la realidad de las cosas, no es para aislarla en su función central característica, sino, al contrario, para recordar que, por lo mismo que su inmixtión resulta inexcusable en los otros órdenes del conocimiento o del pensamiento, a ella le toca la representación más clara de la integridad del saber.

Añadiremos que esta claridad de la representación de la sabiduría es obtenida justamente a precio de la posibilidad de su utilización, sea en lo que se refiere a la producción de objetos, sea en lo que se refiere a la producción de valores. No cabe imaginar situación más infeliz que la de una sociedad humana donde el censo de los filósofos fuese considerablemente más numeroso que el de los sastres o el de los ingenieros. En esta hipotética sociedad, ni podría construirse con originalidad una bicicleta ni cabría esperar afinada justicia en la sentencia de un juez. Si los cristales de las gafas que pulía Spinoza resultaban buenos, ello pudo proceder de que unos ópticos sin especialidad filosófica profesional le habían enseñado a pulirlos; y si el parlamentarismo inglés ha podido traer algunos beneficios políticos al país, ello habrá sido a costa de infinitos sofismas y de otras deficiencias de razonamiento en que hayan incurrido los parlamentarios. Cuando reclamamos la asistencia de la filosofía en toda cosa —inclusive en la agricultura, según la sentencia, tantas veces por nosotros citada, de Bernard Palissy—, es solamente para que inspire y no para que, extremando la presencia, estorbe. Ya sabemos que la causa principal tal vez del estancamiento de las ciencias naturales en la Edad Media y de aquella comicidad de su medicina, después satirizada por Molière, o de la vanidad de su política social, que escarnecía nuestro Juan Luis Vives, se cifró en el dominio que la estilización filosófica, traducida a un aristotelismo silogístico, pudo ejercer y que aplastaba la libertad y desenvoltura de la curiosidad y de sus adquisiciones particulares de conocimiento. ¿Quién no ha advertido finalmente los males del doctrinarismo político, es decir, de aquella posición en que los apriorismos teóricos estorban al reconocimiento de las realidades prácticas? Hay que meter la filosofía en todo; pero no hay que reducirlo todo a filosofía. Todas las tentativas que el pensamiento universal ha conocido de sacar todo el saber de una sola fuente han fracasado de un modo lastimoso, tanto las que pretendían partir del conocimiento de la propia existencia, con un *Cogito, ergo sum* cualquiera, como las que pretendían deducir todas las existencias del universo como sucesivas determinaciones de la noción generalísima del Ser. Si ya para el simple acto de pensar necesitamos, por lo menos, de una dualidad de elementos, es decir, de un diálogo; si ya es imposible concebir una Creación sin la plenitud de una Trinidad, ¿cómo concebiríamos un saber cuyo origen no estuviera condicionado por una confluencia? Todo lo *sabido* es *con-sabido*. Y sólo alcanza plenamente la posesión del secreto de la Filosofía quien se resigna a que haya, en el cielo y en la tierra, muchos secretos más.

VI. DESCENSO DEL ENTENDIMIENTO

Casi no será asequible otra cosa que una rápida enumeración a nuestra tentativa de abarcar en amplia sinopsis éstos que, en el estilo de la terminología de Raimundo Lulio, pudiéramos respectivamente llamar *descenso* y *ascenso* del entendimiento humano. El descenso, es decir, la serie que empieza en lo más abstracto posible, para avanzar poco a poco hacia la concreción, en vista de que no la puede iniciar una Logística, sería bueno que pudiera hacerlo cierta ciencia donde el elemento formal puro fuera estudiado formalísticamente: algo así como una Metamorfología, abstracción sobre lo abstracto, función pura de lo puramente funcional. Desgraciadamente para nuestro deseo, esta presunta ciencia, cuya posibilidad no repugna a nuestra razón, no la ha emprendido, que sepamos, nadie. Ciertas páginas de los matemáticos, ciertas perspectivas abiertas por Leibniz, dejan tan sólo entrever su andadura. El cálculo funcional, en cuya construcción han podido lograr resultados los primeros, no llega, por la carga que lleva todavía de la noción, ya ligeramente determinada, de *número*, y, por consiguiente, de unidad, lograr la pureza a este nivel exigida.

La alcanzaría, si se ocupara en algo menos vital que el lenguaje, el estudio de la Sintaxis, en sus formas más generales y menos aplicables a una lengua particular cualquiera; o sea, lo que a veces se llama —con propiedad verdaderamente luminosa, pero inconsciente— «Análisis gramatical»: un análisis del cual se excluyera todo lo concerniente a la que denominan los filólogos *Sintaxis irregularis*. Cosa parecida pudiéramos aseverar de ciertos estudios teóricos sobre la Música, de donde el elemento sensual es, sin duda, abstraído; pero no suficientemente, para que los tales estudios puedan pretender a una pureza racional superior a la de las Matemáticas.

En cuanto a la Lógica, a la cual pudiera sospecharse reservado este papel, únicamente pudiera desempeñarlo si la Logística fuera posible; no siéndolo, toda la construcción lógica aparece demasiado impregnada en un psicologismo, que le hace fatalmente derivar hacia el arte, convirtiendo el análisis de la razón en una preceptiva del razonar. Ni tampoco se crea que una Morfología como las que hasta hoy hayan podido conocerse, reemplace a nuestra hipotética Metamorfología: aquélla toma por objeto, sea los de la naturaleza, sea los del espíritu, ya entendido éste como realidad individual, ya como entidad colectiva, en la que recibe el nombre de «Morfología de la Cultura». Ni las investigaciones de Burckhardt sobre el Renacimiento, ni las de Frobenius sobre la civilización africana, ni siquiera las nuestras propias sobre un tema tan aislado como el de la correspondencia entre la Cúpula y la Monarquía, han podido traernos jamás ninguna presa que no estuviera un poco manchada de geografía y de historia. La prueba es que todos los textos en que estas investigaciones se explanaban han permitido ilustraciones.

Mal por mal, hay, pues, que contentarse con las matemáticas, en el principio de esta serie y todavía con unas matemáticas ya dotadas de la noción de forma, pero no todavía de la noción de orden, a pesar de lo que pudo creer en este punto un analizador tan sagaz como Cournot. La noción de orden, en su plenitud, sólo se adquiere en aquella zona de centralidad que ya hemos visto pertenecer a la Filosofía. El Análisis matemático sólo se atreverá con los números cardinales, no con los ordinales. Aparte de esto, ya no cabe especular con genuinos conceptos: son necesarias las ideas, situadas en aquella región donde lo abstracto y lo concreto hacen uno. Por la misma razón las notaciones sobre género y especie no parecerán asequibles, desde luego, al Álgebra; pero ni siquiera a la especialidad de la Aritmética; y hasta cabe decir que a la de la Geometría tampoco. Lo típico en esta región son las adquisiciones sobre el número, sobre la cantidad y sobre el tamaño. La noción de medida y la misma especulación sobre lo inconmensurable se halla aquí en su lugar. Lo concerniente a la variación de tamaños, a las variables independientes y de las funciones que dependen de esta variación, el análisis infinitesimal en su conjunto, el encadenamiento racional entre lo esencial y lo accidental de las cosas; la combinatoria y la clasificación racional y, en principio, la misma concepción de la figura, como independiente de la materialidad de un trazado, corresponden a esta región polar de la abstracción.

Pero no estaríamos conformes con Cournot cuando coloca ahí las adquisiciones racionales relativas a la noción de tipo, y, por consiguiente, los razonamientos de analogía y las nociones de azar y de probabilidad, base del Cálculo de probabilidades. La inducción, sí, puede, a este nivel, pensarse a sí misma: a condición de que el examen sobre la inducción sea aquí formal y deductivo. Quiere decir que, a este nivel, la inducción no puede inducirse y que era Leibniz quien acertaba —y no luego Cournot al discutirlo—, cuando nos decía que las Matemáticas se valen únicamente del principio de identidad y no del principio de razón suficiente, que debe dejarse a la Filosofía... Si es que ésta lo quiere, añadiremos nosotros; pues, por lo visto, lo suyo son los principios de figuración y de función exigida.

Como no estamos intentando ninguna clasificación general de las ciencias —para realizar la cual deberíamos perdernos entre sistemas de coordenadas, que marcasen la posición de cada orden del saber, partiendo de más de un punto de vista y tomando en cuenta la extensión de cada uno de sus respectivos contenidos, la dosificación de los elementos de curiosidad y de legalidad, en el orden del saber de que se tratara, etc.—, y como desde un único punto de vista seriamos ahora la diversidad, no hay inconveniente en que dejemos de seguir la pista a cada una de estas nociones, que hemos descubierto impropias al pensamiento matemático propiamente dicho, contentándonos con adelantar que, tras de alguna aventura en otros dominios —las nociones de género y especie se entretienen mucho en el dominio de las ciencias naturales; la de tipo madura no poco en el de la Psicología; la de azar fecunda el dominio todo de la Historia—, todas llegan a puerto y toman adecuado domicilio en la región de lo filosófico. Podemos, pues, ver ahora con qué adquisiciones, sólo relativamente abstractas, se pavimenta aquí el paso de la Geometría pura a la Mecánica física. Lo más dramático en este episodio consiste en la entrada en escena de las cuestiones relativas al movimiento. Aquí es donde se presentan las aporias de Zenón de Elea y toda la discusión sobre el racionalismo puro. Si tomamos la noción de movimiento como independiente de la noción de acontecimiento —noción esta última, como se ve, dotada ya de sabor histórico—, el Eleata tiene razón: la distancia finita es infinitamente divisible en una serie de puntos, infinitamente divisibles a su vez; y la flecha no se clava en el blanco ni Aquiles alcanza nunca la tortuga. Pero a su vez la noción de acontecimiento necesita de la noción de fuerza; la noción de fuerza, ya hemos visto nosotros desde muy atrás que no puede identificarse con la noción de esfuerzo; por otro lado, una distinción parece inmediatamente necesaria entre la noción de fuerza en general y la de «fuerza disponible y agotable», anejas a las de «fuerza viva», y de «trabajo». Con esto, ya la Mecánica que de la Geometría se emancipe, no podrá parecerse demasiado a la Geometría; la Estática se le parecerá más; la Dinámica, menos; la especialidad de la Termodinámica, menos que ninguna; hasta el punto de tener necesidad de partir de principios diferentes: el de la degradación de la energía aquí, si en la Estática el de la conservación de la energía. Característicamente, la noción misma de energía ha de comparecer en el cuadro, como adquisición mental distinta a la vez de la «fuerza» y del «esfuerzo». Todavía habrá que recurrir a las nociones de fuerza inmanente, de atracción y de acción a distancia, para que del dominio de la Mecánica física pueda pasarse al de la Física cosmológica.

Nuevamente se ofrece a nuestra vista, al llegar aquí, un episodio dramático. Cuando comparece para la reflexión humana la noción de «calidad», su primera vocación parece ser la de limitar y contrarrestar la hegemonía, abstracta aún, de lo cuantitativo. Éste, sin embargo, no se resigna a que lo descubierto, por gracia de las calidades —descubrimiento en que el espíritu de curiosidad interviene con una profusión casi descarada—, no pare en suyo propio. Todo racionalismo, en cualquier época, ha pretendido evaporar las calidades, en aras de la cantidad y, por consiguiente, hacer de la Física sólo una aplicación del orden de saber de la Mecánica. Esto pareció ser conseguido, cuando Descartes cumplió su obra de unificación del saber físico; por lo menos, como ideal. El que las partes del saber físico relativas a la Óptica, a la Acústica, a la Teoría del calor, a la Teoría de la electricidad no se ajustasen al estilo de lo mecánico y, en lo posible, al lenguaje de las Matemáticas, fue juzgado como una imperfección circunstancial, cuyo déficit el progreso de las luces haría salir. Fue de ver la manera cómo se juzgó entonces a las «cualidades ocultas» del viejo aristotelismo y a aquella sentencia de que el opio hace dormir, porque tiene una *vis dormitiva*. Fue de ver cómo, en nombre de la Química racionalizada de Lavoisier, se trató a la Química, aun cualitativa, de Stahl.

La ambición se extendió hasta entrever primero y exigir después la posibilidad de dar cuenta de todos los hechos de la vida y aun de todos los hechos del espíritu y hasta asumir la misma historia desde el campo de la estricta Mecánica. Esto se llamó, por lo que toca a la Biología, «determinismo»; por lo que toca a la Psicología, «materialismo»; por lo que toca a la Historia, «materialismo histórico». En este clima florecen y medran los dos principios de la conservación de la materia y de la conservación de la energía. El principio de causalidad adquiere importancia y llega a equipararse en exigencia con el de identidad, como si tuviera los mismos apoyos de razón y le llevara, en cambio, la ventaja de una fecunda procreación objetiva. A tales pretensiones del racionalismo, sin embargo, la Física nunca ha podido acomodarse del todo. Aun prescindiendo de la cuestión referente a la degradación de la energía y a la contradicción que trae la misma inexorablemente a los principios de la mecánica general; aun concediendo que cualidades físicas, como la del color o la del sabor, pudiesen abdicar de la resistencia que oponen, dentro del mundo de lo sensorial, a la reducción a puros elementos cuantitativos, a la cual se dicen sucumbidos, por lo menos en apariencia, el calor, la luz, la electricidad, ¿cómo justificaríamos, dentro del cuadro de las leyes de la Mecánica, la noción negativa de «inercia», que ya encierra, inevitablemente, cierto sentido *histórico*, que no podemos desconocer, desde el punto en que implicamos en la misma alusión a dos estados *sucesivos*, cuyo vínculo *real* la inercia establece? Del «principio de inercia», puramente mecánico, se ha debido inevitablemente separar la noción de una «mecánica hereditaria», en la cual no van encerradas solamente las leyes de la vida o, mejor dicho, sus casos-límite.

Bien que mal, sin embargo, se iba tirando en Física con estos andadores. Naturalmente que, para ello, se había tenido que abdicar del derecho a someter a una explicación enteramente mecánica grandes regiones, y de las más nobles y antiguas, del saber físico. La Mecánica celeste, por ejemplo, podía construir un sistema explicativo, mediante el recurso a unas leyes de atracción por las cuales se explicaba el movimiento de los astros. ¿Qué leyes, sin embargo, podrán darnos la razón suficiente de que los planetas sean tales o cuales, de que sean en número de siete, o de nueve, o de los que se quieran contar y de que sean precisamente los que conocemos por los nombres de Marte, Venus, Júpiter, etc.? Se trata con todo esto de *hechos*; de hechos concretos, *históricos*, con el mismo margen de contingencia que tiene el otro hecho de que, en la Corona de España, el sucesor de Carlos II *el Hechizado* haya sido Felipe V de Borbón y no el Archiduque de Austria. La Mecánica, para convertirse en Cosmología, para permitirnos conocer concretamente el universo, ha tenido que dar entrada a estos elementos irracionales, sin cuyo concurso se hubiera quedado a media miel.

Ni que decir tiene que las cosas se complicaron todavía más para la Física cuando sus propios progresos la han conducido a dar entrada a nuevos problemas, como los de la Radiactividad, para cuyo tratamiento era imposible seguir dócilmente en la vigencia de principios como los de la conservación de la energía, con su presunta imposibilidad de otorgar al efecto mayor valoración cuantitativa que a la causa. Ya vimos el expediente a que se había acudido al articular los descubrimientos de Pierre Curie, mediante un conceder al principio de causalidad cierta forma atenuada, donde la equivalencia energética entre la causa y la suma de los efectos resultaba suprimida. Por contagio de las Ciencias naturales, se dio poco después a determinados capítulos de las Ciencias físicas un derecho de entrada a nociones como la de causa final, suprimiendo así otra de las exigencias que el principio de causalidad ostentó orgullosamente, tras de la época de su formulación por Leibniz y admitiendo así consideraciones de finalidad, sobre la cual se había mantenido, durante largo tiempo, una aséptica abstención. El principio quedaba así tan desdibujado, que, para mantener una racionalidad por lo menos relativa, se pudo ver, y esto ha sido providencial, la substitución de dicho principio por otro más laxo, al que hemos llamado «de función exigida», gracias al cual no se nos presenta ya el universo como una máquina, sino como una sintaxis. Providencial decimos; porque, gracias a él, ha sido aún posible, sin que la inteligibilidad del universo naufragase, admitir dentro del orden del saber físico a novedades, como la de los *quanta*, la del renacimiento de la teoría atómica y, a última hora, toda la Física nuclear.

La merma que a la extensión imperial de la Mecánica clásica se traía con esto, ha venido a compensarse, por otro lado, con la incorporación a la Física de la Química, considerada tradicionalmente como saber dotado de independencia, y de la cual le venían a la Mecánica ocasiones de grandes descubrimientos, pero no fuertes turbaciones. Con todo lo cual el saber físico iba acentuando su contigüidad con el saber filosófico. Ya actualmente la colaboración entre ciertos capítulos de aquél y los primeros de éste se dice tranquilamente admitida. Un paso más, y ya las condiciones de todo un departamento del saber se encontrarán abandonadas... Con lo cual se termina, dentro de nuestro método, la serie descendente. Vamos nosotros a emprender ahora la ascensión por el otro cabo.

VII. ASCENSO DEL ENTENDIMIENTO

En el otro cabo, a falta de la vana Fenomenología, nos encontramos con la Historia. Aparentemente, nada más cercano que la Historia a la pura noticia de lo contingente, de lo individual... Demos un crédito, por el instante, a la pretensión de que en esta región extrema de lo concreto se abra lugar, más aún que a la narración de lo directa o indirectamente colectivo, a que pueda llamarse Historia en general, a ese otro tipo de narración aplicada al acontecer de una sola figura humana y que recibe el nombre de «biografía». No omitamos tampoco el problema de si en el saber geográfico se alcanza una depuración de lo discursivo, que venga a alejar más radicalmente el peligro de la abstracción.

Con tomar todas estas posiciones empíricas en su conjunto, advertiremos en seguida la imposibilidad de que un cierto grado de la misma, de la abstracción, deje de asistir a cualquier conocimiento que a este nivel del saber se logre. Tomemos inmediatamente, como ejemplo, la tarea del historiador, la misma del biógrafo. Trata el biógrafo de narrar la vida de un hombre. La vida de un hombre se desarrolla en un lapso determinado de tiempo, dentro del cual los hechos de su acontecer han sido múltiples, infinitos. ¿El más concienzudo de los biógrafos intentará narrarlos *todos*? ¿Nos contará de César, de Mahoma, de Pasteur, qué día pronunció la primera palabra, a qué edad floreció su mentón en vello, a qué hora se levantó la mañana en que iba a cumplir treinta años, cuatro meses y un día? ¿Meterá la nariz en el detalle de sus gastos o en el secreto de sus mínimos rencores?... De toda evidencia, no. Lo que hará el biógrafo será seleccionar, en la complejidad infinita del pasado del personaje, aquellos datos, aquellos hechos, aquellos caracteres que le convierten, precisamente, en personaje; es decir, los caracteres, los hechos y los datos significativos.

Pero, ¿cuál será el criterio para semejante selección? ¿Cómo distinguirá lo significativo de lo insignificante? Pongamos que esta operación no sea cumplida arbitrariamente. Admitamos que cualquier estimación subjetiva no la haya torcido o, por lo menos, inclinado. Imaginemos, por un instante, un biógrafo libre de cualquier prejuicio y que no tiene tampoco en cuenta una directriz de finalidad, ni siquiera la inocente que hace preferir al biógrafo que ha de leer su trabajo en la Academia de Ciencias los datos del biografiado concernientes a su carrera científica, y al que debe echar un discurso a los hombres del pueblo en que el biografiado vio la luz, los recuerdos familiares o infantiles de su existencia. Demos por bueno que existen biógrafos plenamente objetivos, y aun que los hay, cosa inverosímil, no preocupados por consideración alguna relativa a la extensión del relato y a quienes lo mismo da que éste se componga de tres que de tres mil páginas. Siempre quedará el que, en la imposibilidad de decirlo todo, una omisión condene a lo que se debe callar.

Y lo de menos sería que esta selección inevitable afectara únicamente al relato. Lo grave aquí es que, inevitablemente también, ha de afectar al conocimiento. El que no lo puede decir todo se habrá encontrado asimismo con que no puede saberlo todo. Ni siquiera en la autobiografía el interesado podrá saberlo todo de sí mismo. Una gran parte, una inmensa parte de su realidad, tanto la íntima y profunda como la social y exterior, habrá escapado a su propio conocimiento. Para eso están nociones como la de lo subconsciente; para eso está el valor canónico de preceptos como el famoso «Conócete a ti mismo»; el cual, por el simple hecho de presentarse como un consejo, ya indica que el objeto del consejo es un ideal, que se puede o no se puede cumplir. Desde cualquier punto de vista que examinemos la cuestión, cualquiera que sea el sujeto activo que en la misma consideremos, siempre resultará que, aun en tan primitiva región de lo empírico, unos elementos de la realidad forman únicamente la materia del conocimiento. Su agente ha debido *suprimir* y, por consiguiente, *abstraer*. Al igual que el retratista no retrata cada poro de la epidermis del retratado, el biógrafo no podrá conocer del biografiado sino unos cuantos datos en los cuales *se asume* la representación de los demás.

A nadie se le ocultará que, si de lo que se trata es de referir la existencia de un pueblo todo, según es el caso de la Historia propiamente dicha, o de la descripción geográfica de un pueblo, y más si se trata de la humanidad toda, y más si se trata de la Geografía universal, se hallará el referidor en una situación todavía peor que la del biógrafo respecto a la posibilidad de un saber relativo a lo puramente concreto. El saber fenomenológico no se puede constituir por la no asistencia de una conexión; el saber histórico será, siempre, en grado mayor o menor, un saber abstracto, justamente porque la conexión, al hacerse posible, se ha vuelto necesaria. Ahí está precisamente el resorte de los diversos tipos de concepción de la Historia, en curso según las etapas sucesivas del saber. Muy conocida y luego muy desacreditada es la antigua convención según la cual la historia de un pueblo se contaba según el orden de las sucesiones de sus reyes, al lado de cuya mención sólo encontraba eco la intervención de los grandes capitanes. La masa enorme de un pasado que en estas cronologías dinásticas o en estas apologías heroicas quedaba en silencio falseaba —todo el mundo ha acabado por verlo al fin— el conocimiento de un pasado cuya trama real había sido infinitamente más compleja. Si bien se mira, empero, no es menos convencional aquella otra disposición metódica en la cual, al lado de los monarcas y de los héroes, se hace figurar el nombre de los hombres eminentes, estadistas, sabios, artistas, escritores, que han brillado en su pretérito. Este brillo corresponde a una distinción; pero no hay distinción sin masa de la cual distinguirse. La Historia entendida así podrá estar más de acuerdo con ciertas concepciones políticas o morales, inspiradas en un criterio de justicia, pero ello no implica ningún avance en el sentido de la integridad de la evocación de un pretérito. Que de éste se extraiga cien nombres o cien mil nombres, desde el punto de vista de la integridad y de la concreción del conocimiento, lo mismo da. Siempre será infinitamente mayor lo que se calla que lo que se dice. Y tampoco remedia semejante dificultad el recurso a construir, por el extremo contrario, una Historia sin nombres, una Historia cuyos agentes sean las masas anónimas o, de otra manera, lo que se llama «el Pueblo». Porque entonces se habrá incurrido en otra manera de proceso de abstracción: el que va implícito en el ocultamiento del papel protagónico de la individualidad. La noción misma de Pueblo ya constituye una abstracción supina, lo mismo si se trata del mítico «Pueblo universal» que si se trata de «un Pueblo» conceptualmente separado de los otros. La misma arbitraria idealización hay en hablar de Colón sin referencia a la vocación geográfica de la era de los descubrimientos, que tomar en cuenta la era de los descubrimientos sin mencionar particularmente a Colón.

Ni es menor la fatalidad abstractiva si del saber histórico pasamos al saber geográfico. Ni quienes convierten a la Geografía en poco más que una Geología con viñetas de ciudades ni los otros, que la truecan en una ciencia social, casi de carácter político y que, hasta en el capítulo de la Geología, olvidan lo significativo de esta otra entidad, que es el paisaje, han hallado el modo de que el saber geográfico asiera con integridad lo concreto.

Surge aquí la cuestión de saber cuál de las dos representaciones es más concreta, si la del grupo social a que se pertenece o la noción de humanidad. Y, análogamente, en el orden geográfico, la del paisaje que rodea al observador o la del planeta en que vive, por no decir la del universo de que éste forma parte. La circunstancia de que los tratados escolares de Geografía general se hayan ordenado por largo tiempo, comenzando, no por la Geografía física, sino por la Geografía astronómica, parece querer decir algo en este sentido.

Pero nosotros no intentamos discernir ahora cuál sea el elemento más primitivo instintivamente, sino cuál sea el más puro, o cercano a la pureza, en su dominante de concreción. La primera sospecha nos induciría aquí a pensar que la percepción de mis allegados, de mi familia, es más ingenua que la percepción de la humanidad, por ejemplo, que ya suele llamarse «genérica» y que únicamente se ha formado en época ya tardía, en Grecia y hacia el siglo V antes de Jesucristo, por doble adquisición de los filósofos —Sócrates y los estoicos—, que definieron al hombre moral, y de los escultores que definieron al hombre físico y que sólo en Roma adquirió terminología apropiada, cambiando la acepción de *Humanitas*, en el sentido de «piedad», por la otra que ha pasado a designar globalmente al género humano. No debe olvidarse, con todo, lo contigua y muy ligada que está la noción de «humano» a la representación de «el prójimo», que es una de las representaciones menos racionales que pueda contener la mente humana.

El proceso mental por el cual incluimos a un ser viviente en la clase de «conciudadano», «compatricio», y aun en la de «familar», es más complicado y necesita mayor grado de abstracción incipiente que aquel otro por el cual le incluimos en la categoría de «prójimo». Esto vale como decir, en otros términos, que, en vez de formarse, como suele decirse, la Historia universal por la adición o síntesis de las Historias particulares, son estas últimas las que deben proceder de un análisis de la Historia universal en el orden lógico y cualquiera que sea el orden cronológico en que estas construcciones de la mente hayan aparecido en la cultura. Y también cabe decir algo parecido en lo que se refiere a la posibilidad de un saber específico sobre ésta, sobre la Cultura, que ya hemos acabado por averiguar que se compone de una serie de elementos supertemporales y superespaciales, cuya existencia objetiva se inserta en la trama viva del vivir histórico. La adquisición primarísima de una polarización sexual, para no ir más lejos —no en el sentido, es claro, de que hay hombres y hay mujeres, sino en el de que hay realidades morales en torno nuestro que son específicamente femeninas y otras, viriles—, precede lógicamente a la de la sucesión en el orden familiar; en otros términos, que el hombre advierte empíricamente la existencia de un pasado y de un futuro, en toda su amplitud, con menos necesidad de abstracción que la necesaria para distinguir al abuelo del padre y del hijo.

Y conste que no exageramos la nota al hacer esta afirmación, que puede parecer atrevida: hemos concedido marginalmente, verbigracia, que la observación de la diferencia sexual entre hombres y mujeres puede hacerse aparte de su diferenciación cultural. ¿Dónde dejar, si tal se acepta, la situación mental de aquellos grupos humanos primitivos, donde, según nos refieren los etnógrafos, la mente humana no está en posesión todavía del vínculo natural entre la concepción copulativa y el nacimiento y dónde este último se atribuye a la intervención extrínseca de un dios? No es una paradoja decir que la noción de cultura precede lógicamente en el camino de lo concreto hasta lo abstracto a las nociones de individualidad, de sucesión, de primacía, de mando, de guerra, de asimilación, de raza, de linaje y, desde luego, de gobierno y de misión, que constituyen los elementos abstractos que entran en la composición ordinaria de cualquier saber sobre Historia y sobre Geografía; aunque, por otro lado, la constitución científica del saber sobre la cultura necesite de otras nociones de orden infinitamente más complicado.

Al entrar en el dominio del saber sobre la naturaleza, cuyo tratamiento más empírico no en vano se llama también «Historia» —«Historia Natural»—, comparecen a nuestra presencia ciertas nociones que nos alejan más aún de la atribución de una pureza empírica a nuestro conocimiento. Comparecen nociones como las de «clase», «género» y «especie», en que, no sólo se distribuyen los seres naturales, sino que empiezan a definirse con un contorno conceptual cada uno, que superpuesto a los elementos sensoriales y experimentales forma parte de su percepción. Dicho de otro modo, que en Zoología, en Botánica, en Mineralogía, y no hay que decir si en Cristalografía y en Geología, la percepción del individuo está condicionada por la asistencia de su definición. Si nosotros no lo podemos saber todo acerca de la existencia particular de Julio César o de Pasteur, todavía podemos saber menos en lo referente a la flor o al pez que se ofrecen a nuestra mirada. Caracterizaremos, pues, la flor y el pez siguiendo ciertos rasgos, que abstraeremos de los demás que componen su conjunto real, para referirlos a otros rasgos comunes a infinito número de seres que juzgamos análogos y a los cuales atribuimos la misma denominación, sea ésta vulgar, sea científica.

No hay nombres propios para designar a las flores o a los animales: la dueña de un chucho, que se lo ha puesto al suyo, o el dueño de cuadras, que ha bautizado en su guisa a su caballo, o el ganadero, que libra con un nombre propio un toro a la corrida, lo han hecho con una finalidad arbitraria; que, desde el punto de vista lógico, todavía los desindividualiza más, como desindividualiza al enfermo del hospital o al huésped del hotel el que le conozcan por el número colgado a la cabecera de su cama o puesto a la puerta de su cuarto. El saber del naturalista se constituye sobre entidades a las cuales un nominalista exigente no podría considerar más que como puros entes de razón, como etiquetas y ficciones. No hay «caballidad», para el nominalista exigente: no hay más que un caballo + otro caballo + otro caballo + otro caballo: y aún. Pero de lo que necesita cabalmente el naturalista es del estudio de la *caballidad*; sin esto, no llegaría a constituir su saber sobre los caballos. Y, si bien se mira, y a pesar de las apariencias, la Mineralogía y las demás disciplinas de Historia Natural sobre lo inerte, aún necesitan más de la abstracción que la Zoología o la Botánica. Dentro de ellas, en efecto, no se discierne mediante la inclusión en géneros y especies. El discernimiento en estas disciplinas sobre lo inerte se llama ya significativamente «análisis». La comunidad del empleo de esta palabra entre la Mineralogía y saberes análogos, por un lado, y la Química, por otro lado, a la cual hemos encontrado ya hacia el término de la serie descendente, dice más en este punto que no pudiera decir cualquier demostración.

La impresión de proximidad la encontramos acentuada cuando de la Historia Natural pasamos a la Biología, es decir, a aquella variedad del saber en que ya la noción de la vida se ha abstraído de cualquier observación de su existencia en los seres vivos. La noción de «organismo» entra en juego en la Biología, desde el primer instante, así como le son necesarias las de individualidad y función, las de correlación funcional y asimilación, las de tipo orgánico y de plan de organismo, las de generación y habitación, e, inclusive, la de finalidad, que ya separa, al fin, el conocimiento del ser vivo del contorno de su individualidad. El transformismo que se interpretó, al principio, como una exigencia de mayor fidelidad a los datos procedentes de la observación, y que pudo subvertir, con su abandono efectivo de la noción de especie, y aun la de género, como algo más fiel al programa de la «Ciencia positiva», en cuya canonización anduvo mezclado como cómplice, se ha revelado al fin más racionalizador, más necesitado de una abstracción a ultranza, que cualquier otra posición aparecida hasta entonces en el dominio de las Ciencias naturales. Cuando se formulan principios, como el de la herencia o el de la adaptación al medio, aun prescindiendo del carácter que éstos puedan tener de hipótesis, se pierde, por el simple hecho de su adopción genérica, el derecho a hablar en nombre de la observación ingenua de la naturaleza. El evolucionismo ha sido siempre necesariamente una «construcción», y, como tal construcción, ha necesitado de la intervención de conceptos, y hasta de preconceptos, tan racionales como los que pueda emplear, bien que sea en mayor grado, cualquiera de los saberes sobre la Física y sobre la Matemática. Auténticamente, el evolucionismo estaba en la línea racionalista de los Descartes y los Newton, y no en la vena popular de los Bernard Palissy. Bien lo prueba la comunidad de estos dos nombres citados, conjuntamente al de Darwin, en ciertos santorales, para uso de devotos de la cáscara amarga, y cuya vulgaridad no excluye el instintivo logro de una muchedumbre de aciertos. Para decirlo de una manera más noble, declaremos, sin ambages, que el darwinismo es ya una *filosofía*. Y tampoco se dudará de que ya sean, si no enteramente Filosofía, muy cercanas a la Filosofía, las llamadas «Ciencias morales», desde la Etnografía, cuyo carácter empírico es todavía muy marcado, hasta la Psicología, que ya escolarmente ha andado siempre mezclada con el saber filosófico, pasando por todas las «Ciencias sociales», por todos los saberes sobre lingüística, estética, moral, derecho, economía y por la misma «Ciencia de la Cultura» si la tomamos como constituida y madura ya; y donde el trabajo que le toca hacer al filósofo es justamente el de contener la fluencia de su ascenso, tantas veces demasiado ambicioso, hacia la región de las ideas. Podemos aquí dar por cerrada nuestra referencia a la serie ascendente. Nos encontramos al mismo nivel a que habíamos llegado por la serie descendente; es decir, al nivel de la Filosofía. La definición de la misma estará dada por el hecho del tal confluir. La convención que, al principio de nuestra investigación, proponíamos a crédito, se encontrará ahora justificada y convertida en verdadera definición. El círculo se habrá cerrado.

Dentro de este mágico círculo se encuentra la posesión del *Secreto de la Filosofía*.

TERCER DIÁLOGO
PRESIDIDO POR UN JUGUETE

— Se cuenta de usted que un día, en cierta ciudad renana, sin universitaria tradición por cierto, pero que anduvo a pique por unos años de volverse famosa en los frentes de la sabiduría, como oyese en la conferencia de un mistagogo de mundial renombre agitar, desde lo alto de su cátedra, o, mejor dicho, desde el amparo de un atril, las más efervescentes y removedoras consideraciones sobre los problemas máximos, entre los vapores de una exaltada y exaltante vitalidad —de ésta que ha sido moda exhibir, durante el período que en sorda conspiración contra la inteligencia acaba de atravesar la universal cultura—, no pudo contenerse y poniéndose en pie entre el auditorio, con brusco porte, voz estentórea e índice imperativo, rompió a gritarle al orador: «¡A la pizarra, a la pizarra!».

— La anécdota probablemente no es veraz o ha sufrido, por lo menos, ciertas deformaciones. Es posible que aquello deba atribuirse al tan consentido Octavio de Romeu... Pero no importa; yo sé adónde va usted a parar. Y hasta le facilitaré el camino, aludiendo ahora al infinito número de veces en que he hecho mía, para exigencia de un pensamiento claramente figurativo, aquella valiente declaración de sir William Thomson: «Aquello que se me puede dibujar, yo lo entiendo. Aquello que no se puede dibujar, no lo entiendo». Sé también que de aquel mi exigir va usted ahora a hacer un arma contra mí mismo. Yo que, según cantan papeles, me he emperrado con tanta frecuencia en la cerrazón voluntaria del físico inglés; yo, que si damos por bueno lo legendario, pude cortarle tan descortésmente la palabra a un disertador alemán; yo, que he llegado a formular como una ley la identidad funcional entre el dibujo y la filosofía, ¿cómo puedo ahora, tras de haber, precisamente en los pasos de un texto de iniciación a la Filosofía, abandonado el delineable camino real, para saltar a ciertas cunetas de menor fianza en el afirmado, cuya propia naturaleza hacía indibujables, cuando no las volviera mi inhabilidad desdibujadas?

— En ello pensaba, efectivamente, bien que no fuera con tan constrictivo rigor; que resultaría poco del lugar, después de lo mucho que aquí hemos dicho y oído, tras de haber quedado inscritos los dos como ciudadanos en la república del pensamiento asertorio y de la ironía. Más bien mi interrogante, mi mayéutico interrogante, que no objeción, revestía en mis intenciones una forma inversa. Quería saber con qué derecho habíamos didácticamente representado, en términos de claro y elemental panorama, lo que fuera de nosotros es fluencia y movimiento de imprevisible libertad. ¿No se parecerá todavía demasiado la exposición que acabo de oír de la Filosofía a las programáticas exposiciones que tan puntualmente anhelan darnos los libros de texto? ¿No habremos, sin querer, traicionado a la realidad, al articularla en sistema, y nos habremos, de paso, vuelto infieles al mismo sistema, uno de cuyos principios fundamentales nos dice que ni la razón puede ajustarse enteramente a la realidad ni abarcar enteramente su campo? ¿No habremos, en suma, anemiado excesivamente en el conocimiento conceptual lo que habíamos esperado caliente y colorido con la rica sangre de la idea?

— Para paliar riesgo semejante, aquí está cabalmente el diálogo que ahora sostenemos; ahí estaban un poco antes aquellos otros que venían a interrumpir el bien que aparente monólogo a cargo de cuyas fatigas ha corrido lo grueso de nuestra explicación. Mucho de lo que ésta, inevitablemente, conceptualizó, venían aquéllos a idealizarlo, es decir, a libertarlo. ¿Qué escritor no habrá advertido cuánto vitaliza, cuánto liberta las tesis que formula, el simple hecho de presentarlas en interrogante, como requiriendo la colaboración de quien lee para atreverse a la afirmación? Pues, ¡cuál no será la animación que a estas mismas tesis confiera al diálogo! Pero el método coloquial no puede emplearse exclusivamente en la enseñanza sin ciertas dosis de hipocresía. Ha de entrar por lo menos en él, por parte de uno de los interlocutores, la inyección mayéutica, aquel socrático «poner a parir» a la otra parte. Lo cual no va, mientras el juego dura, sin cierta indecisión, que no puede menos de traducirse en el final resultado. Si nosotros nos hubiésemos dado a conversar en el momento en que iba a iniciarse nuestra investigación filosófica, todavía no habríamos salido de los prolegómenos. La alternativa entre el trayecto y el *belvedere* nos ha proporcionado, en desquite, la más providencial de las soluciones. Poco mérito de novedad le reconoceremos, si nos acordamos de ser ella la que emplean todos los guías. Pónese el cicerone a la cabeza de su escuadrón turístico y, de almena en almena, va recorriendo a paso de carga los altos del castillo. Pero, a cada estación de almena, se detiene, agrupa a su alrededor a los visitantes y les endilga su explicación histórico-artística, mientras ellos contemplan a su sabor el panorama... Así, nosotros, ni nos querríamos atropelladores de problemas sin éxtasis, ni extáticos sin recorrido de afirmación.

— Quizá imitemos con este recurso la manera de avanzar propia de la Ciencia, tal como puede presentárnosla, global y casi rítmicamente, la historia de la misma. Comparemos el estilo de vivacísima curiosidad con que los saberes empíricos se presentaron a las albas del Renacimiento, y que les iban a valer tantos lucros, que es corriente la afirmación de ser entonces cuando nace la llamada Ciencia moderna, con el otro estilo, propio del período que a éste inmediatamente subsiguió y que cabe centrar en el racionalista siglo XVII, hora en que las grandes adquisiciones habidas por la curiosidad en el tiempo precedente, se ordenan y sistematizan en lógicos conjuntos regulares, que presiden las normas de la razón, en la casta desnudez de su pureza matemática. ¿No se diría el siglo XVIII a un pescador, que distribuyera clasificados en cajones o cestas, dentro de la barca, lo que otro pescador más juvenil, el siglo XVI, ha captado, tendiendo y recogiendo la red? Invención vivacísima, constructora legalidad se parten, con parciales substituciones sucesivas, la función de producir la ciencia. La primera provee; ordena la segunda. Ésta no toleraría saber disperso; aquélla no cura de si sus hallazgos encajan o no en el organismo estatuido. Cuando el joven Darwin practicaba sus excursiones de cazador, encontró un día, en lugar montañoso, donde jamás se había sospechado llegaran aguas de mar o lago, la concha fósil de un molusco. Entusiasmado, según cuenta en su «Autobiografía», corrió a comunicar a su profesor de Geología el descubrimiento. Éste acogió la noticia con severidad. «—Joven —le dijo—, lo que ha tomado usted por fósil, es probablemente una baratija procedente de encima de la chimenea de algún "cottage". Pero, aunque se tratara de un fósil de verdad, nada habría que decir del caso, *porque esto destruiría cuantos conocimientos poseemos acerca de la geología de Inglaterra*»... El espíritu de la legalidad científica hablaba por boca del buen señor. Pero, gracias a la vivacísima curiosidad del joven Darwin, que, lejos de escarmentar, no hizo más que crecer con los años y los trabajos, la Biología dio, a comienzos del siglo XIX, un paso de gigante... Los nuestros, nuestros pasos, tras de cada capítulo en que la Doctrina de la Inteligencia aparecía legalizada, le permitían algún salto, para que los capítulos subsiguientes se abrieran ya en nuevo terreno.

— Se ha permitido igualmente en estas coyunturas asomarse, como caminante que se asoma a precipicio, a algún fondo a que no había por qué descender, a algún vericueto que no había propósito de proseguir. Las figuras más sorprendentes, en las horas del diálogo, se han cruzado en nuestro camino. Era un día una orquídea con una espiga de trigo al lado. El abismo de la música cantó en un momento de nuestro avanzar, como si albergara la voz seductora de una sirena, ritmador de la tentación de lo inconocible. ¿Qué nueva imagen nos reserva el momento a que acabamos de llegar, el momento en que, llegados ya a la posesión del secreto de la Filosofía, querríamos probablemente fijarlo, así como apunta en un pedazo de papel, el jugador de lotería, el número que acaba de salir y del cual quiere ver con calma si le ha tocado en suerte?

— Un signo material será esta vez bienvenido, a pesar de su humildad. Un signo casi pueril, un juguete... Hele aquí. Se trata de uno de estos pequeños artilugios de burla y chasco que el ingenio popular saca de tiempo en tiempo a la venta callejera y que, bien sorprenden a la víctima del juego con algún inofensivo susto, como el del muñeco de resorte que salta de un estuche, bien le pone el magín en aprieto con los más extravagantes enigmas, así el de un hilo, cuyas sucesivas conjugaciones digitales debe aquél desenredar. Aquí, en éste a que me refiero ahora y que parece novedad de Madrid, como que lo pregona en su Rastro un simpático y locuacísimo perillán (el mismo que grita vendiendo lápices: «Si vuestros hijos pintan con él muñecos en las paredes, dejadlos. ¡Así empezó el Greco!»), no hay hilo ni muñeco, sino un canuto cuadrangular de madera de cuya base penden los dos cabos de una sutil elástica, con cuyo lazo central, a creer al que propone el ejercicio, debe agarrarse un móvil tallo, encabezado por una bellota y que tiene, cerca del término, una ranura. Empujando con dos de sus dedos el breve poliedro de esta bellota, el susodicho proponente del ejercicio muestra a su doctrino con qué fuerza la presunta elástica arrastra a sí al tallo. Con lo cual el otro, que al principio imagina fácil éxito, ensaya. Con todo cuidado, en cautas vueltecitas giratorias, prueba de pescar el enganche; el resultado es nulo. Así hemos visto nosotros a un grave diplomático extranjero entregado una mañana entera a la ceñuda preocupación de acertar el truco... No hay caso, sin embargo, de éste. Porque en el hueco del canuto no existe el tal lazo de elástica. El movimiento de bellota y tallo, que parece obedecer a la elástica, es simplemente comunicado por los dos dedos en la energía de la aprensión de que se escurre. Pero cualquiera desconfía cuando la apariencia es tan obvia. ¿Quién atribuyera a tan frívolo pasatiempo el valor de una representación fiel del supremo secreto de la Filosofía? La cuestión de la trascendencia de nuestro conocimiento, la posibilidad de que nuestro pensamiento capte la objetiva realidad tiene su solución ahí. La apariencia de nuestro conocimiento es la de una contemplación: creemos, al principio, en la existencia de una exterioridad que tira de nuestro saber, que le atrae y gobierna. Sólo a fuerza de desengaños, llegamos a averiguar que la que suponíamos externa atracción es en rigor energía de nosotros proveniente. La realidad a que pretendemos obedecer la creamos nosotros. Sólo que esta realidad sería imposible, que este movimiento no se produciría, si fuera de nosotros no se produjese ya la disposición formal adecuada a que nuestro impulso se traduzca a tal movimiento, no a tal otro. Dentro de nosotros existe, pues, una luz que ilumina el mundo; pero fuera de nosotros existen objetos susceptibles de recibir esta luz y de reflejarla en el conocimiento. Nada tiene tales o cuales dimensiones, por ejemplo; pero, en todo, se da una capacidad para la consideración dimensional. ¿Que nosotros morimos? Pues estas dimensiones desaparecen.

Pero no por eso desaparece el mundo ni la propiedad que en potencia tiene a ser medido, siempre que una luz nueva y mesuradora, que puede no ser ya nuestra, vuelva a colocarse ante la nueva dimensión. No hay, en el universo, dulzuras, pero hay en el universo azúcares. No hay colores; pero hay algo, de naturaleza física o química, que determina hasta cierto punto el espectáculo de color. No hay cantidades, pero hay pluralidad. No hay distancias, pero hay extensiones. No hay para cada hombre un destino, pero hay un Ángel. A fuerza de pensar en los Ángeles, llegamos a conocer un poco los destinos; a fuerza de pensar en las extensiones, llegamos a medir las distancias. A fuerza de matemáticas sublimes sobre la pluralidad y de físicas y químicas quintaesenciadas, a fuerza de la luz, llegamos a darnos cuenta del color y de la luz y de todos los espectáculos del mundo; a fuerza de saber y de hablar y de escribir sobre las dulzuras del mundo, llegamos a objetivar la existencia de sus azúcares.

— De hablar y de escribir, bien dices; porque de eso bien penetrado estoy, desde mis primeros pasos; de la objetividad mágica del verbo, anterior a la objetividad inerte del mundo. Hágase la luz y la luz fue hecha. Toda creación tiene su cronología: ilusoria, sin duda, pero si se la llega a captar adecuadamente, profundamente esclarecedora. Primero, la palabra; luego, el hecho. Si se quiere (adoptando un lenguaje todavía más convencional que el antes y el después de la cronología), el hecho será el efecto de la palabra. ¡Cuán preciosa clave no adquirimos el día en que nos percatamos, siguiendo el curso de nuestra investigación, de que empleábamos, para aludir a la verdad objetiva de cualquier acontecer, fórmulas como esas de «un hecho», «de hecho», íntimamente evocadoras de una elaboración humana en su realidad! La expresión (lo aprendimos definitivamente aquel día) es indispensable para la existencia. Lo que tanto y tan fatigoso tiempo han empleado los hombres de ciencia en averiguar —que la onda, integración del átomo, sólo es tal cuando un observador científicamente avisado la contempla y piensa; y antes, no, y después, no—, nosotros lo teníamos de clavo pasado, con la consiguiente superación de la antinomia entre subjetivismo y objetivismo, entre la lírica y la épica del saber, desde el instante en que condicionamos nuestro conocimiento al pensamiento, a la vez que negamos la posibilidad al pensamiento sin la obediencia (inclusive para el mismo pensamiento fantástico) a ciertas exigencias exteriores dadas, que pueden no ser las mismas que lleva consigo el objeto creado, pero que no pueden faltar. La expresión es necesaria para la existencia; la existencia, alguna existencia, es a su vez necesaria para la expresión. Sin el empuje de un vigoroso desliz entre los dedos, no habría fenómeno de atracción del tallo de nuestro juguete por la elástica. Pero este fenómeno tampoco se produciría si no lo determinase hasta cierto punto la disposición poliédrica de la bellota que encabeza el tallo, lo hueco del canuto, su dimensión. Todo esto, repitámoslo, son condiciones dadas. Necesarias, pero no suficientes para que el fenómeno exista.

— La luz es fuerza. La claridad, movimiento. La inteligencia, acción. La mente, sin metáfora, diciéndolo ahora en sentido literal, agita la mole. Y nadie es adivino por el pensamiento, si no es ya sabio por el conocimiento. ¡Que no se nos venga ya a nosotros con la consabida canción de oponer la vida al sistema! Las razones del corazón son todas por la razón comprensibles, aunque sea en última instancia, aquella última instancia donde *la razón* alcance categoría de *inteligencia*. Y la inteligencia, aquella eficacia activa y propulsora, a que ya cabe dar el nombre de luz.

— El secreto de todo está en que el pensamiento sobrepasa el conocimiento que lo sostiene. Sobre los fenómenos biológicos, lo dijo Friedrich Leopold Goltz: la función se extiende más allá que la estructura... Hay unos versos admirables del poeta valenciano Ausias March. En ellos describe (mejor dicho, *hace comparecer*) a la mujer amada. «Bella, con gran gesto (de ella dice), llevando a su espíritu tan anchamente, que no lo lleva prisionero»... En esa extensión de lo vivo más allá de lo inerte, hay el secreto de muchas cosas. Por ahí llegaron a aprender los filólogos que una cosa es el «significado» de una palabra «y otra su sentido». El léxico recoge lo inédito de una palabra: la define. Pero a la definición acompaña y se escapa de ella inasiblemente una especie de nimbo. En este nimbo germinan las que se llaman «acepciones». La rutina filológica pretende explicar eso mediante el comodín de atribuir a las excepciones un «sentido figurado». Pero, ¿no es igualmente figurada, por ventura, la acepción primera, la que se quiso escoger convencionalmente como nuclear? Desarrollar un manuscrito, ¿se dice menos figurativamente que «desarrollar» una tesis? Un tema, ¿se desarrolla menos metafóricamente que unos instintos? El verdadero escritor escribe con un mínimo de elementos inertes. El verdadero escritor escribe en perpetuo neologismo... Y lo mismo que con las palabras del vocabulario, con las obras de arte de un Museo o de una Exposición. Cada obra de arte tiene un elemento conceptual, un asunto. Por otro lado, tiene un elemento material, una forma. Su belleza, el secreto de su belleza, ¿no se encuentra en algo que no es forma ya, pero que no es asunto aún? Si en una pintura, por ejemplo, todo fuera forma, en nada se distinguiría la pintura propiamente dicha, como arte, del arte decorativo. Si el asunto fuese en ella lo importante, su crítica se basaría en la moral y tendrían razón los comentarios de aquel tipo, de que nos hemos reído tanto, en que las obras son juzgadas por sus tendencias socialistas o tradicionalistas, etc. No; también como el poeta a las palabras, trata el crítico a las obras: juzgándolas por su nimbo, por su sentido, por aquella belleza en la cual las entrañas de un buey descuartizado, si lo pinta Rembrandt, pueden ser un valor, y la mirada estúpida de un enano, si lo pinta Velázquez, una belleza.

— ¿No vemos cómo, a última hora, los mismos físicos, borrada ya cualquier separación metódica suya respecto de los químicos, han venido también, en este capítulo, a romper las trabas del principio de contradicción, postulando finalmente que en el átomo, en estos átomos con cuya concepción y hasta con cuya utilización andamos ahora tan a vueltas, la onda que acompaña al corpúsculo es y *no es* a un tiempo, según la actividad del contemplador que la toma en cuenta?... Por fin, la Física, tras de haber ascendido con Descartes y Newton, del campo del pensamiento empírico al del conocimiento racional, tomando en él hasta donde le era posible, las normas y los estilos de la Matemática, va más allá y pasa del conocimiento racional al pensamiento inteligente; es decir, aquel cuya función, el saber, sobrepasa las estructuras de la lógica. Como la amada de Ausias March llevaba a su espíritu, los corpúsculos de la ciencia nueva llevan a su onda. Una dualidad coexistencial interior, la misma que liga en las palabras la significación al sentido; en las obras de arte, el asunto a la belleza, fija a la onda atómica el corpúsculo atómico; al elemento activo, el inerte de una misma realidad...

— ¿Qué más? En este preciso instante, dos interlocutores, nosotros, nos estamos mirando mutuamente a los ojos... *Yo veo* sus ojos *de usted. Pero veo además su* mirada. *Su mirada se halla en sus ojos; pero no contenida* en ellos. Usted, por su parte, me ve y ve que le miro.

¡Cuán enorme carga potencial, pero trascendente, no trae la actividad del mirar, respecto de la estructura de los ojos! ¿Por qué negaríamos su realidad? ¿Por qué la regatearíamos?

— La mirada metamorfosea a los ojos: el acento, ¿no metamorfosea a los vocablos? Ahora, para no ir más lejos, éstos que acabo de pronunciar, ¿son los mismos, continúan siendo los mismos, desde el momento en que los he pronunciado con énfasis de interrogación? Materialmente, sí. Conceptualmente, también. Ante la inteligencia, sin embargo, *ya no son los mismos*... Hace un instante, en algo que me ha dicho usted acontecía lo propio. Cuando usted me decía: ¡Cuán enorme carga...!, y lo demás (que, de ser escrito, debiera colocarse entre puntos de exclamación), el contenido de su expresión no equivalía exactamente al que fuera de haberse dicho iguales palabras con llaneza tranquila. La preposición negativa «no», que recuerdo lanzada por usted, hubiera conservado este sentido negativo en el caso de esa tranquilidad impasible: pasaba, al revés, a ser paradójicamente afirmativa en su boca, en virtud de la situación ponderativa en que usted se colocaba: quería decir este «no» exactamente lo contrario en este caso a lo que, en el otro caso, querría decir... Me acuerdo de los postres de un banquete que en cierta ocasión le dimos a un ilustre actor italiano. Tenía este actor el temperamento por demás expresivo. Para recompensar nuestro obsequio se avino a los postres a recitarnos, como él sabía, un fragmento de la «Divina Comedia». Escogió aquel famoso que empieza con la inscripción de la entrada del infierno: «*Per me si va nella cittá dolente / per me si va nel eterno dolore / per me si va nella perduta gente*»... rompió a gritar, casi a aullar, con acento estentóreo. Un crítico teatral, de fino gusto, estaba a su lado y le tiró del *smoking*. «¡Cuidado!, le advirtió. Que en este momento usted es el rótulo, y los rótulos no se enfadan». El ilustre actor se quedó un si es no es cortado. Prosiguió en tono más sereno, bien que fuera algo más lúgubre. Y suerte fue, pues, de haber proseguido como empezara, no sé adónde hubiéramos ido a parar.

— Quizá al infierno mismo, que es el lugar de los Ángeles caídos, porque es el lugar a donde no alcanza la gracia. También la gracia es a la justicia lo que, a la mirada, los ojos; lo que, al corpúsculo, la onda. Hasta los juristas más estrictos hacen lugar, al lado de ésta, a la equidad. La equidad es la santa ironía de la ley. Y también saben los juristas que la equidad no mata a la ley, antes la vivifica y la dota de eficacia... Por razones de inhabilidad personal, hemos rechazado antes la tentación de entrar en el terreno de la música. De habernos metido en él, no hubiera dejado de dar un rodeo por lo que, en música, está constituido por la teoría de los armónicos. Los armónicos no destruyen el sonido, aunque fónicamente sean distintos a él. Tampoco la elipse, con cuyo esquema sustituyó Kepler el del círculo, habitual a los cosmógrafos antiguos para dar cuenta del movimiento de los astros, destruía la vigencia de una ley en la explicación del movimiento del universo. Daba a éste otra ley más laxa, más inteligente, y eso es todo. Nada de confusionarismo en Kepler, con sustituir la curva cerrada de un solo centro por la curva cerrada provista de dos centros. Ningún latitudinarismo tampoco, en el juez que completa la justicia con la equidad. Ningún eclecticismo en el filósofo, cuando sabe que una preposición negativa puede afirmar y que, al presentar un juicio en forma de interrogación, cambia éste de sentido sin por ello cambiar de significado. El eclecticismo es la aniquilación de la jerarquía. Mientras el pensamiento se mantenga jerárquico, no tiene por qué temer que el caos sustituya al orden en su visión de la realidad: antes con ello refuerza el orden y garantiza su subsistencia. Cuando el poeta canta la belleza del otoño y la equipara a la de los verdes primaverales y declara igualmente hermosos lo verde y lo encarnado, está en su derecho, cuando su juicio no se traslada de la región estética a la ética o a la gnoseológica: lo rechazaríamos, sin embargo, cuando se atreviese a equiparar el mal y el bien, la verdad y el error. Ni la vocación de transigencia del eclecticismo ni la abusiva vocación de unidad del hegelianismo, con su delirio de la síntesis que lo absorbe todo, son hechas para contentar el pensamiento inteligente. Este pensamiento dimitiría si la realidad amparase a la una o a la otra vocación. No pensaremos nosotros según la identidad, no pensaremos seguir la componenda, pensaremos según la armonía. Uno es el texto de la lección del saber; otros son sus márgenes. Que la presencia de lo marginal dé al texto otro sentido, sin mudanzas en su significación, es una cosa; otra cosa sería que el texto y sus márgenes se confundieran. El principio de figuración no da la misma importancia al símbolo que a lo simbolizado; el principio de función exigida no lo sumerge todo en la contingencia, no excluye la verificación de la ley, con rebajar ligeramente ésta al nivel de caso-límite... De análoga manera, en el conjunto del saber humano, la Filosofía no se vuelve enemiga de la ciencia, ni siquiera conviene con ella un reparto, más o menos amigable, de los objetos. Ni a la más humilde y curiosa de las ciencias empíricas, ni a aquellas noticias siquiera que, meramente descriptivas, no han llegado a organizarse en lo científico, la Filosofía corta en nada los vuelos, antes se los asegura en su libertad... ¡Darwin joven, recoge y estudia cuidadosamente el fósil cuya presencia en las altas montañas viene a contradecir la armazón oficial de la geología inglesa! ¡Darwin viejo, multiplica a tu sabor aquellas que tu insaciable curiosidad llamaba «experiencias de imbécil», a veces extrañamente fecundas en imprevistos descubrimientos! ¡Curiosos de todas las épocas y de todas las realidades, inquirid, recoged, formulad vuestras observaciones y no os privéis siquiera de presentar, acerca de las mismas, las hipótesis más audaces! Lo que fuere sonará. Y, mientras tanto, lo único que debéis tener es la científica paciencia necesaria para no llegar antes de tiempo a la extremidad apodíctica de vuestras conclusiones. Evitad discretamente el exhaustivo concluir. La política y la legislación del saber sufren, para cualquier interpretación, la pena de exilio; pero no consienten para la misma la pena de muerte.

— ¿La duda erigida en última instancia, pues?

— ¡Al contrario! La afirmación, la afirmación valiente y decidida; hasta el sacrificio, si es necesario. Hasta apostar la vida en el juego. Nada de «almohadas cómodas para cabezas bien hechas». No fueron, no, verdaderos humanistas aquellos que, por la duda, se abstuvieron, aquellos que reposaron en la molicie de tales almohadas; sino quienes se dieron valientemente a la aventura, aun con la conciencia concomitante de que se trataba de eso, de una aventura. Aunque, en el momento de ser vencidos, o de sucumbir, vieran desaparecer con ellos una verdad por cuya defensa habían heroicamente luchado.

— ¿Habrá así dos humanismos? Al uno le hemos llamado verdadero. El otro humanismo, ¿será una falsificación?

— Digamos más propiamente que de los dos hay uno de ida, otro de vuelta. Aunque la corrupción de las creencias y su rebajamiento vernacular o pueril hayan hecho descender el nivel de aquella cuya materia es lo angélico, esto, lo angélico, poco tiene que ver con lo inocente. Lo angélico será, si acaso, una inocencia reconquistada; al igual que la santidad es una condición paradisíaca que se ha vuelto a obtener. Las mentes del

Renacimiento tuvieron un humanismo *de ida*. Podemos adoptar las fórmulas por ellas ganadas *antes de saber*. Para nosotros estaba guardada la posibilidad de un humanismo *de vuelta*. Nos encontramos en el mismo lugar, pero después de haber gozado y consumido todo el saber que ellos no tuvieron. ¿No se ha evocado el nombre de Heráclito a propósito del moderno evolucionismo? ¿No nos acordamos de la atomística de un Demócrito, cuando, a última hora, nos habla un físico de indeterminación?... Sí; pero nosotros seremos heraclicianos o democricianos *de otra manera*. Lo seremos como, para la piedad del católico, María alcanza, de vuelta del pecado del mundo, la bienaventuranza de Eva y su triunfo sobre la muerte.

— También nosotros triunfaremos de ella, la muerte, en nuestra pugna, si no olvidamos jamás el imperativo de colaboración que debemos a la creación de la verdad... *Qui, autem, facit veritatem, venit ad lumen,* leemos en San Juan. Quien *hace* la verdad, quien la construye, viene a la luz.

APÉNDICE

LA FILOSOFÍA EN QUINIENTAS PALABRAS

Estimulado por una apuesta «entre civil y alegre compañía», se hizo fuerte en cierta ocasión el autor de este libro de resumir en quinientas palabras la historia entera de la humanidad. El texto, premiado con la victoria en el juego, corre hoy impreso en varias ediciones. En español, a la cabeza del libro «La civilización en la historia»; en traducción francesa, de René-Louis Piachaud; en traducción italiana, de Diego Valeri; en traducción portuguesa, de Carneiro Soares... Una vez hecha la mano, diose otros días a repetir la suerte, dentro de iguales cuadros, con la Higiene, con la Filosofía. Insertamos, como apéndice a nuestro tratado sobre «El secreto de la Filosofía», algo que, aproximadamente, pudiera servirle de índice; si no fuese por tal indecisión de terminología a que la sinopsis, dado su carácter, tenía derecho; el tratado, no. Los verificadores de exactitudes deberán aquí tener presente que, en el cupo de las quinientas palabras, no se cuentan los subtítulos; ni, a inconsecuencia en el resumidor, las salidas de tono, con las cuales cabría quizá mostrar, en más de un tema, que la curva puede ser el camino más corto entre dos puntos.

§ 1. CONSTRUCCIÓN DE LA FILOSOFÍA

Estilicemos cada ciencia particular en guisa de escalera; la Filosofía, de círculo: su palabra inicial descansará en la postrera.—¿Círculo, pues, vicioso?—No, sino mágico, cuando su trazado no se interrumpa y quepa dentro de él la realidad toda.—Caber, no reducirse. La razón, desde su trono, centro y *belvedere,* rige la periferia sin uniformarla.—... «¡No la toques ya más, que así es la rosa!» No la quintaesencies, que así es la Inteligencia.—Filosofía, sinopsis de la total realidad, mediante la cabal inteligencia.

§ 2. DOMINIO DE LA FILOSOFÍA

Soberana de la realidad entera la Filosofía, de ningún campo es propietaria. Donde termina el secano de la ciencia, tiéndese el delta de la vida.—Como en feudal dominio, cobra ésta en fruto los fenómenos de que se nutre; aquélla, los conceptos que atesora; entrambas pechan a la soberana tributo de ideas; que, monedadas en arquetipos, adquieren sentido sin perder realidad, ni, con la generalidad, concreción.—Según uso de realeza, redime así la Filosofía su condición parásita con su función significadora.

§ 3. DE LAS IDEAS

Pero el conocimiento abstracto que atesora la ciencia exige una ficción; las imágenes, de que se nutre la vida, una ilusión.—Inútil rebelarse. Inepta, la Logística, aspirante frustrada a una matemática asepsia. Vana, la Fenomenología; cuando más, poesía disfrazada.—Porque una realidad puramente abstracta o puramente concreta resultaría imposible. Muévese la estatua de mármol, siquiera en el vibrar de la luz. Estabiliza, en cambio, a la carne la rigidez del esqueleto. Ni el trazo del geómetra deja de tener algún color, ni la mancha del tintero derramado, algún contorno.—Quiere decir que lo de veras objetivo son las ideas.—La Inteligencia, en las ideas, capta a un tiempo el ser y el existir.

§ 4. DE LOS PRINCIPIOS

Para incluir el movimiento —irracional, según probó Zenón; pero, así, inteligible—, es la sinopsis filosófica sintaxis: sentido, sobre contenido. Gobernará la vida al azar; mecanizará la ciencia la determinación. Cosmos, no caos, ni máquina, el mundo. La mezcla de ley con libertad estatuye el orden. En él, dos principios. No, como en la máquina científica, el *principio de iden-*

tidad («ser o no ser»), el *principio de razón suficiente* («nada sin causa»); sino, reemplazándolos, el *principio de participación* («todo, simultáneamente, otra cosa»), el *principio de función exigida* («todo, en función de algo»).—Así no se excluye la finalidad; se exorciza el tiempo; se desvanece la individualidad. En vez del individuo, la «persona», representación colectiva. En vez del tiempo, el «eón», la constante. Toda idea, arquetipo; todo arquetipo, eternidad. Devora a sus hijos Saturno; Deméter, a cada novicia estación, recomienza.

§ 5. DEL SABER

Juntando unidad con variedad, metafísica con historia, cada afirmación del saber acoge la contraria; no como sucesora (Hegel), ni como esclava (Platón), sino como honrado huésped, en la marginal aceptación de la «Ironía» (Sócrates).—*Dialéctica* implica *diálogo*: proceso de ida y vuelta: descubrimiento, conquista, incorporación de la verdad.—Diálogo con el pasado, erudición; con el futuro, hipótesis.—El conjunto, sabiduría.—Así que la Filosofía ha encontrado el camino de la Sabiduría, ya acabó. Díjolo Cournot: la Filosofía es como la trufa: su raíz, la trufa entera.

ÍNDICE DE ILUSTRACIONES

I.	Sócrates .... *Pág.*	57
II.	Platón	58
III.	Aristóteles	71
IV.	Dionisio el Areopagita	72
V.	San Agustín	88
VI.	Santo Tomás de Aquino	89
VII.	Ramon Llull	105
VIII.	Juan Luis Vives	106
IX.	El P. Francisco Suárez	133
X.	Francis Bacon	134
XI.	René Descartes	175
XII.	Blaise Pascal	176
XIII.	Baruch Spinoza	211
XIV	Gottfried Wilhelm Leibniz	212
XV.	George Berkeley	242
XVI.	Immanuel Kant	243
XVII.	Johann Gottlieb Fichte	273
XVIII.	Georg Wilhelm Friedrich Hegel	274
XIX.	Johann Wolfgang von Goethe	291
XX.	Fr. Wilhelm Jos. Schelling	292
XXI.	Søren Aabbye Kierkegaard	307
XXII.	Auguste Comte	308
XXIII.	Arthur Schopenhauer	325
XXIV.	A. A. Cournot	326
XXV.	Friedrich Nietzsche	365
XXVI.	William James	366
XXVII.	Wilhelm Dilthey	381
XXVIII.	Henri Bergson	382

ÍNDICE ONOMÁSTICO

Alejandro Magno: 208.
Aranguren, José Luis: 13, 82.
Aristóteles: 16, 35, 36, 42, 50, 71, 151, 190, 197, 213, 214, 229, 241, 248, 275, 277, 303, 320, 345, 369, 383, 385, 391, 409.
Arquímedes: 199.
Ausias March: 431, 432.
Avenarius: 136.
Averroes: 246.

Bacon, Francis: 16, 124, 134, 226.
Bacon, Rogerio: 226, 345.
Balmes: 125, 343.
Bergson, Henri: 15, 47, 167, 180, 192, 338, 374, 382, 397.
Berkeley, George: 23, 85, 87, 157, 242.
Bernard, Claude: 289.
Berthelot, René: 167.
Bizet: 338.
Blanco-White: 137.
Blondel, Maurice: 87, 129, 181, 182, 196, 197, 290, 375.
Boehme, Jacobo: 256.
Bolland: 54, 74, 75.
Bonaparte, Napoleón: 65, 208.
Boole: 396.
Boutroux, Emile: 337.
Brunhes, Bernard: 234.
Bruno: 362.
Bruto: 207.
Buffon: 403.
Burkhardt: 403, 407.
Butler: 229.

Cano, Alonso: 65, 66.
Carlomagno: 208.
Carlos II: 411.
Carneiro Soares: 441.
Carnot, Sadi: 228, 229, 230, 231, 232, 234.
Castiglione: 370, 371.

César: 412.
Chaignet: 198.
Chueca, Federico: 338.
Clausius: 230, 231.
Colding: 224.
Colón, Cristóbal: 93, 244, 335, 371, 414.
Comte, Augusto: 36, 47, 168, 300, 308, 357, 388.
Condorcet: 380.
Courbet: 164.
Cournot: 26, 162, 192, 202, 233, 312, 326, 407, 408, 443.
Croce: 357.
Curie, Mme: 276, 280.
Curie, Pierre: 280, 281, 289, 317, 411.

Dante: 42, 352.
Darwin: 23, 131, 199, 228, 229, 230, 288, 380, 403, 418, 426, 435, 436.
De Waelhens: 163, 167.
Demócrito: 437.
Descartes, René: 36, 48, 50, 83, 84, 85, 86, 126, 147, 149, 161, 175, 178, 183, 192, 196, 197, 221, 223, 224, 225, 241, 276, 293, 294, 299, 338, 344, 395, 409, 418, 432.
Destutt de Tracy: 15.
Dilthey, Wilhelm: 23, 79, 180, 181, 337, 381.
Dionisio Areopagita: 45, 46, 50, 72, 151, 162.
Driesch, Hans: 277, 289.

Eckart: 45.
Eckermann: 167.
Einstein: 237, 238, 270, 314.
Enesidemo: 39.
Epicuro: 44, 50.
Epícteto: 38, 50.
Erasmo: 245, 356.
Escoto: 50.

ÍNDICE ONOMÁSTICO 447

Espartaco: 207.
Espronceda: 356.
Esquilo: 213.
Euclides: 42, 248, 344, 375.
Euler: 201.

Fantappie: 31.
Faret: 371.
Fauré: 141.
Fechner: 142.
Felipe V: 411.
Ferrater Mora, José: 11.
Fiche, Johann Gottlieb: 15, 49, 273, 294.
Fourier: 225.
Frazer: 251.
Frege: 396.
Freud: 174, 200, 379.
Frobenius: 407.

Galileo: 237, 259, 284, 285, 286, 297.
Gener, Pompeyo: 337.
Gobineau: 276, 293, 294, 295.
Goethe, Johann Wolfgang von: 36, 43, 166, 207, 208, 210, 224, 228, 230, 267, 291, 338, 356.
Goltz, Frieddrich: 266, 328, 431.
Goya: 60, 61, 329, 400.
Groos: 370.
Guyau: 343.

Haeckel: 224.
Hegel, Georg Wilhelm Friedrich: 37, 47, 48, 50, 87, 93, 128, 131, 151, 170, 180, 181, 261, 262, 263, 274, 299, 323, 351, 361, 370, 397, 403, 435, 443.
Heidegger: 50, 82, 167, 181.
Heisenberg: 239, 301.
Helmholtz: 224, 234, 236.
Heráclito: 50, 227, 323, 437.
Hugo, Víctor: 402.
Huizinga: 370, 371, 374.
Humboldt: 67, 112, 113.
Husserl, Edmund: 14, 79, 397.
Huyghens: 224.

Jacob: 26.
James, William: 91, 357, 366.
Janet, Pierre: 266, 327, 329.
Jaspers: 169.

Jodl: 289, 295.
Joule: 224.
Jousse, Marcel: 379.

Kant, Immanuel: 22, 35, 36, 39, 45, 50, 83, 86, 87, 130, 151, 190, 196, 197, 209, 214, 224, 243, 306, 360, 397.
Kepler: 143, 173, 244, 246, 272, 304, 360, 434.
Kierkegaard, Soren: 50, 77, 166, 169, 181, 307.

Lachelier: 192.
Lammark: 228, 288.
Lavoisier: 224, 409.
Leibniz, Gottfried Wilhelm: 12, 36, 50, 102, 169, 182, 199, 212, 224, 229, 230, 241, 246, 271, 272, 275, 276, 277, 278, 280, 293, 298, 316, 317, 322, 361, 396, 406, 408, 411.
Leonardo da Vinci: 29.
Lessing: 363.
Levy-Brühl: 254, 255, 256, 258.
Linneo: 23, 150, 228, 269, 403.
Llorens, Francisco Javier: 125.
Lorentz: 285.
Loureiro: 158.
Lulio, Raimndo: 50, 105, 151, 246, 272, 356, 361, 406.

Macaulay: 129.
Mach, Ernst: 224, 271, 284, 285.
Mahoma: 412.
Maine de Biran: 182.
Mallarmé, Stéphane: 75.
Malpighi: 275.
Manés: 117.
Marcel, Gabriel: 208.
Maritain, Jacques: 364.
Massoviltz: 201.
Maxwell: 118.
Mayer: 224.
Meinong: 288.
Mendel: 287, 352.
Menéndez y Pelayo: 125.
Mercier: 337.
Meyerson: 168.
Michelet: 210.

Mill, Stuart: 170, 200, 303.
Minkowski: 113, 147, 161, 237, 238.
Molière: 43, 44, 87, 214, 405.
Mommsen: 109.
Montaigne: 39, 84, 169.
Moro, Tomás: 356.
Müller, Max: 210, 322, 324.

Newman: 337.
Newton: 82, 200, 201, 223, 225, 229, 230, 237, 241, 270, 297, 300, 314, 344, 384, 418, 432.
Niezsche, Friedrich: 38, 60, 108, 164, 169, 193, 329, 338, 365.

Ockam, Guilermo: 151.
Octavio de Romeu: 423.
Ors, Eugenio d': 11, 12, 13, 14, 15, 16, 17, 18.
Ortega: 12, 13.

Palissy, Bernard: 41, 44, 155, 390, 405, 418.
Paracelso: 43.
Pascal, Blaise: 77, 169, 176, 180.
Pasteur: 201, 412.
Peano: 113, 396.
Pelagio: 117.
Petrarca: 80.
Piachaud, René-Louis: 441.
Pirrón: 39.
Pitágoras: 50, 147, 224, 226, 229, 232, 241, 299, 338, 339.
Platón: 23, 36, 38, 42, 45, 50, 58, 80, 81, 119, 124, 152, 169, 170, 213, 275, 371, 387, 388, 391, 403, 444.
Poincaré, Henri: 179, 219, 264, 374, 376, 396.
Pollaiuolo: 209.
Proclo: 461.
Protágoras: 357, 358.

Rembrandt: 432.
Renouvier: 192.
Riemann: 46.
Rodin: 172.
Rousseau: 77, 250.
Royce, Josiah: 127.
Russell: 396.

San Agustín: 50, 88, 117, 119, 361.
San Alberto Magno: 151.
San Francisco: 117, 119.
San Juan: 45, 52, 437.
San Juan de la Cruz: 256, 398.
San Pablo: 263.
Santo Tomás de Aquino: 50, 89, 151, 214, 246, 369.
Scheler: 15.
Schelling: 122, 261, 292, 357, 362.
Schiller: 342, 357, 358, 369, 371.
Shopenhauer, Arthur: 25, 27, 38, 77, 325, 338.
Schroedinger: 237, 289.
Simmel: 166.
Souriau, Étienne: 162, 165, 166, 168, 170.
Sócrates: 36, 48, 50, 57, 76, 78, 166, 169, 207, 263, 337, 338, 364, 367, 415, 425, 443.
Sófocles: 213.
Spencer, Herbert: 35, 36.
Spinoza, Baruch: 36, 50, 87, 149, 204, 211, 214, 225, 263, 384, 403, 405.
Stahl: 409.
Suárez, Francisco: 50, 133.
Swammerdam: 275.
Swedemborg: 390.

Thomson, William (Lord Kelvin): 43, 46, 225, 234, 423.
Toepffer: 338.
Tolomeo: 259, 304.
Tyndall: 224.

Unamuno: 356.

Vaihinger: 195.
Valeri, Diego: 441.
Valéry, Paul: 339.
Van-t'hoff: 282.
Velázquez: 52, 432.
Verlane: 141.
Vico, Giambattista: 298.
Vives, Juan Luis: 50, 78, 84, 106, 245, 343, 405.

Wagner: 49, 338.
Weber: 142.
Weininger, Otto: 169.

Weismann: 275, 352.
Weizsaecker: 239, 266, 300, 317.
Wilde, Oscar: 15.
Woerringer: 172.

Zenón de Elea: 75, 86, 125, 130, 147, 225, 230, 236, 238, 264, 275, 299, 303, 304, 340, 408, 442.
Zuloaga: 51.

COLECCIÓN FILOSOFÍA Y ENSAYO
Dirigida por Manuel Garrido

Agazzi, E.: *El bien, el mal y la ciencia.* Las dimensiones éticas de la empresa científico-tecnológica.
Austin, J. L.: *Sentido y percepción.*
Bechtel, W.: *Filosofía de la mente.* Una panorámica para la ciencia cognitiva.
Boden, M. A.: *Inteligencia artificial y hombre natural.*
Bottomore, T.; Harris, L.; Kiernan, V. G.; Miliband, R.; con la colaboración de Kolakowski, L.: *Diccionario del pensamiento marxista.*
Brown, H. I.: *La nueva filosofía de la ciencia* (3.ª ed.).
Bunge, M.: *El problema mente-cerebro.* Un enfoque psicobiológico (2.ª ed.).
Collier, G.; Minton, H. L., y Reynolds, G.: *Escenarios y tendencias de la psicología social.*
Cruz, M. (ed.), y otros: *Individuo, modernidad, historia.*
Chisholm, R. M.: *Teoría del conocimiento.*
Dampier, W. C.: *Historia de la ciencia y sus relaciones con la filosofía y la religión* (3.ª ed.).
Dancy, J.: *Introducción a la epistemología contemporánea.*
Díaz, E.: *Revisión de Unamuno.* Análisis crítico de su pensamiento político.
D'Ors, E.: *El secreto de la filosofía.* Doce lecciones, tres diálogos y, en apéndice, «La filosofía en quinientas palabras».
Eccles, J. C.: *La psique humana.*
Edelman, B.: *La práctica ideológica del Derecho.* Elementos para una teoría marxista del Derecho.
Fann, K. T.: *El concepto de filosofía en Wittgenstein* (2.ª ed.).
Fernandez, D.: *El rapto de Ganimedes.*
Ferrater Mora, J., y otros: *Filosofía y ciencia en el pensamiento español contemporáneo (1960-1970).*
Feyerabend, P.: *Tratado contra el método* Esquema de una teoría anarquista del conocimiento (3.ª ed.).
Fodor, J. A.: *Psicosemántica.* El problema del significado en la filosofía de la mente.
García-Baró, M.: *Categorías, intencionalidad y números.* Introducción a la filosofía primera y a los orígenes del pensamiento fenomenológico.
García Suárez, A.: *Modos de significar.* Una introducción temática a la filosofía del lenguaje.
García Suárez, A.: *La lógica de la experiencia.*
García Trevijano, C.: *El arte de la lógica.*
Garrido, M.: *Lógica simbólica* (3.ª ed.).
Gómez García, P.: *La antropología estructural de Claude Lévi-Strauss.*
Haack, S.: *Evidencia e investigación.* Hacia la reconstrucción en epistemología.
Habermas, J.: *La lógica de las ciencias sociales.* Estudios de filosofía social (2.ª ed.).
Habermas, J.: *Teoría y praxis.* Estudios de filosofía social (2.ª ed.).
Hernández Pacheco, J.: *Corrientes actuales de filosofía.* La Escuela de Francfort. La filosofía hermenéutica.
Hernández Pacheco, J.: *Corrientes actuales de filosofía (II).* Filosofía social.
Hierro, J. S.-P.: *Problemas del análisis del lenguaje moral.*

Hintikka, J.: *Lógica, juegos de lenguaje e información.* Temas kantianos de filosofía de la lógica.
Huisman, D.: *Diccionario de las mil obras clave del pensamiento.*
Jaspers, K.: *Los grandes filósofos.* Vol. I: Los hombres decisivos (Sócrates, Buda, Confucio, Jesús). Vol. II: Los fundadores del filosofar (Platón, Agustín y Kant).
Lao-tse: *Tao Te Ching.*
Lakatos, I., y otros: *Historia de la ciencia y sus reconstrucciones racionales* (3.ª ed.).
Lindsay, P. H., y Norman, D. A.: *Introducción a la psicología cognitiva* (2.ª ed.).
Lorenzo, J. de: *El método axiomático y sus creencias.*
Lorenzo, J. de: *Introducción al estilo matemático.*
Mackie, J. L.: *El milagro del teísmo.*
Mates, B.: *Lógica matemática elemental.*
McCarthy, Th.: *Ideales e ilusiones.* Reconstrucción y deconstrucción en la teoría crítica contemporánea.
McCarthy, Th.: *La teoría crítica de Jürgen Habermas* (3.ª ed.).
McCorduck, P.: *Máquinas que piensan.* Una incursión personal en la historia y las perspectivas de la inteligencia artificial.
Millar, D., y otros: *Diccionario básico de científicos.*
Morin, E.: *Sociología.*
Nagel, E.; Newman, J. R.: *El teorema de Gödel* (2.ª ed.).
Popper, K. R.: *Búsqueda sin término.* Una autobiografía intelectual (3.ª ed.).
Popper, K. R.: *Realismo y el objetivo de la ciencia.* Post Scriptum a *La lógica de la investigación científica,* vol. I.
Popper, K. R.: *El universo abierto.* Un argumento a favor del indeterminismo. Post Scriptum a *La lógica de la investigación científica,* vol. II.
Popper, K. R.: *Teoría cuántica y el cisma en física.* Post Scriptum a *La lógica de la investigación científica,* vol. III (2.ª ed.).
Putnam, H.: *Razón, verdad e historia.*
Quine, W. V.: *La relatividad ontológica y otros ensayos.*
Reguera, I.: *El feliz absurdo de la ética.* El Wittgenstein místico.
Rescher, N.: *La primacía de la práctica.*
Rescher, N.: *La racionalidad.* Una indagación filosófica sobre la naturaleza y la justificación de la razón.
Rescher, N.: *Los límites de la ciencia.*
Rivadulla, S.: *Filosofía actual de la ciencia.*
Robinet, A.: *Mitología, filosofía y cibernética.* El autómata y el pensamiento.
Rodríguez Magda, R. M.ª: *El modelo frankenstein.* De la diferencia a la cultura post.
Rodríguez Paniagua, J. M.: *¿Derecho natural o axiología jurídica?*
Rorty, R.: *Consecuencias del pragmatismo.*
Sahakian, W. S.: *Historia y sistemas de la psicología.*
San Román, T.: *Los muros de la separación.* Ensayo sobre alterofobia y filantropía.
Santayana, G.: *Tres poetas filósofos.* Lucrecio, Dante, Goethe.
Santayana, J.: *Diálogos en el limbo.*
Searle, J. R.: *Intencionalidad.* Un ensayo en la filosofía de la mente.
Smart, J. J. C.: *Nuestro lugar en el universo.* Un enfoque metafísico (2.ª ed.).
Störig, H. J.: *Historia universal de la filosofía.*

Stove, D. C.: *Popper y después.* Cuatro irracionalistas contemporáneos.
Strawson, P. F.: *Ensayos lógico-lingüísticos.*
Suzuki, D., y Knudtson, P.: *GenÉtica.* Conflicto entre la ingeniería genética y los valores humanos.
Trevijano Etcheverría, M.: *En torno a la ciencia.*
Valdés Villanueva, L. M. (ed.): *La búsqueda del significado.* Lecturas de filosofía del lenguaje (2.ª ed.).
Vargas Machuca, R.: *El poder moral de la razón.* La filosofía de Gramsci.
Veldman, D. J.: *Programación de computadoras en ciencias de la conducta.*
Villacañas, J. L.: *Racionalidad crítica.* Introducción a la filosofía de Kant.
Wellman, C.: *Morales y éticas.*

Colección
CUADERNOS DE FILOSOFÍA Y ENSAYO

Director: MANUEL GARRIDO

Javier Aracil: *Máquinas, sistemas y modelos*. Un ensayo sobre sistémica.
José Luis L. Aranguren: *Propuestas morales* (4.ª ed.).
Y. Bar-Hillel y otros: *El pensamiento científico* (2.ª ed.).
Isaiah, Berlin: *El Mago del Norte*. J. G. Hamann y el origen del irracionalismo.
Mario Bunge: *Controversias en física*.
Mario Bunge: *Economía y filosofía* (2.ª ed.).
Mario Bunge: *Intuición y razón*.
J. N. Crossley y otros: *¿Qué es la lógica matemática?* (2.ª ed.).
Manuel Cruz: *Del pensar y sus objetos*. Sobre filosofía y filosofía contemporánea.
Charles Darwin: *Ensayo sobre el instinto*.
Derrida, J.: *Fuerza de Ley*. El «fundamento místico de la autoridad».
Carsten Dutt (Editor): *En conversación con Hans-Georg Gadamer*.
Félix Duque: *Filosofía de la técnica de la naturaleza*.
Javier Esquivel y otros: *La polémica del materialismo*.
Andrew Feenberg: *Más allá de la supervivencia. El debate ecológico*.
Paul Feyerabend: *Adiós a la razón* (2.ª ed.).
Paul Feyerabend: *¿Por qué no Platón?* (2.ª ed.).
Gottlob Frege: *Investigaciones lógicas*.
Sigmund Freud: *Compendio del psicoanálisis*.
Hans-Georg Gadamer: *El problema de la conciencia histórica*.
Manuel Garrido (ed.) y otros: *Lógica y lenguaje*.
Jürgen Habermas: *Ciencia y técnica como «ideología»* (4.ª ed.).
Jürgen Habermas: *Identidades nacionales y postnacionales* (2.ª ed.).
Jürgen Habermas: *La necesidad de revisión de la izquierda*.
Jürgen Habermas: *Sobre Nietzsche y otros ensayos* (2.ª ed.).
Hans Hermes: *Introducción a la teoría de la computabilidad*.
David Hume: *Diálogos sobre la religión natural*.
José Jiménez: *La estética como utopía antropológica*. Bloch y Marcuse.
Leszek Kolakowski: *Si Dios no existe...* Sobre Dios, el diablo, el pecado y otras preocupaciones de la llamada filosofía de la religión (2.ª ed.).
Leszek Kolakowski: *«Horror metaphysicus»*.
Ramiro Ledesma Ramos: *La filosofía, disciplina imperial*.
Benson Mates: *Lógica de los estoicos*.
H. O. Mounce: *Introducción al «Tractatus» de Wittgenstein* (2.ª ed.).
Friedrich Nietzsche y Hans Vaihinger: *Sobre verdad y mentira* (2.ª ed.).
Carlos P. Otero: *La revolución de Chomsky*. Ciencia y sociedad.
Karl R. Popper: *Sociedad abierta, universo abierto* (4.ª ed.).
Karl R. Popper: *Un mundo de propensiones*.
José Sanmartín: *Una introducción constructiva a la teoría de modelos* (2.ª ed.).
Arthur Schopenhauer: *Sobre la Filosofía de Universidad*.
Ernst Tugendhat: *Ética y política*. Conferencias y compromisos 1978-1991.
A. N. Whitehead: *La función de la razón*.
Ludwig Wittgenstein: *Observaciones a «La Rama Dorada» de Frazer*.

COLECCIÓN VENTANA ABIERTA

Pobreza, conflicto y esperanza: un momento crítico para Centroamérica. Informe de la Comisión Internacional para la Recuperación y el Desarrollo de Centro-américa (Informe Standford).
Abellán, J.: *Nación y nacionalismo en Alemania.* La «cuestión alemana» (1815-1990).
Agirre Aranburu, X.; y otros: *La insumisión.* Un singular ciclo histórico de desobediencia civil.
Andrés Ibáñez, P.: *Justicial/conflicto.*
Aranguren, J. L. L.: *La comunicación humana* (2.ª ed.).
Aranguren, J. L. L.: *Moral de la vida cotidiana, personal y religiosa* (2.ª ed.).
Baamonde. A.: *El laberinto y sus salidas.*
Ballesteros, J.: *Ecologismo personalista.* Cuidar la naturaleza, cuidar al hombre.
Ballesteros, J.: *Postmodernidad: decadencia o resistencia.*
Bilbeny, N.: *Humana dignidad.* Un estudio sobre los valores en una época en que siguen tan escasos.
Boladeras, M.: *Comunicación, ética y política.* Habermas y sus críticos.
Bonete Perales, E.: *Aranguren: La ética, entre la religión y la política.*
Bonete Perales, E.: *Éticas contemporáneas.*
Bonete Perales, E.: *La faz oculta de la modernidad.* Entre la teoría sociológica y la ética política.
Bonete Perales, E. (Coord.): *Éticas de la información y deontologías del periodismo.*
Borbón Parma, M. T. de: *Cambios en México.*
Brufau Prats, J.: *Hombre, vida social y Derecho.*
Calvo Buezas, T.: *Crece el racismo, también la solidaridad.* Los valores de la juventud en el umbral del siglo XXI.
Calvo Buezas, T.: *El racismo que viene.* Otros pueblos y culturas vistos por profesores y alumnos.
Calvo González, J.: *El discurso de los hechos.* Narrativismo de la interpretación operativa.
Castresana, A.: *Catálogo de virtudes femeninas.* De la debilidad histórica de ser mujer *versus* la dignidad de ser esposa y madre.
Conill, J.: *El enigma del animal fantástico.*
Conill, J.: *El poder de la mentira.* Nietzsche y la política de la transvaloración.
Corraliza, J. A.: *La experiencia del ambiente.* Percepción del medio construido.
Cortina, A.: *Ética aplicada y democracia radical.*
Cortina, A.: *Ética minima* (3.ª ed.).
Cortina, A.: *Ética sin moral* (2.ª ed.).
Eymar, C.: *El funcionario poeta.* Elementos para una estética de la burocracia.
Eymar, C.: *Karl Marx, crítico de los derechos humanos.*

Eymar, C.: *La Revolución francesa y el marxismo débil.*
Fairén Guillén, V.: *Ensayos sobre procesos complejos.* La complejidad en los litigios.
Fernández de la Gándara, L., y Calvo Caravaca, A. L.: *Libertad de establecimiento y Derecho de sociedades en la Comunidad Económica Europea.*
Flores D'Arcais, P.: *Hannah Arendt.* Existencia y libertad.
Fuentes, J.: *La unidad europea.*
Gallego-Díaz, S., y De la Cuadra, B.: *Crónica secreta de la Constitución.*
García Marzá, V. D.: *Ética de la justicia.* J. Habermas y la ética discursiva.
García San Miguel, L.: *En prensa.* Artículos de la Transición.
Gil Fernández, L.: *Panorama social del humanismo español (1500-1800).*
Giscard d'Estaing, V.; Nakasone, Y., y Kissinger, H.: *Relaciones Este-Oeste.* Informe para la Comisión Trilateral.
Gómez de Liaño, I.: *El idioma de la imaginación.* Ensayos sobre la memoria, la imaginación y el tiempo.
González García, M. I.; y otros: *Ciencia, tecnología y sociedad.*
González Seara, L.: *China: cien flores que esperan.*
Guisán, E.: *La ética mira a la izquierda.*
Hernández-Pacheco, J.: *La conciencia romántica.* Con una antología de textos.
Hernández-Pacheco, J.: *Los límites de la razón.* Estudios de filosofía alemana contemporánea.
Herrero de Miñón, M.: *Las transiciones de Europa Central y Oriental.*
Jerez, A. (coord.): *¿Trabajo voluntario o participación?* Elementos para una sociología del Tercer Sector.
Jiménez Blanco, J.: *De Franco a las elecciones generales.*
Landau, G. W.; Feo, J., y Hosono, A.: *América Latina en la encrucijada.* El desafío a los países de la Trilateral.
Landelius, P.: *Europa y el toro.*
Lewin, K.: *Epistemología comparada.*
López de la Vieja, M.ª Teresa (editora): *Política de la vitalidad.* España invertebrada de José Ortega y Gasset.
López Hernández, G. M.: *La defensa del menor.*
Lorenzo, J. de: *Kant y la matemática.* El uso constructivo de la razón pura.
Lucas Verdú, P.: *La lucha contra el positivismo jurídico en la República de Weimar.* La teoría constitucional de Rudolf Smend.
Lucas Verdú, P.: *La octava Ley fundamental.* Crítica jurídico-política de la Reforma Suárez.
Maestre A.: *El poder en vilo.* En favor de la política.
Martín Herrero, R.: *La crisis del sentimiento nacional.*
Menéndez Ureña, E.: *La crítica kantiana de la sociedad y de la religión.* Kant, predecesor de Marx y de Freud.
Menéndez Ureña, E.: *La teoría de la sociedad de Freud.*
Millán Garrido, A.: *La objeción de conciencia al servicio militar y la prestación social sustitutoria.* Su régimen en el Derecho positivo español.
Moncada, A.: *La crisis de la planificación educativa en América Latina.*
Nieto, A.: *España en astillas.*

Palau, J. (coord.): *Europa en paz.* VIII Convención Europea por el Desarme Nuclear.
Pau Pedrón, A.: *Clarín, Ganivet, Azaña.* Pensamiento y vivencia del Derecho.
Pau Pedrón, A.: *El proceso formativo del Derecho comunitario derivado.*
Paz Barnica, E.: *La Cumbre de las Américas y la prosperidad compartida.*
Pérez de Laborda, A.: *La razón y las razones.* De la racionalidad científica a la racionalidad creyente.
Pérez-Rioja, J. A.: *La creación literaria.*
Pérez Triviño, J. L.: *Los límites jurídicos al soberano.*
Pigrau i Solé, A.: *Subdesarrollo y adopción de decisiones en la economía mundial.*
Rama, C. M.: *La Historia y la novela* (2.ª ed.).
Rama, C. M.: *Nacionalismo e historiografía en América Latina.*
Reig Tapia, A.: *Franco «caudillo»: mito y realidad* (2.ª ed.).
Rico, J. M., y Salas, L.: *Inseguridad ciudadana y Policía.*
Rodríguez, L.: *Deber y valor.* Investigaciones éticas.
Rodríguez Aramayo, R.: *Crítica de la razón ucrónica.* Estudios en torno a las aporías morales de Kant.
Rodríguez Aramayo, R.; Muguerza, J., y Roldán, C. (eds.): *La paz y el ideal cosmopolita de la Ilustración.* A propósito del bicentenario de *Hacia la paz perpetua* de Kant.
Rodríguez, R.: *La transformación hermenéutica de la fenomenología.* Una interpretación de la obra temprana de Heidegger.
Rocha Barco, T. (ed.): *María Zambrano: la razón poética o la filosofía.*
Rubio Carracedo, J.: *Ética constructiva y autonomía personal.*
Salas, J. de: *Razón y legitimidad en Leibniz.* Una interpretación desde Ortega.
Sánchez Guzmán, J. R.: *Teoría de la publicidad* (4.ª ed.).
Sánchez Noriega, J. L.: *Crítica de la seducción mediática.* Comunicación y cultura de masas en la opulencia informativa.
Sanz Pascual, J.: *Primer discurso de ilógica.*
Sotelo, I.: *Del leninismo al estalinismo.*
Tierno Galván, E.: *Desde el espectáculo a la trivialización.*
Tierno Galván, E.: *El miedo a la razón* (2.ª ed.).
Tierno Galván, E.: *Galdós y el episodio nacional Montes de Oca.*
Tierno Galván, E.: *¿Qué es ser agnóstico?* (5.ª ed.).
Truyol y Serra, A.: *Los derechos humanos* (3.ª ed.).
Vidal, M.: *Ética de la sexualidad.*
Vilar, S.: *Proyección internacional de España.*
Zarraluqui, L.: *Procreación asistida y derechos fundamentales.*